工程项目管理

原理与案例（第4版）

○ 王卓甫　杨高升　主编

中国水利水电出版社
www.waterpub.com.cn

·北京·

内 容 提 要

本书共十三章，在介绍工程项目管理相关概念以及工程项目立项、工程项目实施组织与管理体系的基础上，介绍了工程项目实施过程中的工程招标与投标、进度管理、质量管理、安全与环境管理、成本管理等传统核心内容；而在本书的第九至十二章，则分别介绍了工程项目风险管理、信息管理和收尾管理，以及国际工程管理等相对独立的拓展性内容。全书在注重工程项目管理基本概念、基本原理和基本方法介绍的同时，引进了较多管理案例，试图将基本原理与管理案例分析相结合，使读者更快、更有效地加深对工程项目管理理论和方法的认识。

本书可作为工程管理、工程造价以及土木水利类和经济管理类相关专业本科生的教科书，也可供从事工程项目管理的相关人员，如政府建设主管部门人员、工程项目业主方人员，以及工程设计方、施工方、监理/咨询方的相关人员参考。

图书在版编目（CIP）数据

工程项目管理：原理与案例 / 王卓甫，杨高升主编. -- 4版. -- 北京：中国水利水电出版社，2021.4(2024.1重印)
ISBN 978-7-5170-9541-5

Ⅰ. ①工… Ⅱ. ①王… ②杨… Ⅲ. ①工程项目管理 Ⅳ. ①F284

中国版本图书馆CIP数据核字(2021)第071730号

书　　名	**工程项目管理——原理与案例（第 4 版）** GONGCHENG XIANGMU GUANLI——YUANLI YU ANLI
作　　者	王卓甫　杨高升　主编
出版发行	中国水利水电出版社 （北京市海淀区玉渊潭南路 1 号 D 座　100038） 网址：www.waterpub.com.cn E - mail：sales@mwr.gov.cn 电话：(010) 68545888（营销中心）
经　　售	北京科水图书销售有限公司 电话：(010) 68545874、63202643 全国各地新华书店和相关出版物销售网点
排　　版	中国水利水电出版社微机排版中心
印　　刷	天津嘉恒印务有限公司
规　　格	170mm×240mm　16 开本　24.25 印张　475 千字
版　　次	2005 年 4 月第 1 版　2009 年 5 月第 2 版　2014 年 8 月第 3 版 2021 年 4 月第 4 版　2024 年 1 月第 3 次印刷
印　　数	5001—8000 册
定　　价	**68.00 元**

凡购买我社图书，如有缺页、倒页、脱页的，本社营销中心负责调换
版权所有·侵权必究

工程项目管理
——原理与案例
（第4版）

主　编

　　王卓甫　　杨高升

副主编

　　丁继勇　　简迎辉　　杨志勇　　高　辉

参　编

　　万　欣　　宋亮亮　　金辰昊　　洪伟民

　　李雪淋　　张朝勇　　严　斌　　孙少楠

　　金德智　　韩美贵　　安晓伟　　马天宇

　　韩　涵　　乔　然　　翟武娟

第 4 版 前 言

本书从第 3 版面世至今已经历了 6 年。在此期间，国内工程建设进入新的发展阶段。以水利行业为例，国务院决定，2014—2020 年，分步建设纳入规划的 172 项重大水利工程，其中最大投资项目近千亿元；2020 年 7 月，国务院又决定 2020—2022 年推进 150 项重大水利工程建设。国际工程市场方面，在"走出去"战略和"一带一路"倡议的指导下，我国对外投资工程规模和对外承包工程的规模均达到历史新高。在这样的背景下，工程项目管理和工程咨询服务领域的各种改革也不断推进。例如，BIM 技术与 GIS、物联网、移动互联、大数据、云计算、人工智能、区块链等技术融合所构成的数字/智慧建造平台的概念已提出，并在一些重大工程上开始应用，促进了工程项目管理水平的提升；在工程咨询领域，全过程工程咨询模式的提出及推广应用，改善了传统工程咨询"碎片化"的状态，促进了工程咨询机构服务能力和服务效率的提高。与此同时，2014 年以来我国建设领域政策法规也在不断优化，以构建有利于工程建设的良好环境。2019 年 4 月，全国人大对《中华人民共和国建筑法》进行了修改；2015 年 6 月，国务院对《建设工程勘察设计管理条例》进行了修改；2018 年 12 月，住房和城乡建设部对《建筑业企业资质管理规定》等部门规章进行了调整。鉴于上述多方面原因，我们在 2019 年 9 月就着手修订本书，当时恰逢"十三五"江苏省高等学校重点教材申报，经积极参与申报，最终获得批准，并于 2019 年年底正式启动了本书第 4 版的修订工作。

第 4 版基本保持了第 3 版的风格，注重对工程项目管理基本知识点和基本原理的介绍，并引进大量案例，试图让读者在掌握基本知识点和基本原理的基础上，能从典型案例分析中，更快、更有效地加深对工程项目管理理论和方法的认识。本次修订的主要内容如下：

（1）将第 3 版的十一章调整为十二章，即总体增加了 1 章，并将绪论单列，不作为章，总篇幅稍有扩大。主要调整有：一是将第 3 版的第一章绪论分拆成"绪论"和"第一章 工程项目及其管理"两部分，相关内容也有调整；二是将第 3 版的第十章和第十一章整合成一章；三是分别增加了"第十章 工程项目信息管理"和"第十二章 国际工程管理"。

（2）对第 3 版中第二章的内容作了较多调整：取消了投资决策方面的内容，增加了项目立项相关内容。在介绍不同类工程项目立项过程的基础上，重点介绍了不同类工程项目的需求策划及其成果，以及项目可行性研究（包括项目评价）的内容和深度要求，并用案例形式反映了不同领域可行性研究内容和成果的差异；该章最后针对需政府批复或核准类工程项目，简要介绍了在可行性研究报告批复或核准前政府对项目进行评估的内容。

（3）对第 3 版的第三章"工程项目发包与组织策划"作了较多的调整：一是将工程实施中的两个主体分开编写相关内容；二是将业主方的项目管理组织方式与工程发包方式存在内在联系的两方面整合在一起考虑，并介绍优化设计的概念；三是将承包方的企业组织与项目部的组织问题放在一起介绍。这样更符合工程项目实施的逻辑。

（4）对第 3 版中第四章"工程项目招标与合同管理"作了较大调整，取消了第六章"工程项目投资管理"。将第 3 版中第四章"工程项目招标与合同管理"改为第四章"工程项目招标与投标"，即增加了工程项目投标的内容，而对合同管理的内容进行了压缩，并放在工程招标策划中，介绍标准合同文件及其选择，以及合同条款的主要内容，以便为后续相关课程学习奠定一定基础；取消第 3 版第六章"工程项目投资管理"，而将工程投资估算的部分内容放在第 4

版第二章"工程项目立项"中简要介绍，以便与后续课程衔接。工程项目合同和投资管理在工程项目管理中占有十分重要地位，在本书中压缩这两块的内容，主要是考虑到后续有专门课程介绍，而迫切需要增加工程项目管理一些无后续专门课程介绍的重要内容。

（5）对第3版中第八章"工程项目安全管理"的内容进行了拓展，增加了工程建设环境管理的内容，并在章的安排上放在质量管理与成本管理之间，变成第七章"工程项目安全与环境管理"。这样的安排主要基于如下考虑：所有目标管理均影响到成本管理，因此，成本管理放在所有目标管理之后介绍更为合理。

（6）与第3版相比，新增了3章内容，即第八章"工程项目成本管理"、第十章"工程项目信息管理"和第十二章"国际工程管理"。工程项目成本管理是工程承包方的重要管理内容，在工程项目管理中不能缺失；随着BIM技术的应用，工程项目信息管理给传统的工程项目管理增加了活力；国际工程管理，是我国实施"走出去"战略和"一带一路"倡议的重要支撑。因此，在当前我国经济社会发展的背景下，上述三方面内容有必要在工程项目管理中体现，以保证工程项目管理教材能跟上时代发展的步伐。

本书第4版由王卓甫总体策划，并负责绪论，以及第一、第二章的修订；杨高升、丁继勇分别负责修订第六、第八章及第三、第四章；简迎辉、杨志勇、高辉、万欣、宋亮亮、金辰昊分别负责修订了第十一、第十二、第五、第十、第七、第九章，还有其他一些同仁与研究生参与了本教材的编写工作，在此不一一列出。全书最后由王卓甫负责统稿、定稿。

在本书最终定稿前，江苏省高等教育学会组织东南大学李德智教授、南京大学宁延教授、中国矿业大学周建亮教授、南京工业大学申玲教授和南京林业大学李洁教授进行了审定，他们的工作对提高本书质量起到了重要作用，在此表示衷心感谢。本书在修订过程中，参考了国内外许多专家学者所著文献，也借用了一些实际工程项目管理的资料或数据，在此，谨对同仁及相关专家表示深深的谢意。

限于编者的水平，疏漏与不当之处在所难免，敬请专家学者们斧正。

本书修订得到江苏高校品牌专业建设工程二期项目支持，在此也表示感谢。

编　者

2020 年 12 月，南京·河海大学

第 1 版前言

进入 21 世纪的 5 年，是我国工程建设史上的发展最好时期，与此相应的工程项目管理理论研究与改革实践也蓬勃兴起。如工程项目多元化融资模式研究、完善建设市场体系研究、多样化的建设管理模式的探索、IT 技术的应用研究、项目风险管理研究等均有长足进展。与此同时，一体化建设方式、PM 或 PMC 的成功实践，以及工程项目管理规范化的推行等，均大大地促进了工程项目管理水平的提高。

近代工程项目管理的实践表明，提高工程建设管理水平，在众多影响因素中，人才是第一要素。然而，目前我国工程项目管理人才短缺，特别是高层次管理人才的稀有已成为不争的事实。面对这一现状，近 10 年来工程项目管理人才培养迅速发展，全国大约有 200 所高校设有工程管理专业，承担起培养工程项目管理人才的重任。从 20 世纪 80 年代的本科生培养层次，90 年代的硕士生培养层次，发展到目前一些重点大学博士生培养层次，这表明了工程管理人才培养不仅从数量上在迅速扩大，在层次和质量上也在迅速提高。然而，纵观目前工程管理专业的教学用书，其不同培养层次相配套的教学用书却不能适应。例如，工程项目管理教学用书版本很多，但深浅程度大同小异，基本上适合于本科生和研究生之间。对本科生而言这些教材可能理性的东西太多，感性的东西太少；对研究生这一层次而言可能是理论的高度不够。针对这一情况，我们试图弥补这一不足，为本科生编写了《工程项目管理——原理与案例》，为研究生编写了《工程项目管理——理论、方法与应用》。对本科生，拟在介绍工程项目管理基本原理的基础上，引进案例，从典型案例中引出规律性的认识，以引导他们入门。对于研究生，则重点放在工程项目管理理论、方法的介绍上，同时介绍研究热点和前沿，在此基础上，引进理论和方法应用的案例，引导他们利用规律、思路去解决实际问题，把握研究方向，为后续研究工作打下基础。

本书适合大学本科教学使用，也可供刚从事工程项目管理的相关人员参考。全书共分十章，包括：绪论、工程项目建设模式与决策、工程项目组织管理、工程项目计划、工程项目招投标、工程项目合同管理、工程项目目标控制、工程项目收尾管理、工程项目风险管理、工程项目人力资源与沟通管理和附录。

本书在编写过程中，参考了国内外许多专家学者所著的文献，也借用了一些工程项目的实际资料，在此，谨对相关专家表示深深的谢意。限于编者的水平，难免存在疏漏与不当，敬请同仁们指正。

编　者

2005 年 2 月于南京·河海大学

第 2 版前言

本书第 1 版自 2005 年 4 月出版以来，受到读者们的厚爱，已 5 次重印。在近 4 年的使用过程中，我们在不断分析、探索和总结，认识到哪些是成功的，哪些是有待改进和提高的。此外，在过去的 4 年里，工程项目管理理论又有了新的进展；建设工程管理的政策法规也得到了进一步发展。鉴于这两方面原因，我们于 2008 年国庆节启动了本书第 2 版的修订工作。

第 2 版保持了第 1 版的整体风格，注重基本概念和基本原理的介绍，并引进大量的案例，试图让读者在掌握工程项目管理基本知识点的基础上，能从典型案例的分析中，加深对工程项目管理规律性的认识。本次修订的主要内容包括：

（1）第 1 版中，工程项目目标管理的计划、控制内容是按其逻辑分章节编写的。而第 2 版改变了这一格局，根据目标管理内容分章节编写，即将某一目标管理的计划、控制的内容放在同一章内介绍，如将进度管理单独立章，从进度计划写到进度控制。从知识体系角度看，这更有利读者学习和掌握。

（2）第 1 版包括了人力资源管理和沟通管理的内容，考虑到这两个专门的管理问题在工程项目管理领域特点并不明显，即与其他领域相类似，第 2 版删除了这一部分内容。而工程项目实施过程中的职业健康、安全和环境（HSE）管理问题越来越突出，并受到人们的关注。因此，第 2 版中增加了 HSE 管理的内容。

（3）本书第 1 版的主要使用对象为工程管理类专业学生，考虑到其后还将开设深入介绍工程项目管理内容的系列课程，本书定位为该专业的开门课程，并具有概论性质。这显然不能满足其他专业的需要，因此，第 2 版中增加了一些内容，并用"*"标出。

（4）第 1 版中，每章开头均有"内容提要"，以帮助阅读。而第 2 版将"内容提要"改成了"基本要求"。这样调整的目的，是让读者明确学习本课程的基本要求。此外，书中每章后仍保留了复习思考题，但题目难度有所加大，要求读者在掌握一定知识点的基础上，对某些问题进行分析、思考，以提高分析问题、解决问题的能力。

本书第 2 版共分九章，包括：绪论；工程项目决策、立项与管理策划；工程项目招标与合同管理；工程项目进度管理；工程项目质量管理；工程项目投资管理；工程项目 HSE 管理；工程项目风险管理；工程项目收尾管理。

本书在修订过程中，参考了国内外许多文献，也借用了一些工程项目的实际资料，在此，谨对相关专家表示深深的谢意。限于编者的水平，疏漏与不当之处在所难免，敬请同仁们斧正。

本书第 2 版得到了河海大学教改项目的支持。

编 者

2009 年 2 月于南京·河海大学

第3版前言

本书第2版面世至今已经历了5年多,这段时间正值我国工程建设高峰期,工程建设投资强度应属有史以来最大。与此相对应,工程项目管理实践的改革也在不断推进。如:针对工程建设领域腐败的漫延,工程招标网络化在日益普及、招标机制在不断改进;工程设计施工总承包的优势被广泛认同,总承包方式的应用有扩大势头;BIM技术的发展,促进了人们对改进工程项目管理方法的思考,等等。同时,我国建设法律法规的改革和发展在这5年中也取得了丰硕成果。如:2011年全国人大修订了《中华人民共和国建筑法》;2011年国务院颁布了《中华人民共和国招标投标法实施条例》。在教学和研究实践中,我们也发现了一些新的问题。如:《工程网络计划技术规程》(JGJ/T 121—1999)存在一些差错和不合理的地方;如何从认知规律性出发,向读者介绍工程项目管理的知识点,在前两版中还存在较多有待改进的地方。鉴于上述多方面原因,我们于2013年年底启动了本书第3版的编写。

第3版基本保持了第2版的风格,注重对工程项目管理基本知识点和基本原理的介绍,并引进大量的案例,内容有很大改进,表现为:

(1) 第3版将第2版的九章调整为十一章,但总篇幅并没有扩大。主要调整:一是将第2版的第二章分拆成两章,并稍扩充内容;二是将第2版的第九章分拆成两章,并稍扩充内容;三是将第2版中第五章(工程项目质量管理)和第六章(工程项目投资管理)的先后次序作了对调。这样做的目的可使全书结构更合理,更符合工程项目管理的内在规律性。

（2）第 3 版将第 2 版中"第七章 工程项目 HSE 管理"调整为"第八章 工程项目安全管理"，即第 3 版的第八章只介绍"S"，而不介绍"H"和"E"，而且这章的编写风格与工程项目进度、投资、质量管理的风格相近。这主要考虑到，目前我国工程实践中十分强调安全管理，并将其作为工程项目的第 4 个目标来管理。因此，本书中有必要与此相适应。

（3）第 3 版将工程招标的相关内容作了较多调整。2011 年 11 月，国务院颁布了《中华人民共和国招标投标法实施条例》，该条例细化了《中华人民共和国招标投标法》。此外，在与工程腐败的斗争中，人们提出诸多改进招标机制的方法。针对这些情况，本书对相关内容作了补充、调整，并使相关精神得以体现。

（4）第 3 版对第 2 版中工程项目进度管理一章作了一些调整：一是该章开始就增加对计划工期等概念的介绍；二是调整了活动时间参数概念和时间参数计算介绍的顺序，并纠正了《工程网络计划技术规程》（JGJ/T 121—99）中有关双代号网络计划中与最后一个节点相连活动自由时差计算公式的错误。这样的调整保证了方法的科学性，也更符合认知规律。

（5）第 3 版对第 2 版附录 A 的内容作了更新、充实，并删除了附录 B。

本书分十一章，包括：绪论、工程项目投资决策与立项、工程项目发包与组织策划、工程项目招标与合同管理、工程项目进度管理、工程项目投资管理、工程项目质量管理、工程项目安全管理、工程项目风险管理、工程项目收尾管理、工程项目审计与后评价。

在本书编写过程中，得到了河海大学工程经济与工程管理系同仁们的支持，参考了国内外许多专家学者所著文献，也借用了一些工程项目的实际资料。在此，谨对同仁们及相关专家深表谢意。

限于编者的水平,疏漏与不当之处在所难免,敬请专家学者们斧正,请读者们包涵。

编　者
2014 年端午于南京·河海大学

目 录

第4版前言
第1版前言
第2版前言
第3版前言

绪论 ··· 1
 一、工程项目及其对我国经济社会发展产生的重要作用 ············ 1
 二、工程项目管理的产生与发展 ·· 3
 三、工程项目管理课程的内容、特点和学习要点 ······················ 6

第一章 工程项目及其管理 ··· 10
第一节 工程、项目与工程项目 ··· 10
 一、工程与项目 ·· 10
 二、工程项目 ·· 11
 三、工程项目的特殊性与系统性 ·· 12
 四、工程项目的分类和分解 ··· 16
第二节 工程项目生命期与一般建设程序 ····························· 19
 一、工程项目生命期 ·· 19
 二、工程一般建设程序 ··· 20
第三节 工程项目主要利益相关方 ······································ 24
 一、主要利益相关方的任务和要求 ······································· 24
 二、主要利益相关方与工程建设过程关系 ······························ 32
 三、主要利益相关方间的关系 ··· 33
第四节 工程项目管理及其知识体系框架 ····························· 34
 一、工程项目管理与治理 ··· 34
 二、工程项目管理主要过程体系 ·· 36
 三、工程项目管理知识体系框架 ·· 40
思考和练习题 ·· 42

第二章 工程项目立项 ·· 43
第一节 工程项目立项制度与过程 ······································ 43

　　　　一、工程项目立项制度 …………………………………………… 43
　　　　二、工程项目立项过程 …………………………………………… 46
　　第二节　工程项目需求分析与前期策划 ……………………………… 48
　　　　一、工程项目需求分析 …………………………………………… 48
　　　　二、工程项目前期策划 …………………………………………… 49
　　　　三、工程项目方案策划成果 ……………………………………… 50
　　第三节　工程项目可行性研究与评估 ………………………………… 54
　　　　一、工程项目可行性研究 ………………………………………… 54
　　　　二、工程项目可行性研究的深度要求 …………………………… 64
　　　　三、工程项目评估 ………………………………………………… 70
　　思考和练习题 …………………………………………………………… 70

第三章　工程项目实施组织与管理体系 ……………………………… 72
　　第一节　业主方项目实施组织 ………………………………………… 72
　　　　一、业主方项目管理组织方式 …………………………………… 73
　　　　二、业主方项目发包方式 ………………………………………… 74
　　　　三、业主方项目实施组织设计 …………………………………… 81
　　第二节　承包方项目实施组织 ………………………………………… 85
　　　　一、项目法施工与工程项目经理部 ……………………………… 86
　　　　二、项目经理 ……………………………………………………… 87
　　　　三、项目管理目标责任书 ………………………………………… 89
　　第三节　工程项目管理组织结构 ……………………………………… 94
　　　　一、工程参与方常用管理组织结构 ……………………………… 94
　　　　二、工程参与方管理组织结构选择与分工策划 ………………… 96
　　　　三、工程参与方项目管理组织结构案例 ………………………… 98
　　第四节　工程项目管理体系 …………………………………………… 101
　　　　一、工程项目管理目标体系 ……………………………………… 101
　　　　二、工程项目管理计划体系 ……………………………………… 103
　　　　三、工程项目实施控制体系 ……………………………………… 106
　　思考和练习题 …………………………………………………………… 108

第四章　工程项目招标与投标 ………………………………………… 109
　　第一节　工程项目招标及其程序 ……………………………………… 109
　　　　一、工程项目招标 ………………………………………………… 109
　　　　二、招标方式与程序 ……………………………………………… 110
　　第二节　工程施工招标策划 …………………………………………… 112

  一、工程施工招标文件策划 …………………………………………… 112
  二、工程施工招标标底、控制价及其编制 …………………………… 115
  三、工程施工投标人资格审查 ………………………………………… 117
  四、工程施工招标的开标、评标和决标 ……………………………… 120
  五、工程施工合同主要事项策划 ……………………………………… 123
 第三节 工程施工投标 ……………………………………………………… 132
  一、工程投标组织与程序 ……………………………………………… 132
  二、投标报价及其技巧 ………………………………………………… 137
 思考和练习题 ………………………………………………………………… 144

第五章 工程项目进度管理 ………………………………………………… 145
 第一节 工程项目进度及其计划系统 …………………………………… 145
  一、工程项目进度相关概念 …………………………………………… 145
  二、进度计划系统 ……………………………………………………… 147
 第二节 工程项目活动分析设计 …………………………………………… 147
  一、活动范围设计 ……………………………………………………… 148
  二、活动逻辑关系设计 ………………………………………………… 149
  三、活动持续时间分析 ………………………………………………… 149
 第三节 工程项目进度计划 ………………………………………………… 151
  一、进度计划及其编制依据 …………………………………………… 151
  二、进度计划编制方法 ………………………………………………… 152
  三、进度计划编制程序 ………………………………………………… 162
  四、进度计划优化与评审 ……………………………………………… 163
 第四节 工程项目进度控制 ………………………………………………… 164
  一、进度的影响因素 …………………………………………………… 164
  二、进度的控制过程 …………………………………………………… 165
  三、进度的检查、比较方法 …………………………………………… 165
  四、进度计划调整 ……………………………………………………… 169
 思考和练习题 ………………………………………………………………… 171

第六章 工程项目质量管理 ………………………………………………… 173
 第一节 工程项目质量及其管理 …………………………………………… 173
  一、工程项目质量 ……………………………………………………… 173
  二、工程质量管理 ……………………………………………………… 174
  三、工程质量管理过程模式与发展阶段 ……………………………… 176
 第二节 工程质量特点与影响因素 ………………………………………… 177

　　　　一、工程质量特点 …… 177
　　　　二、工程质量影响因素 …… 178
　　第三节　工程质量计划 …… 179
　　　　一、工程质量计划依据、要求和表现形式 …… 179
　　　　二、工程设计质量计划 …… 181
　　　　三、工程施工质量计划 …… 182
　　第四节　工程质量控制 …… 188
　　　　一、质量控制与全面质量控制 …… 188
　　　　二、工程质量控制体系 …… 190
　　　　三、工程设计质量控制 …… 193
　　　　四、工程施工质量控制 …… 194
　　第五节　工程质量检验与验收 …… 200
　　　　一、工程质量检验 …… 200
　　　　二、工程质量验收 …… 203
　　思考和练习题 …… 209

第七章　工程项目安全与环境管理 …… 210
　　第一节　工程项目安全与环境 …… 210
　　　　一、工程项目安全与安全事故 …… 210
　　　　二、工程项目环境及其保护 …… 214
　　第二节　工程项目安全计划 …… 215
　　　　一、安全管理组织和安全责任分工计划 …… 215
　　　　二、安全教育培训计划 …… 215
　　　　三、安全技术措施计划 …… 218
　　　　四、安全检查计划 …… 219
　　　　五、事故应急预案 …… 222
　　第三节　工程项目安全控制 …… 223
　　　　一、人的不安全行为控制 …… 223
　　　　二、物的不安全状态控制 …… 225
　　　　三、安全事故预防 …… 227
　　第四节　工程项目环境管理 …… 230
　　　　一、工程项目面临的环境污染问题 …… 230
　　　　二、工程项目环境保护计划 …… 231
　　　　三、工程项目环境污染控制 …… 232
　　思考和练习题 …… 233

第八章　工程项目成本管理 ………………………………………………… 235
第一节　工程项目成本 ……………………………………………………… 235
一、工程项目成本及相关概念 …………………………………………… 235
二、工程项目成本的构成 ………………………………………………… 236
三、工程项目成本的影响因素 …………………………………………… 237
第二节　工程项目成本计划 ………………………………………………… 238
一、工程项目成本估算 …………………………………………………… 238
二、工程项目成本计划编制 ……………………………………………… 240
第三节　工程项目成本控制 ………………………………………………… 242
一、工程项目成本控制及其依据 ………………………………………… 242
二、工程项目成本控制对象、方法与措施 ……………………………… 243
三、工程项目成本核算 …………………………………………………… 255
四、工程项目成本分析 …………………………………………………… 257
五、工程项目成本考核 …………………………………………………… 262
思考和练习题 ………………………………………………………………… 264

第九章　工程项目风险管理 ………………………………………………… 266
第一节　工程项目风险及其管理 …………………………………………… 266
一、工程项目风险 ………………………………………………………… 266
二、工程项目风险管理及相关问题 ……………………………………… 271
第二节　工程项目风险识别 ………………………………………………… 275
一、风险识别过程 ………………………………………………………… 275
二、风险辨识方法 ………………………………………………………… 277
第三节　工程项目风险估计与评价 ………………………………………… 281
一、风险估计 ……………………………………………………………… 281
二、风险评价 ……………………………………………………………… 283
第四节　工程项目风险应对 ………………………………………………… 285
一、风险分配 ……………………………………………………………… 285
二、风险应对措施 ………………………………………………………… 286
思考和练习题 ………………………………………………………………… 289

第十章　工程项目信息管理 ………………………………………………… 290
第一节　工程项目信息及其特性 …………………………………………… 290
一、数据、信息与工程项目信息 ………………………………………… 290
二、工程项目信息的特性 ………………………………………………… 291
第二节　工程项目信息的分类、用途和处理 ……………………………… 291

一、工程项目信息的分类 ………………………………………………… 291
　　　二、工程项目信息的用途 ………………………………………………… 293
　　　三、工程项目信息的处理 ………………………………………………… 294
　第三节　工程项目建筑信息模型（BIM） ……………………………………… 295
　　　一、BIM 及其发展 ………………………………………………………… 295
　　　二、BIM 的核心产品及其平台 …………………………………………… 295
　　　三、BIM 及其平台的应用 ………………………………………………… 297
　第四节　工程项目管理信息系统及其建设 ……………………………………… 300
　　　一、工程项目管理信息系统 ……………………………………………… 300
　　　二、工程项目管理信息系统的建设方式与过程 ………………………… 303
　　　三、工程项目管理信息系统的智能化发展 ……………………………… 306
　思考和练习题 ……………………………………………………………………… 309

第十一章　**工程项目收尾管理** ……………………………………………………… 310
　第一节　工程项目收尾及其管理 ………………………………………………… 310
　　　一、工程项目收尾 ………………………………………………………… 310
　　　二、工程项目收尾管理 …………………………………………………… 311
　第二节　合同工程完工验收管理 ………………………………………………… 314
　　　一、合同工程完工验收条件 ……………………………………………… 314
　　　二、合同工程完工验收过程 ……………………………………………… 314
　　　三、合同工程完工验收组织 ……………………………………………… 315
　　　四、合同工程缺陷责任期管理 …………………………………………… 315
　第三节　工程项目投产准备 ……………………………………………………… 317
　　　一、投产准备工作的基本要求 …………………………………………… 317
　　　二、投产准备工作的内容 ………………………………………………… 317
　　　三、试生产 ………………………………………………………………… 319
　第四节　工程项目竣工财务决算与验收 ………………………………………… 319
　　　一、竣工财务决算 ………………………………………………………… 319
　　　二、竣工验收 ……………………………………………………………… 324
　思考和练习题 ……………………………………………………………………… 326

第十二章　**国际工程管理** …………………………………………………………… 327
　第一节　国际工程及其特殊风险 ………………………………………………… 327
　　　一、国际工程 ……………………………………………………………… 327
　　　二、国际工程的特点 ……………………………………………………… 330
　　　三、国际工程的特殊风险 ………………………………………………… 331

第二节　国际工程交易管理 …………………………………… 334
　　　一、国际工程投标管理 ………………………………… 334
　　　二、国际工程合同管理 ………………………………… 336
　　第三节　国际工程目标管理 …………………………………… 344
　　　一、国际工程进度管理 ………………………………… 344
　　　二、国际工程质量管理 ………………………………… 344
　　　三、国际工程成本管理 ………………………………… 346
　　思考和练习题 …………………………………………………… 349
附录　Internet 上的工程项目管理信息 ……………………………… 350
　　　一、查找信息的方法 …………………………………… 350
　　　二、一些相关机构的网址 ……………………………… 353
　　　三、与工程项目管理相关的主要外文期刊的网址 …… 355
参考文献 …………………………………………………………… 360

绪　　论

一、工程项目及其对我国经济社会发展产生的重要作用

（一）工程项目及其管理的特点

工程项目，即建设工程项目，是人们根据经济社会发展需要而动工兴料，改造自然，进而构造"人工自然"的活动。这一活动需要消耗大量人力、物力和财力，特别是新时代工程项目建设，面临着经济社会发展需求不断提升，以及构造"人工自然"环境的复杂程度也不断提升的挑战。总结 21 世纪以来建成的一些典型工程项目，可以发现它们具有下列几个显著特点：

（1）工程项目立项影响因素多、决策复杂、论证过程历时长。最著名的是长江三峡工程、南水北调工程和港珠澳大桥工程，从项目提出到开工建设历时几十年。

长江三峡工程位于湖北宜昌市境内的长江西陵峡段，是世界上规模最大的水利水电工程。该工程项目经 40 多年论证，于 1994 年正式开工，2003 年第一台机组发电，2012 年最后一台机组投产发电。长江三峡工程，大坝高程 185.00m，蓄水水位 175.00m，防洪库容 221.5 亿 m^3，水库调洪可削减洪峰流量达 27000~33000m^3/s，属世界水利工程之最；安装 32 台 700MW 和 2 台 50MW 水轮发电机组，装机总容量达到 22500MW，成为全世界最大的水力发电站和清洁能源生产基地。该工程的建成大大缓解了长江中下游地区防洪压力，缓解了上海、江苏等地用电紧张的局面。

南水北调工程是我国为缓解华北地区水资源短缺而实施的战略性工程，分东、中、西 3 条线路，已建成的为中线和东线工程（一期），其中，东线工程（一期）起点位于江苏扬州江都水利枢纽，供水区域为山东、河北和天津等省（直辖市）；中线工程起点位于湖北汉江上游的丹江口水库，供水区域为河南、河北、北京和天津 4 个省、直辖市。经 50 多年的方案比较与论证，中线和东线（一期）工程分别于 2002 年、2003 年才正式开工建设，并分别于在 2013 年、2014 年正式通水。

港珠澳大桥工程是连接香港、珠海、澳门的超大型跨海通道，全长 55km。1983 年，香港商人及建筑师胡应湘先生率先提出兴建连接香港与珠海的跨境

大桥；1987年珠海市政府开始酝酿开辟珠港跨海通道；2002年香港特区政府向中央政府提出了修建港珠澳大桥的建议；直到2009年年底，工程才正式开工建设，2017年年底具备通车条件；2018年10月正式通车。港珠澳大桥"海中桥隧"长35.578km，按6车道高速公路标准建设，设计行车时速100km。

（2）工程项目投资规模大。新时代的工程项目，特别是重大工程项目，投资规模巨大，长江三峡工程，静态投资达1350亿元人民币；南水北调东、中线工程概算投资约1010亿元，其中东线420亿元，中线590亿元；港珠澳大桥工程造价超过720亿元人民币，由中央以及粤港澳三地政府共同出资兴建。从2014年到2020年，国家计划投资建设172项重大水利工程项目，其中，规模较小的重庆市南川金佛山水利枢纽工程，概算投资20.4亿元；规模较大的引江济淮工程，其工程估算总投资912.7亿元（包括安徽省和河南省两段）。

（3）工程项目技术复杂。许多工程项目建设条件十分恶劣，对建设技术提出高要求。

港珠澳大桥的"海中桥隧"，其中"隧"为6.7km的海底深埋沉管隧道，由33节长约180m、每节排水量达8万t的巨型沉管和1个合龙段最终接头组成，最大安装水深超过40m。海底隧道基槽、碎石基床铺设；巨型沉管的加工、制作，以及运输和对接施工过程中，要求管身不裂缝，管节对接后不脱落，这些均是世界级难题。最后被建设者们攻克，高质量地建成了国内首条外海沉管隧道，也是当今世界上埋深最大、综合技术难度最高的沉管隧道。

我国西南地区的公路、铁路桥梁工程项目技术复杂。高速公路北盘江大桥，跨越云贵两省交界的北盘江大峡谷，全长1341.4m，桥面到谷底垂直高度565.0m，比国外的最高桥梁巴布亚新几内亚海吉焦峡谷大桥（管道桥）高出近100m；高铁南盘江特大桥全长852m，主桥单跨416m，比著名的美国胡佛水坝公路大桥长87m，桥面凌空高出江面270m。在数百米高桥墩建设中，大体积混凝土温度控制、施工监控等成为这类工程建设的关键技术。

（4）工程项目管理要求高。工程项目管理包括项目立项的管理和项目实施的管理。现代经济社会发展，对工程项目提出更高要求，包括工程功能要求和对生态环境影响控制的要求。如何用最小的投资或成本最大限度满足这些要求，是工程项目立项决策要解决的问题；而工程项目立项后，如何实现工程项目目标，这对工程项目管理者的挑战。一方面，现代工程项目技术越来越复杂、项目技术风险越来越大，这对项目实施过程的协调、控制精准程度的要求在不断升级；另一方面，随着经济社会发展，对工程项目功能和质量的要求均在升级，加之市场的波动，对工程项目目标的实现也构成威胁。这两方面均要求工程项目管理要与时俱进，不断提升水平。

(二) 工程项目对我国经济社会发展产生的重要作用

(1) 大规模工程项目的实施，彻底改变了电力供应、交通运输等基础设施落后状态，为工农业生产的可持续发展插上了翅膀。长江三峡工程是中国西电东送工程中线的巨型电源点，所发的电力主要售予华中电网的湖北省、河南省、湖南省、江西省、重庆市，华东电网的上海市、江苏省、浙江省、安徽省，以及南方电网的广东省，缓解了我国电力供应的紧张局面。自2003年以来，我国公路建设取得了高速发展，至2019年年底，全国公路总里程达501.25万km，高速公路总里程14.96万km，形成了四通八达的密集网络；高速铁路建设已初步形成网络，其建设水平、运行里程为世界第一，已经成为中国走向世界的一张名片。电力、交通等基础设施的发展有力地促进了我国工业、农业、商业等的可持续发展和高速增长。

(2) 由工程项目而派生的建筑业是国民经济的重要组成部分。建筑业所完成的产值在社会总产值中占有相当比重，所创造的价值也是国民收入的重要组成部分。建筑业是国民经济的支柱产业。2019年我国建筑业总产值突破24.84万亿元；2019年度国内生产总值99.09万亿元，显然，我国建筑业总产值占国内生产总值的25.07%。

(3) 由工程项目而派生的建筑业，通过吸收大量的物料或中间产品带动其他相关部门的发展。建筑业对带动相关产业的影响较大，促进了建材、冶金、有色、化工、轻工、电子、森工和运输等50多个相关产业的发展。建筑业物资消耗占全国各业的总消耗量的比例很高，分别占钢材的25%、木材的40%、水泥的70%、玻璃的76%、塑料的25%，运输量的28%，建筑业能够吸收国民经济各部门大量的物质产品，建筑生产可以带动许多相关部门生产的发展。据统计，仅房屋工程所需要的建筑材料就有76大类、2500多个规格、1800多个品种，包括建筑材料、冶金、化工、森工、机械、仪表、纺织、轻工、粮食等几十个物质生产部门。

(4) 由工程项目而派生的建筑业，能够容纳大量劳动力，是重要的劳动就业部门。我国建筑业目前仍是劳动密集型部门，能容纳大量的就业人员，成为主要的就业部门，在整个国民经济就业人数的构成中占有较大的比例，尤其是为农村的剩余劳动力提供了一条简单的就业途径，为缓解我国的就业压力做出了贡献。

二、工程项目管理的产生与发展

(一) 工程项目管理的产生

有工程项目就存在管理问题。在这种意义上，可以认为工程项目管理是一种古老的人类生产实践活动。然而，工程项目管理真正成为一门学科却是20

世纪 50 年代以后的事。

工程建设方面，20 世纪 50 年代前后，大型工程项目开始出现，国际承包事业大力发展，竞争非常激烈；在科学和军事等方面，复杂的科研、军事和航天项目大量涌现。这些使人们认识到，由于项目的一次性和约束条件的不确定性，要取得成功，必须引进科学的管理方法，加强管理，于是项目管理科学作为一种客观要求被提了出来。

从理论准备来看，第二次世界大战以后，科学管理方法大量出现，逐渐形成了管理科学体系，并被广泛应用于生产和管理实践，如系统论、控制论、组织论、预测技术、网络计划技术、数理统计理论等均已发展成熟，在生产管理实践中取得了很大成功，产生了巨大效益。特别是 20 世纪 50 年代末产生的网络计划技术，应用于项目管理后取得了理想效果，引起世界性的轰动。

生产实践的客观需要和管理科学理论体系的逐步形成，使人们顺理成章地将两者结合起来，并进一步系统化，使工程项目管理越来越具有科学性，终于作为一门学科而迅速发展，跻身于管理科学的殿堂。

从 20 世纪 60 年代开始，国际上对项目管理的研究和应用普遍展开，两大国际性组织——美国项目管理协会（Project Management Institute，PMI）和国际项目管理协会（International Project Management Association，IPMA）的出现，以及其他一些国家的项目管理协会相继建立，标志着项目管理得到了普遍发展，这些组织建立的同时也促进了项目管理的进一步发展。早期项目管理理论的研究和应用主要在军事和建设工程领域。建设工程领域的应用便形成工程项目管理。

（二）工程项目管理的发展

在世界范围内，工程项目管理学科在实践中不断发展和提高。主要表现在：

（1）工程项目发包方式方面，在传统的设计—招标—施工（Design Bid Build，DBB）方式的基础上，根据业主的需求和不同建设环境，相继出现了设计—施工总包（Design Build，DB；Engineering，Procurement and Construction，EPC）和 CM at risk 等多种发包方式，使不同条件下的工程项目发包更加科学和合理。

（2）工程项目业主方管理方式方面，在传统自主管理方式的基础上，出现了委托管理方式，如项目管理（Project Management，PM）和 CM agency 等。

（3）工程建设合同方面，建设合同条件研究和应用水平的不断提高，标准化合同条件的广泛应用，促进建设管理水平的不断提升。如国际咨询工程师联合会（Fédération Internationale DesIngénieurs - Conseils，FIDIC）在 20 世纪 70 年代制定和颁布了《土木工程施工合同条件》等合同条件，这些合同条件在国际工程中被广泛使用,并在应用中不断完善,目前已修订5次。世界许多国家也有自己的标准化建设合同,这有力地促进了工程项目管理水平的提高。

(4) 在工程项目管理技术应用方面,随着计算机技术及整个信息技术(Information Technology,IT)的高速发展,管理学科的技术在工程项目管理领域得到了较好应用。如20世纪50年代出现的网络计划技术,手工条件下其在大型工程上的应用较为困难,但借助于计算机后,网络计划技术在大型工程项目上的应用变得相当简单。目前,利用计算机辅助工程项目管理已相当普遍,促使工程项目管理的效率大大提高,并促进了工程项目管理的标准化和规范化。

(5) 工程项目管理职业化。工程项目管理人员,包括咨询工程师、工程师/监理工程师、造价工程师、工程建造师等组成了一支以工程项目管理为职业的队伍,他们依靠自己的专业知识、技能和经验立足于社会、服务于社会。他们活跃在工程项目管理实践的第一线,促进着工程项目管理学科的发展。

(三) 工程项目管理在我国的兴起和发展

我国工程项目管理实践的历史非常悠久,如修建举世闻名的万里长城、京杭运河、都江堰、故宫等工程。然而,真正将工程项目管理上升到理论与科学的层次也是近代的事。

20世纪60年代中期,我国老一代科学家华罗庚、钱学森等就开始致力于推广和应用项目管理的理论和方法。如在20世纪60年代研制战略导弹武器系统时,就引进了计划评审技术(Program Evaluation and Review Technique,PERT)。华罗庚教授还深入工程建设第一线推广应用PERT。

我国工程项目管理理论研究和应用从20世纪80年代开始进入一个新阶段。随着改革开放和社会主义市场经济体制的确立,与社会主义市场经济相适应,并逐步和国际惯例接轨的建设项目管理体制得到推行,工程项目管理的研究和教学活动蓬勃兴起。

1983年,我国云南鲁布革水电站引水工程按照国际惯例进行国际招标,实行项目管理,取得了缩短工程建设工期、降低工程建设造价的显著效果。国家建设部等5部委对其进行了经验总结,形成了著名的鲁布革工程项目管理经验,并在全国推广应用。此后,招标承包制在我国普遍推行,把竞争机制引入工程项目建设,收到较好的效果。

在20世纪80年代后期,为进一步和国际惯例接轨,完善招标承包制,加强承发包合同管理,我国继而普遍推行了工程建设监理制,使工程项目管理体制进一步完善。20世纪在建设领域先是提出了项目业主责任制,以适应社会主义市场经济体制,转换工程项目投资经营机制,提高投资效益。在这一基础上,此后又提出了建设项目法人责任制,对项目业主责任制作了进一步完善。

到 20 世纪末，我国工程建设领域广泛推行的"三项制度"（将其中招标投标与合同管理分别考虑时，也称"四项制度"），逐步与社会主义市场经济体制的发展要求相适应，和国际惯例基本接轨。"三项制度"的主要内容如下：

（1）建设项目法人责任制。建设项目法人责任制要求项目法人对建设项目的策划、资金筹措、建设实施、生产经营、债务偿还和资产的增值保值，实行全过程负责。实行建设项目法人责任制后，在建设项目管理上要形成这样一种新型的建设管理模式：以项目法人为主体，项目法人向国家和投资各方负责；咨询、设计、监理、施工、物资供应等单位通过投标或接受委托，以合同为纽带，向项目法人提供服务或承包工程施工。

（2）招标投标与合同管理制。招标投标制是在市场经济体制下，工程建设领域分配建设任务的、具有竞争性的交易方式。实行招标投标制是发展社会主义市场经济的客观需要，它可促使建设市场各主体之间进行公平交易、平等竞争，以确保建设项目目标的实现。通过招标投标确定工程承包人，并用合同明确发包方与承包方的责任、权利和义务。这是市场经济环境下的一种必然，即工程招标投标后，采用合同管理机制进行工程交易是一种必然。

（3）工程建设监理制。建设监理制是实行工程项目招标，用合同的形式来连接项目法人和施工承包人关系的客观要求。目前，它主要由项目法人通过招标或委托的方式选择一家具有监理资质的法人对施工合同进行管理。实行建设监理制，可促进建设项目管理的社会化和专业化，及时解决施工合同履行过程中产生的矛盾和争端，促进项目管理水平的提高。

进入 21 世纪，我国工程项目管理又有新的发展。国际上新颖的工程项目管理模式逐步受到国人的重视，得到较多的研究和应用，并结合我国实际有所发展。工程项目管理新技术的开发、研究与应用也广泛展开，例如，全过程工程咨询的发展、BIM（Building Information Modeling）技术的广泛应用，这些均使我国工程建设管理领域出现勃勃生机。

三、工程项目管理课程的内容、特点和学习要点

（一）工程项目管理课程的主要内容

工程项目管理包括项目立项和实施两个阶段的管理，其中实施阶段管理，在市场经济条件下，主要包括项目招投标、发包方的项目治理和承包方的项目管理。

（1）工程项目立项管理，一般是以工程项目需求方或项目投资方为主体，并涉及政府相关部门的管理。主要内容包括：工程项目目标和方案初步分析，并形成项目建议书或投资机会研究报告；项目可行性研究，是在项目目标和方案初步研究，且认为项目基本可行的基础上，对项目及其建设条件，在技术、

经济和环境影响等方面展开深入研究，对项目是否立项进行初步决策；若初步计划实施项目，则上报政府投资管理部门审批、核准或备案，必要时需组织项目国民经济影响、环境影响等方面的评价。

(2) 工程项目招投标管理。一般由工程项目投资方或委托/设立的建设单位为工程招标人，建筑企业为投标人。在市场经济环境下，工程项目交易一般采用招标方式选择交易对象，即承包人，并确定工程交易合同（包括工程价格）。工程招投标管理涉及工程招标方和投标方。工程招标方的主要管理内容包括：工程交易规划、工程招标文件编制、工程招标投标组织、工程评标和决标等；工程投标方的主要管理内容包括：工程投标组织、投标决策、申请资格预审、编制投标文件（包括报价）等。

(3) 工程业主方/发包方的项目管理和治理。业主方除了做好工程项目的立项和实施计划等管理工作外，其重要任务是通过工程招标，确定工程承包方和工程合同价，并依据合同对工程实施，即对工程交易进行监管。工程招标仅是工程交易的开始，工程实质性的交易是在此后工程项目的实施过程中，即工程项目交易具有"边实施、边交易"的特性。由于工程交易合同具有不完全性，以及工程承包方总是以利润最大化为追求目标，因此就出现了工程交易治理或项目治理的概念。业主方/发包方项目治理的主要依据是工程合同；治理对象是承包方；治理组织，经常是委托第三方（监理工程师或建筑师）对项目进行监管；治理基本机制包括监督和激励；第三方监管的具体方法包括：现场记录、下达指令文件、旁站监督、巡视检验、跟踪或平行检测等。

(4) 工程承包方的项目管理。投标人通过工程投标，一旦中标，就成为工程项目承包方，接下来的任务是按工程合同规定要求实施合同范围内工程项目。工程承包方项目管理的内容包括：合同范围内项目整体管理（包括确定项目目标、项目组织、项目总计划等）、项目进度管理、项目质量管理、项目成本管理、项目采购与分包管理、项目风险管理，以及项目健康、安全与环境管理等。

(二) 工程项目管理课程的特点

(1) 工程项目管理课程涵盖内容丰富。工程项目存在各种类型，而不同类型的项目在管理上也存在较大差异，例如，按工程项目经济属性，可将其分为公益性项目和经营性项目，而对于这两类工程项目，不论在立项过程，还是项目管理组织方面均存在较大差异，有必要分别介绍。又如，在市场经济条件下，一个工程项目的实施，其参与主体至少有两方：一方是工程的发包方（投资人或其委托/组建的建设单位），另一方是工程的承包方。其中，工程承包方是具体建造/生产工程产品者，而工程发包方的主要任务是按工程合同对承包方进行监管，并向承包方支付工程款项。目前在工程实施中，常将工程发包方的行为也称为工程项目管理。事实上，工程发包方的这种管理与工程承包方的项目管理存在本质的差别，其相关知识点有必要在工程项目管理课程中详细介绍。

（2）工程项目管理课程内容相关性强。工程项目管理涉及项目立项和项目实施相对独立的两个阶段的管理。然而，实施阶段的管理总是以立项的成果作为依据的。这是工程项目较为宏观层面的相关性。在工程项目管理课程中，一般设有工程项目招标和工程项目投标两章或两节，分别介绍它们的知识点。但事实上，工程项目招投标过程是工程招标方和投标方两主体互动或博弈的过程，这两部分章节的内容难以分割。工程合同管理也有同样的问题，目前许多著作基本上是在介绍工程发包方的合同管理。事实上，工程承包方也在考虑如何通过加强合同管理，以获取更多收益和利润。因此，工程项目管理课程内容相互交织，有必要通过系统学习才能掌握。

（3）绝大多数设有工程管理与工程造价专业的院校，基本均开设工程项目管理课程。一般认为该课程是专业教学的龙头课程，起着引领其他专业课程的作用。然而该课程又有内容丰富、相关内容联系紧密等特点。如何安排本课程的教学？如何处理好与其他专业课程的关系？笔者在总结多年教学实践，并在征求相关同行专家意见的基础上，提出两点建议：一是希望本课程能覆盖工程项目管理所涉及的项目立项和实施管理，以及项目实施中工程发包方和承包方的项目管理或治理的主要内容，并作系统介绍；二是在教材篇幅和学时有限的条件下，各部分内容安排详略适度。对工程项目管理的核心、重点内容，如工程项目估价、工程项目合同管理等，在本课程仅作简要介绍，甚至仅简要介绍概念；对工程项目管理中的一般内容，并无后续课程介绍者，如工程项目立项的相关内容，则在本课程作具体介绍。

（三）工程项目管理课程的学习要点

（1）工程项目管理课程内容相当繁杂，要抓住主线去学习。工程项目管理分为立项和实施两个阶段；在工程实施阶段又分为工程交易及其治理，以及工程承包方的项目管理两部分，并形成3大块知识体系。每块知识体系有其自身的理论基础和内在逻辑；每块知识的应用有其独立性，也有内在的联系。

（2）工程项目管理课程概念很多，有些概念边界并不十分清晰，要求学习过程中系统把握。如项目管理、项目治理、项目控制等概念可能边界不是十分清晰，应在学习时进一步确定：它们的主体是什么？客体是什么？在什么环境下提及这些概念？明确了这些问题，对上述相近的概念就容易把握了。

（3）工程项目管理课程涉及的基础理论或知识点较多，首先要选修相关课程，这些课程包括工程技术、管理学、经济学、系统科学/运筹学和法律基础等。因此，学习本课程前，希望对这些基础理论或知识点进行系统学习。当然，在这些内容十分丰富的基础理论或知识点中，可选择一些与工程项目管理密切的内容学习，例如：对工程技术，课程主要涉及工程结构和工程施工；对经济学，课程主要涉及工程经济；对系统科学，课程主要涉及图论和决策理论等。

（4）基于工程项目管理课程的内容和特点，学习时应着眼于掌握基本概念、基本原理、基本方法，结合每章前面的知识要点、学习要求，以及每章后面的思考和练习题，对课程内容进行归纳、总结，并通过后续的课程设计、毕业设计等实践环节，有效地掌握工程项目管理课程的内容。

第一章 工程项目及其管理

本章知识要点与学习要求

序号	知识要点	学习要求
1	工程项目的相关概念	掌握
2	工程项目的特殊性与系统性	掌握
3	工程项目生命期与建设程序	熟悉
4	工程项目利益相关方及其主要任务	熟悉
5	建设企业资质标准	了解
6	工程项目管理与治理概念	掌握
7	工程项目管理主要过程体系	熟悉
8	工程项目管理知识体系框架	了解

第一节 工程、项目与工程项目

一、工程与项目

在现代经济社会生活中,"工程"和"项目"两个词的内涵均十分丰富。

1. 什么是工程

18世纪,欧洲创造了"工程"一词,其本来含义是有关兵器制造、具有军事目的的各项劳作,后扩展到许多领域,如建筑楼宇、架桥修路、制造机器等。

在现代经济社会发展中,"工程"一词被广泛应用于各个领域,内涵更为丰富,《大不列颠百科全书》、美国国家工程院(NAE)、我国的《辞海》,以及我国学者刘怀人等均对"工程"有过定义,但至今没有完全统一。一般认为,工程有以下3种不同解释:

(1) 人们将自然科学的原理应用到工农业生产各部门中去,从而形成的各学科的总称,即工程(engineering)。如土木工程、水利工程、生物工程、软件工程等。

(2) 人们为满足经济社会发展需要,有效地利用资源而开展的造物(人造自然)活动,并得到的"人造自然",即建设工程(construction project),如住宅小区、摩天大楼、高速公路、水电站等。但对建成的工程，如长江三峡工程等，是指已经建成的一系列建筑实体。

(3) 为实现特定目标，或提供特定产品或成果，科学投入人力物力而开展的一次工作或做出的临时努力。如"希望工程"，其是团中央、中国青少年发展基金会于1989年发起的以救助贫困地区失学少年儿童为目的的一项公益事业，其宗旨是建设希望小学、资助贫困地区失学儿童重返校园、改善农村办学条件。此处"工程"的内涵与项目一致。

2. 什么是项目

与工程类似，项目（project）一词在现代社会中也被广泛应用，而不同领域、不同组织、规范或标准对"项目"的定义也存在一定的差异。

(1) 德国国家标准DIN 69901认为，项目是指在总体上符合下列条件的唯一任务（计划）：具有预定的目标；具有时间、财务、人力和其他限制条件；具有专门的组织。

(2) 美国项目管理协会（PMI）认为，项目是为提供某项独特产品、服务或成果所做的临时性努力。

(3)《项目管理指南》（ISO 21500：2012）将项目定义为：一组独特的过程，其组成包括带有起止日期的、受协调和控制的活动，这些活动的实施用于实现该过程要达到的目标，并受到时间、成本和资源约束条件。

不同组织或标准对项目有不完全相同的定义，但项目的基本要点（可能是隐含的）是类似的，包括：

(1) 项目应有专门的组织或主体去实施。

(2) 项目应具有预定的目标。

(3) 项目的实施会受到某些条件制约。

二、工程项目

1. 什么是工程项目

比较"工程"与"项目"这两词的内涵可以发现，"工程"有一种内涵与项目类似，而本书中的"工程"是指造物活动，其中物为"人造自然"，即建设或建造"人造自然"的活动。因此，工程项目也称建设工程项目（construction project）。

我国的《建设工程项目管理规范》（GB/T 50326—2017）将工程项目定义为：完成依法立项的新建、扩建、改建工程而进行的、有起止日期的、达到规定要求的一组相互关联的受控活动，包括策划、勘察、设计、采购、施工、试运行、竣工验收和考核评价等阶段。该定义的特点：一是针对整个工程项目；二是从工程项目投资人的视角出发。事实上，工程项目参与方通常很多，相关参与方可能仅完成整个项目的某一方面或某一部分，他们在完成工程项目的过程中，也存在管理的问题。因而，本定义适用性较窄，并不完全适用于投资方以外的项目各参与方。

本书将"工程项目"定义为：为满足经济社会发展需要，而建造"人造自然"（或某一方面，或某一部分）所做的一次性努力，其中：

（1）经济社会发展需要，包括满足交通运输的需要，一般修建路桥、航道等；满足改善人们住房和办公条件的需要，一般修建住宅楼、办公楼；利用水能并满足提升河道防洪能力的需求，则修建水库大坝和水电站等。

（2）"人造自然"是指修建工程建筑后改变了原有自然环境，不论是修建路桥、电站，还是修建水坝，这种对原有自然环境的改变总是存在的。实施工程项目，除产生有利于经济社会发展的功能和作用外，一般对原有自然环境的改变也可能对经济社会发展产生不利的影响。这是建设工程项目需要经过可行性研究或可行性论证的问题之一。"人造自然"的某一方面，可能是工程的设计，也可能是工程的施工等；"人造自然"某一部分，即"人造自然"的某一组成部分。

（3）一次性是指每个工程项目（或某一部分）均有它们的开始和结束，当工程项目的目的已经达到，或者已经清楚地看到该目的不会或不可能达到时，或者该工程项目的必要性已不复存在并已终止时，该工程项目即达到了它的终点。一次性是指工程项目实施过程的一次性，但并不意味着时间短，大型工程项目一般要实施多年；一次性也并不意味着工程项目实施的结果是临时的，刚好相反，实施工程项目所得的成果一般要运行或使用几十年，甚至超过百年。例如，北京的人民大会堂等地标建筑，以及武汉长江大桥已经使用了约 60 年，目前还在健康运行，估计再继续运行几十年都没有问题。

2. 工程项目与工程及项目的联系

工程项目中的"工程"体现了工程内涵中的一种意思，即建设"人造自然"的活动；工程项目中的"项目"仅是众多项目中的一种，即以建设"人造自然"为目标的一次性活动。这一活动需要专门的组织去完成，并受到建设资源、建设环境等的限制。

三、工程项目的特殊性与系统性

（一）工程项目的特殊性

1. 工程项目实施与企业生产运作或营运的区别

人类的生产活动可分为两大类：一类是在相对封闭和确定环境下所开展的重复性、持续性的活动或工作，像企业定型产品的生产与销售，铁路、公路客运系统的经营与运行，影院、宾馆的日常营业，等等。通常人们将这种活动或工作称为生产运作或营运（operation）。另一类生产活动是在相对开放和不确定的环境下开展的，具有独特性、一次性的活动或工作，即项目，以构造"人造自然"

为目的项目，即为工程项目。这两种不同的生产活动或工作虽然创造的都是一定的产品和服务，但是它们之间有本质的区别，主要体现在下列几个方面。

（1）工作性质与内容的区别。在一般生产运作或营运中存在着大量不断重复的常规性工作或劳动，而项目中则存在较多创新性的一次性工作或劳动。因为生产运作或营运工作通常是不断重复、周而复始的，所以其工作基本上是重复进行的常规作业，而每个项目都是独具特色的，其中很多工作都是开创性的。

（2）工作环境与方式的区别。一般生产运作或营运的环境是相对封闭和相对确定的，而工程项目的环境是相对开放和不确定的。生产运作或营运工作中很大一部分是在组织内部开展的，且其营运环境是相对封闭的，如企业的生产活动主要是在企业内部完成。同时，营运中即使涉及外部环境，这种外部环境也是相对确定的，例如，企业某种产品的销售多数是在一种相对确定的环境中开展的，市场环境虽然会有一些变化和竞争，但相对而言还是比较确定的。相反，项目工作基本上是在组织外部环境下开展的，所以其工作环境是相对开放的，如：工程项目大多是露天作业，新产品研制项目主要是针对外部市场新的需求开发的。

（3）组织与管理上的区别。由于营运工作是重复的，且相对确定的，所以一般生产运作或营运工作的组织是相对不变、相对持久的，生产运作或营运的组织形式基本上是分部门、成体系的。由于项目是一次性的、相对不确定的，所以一般项目的组织是相对变化的、相对临时的，项目组织形式多数也是团队性的。

（4）所得成果或产品的区别。一般生产运作或营运所得成果是较为定型的产品或服务，如某企业生产的某型号电视机或汽车一般是定型的，生产也是批量的，而不仅限于生产一件或几件产品；但完成一个项目最后得到的成果具有单件性的特点，即一个工程项目最终只能得出一个成果，而且这个成果与其他工程项目的成果都不同。

2. 工程项目特殊性的表现形式

除了具有一般项目所共有的整体性、目的性、一次性和被限制性等特点外，工程项目还有其特殊性，主要表现在工程项目实体的特殊性和工程项目建设过程的特殊性两方面。

（1）工程项目实体的特殊性。主要表现为：工程项目实体体形庞大、工程项目实体在空间上的固定性和工程项目实体的单件性，即工程项目实体存在千差万别的单件性，几乎不可能完全相同。

（2）工程项目建设过程的特殊性。主要表现为：建设周期长，即一般工程项目实施需要用几个月，重大工程的建设期可能需要3～5年，甚至更长；建设过程的连续性和协作性，即工程建设的各阶段、各环节、各参与方、各项工作必须按照统一的建设计划有机地组织起来，在时间上不间断，在空间上不脱节，使建设工作有条不紊地进行；建设过程的流动性，即一个工程项目建成后，建设者和施工机具便要转移到另一个项目的工地上，在同一建设工地上，一个工种（或作业）在某一作业面完成后撤退下来，转移到另一作业面，同时开始后续工种施工。

（3）受建设环境影响大。工程项目建设一般只能露天作业，受水文、气象等因素影响较大；工程项目建设地点的选择常受到地形、地貌、地质等多种复杂因素的制约；建设过程所使用的建筑材料、施工机具等的价格受工程所在地物价等因素的制约，工程项目投资控制问题也较复杂。总而言之，工程建设受到的制约因素较多。

（4）工程项目实施或生产过程与交易过程相交织。在市场经济环境下，工程项目普遍采用承发包交易方式实施，其交易特点是先订货后生产，工程交易过程与生产过程相交织。

(二) 工程项目的系统性

系统性，也称为整体性，在管理视角下，它要求以系统或整体目标的优化为出发点，协调系统中各子系统的相互关系，使系统完整、平衡，以实现系统效能或收益最大化，或消耗成本最小化。工程项目最基本的系统性体现在工程项目成果的系统性和项目实施过程的系统性。

1. 工程项目成果的系统性

工程项目经实施最后形成的工程项目成果或工程实体，如一座大桥、一座水电站或一幢大楼，为了实现既定的功能目标，十分强调系统性。

[案例1-1] 港珠澳大桥主要组成

图1-1为港珠澳大桥（中国境内连接香港、珠海和澳门的跨海大桥）的远眺图片。该大桥于2009年12月动工建设；2018年2月完成主体工程验收，同年10月24日开通运营；桥面为双向六车道高速公路，设计速度为100km/h。

图1-1 港珠澳大桥一段：通航桥

港珠澳大桥东起香港国际机场附近的香港口岸人工岛，向西横跨南海伶仃洋水域接珠海和澳门人工岛，止于珠海洪湾立交；桥隧全长55km。该大桥主要包括3座通航桥、1条海底隧道、4座人工岛及连接桥隧、深浅水区非通航孔连续梁式桥和港珠澳三地陆路联络线。其中，3座通航桥从东向西依次为青州航道桥、江海直达船航道桥以及九洲航道桥；海底隧道位于香港大屿山岛与青州航道桥之间，通过东西人工岛接其他桥段；深浅水区非通航孔连续梁式桥分别位于近香港水域与近珠海水域之中；三地口岸及其人工岛位于两端引桥附近，通过连接线接驳周边主要公路。这些部分构成一个完整的系统，将港珠澳三地连在一起，便利三地的交通。

[案例1-2] 某软件园主要组成

图1-2为建成后的某软件园各部分组成图。各部分相互配套，形成了一个能满足生产、生活等多种功能需要，完整而系统的园区。

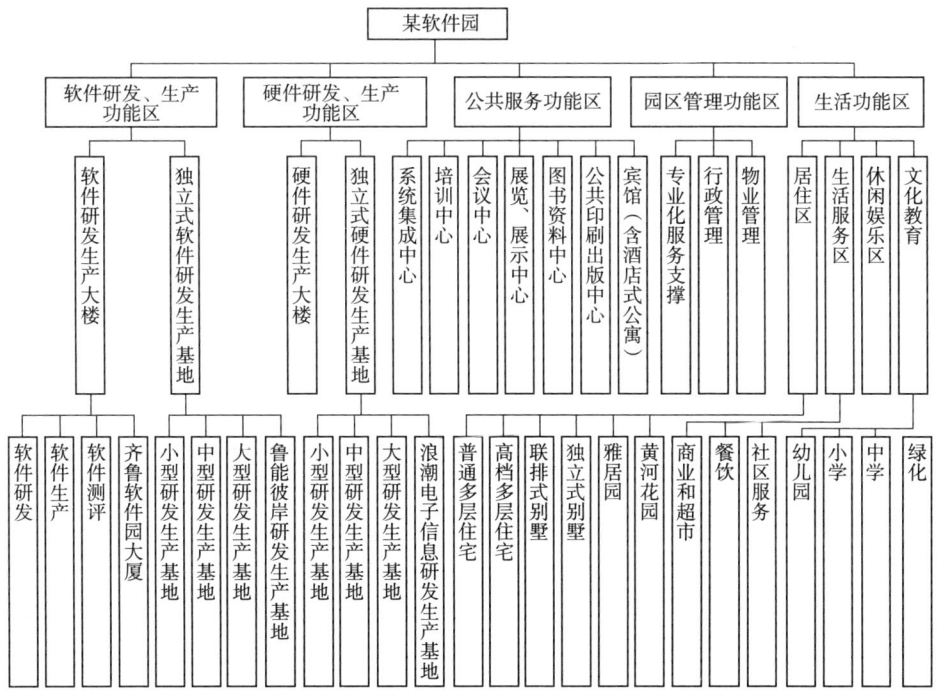

图1-2　建成后的某软件园各部分组成图

2. 工程项目实施过程的系统性

(1) 工程建设过程宏观层面的系统性。工程建设一般要经历规划（可行性研究)、设计、施工这样一个过程,这是被实践证明的工程建设的规律性。

(2) 工程建设过程微观层面的系统性。不论什么工程总是先基础,后上部结构,从下而上,不可能产生空中楼阁;先外部结构,后设备安装和内部装饰装修。此外,工程施工要满足施工工艺的要求,如混凝土工程施工,一般是先混凝土相关物料准备、模板架设,然后是混凝土拌和、运输、入仓浇筑,最后是养护等施工活动。

上述系统安排一般要求满足工程实施组织的要求,以及施工技术与工艺的要求。

四、工程项目的分类和分解

(一) 工程项目的分类

同一工程项目,参与建设的各方经常赋予其不同的名称。投资方或政府部门常称工程项目为建设项目;设计者称所设计的工程项目为设计项目;工程监理称所监理的工程项目为监理项目;工程咨询称所咨询的工程项目为咨询项目。投资方或政府部门通常对建设项目做下列分类。

(1) 按行业构成、投资用途分类。据此,建设项目可分为生产性建设项目和非生产性建设项目。生产性建设项目是指直接用于物质生产或为了满足物质生产需要,能够形成新的生产能力的建设工程项目,如工业建设项目。非生产性建设项目是指用于满足人们物质生活和文化生活的需要,能够形成新的效益的建设工程项目,如住宅、文教、卫生和公用事业建设项目等。

(2) 按建设项目的建设性质不同分类。据此,建设项目可分为新建、扩建、恢复和迁建项目等。新建项目是指从无到有、"平地起家"建设的项目。扩建项目是指现有企业为扩大原有产品的生产能力或效益或者为增加新的品种生产能力而增建的项目。恢复项目是指企事业单位原有的建设项目,因自然灾害或人为原因使其破坏,全部或部分报废,又投资重新建设的项目。迁建项目是指现有企事业单位因改变生产布局的需要,或环境保护和安全生产以及其他特殊需要,搬迁到另外地方进行建设的项目。

(3) 按建设的总规模或总投资的大小分类。据此,建设项目可分为大型、中型及小型三类。我国对生产性建设项目和非生产性建设项目的大型、中型、小型划分标准均有规定,中央各部委对所属建设项目的大型、中型、小型的划分也有相应的具体标准。

(4) 按建设项目的建设阶段分类。一般将建设项目划分为前期工作项目、预备项目、施工项目和建成投产项目。项目建议书批准后,可行性研究报告批准前的项目称为前期工作项目。可行性研究报告批准后,开工前的项目称为预备项目；开始施工的项目称为施工项目；竣工验收后交付使用的项目称为建成投产项目。

（5）按建设项目的投入产出属性分类。据此，可将其分为经营性建设项目和公益性建设项目。经营性建设项目是指有明确投入，建成之后可用于生产经营，创造经济效益，回收投资，并取得利润的建设项目。例如，高速公路、水电站、房地产开发等。公益性建设项目是指有明确投入，建成之后能产生社会效益，但难以用于生产经营，创造经济效益的一类项目。例如，防洪工程、水土保持工程、生态环境工程等。

（二）工程项目的分解

工程项目可按工程项目最终产品的物理结构分解，也可按形成项目最终产品基本结构的工作内容或过程两个层次进行分解。

1. 按工程项目最终产品的物理结构分解

为满足工程项目管理需要，有必要按工程项目最终结果，即项目产品的物理结构，对工程项目分解（project decomposition），通过分解得到工程项目分解结构（Project Breakdown Structure，PBS）。工程项目一般分解为单项工程、单位工程、分部工程和分项工程等。

（1）单项工程。单项工程是指具有独立的设计文件，可以独立施工，建成后能独立发挥生产能力或效益的工程。生产性建设项目的单项工程，一般是指能独立生产的车间、设计规定的主要产品生产线等；非生产性建设项目的单项工程，是指工程项目中能够发挥设计规定的主要效益的各个独立工程，如办公楼、住宅、电影院、图书馆、食堂等。单项工程是工程项目的组成部分，它包括建筑工程、设备及安装工程、其他工程等。单项工程由若干个单位工程组成。

（2）单位工程。单位工程是指具有独立设计文件，可以独立组织施工，但完成后不能独立发挥效益的工程。单位工程是单项工程的组成部分。如某车间是一个单项工程，则车间的建筑工程（即厂房建筑）就是一个单位工程。又如该车间的设备安装也是一个单位工程。此外还有电器照明工程（包括室内外照明设备安装、线路铺设、变电与配电设备的安装工程）、工业管道工程（如蒸汽、压缩空气、煤气、输油管道铺设工程）等。每一个单位工程本身又是由许多结构更小的部分组成。因此，对单位工程还可以按工程的结构、部件、甚至更细小的部分，进一步分解为分部工程和分项工程。

（3）分部工程。分部工程是单位工程的组成部分，它是按工程部位或工种的不同而做出的分类。如建筑工程中的一般土建工程，按照不同的部位、工种和不同的材料结构，大致可以分为土石方工程、基础工程、砖石工程、混凝土及钢筋混凝土工程、木结构、木装修工程等，其中的每一部分即为分部工程。

在分部工程中影响工料消耗大小的因素仍然很多。例如，同样都是土方，由于土壤类别（如普通土、坚土、砂砾坚土）不同，则每一单位土方工程所消耗的工料有所差别。因此，还必须把分部工程按照不同的施工方法、不同的材料、不同的规格等做进一步分解。

（4）分项工程。分项工程是分部工程的组成部分，是工程项目产品的基本单元。分项工程是通过较为简单的施工过程就能生产出来，并且可以用适当的计量单位，计算工料消耗的最基本构造因素。例如，砖石工程按工程部位，划分为内墙、外墙等分项工程；钢筋混凝土工程可划分为模板、钢筋、混凝土等分项工程；一般墙基工程可划分为开挖基槽、垫层、基础灌浇混凝土、防潮等分项工程。

水利水电施工工程质量验收中，将分部工程分解为单元工程，而不是分项工程。单元工程一般是依据设计结构、施工部署或质量考核要求，把建筑物分成若干层、块、段来确定的。它是若干工序完成后的综合体，是日常质量考核的基本单位。

[案例1-3] 水利水电工程项目分解

某水电站工程项目分解结构如图1-3所示。

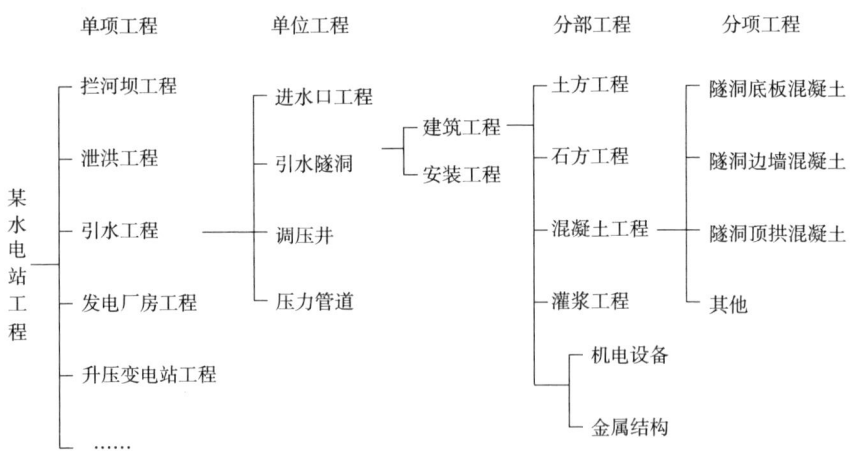

图1-3 某水电站工程项目分解结构图

[解析] （1）这是一个十分典型的工程项目分解结构图。为了满足工程管理的需要，在实际工程中，有时需要将分项工程作进一步的分解。

（2）为了方便管理，通常需对项目分解结构进行编码，建立工程项目统一的编码体系。确定编码规则和方法，是项目规范化管理的基本要求，也是工程项目实行系统、信息化管理的客观要求。

[案例 1-4] 房屋建筑工程项目分解

某大楼工程项目分解结构如图 1-4 所示。

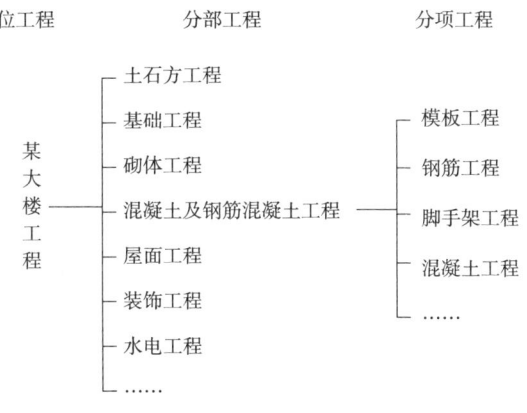

图 1-4 某大楼项目分解结构图

2. 按形成项目最终产品基本结构的工作内容或过程分解

在分项工程的基础上,将完成分项工程的工作内容或过程进行分解,可进一步形成项目的工作分解结构(Work Breakdown Structure,WBS)。如案例 1-3 中隧洞底板混凝土的工作内容(即工作分解结构)为拌制混凝土、运混凝土和输送浇筑混凝土等工作(或活动,或工序);灌浆工程可分基础灌浆工程等分项工程,而基础灌浆工程的工作分解结构为钻孔、冲洗、压水试验、制浆、灌浆、封孔等工作。

工作分解结构的构建是工程定额编制或单价分析、工程质量检验或评定,以及施工班组作业进度计划编制的基础。

第二节 工程项目生命期与一般建设程序

一、工程项目生命期

工程项目建成后,即可交付一个工程产品。而工程产品总是有寿命的终点,或是不能完成基本功能,只能报废,或是被其他产品所取代,即被淘汰。因此,工程项目存在从策划、立项、建设实施,到完建,然后交付使用、运行、报废或被淘汰的一个生命期(project cycle)。

不同类型或规模的工程项目,由于使用者对其要求不同,生命期的长短一般不同。但它们的建设过程是类似的,一般分为策划、立项、设计、施工、验收交付和运行等。

二、工程一般建设程序

我国不同行业工程建设程序略有差异，但一般可分为 7 个阶段，即项目建议书阶段、可行性研究阶段、项目设计阶段、建设准备阶段、建设实施阶段、生产准备阶段、竣工验收阶段。这 7 个阶段的关系如图 1-5 所示，其中，项目建议书和可行性研究阶段称为项目立项或投资决策阶段；项目设计以后各阶段称为项目实施阶段，对有些行业，如水利行业，项目建成运行 3～5 年后，还要求进行项目后评价。

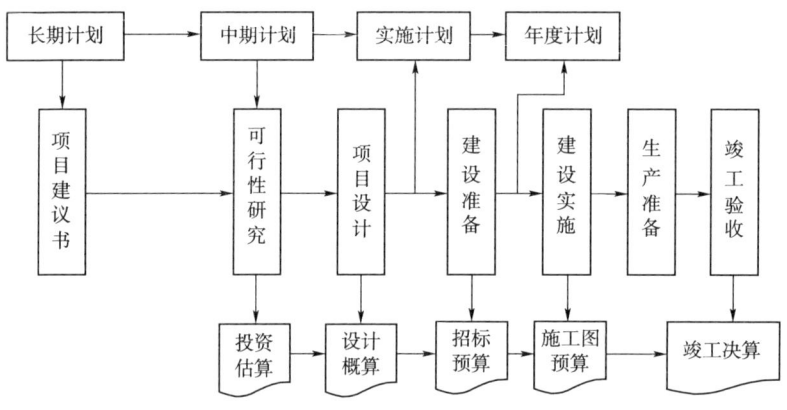

图 1-5　工程建设一般程序图

（1）项目建议书阶段，也称初步可行性研究阶段（project pre-feasibility study）或预可行性研究阶段。项目建议书是项目法人单位向国家提出的、要求建设某一工程项目的建议性文件，是对工程项目的轮廓设想，是从拟建项目的必要性和可能性加以考虑的。

（2）项目可行性研究阶段（project feasibility study）。项目建议书经批准后，应紧接着进行可行性研究。可行性研究是对工程项目在技术和经济上是否可行进行科学分析和论证的工作，是技术经济的深入论证阶段，为项目决策提供依据。可行性研究阶段最后提交的成果是可行性研究报告。经批准的可行性研究报告，是工程项目实施的依据。

（3）项目设计阶段（project design）。设计是复杂的综合性技术经济工作，设计前和设计中要进行大量的勘察调查工作，没有一定广度和深度的勘察工作，就不可能有正确的设计工作。工程设计是分阶段进行的，常分为初步设计阶段和详细设计阶段。详细设计阶段包括技术设计、招标设计和施工图设计，但技术设计、招标设计并不是每个项目所必需的。

1）初步设计。它是根据可行性研究报告的要求所做的具体实施方案。目的是论证在指定的地点、时间和投资控制数额内，拟建项目在技术上的可行性和经济上的合理性,并通过对工程项目做出的基本技术经济参数的规定,编制项目总概算。

2) 技术设计。它是对重大项目和新型特殊项目,为进一步解决某些具体技术问题,或确定某些技术方案而增加的设计,并不是每项工程所必需的。它是对初步设计阶段中无法解决而又需要进一步解决的问题进行的设计,诸如特殊工艺流程方面的试验、研究及确定;大型建筑物、构筑物某些关键部位的结构形式、工程措施等的试验、研究和确定;新型设备的试验、制作和确定等。对于一般的工程项目,较少设置专门的技术设计。

3) 招标设计。招标设计是为满足施工招标而进行的设计,并不是每项工程所必需的。它是将初步设计进一步具体化,详细定出总体布置和各建筑物的轮廓尺寸、标高、材料类型、工艺要求和技术要求等。其设计深度要求为:可以根据招标设计图较准确地计算出各种建筑材料,如水泥、砂石料、木材、钢材等的规格、品种和数量,混凝土浇筑、土石方填筑的工程量,各类工程机械、电气和永久设备安装的工程量等。招标设计过程一般编制相应招标预算,为工程施工招标服务。

4) 施工图设计。它要完整地表现建筑物外形、内部空间分割、结构体系、构造状况以及建筑群的布局和周围环境的配合,具有详细的构造尺寸。设计完的施工图经过审核,提供给承包方施工。承包方获得经过审核人施工图后,一般会编制施工图预算,以控制施工成本。

(4) 建设准备阶段(construction preparation)。建设准备的主要工作内容包括:①征地、拆迁和施工场地平整;②完成施工用水、电、路等工程;③组织设备、材料订货;④组织工程发包策划、工程招标,选定工程咨询方/承包人。该阶段工作常工程设计阶段工作存在搭接关系,如被工程设计进行到一定程度就可以开始建设的准备工程,如工程发包策划、征地拆迁等建设条件的落实。

(5) 建设实施阶段(construction execution)。工程初步设计经批准、建设条件落实和工程施工招标完成后,便进入建设实施阶段。一般开工建设的时间,是指工程项目设计文件中规定的任何一项永久性工程第一次破土开槽开始施工的日期。不需要开槽的,正式开始打桩的日期就是开工日期。铁路、公路、水库土石坝等需要进行大量土、石方工程施工的,以开始进行土、石方施工的日期作为正式开工日期。施工活动应按设计要求、合同条款、规程规范、施工组织设计进行,保证工程项目的质量目标、工期目标和投资控制目标得以实现。在建设实施阶段还要进行生产准备。生产准备是项目投产前的一项重要工作,它是连接建设和生产的桥梁,是建设转入生产经营的必要条件。

(6) 生产准备阶段 (production preparation)。生产准备主要是针对运行生产的工厂或车间项目，指工程项目在建设期间为竣工后能及时投产所做的各项准备工作，一般包括生产技术管理人员和工人的招聘、培训、生产单位组织机构的设计和管理制度的制定、生产设备的试运行或试生产等工作。

(7) 竣工验收阶段 (project acceptance)。竣工验收阶段包含两种验收：一是一个工程项目的施工合同完成后，由承包人将合同工程移交给业主方所进行的验收，常称完工验收；二是整个工程项目完工并投产后，由政府组织对工程的验收，常称竣工验收。竣工验收是建设全过程的最后一道程序，是投资成果转入生产或使用的标志，是项目业主向国家汇报工程项目的生产能力或效益、质量和交付新增固定资产的过程。竣工验收对促进工程项目及时投产，发挥投资效益及总结经验均有重要作用。

图 1-5 中，生产准备与交付使用两个环节，一般认为与工程运行有关，不作为建设阶段。

[案例 1-5] 水利工程基本建设一般程序

我国水利工程建设一般程序为项目建议书、可行性研究报告、初步设计、施工准备（包括招标设计）、建设实施、生产准备、竣工验收、项目后评价等阶段。

(1) 项目建议书阶段。项目建议书应根据国民经济和社会发展长远规划、流域综合规划、区域综合规划、专业规划，按照国家产业政策和国家有关投资建设方针进行编制，是对拟建工程项目的初步说明。项目建议书编制一般由政府委托具有相应资质的设计单位承担，并按国家现行规定向主管部门申报审批。

(2) 可行性研究报告阶段。可行性研究应对项目进行方案比较，对项目在技术上是否可行和经济上是否合理进行科学的分析和论证。经过批准的可行性研究报告，是项目决策和进行初步设计的依据。可行性研究报告由项目法人（或筹备机构）组织编制。可行性研究报告经批准后，不得随意修改和变更，在主要内容上有重要变动的，应经原批准机关复审同意。项目可行性报告批准后，应正式成立项目法人，并按项目法人责任制实行项目管理。

(3) 初步设计阶段。初步设计是根据批准的可行性研究报告和必要而准确的设计资料，对设计对象进行通盘研究，阐明拟建工程在技术上的可行性和经济上的合理性，规定项目的各项基本技术参数，编制项目的总概算。初步设计任务应择优选择有相应资质的设计单位承担，依照有关初步设计编制规定进行编制。

(4) 施工准备阶段。项目的主体工程开工之前,必须完成各项施工准备工作,其主要内容包括:

1) 施工现场的征地、拆迁。
2) 完成施工用水、电、通信、路和场地平整等工程。
3) 必需的生产、生活临时建筑工程。
4) 组织招标设计、工程咨询、设备和物资采购等服务。
5) 组织建设监理和主体工程招标投标,择优选定建设监理单位和施工承包队伍。

(5) 建设实施阶段。建设实施阶段是指主体工程的建设实施,项目法人按照批准的建设文件,组织工程建设,保证项目建设目标的实现;项目法人或其代理机构必须按审批权限,向主管部门提出主体工程开工申请报告,经批准后,主体工程方能正式开工。随着社会主义市场经济体制的建立,工程建设项目实行项目法人责任制后,在主体工程开工前,还须具备以下条件:

1) 建设管理模式已经确定,投资主体与项目主体的管理关系已经理顺。
2) 项目建设所需全部资金来源已经明确,且结构合理。
3) 项目产品的销售,已有用户承诺,并确定了定价原则。
4) 项目法人要充分发挥建设管理的主导作用,为施工创造良好的建设条件。

(6) 生产准备阶段。生产准备应根据不同类型的工程要求确定,一般应包括如下内容:

1) 生产组织准备,建立生产经营的管理机构及相应管理制度。
2) 招收和培训人员。
3) 生产技术准备。
4) 生产的物资准备。
5) 正常的生活福利设施准备。

(7) 竣工验收阶段。竣工验收是工程完成建设目标的标志,是全面考核基本建设成果、检验设计和工程质量的重要步骤。竣工验收合格的项目即从基本建设转入生产或使用。

(8) 项目后评价(project post-evaluation)阶段。工程项目竣工投产后,一般经过1~2年运行后,要进行一次系统的项目后评价,主要内容包括:

1) 影响评价:项目投产后对各方面的影响进行评价。

2）经济效益评价：对项目投资、国民经济效益、财务效益、技术进步和规模效益、可行性研究深度等进行评价。

3）过程评价：对项目的立项、设计施工、建设管理、竣工投产、生产营运等全过程进行评价。

项目后评价一般按 3 个层次组织实施，即项目法人的自我评价、项目行业的评价、计划部门（或主要投资方）的评价。

第三节　工程项目主要利益相关方

一、主要利益相关方的任务和要求

一个工程项目从策划到建成投产，通常有多方的参与，如工程项目投资方、工程项目业主方（项目法人）、工程项目设计方、工程施工项目承包方或设备制造方和工程项目咨询方或监理方等。他们在项目中扮演不同的角色，发挥不同的作用。当然，从项目管理角度看，他们具体的管理职责、范围、采用的管理技术都会有所区别。

（一）工程项目投资方

工程项目投资方（investor），即通过直接投资、认购股票等各种方式向工程项目经营者提供项目资金的法人或自然人。工程项目投资方关心项目能否成功，能否回收本息或能否盈利。他们关注的核心是投资收益，但管理的重点在项目决策，采用的主要管理手段是项目评估。当然投资方要真正取得理想的投资收益，还少不了对项目整个生命期进行的监控和管理。目前大多数工程项目对投资方已无资质要求，但投资风险自行负责。

（二）工程项目业主方

工程项目业主方（owner）是指项目最终成果的拥有者。除企业投资、开发、经营的项目之外，在一般工程项目管理中还存在工程项目业主方的概念。业主方的内涵较为丰富，其一般包括业主以及建设单位或项目法人，相对于工程承包方，其还被称为工程发包方。

(1) 建设单位。指执行国家基本建设计划，组织、督促基本建设工作，支配、使用基本建设投资的基层单位。一般表现为：行政上有独立的组织形式，经济上实行独立核算，编有独立的总体设计和基本建设计划，是基本建设法律关系的主体。这一概念在我国计划经济年代开始应用，目前在许多部门、单位或工程项目上应用。

(2) 项目法人。指对利用国有资金建设的工程项目，其均是国有的，即所有国资项目的业主是国家。但为了明确责任主体，我国提出了工程项目法人的概念，其是指对工程项目策划、资金筹措、建设实施、生产经营、债务偿还和资产保值增值，实行全过程负责的企事业单位或其他组织。这一概念目前在政府主导的工程项目上应用较多。

（3）工程发包方（发包人）。指工程项目买方或委托方，在工程项目合同管理中用得较多，相对应的是工程承包方，指工程项目的卖方或受托方。这一概念在工程交易中应用较多。

在项目视角下，不论是项目业主方、项目法人、建设单位等均是指工程项目的最高决策机构/团队。因此，在一些国际文献中统称它们为项目 TMT（top management team）。

业主方（项目法人）在工程项目实施全过程中起主导作用，其主要责任如下：

1）在项目可行性研究批复的基础上，组织工程项目设计；对政府投资项目，负责项目初步设计的报批等职责。

2）筹集项目资金，包括自有资金和借贷资金（如果需要），以落实资金来源。

3）组织项目规划和实施，在多数情况下要采购外部资源，进行合同管理。业主方通过其项目班子主要承担协调、监督和控制的职责，包括项目进度、投资和质量等的控制。

4）接受和配合投资方对项目规划和实施阶段的监控。

5）进行项目的验收、移交和其他收尾工作，并将项目最终成果投入运行和经营。

6）与项目的各相关方进行沟通和协调。

必要时，业主方（项目法人）可以聘请具有相应能力的项目管理公司作为他的代理人对工程项目进行管理。目前对项目业主一般无资质要求。

(三) 工程项目施工承包方或设备制造方

工程项目施工承包方（contractor）或设备制造方（producer），一般分别为承担工程施工的建筑业施工企业和工程设备的制造企业。他们按照工程承发包合同的约定，完成相应的建设任务。下面主要介绍与工程施工方相关的问题。

1. 工程施工承包方的任务

（1）通过投标或协商，承揽工程建筑、安装或修缮任务。

（2）按照承包合同要求，编制施工组织设计和施工计划，做好人力与物质准备工作，准备开工。

（3）按照与业主方商定的分工，做好材料与设备的采购、供应和管理工作。

(4) 严格按照设计图纸、规程规范和合同要求进行施工,确保工程质量,保证在合同规定的工期内完成施工任务。

(5) 合同工程完工前后,负责清理现场,按时提出完整的竣工验收资料,交工验收,并在合同规定的保修期内负责工程的维修。

(6) 对由其分包给其他施工企业的子项工程,负责施工监督和协调,使之满足合同规定的要求。

2. 建筑业施工企业的资质管理

在我国,对建筑业施工企业实行资质管理,即只有满足具体工程有关资质要求的施工企业,才有可能承担工程施工任务。

我国将建筑业施工企业分为施工总包、专业承包和劳务分包三个序列;对这三个资质序列,按照工程性质、技术特点分别划分为若干资质类别(一般按行业分);各资质类别又根据其施工经历、施工企业经理及主要管理人员资历、施工企业的技术力量和职工素质、施工装备和设备状况、财务能力及施工经验和能力等规定的条件,划分为若干等级。不同行业对不同施工资质等级的施工企业工程承包范围也有严格的规定。

[案例1-6] **建筑工程施工总承包企业资质等级标准(2014年版,2016年版)**

建筑工程施工总承包企业资质等级分为特级、一级、二级、三级。其中,一级资质标准:

(1) 企业资产:净资产1亿元以上。

(2) 企业主要人员:技术负责人具有10年以上从事工程施工技术管理工作经历,且具有结构专业高级职称。

(3) 企业工程业绩:近5年承担过下列4类中的2类工程的施工总承包或主体工程承包,工程质量合格。

1) 地上25层以上的民用建筑工程1项或地上18～24层的民用建筑工程2项。

2) 高度100m以上的构筑物工程1项或高度80～100m(不含)的构筑物工程2项。

3) 建筑面积12万m^2以上的建筑工程1项或建筑面积10万m^2以上的建筑工程2项。

4) 钢筋混凝土结构单跨30m以上(或钢结构单跨36m以上)的建筑工程1项或钢筋混凝土结构单跨27～30m(不含)[或钢结构单跨30～36m(不含)]的建筑工程2项。

建筑工程施工总承包一级资质企业可承担单项合同额3000万元以上的下列建筑工程的施工:

1) 高度 200m 以下的工业、民用建筑工程。
2) 高度 240m 以下的构筑物工程。

[案例 1-7] 水利水电工程施工总承包企业资质等级标准（2014 年版，2016 年版）

水利水电工程施工总承包企业资质等级分为特级、一级、二级、三级。其中，一级资质标准：

(1) 企业资产：净资产 1 亿元以上。

(2) 企业主要人员：技术负责人具有 10 年以上从事工程施工技术管理工作经历，且具有水利水电工程相关专业高级职称。

(3) 企业工程业绩：近 10 年承担过下列 7 类中的 3 类工程的施工总承包或主体工程承包，其中第 1~2 类至少 1 类，第 3~5 类至少 1 类，工程质量合格。

1) 库容 5000 万 m^3 以上且坝高 15m 以上或库容 1000 万 m^3 以上且坝高 50m 以上的水库、水电站大坝 2 座。

2) 过闸流量不小于 $500m^3/s$ 的水闸 4 座（不包括橡胶坝等）。

3) 总装机容量 100MW 以上水电站 2 座。

4) 总装机容量 5MW（或流量不小于 $25m^3/s$）以上泵站 2 座。

5) 洞径不小于 6m（或断面积相等的其他型式）且长度不小于 500m 的水工隧洞 4 个。

6) 年完成水工混凝土浇筑 50 万 m^3 以上或坝体土石方填筑 120 万 m^3 以上或灌浆 12 万 m 以上或防渗墙 8 万 m^2 以上。

7) 单项合同额 1 亿元以上的水利水电工程。

水利水电工程施工总承包一级企业可承担各类型水利水电工程的施工。

（注：建筑企业等级及其标准最近几年调整的可能性较大。）

(四) 工程项目设计方

工程项目设计方（designer），一般为工程设计企业。其按照与业主/项目法人签订的设计合同，完成相应的设计任务。

1. 工程设计方的任务

(1) 工程设计准备阶段的设计工作：

1) 了解业主资信与投资意图，参与设计方案竞赛或设计招标。

2) 设计谈判签约。

3) 设计分工，组织设计班子，编制设计进度计划。

4) 收集设计资料，研究设计思路，提出勘察任务。

(2) 工程初步设计阶段的设计工作：

1) 总体设计。

2) 方案设计。明确设计要求，草拟方案，包括工艺设计、建筑设计，进行方案比选。

3) 编制初步设计文件。完善选定的方案，分专业设计并汇总，编制说明与概算。

(3) 工程技术设计阶段的设计工作：

1) 提出技术设计计划。包括工艺流程试验研究，特殊设备的研制，特殊技术的研究等。

2) 编制技术设计文件。

3) 参加初审，并做必要的修正。

(4) 工程施工图设计阶段的设计工作：

1) 建筑、结构、设备的设计。

2) 专业设计的协调。

3) 编制设计文件：包括汇总设计图表，编制施工图预算，编写设计说明。

4) 校审会签，按审核意见做必要修改。

(5) 工程施工阶段的设计工作：

1) 在图纸会审、技术交底会上介绍设计意图，向承包人进行技术交底，并答疑。

2) 必要时修正设计文件，督促按图施工。

3) 参加隐蔽工程的验收。

4) 解决施工中的设计问题，参加工程竣工验收。

2. 建设设计企业的资质管理

我国对工程设计企业实行资质管理。工程设计资质分为工程设计综合资质、工程设计行业资质、工程设计专业资质和工程设计专项资质4个序列。

工程设计综合资质只设甲级；工程设计行业资质、工程设计专业资质、工程设计专项资质设甲级、乙级。

根据工程性质和技术特点，个别行业、专业、专项资质可以设丙级，建筑工程专业资质可以设丁级。

取得工程设计综合资质的企业，可以承接各行业、各等级的建设工程设计业务；取得工程设计行业资质的企业，可以承接相应行业相应等级的工程设计业务及本行业范围内同级别的相应专业、专项（设计施工一体化资质除外）工程设计业务；取得工程设计专业资质的企业，可以承接本专业相应等级的专业工程设计业务及同级别的相应专项工程设计业务（设计施工一体化资质除外）；取得工程设计专项资质的企业，可以承接本专项相应等级的专项工程设计业务。

[案例1-8] 工程设计行业资质标准（2007年版）

工程设计行业资质设甲级、乙级和丙级。其中，甲级企业标准：

(1) 资历和信誉：

1) 具有独立企业法人资格。

2) 社会信誉良好，注册资本不少于600万元人民币。

3) 企业完成过的工程设计项目应满足所申请行业主要专业技术人员配备表中对工程设计类型业绩考核的要求，且要求考核业绩的每个设计类型的大型项目工程设计不少于1项或中型项目工程设计不少于2项，并已建成投产。

(2) 技术条件：

1) 专业配备齐全、合理，主要专业技术人员数量不少于所申请行业资质标准中主要专业技术人员配备表规定的人数。

2) 企业主要技术负责人或总工程师应当具有大学本科以上学历、10年以上设计经历，主持过所申请行业大型项目工程设计不少于2项，具备注册执业资格或高级专业技术职称。

3) 在主要专业技术人员配备表规定的人员中，主导专业的非注册人员应当作为专业技术负责人主持过所申请行业中型以上项目不少于3项，其中大型项目不少于1项。

(3) 技术装备及管理水平：

1) 有必要的技术装备及固定的工作场所。

2) 企业管理组织结构、标准体系、质量体系、档案管理体系健全。

3) 具有施工总承包特级资质的企业，可以取得相应行业的设计甲级资质。

甲级工程设计企业承担本行业建设工程项目主体工程及其配套工程的设计业务，其规模不受限制。

(五) 工程项目咨询方或监理方

工程项目咨询方（consulter）监理，一般为工程项目咨询公司或建设监理公司。其按与业主方签订的咨询合同或监理合同，提供咨询或监理服务。

1. 工程项目咨询或监理的概念

(1) 工程项目咨询是一个较为广泛的概念，可以包括工程建设监理、工程招标代理、项目估价等，是工程咨询公司为业主方提供的一种技术或管理方面的服务。工程咨询公司一般属智力密集、管理型的工程建设企业，凭借其技术和管理方面的能力、经验为业主提供服务，并按合同约定获得相应的报酬。工程咨询公司提供的服务较为广泛，如工程项目的可行性研究、招标代理、合同策划、工程造价管理、重大技术或管理问题分析决策等。

（2）工程项目监理或建设监理是我国20世纪80年代末就出现的一种工程咨询的方式，并纳入我国法律，即"建设监理制"。这项制度要求各类工程项目均要采用监理这种咨询方式。而从事建设监理活动的企业实行专门的管理，包括要求具有独立法人地位、实行资质等级管理等，对建设监理的相关从业人员也实行资格管理。建设监理企业的服务范围由委托方的需要而定，一般为工程施工过程，以施工合同为单位组织；委托方既可委托一个建设监理公司对一个项目进行监理，对大型工程项目，当存在多个施工合同时，也可以委托几家建设监理公司分别对一个或对多个施工合同项目进行监理。工程建设监理公司也可以同时接受几个工程项目的监理任务。

2. 工程监理方的任务

（1）合同管理。合同管理的内容十分广泛，从广义上说，应包括投资控制、进度/工期控制、质量控制和施工安全控制等。监理工程师应站在公正立场上，尽可能地调解工程发包方和承包人双方在履行合同中出现的各种纠纷，维护当事人的合法权益，并利用合同这个手段，实现工程项目控制，以期达到既定的项目目标。

（2）工期控制。运用网络技术等手段，审查、修改施工组织设计与进度计划，并在工程实施中随时掌握工程进展情况，督促承包人按合同要求实现各项工期目标。

（3）投资/费用控制。主要是通过做好建设前期的可行性研究及投资估算，对设计阶段的设计标准、总概算、工程预算进行审查；施工准备阶段协助确定好标底和合同造价；施工阶段合理核实工程量，适当支付进度款，以及用控制索赔等手段来达到控制费用的目的。

（4）质量控制。通过对设计或施工前各项基础条件质量的把关，设计或施工过程中的监督和审核，以及通过对最后设计的严格审查和施工的各种验收，严格控制工程质量。

（5）组织协调。建设项目在实施过程中，业主与设计单位、业主与承包人、设计单位和承包人以及承包人之间有许多工作上的结合部位，经常会出现许多矛盾，这些矛盾通常由监理工程师去协调解决。

3. 建设监理企业的资质管理

国务院建设主管部门负责全国工程监理企业资质的统一监督管理工作。国务院铁路、交通、水利、信息产业、民航等有关部门配合国务院建设主管部门实施相关资质类别工程监理企业资质的监督管理工作。

工程监理企业资质分为综合资质、专业资质和事务所资质。其中，专业资质按照工程性质和技术特点划分为若干工程类别。

综合资质、事务所资质不分级别。专业资质分为甲级、乙级；其中，房屋建筑、水利水电、公路和市政公用专业资质可设立丙级。

[案例1-9] **房屋建筑工程专业监理企业资质管理标准（2006年版）**

（1）房屋建筑工程专业监理企业资质设立甲级、乙级和丙级。其中，甲级资质标准：

1）具有独立法人资格且注册资本不少于300万元。

2）企业技术负责人应为注册监理工程师，并具有15年以上从事工程建设工作的经历或者具有工程类高级职称。

3）注册监理工程师、注册造价工程师、一级注册建造师、一级注册建筑师、一级注册结构工程师或者其他勘察设计注册工程师合计不少于25人次；其中，相应专业注册监理工程师不少于15人，注册造价工程师不少于2人。

4）企业近2年内独立监理过3个以上房屋建筑工程专业的二级工程项目，但是，具有甲级设计资质或一级及以上施工总承包资质的企业申请本专业工程类别甲级资质的除外。

5）企业具有完善的组织结构和质量管理体系，有健全的技术、档案等管理制度。

6）企业具有必要的工程试验检测设备。

7）申请工程监理资质之日前一年内没有《工程监理企业资质管理规定》第十六条禁止的行为。

8）申请工程监理资质之日前一年内没有因本企业监理责任造成重大质量事故。

9）申请工程监理资质之日前一年内没有因本企业监理责任发生三级以上工程建设重大安全事故或者发生两起以上四级工程建设安全事故。

（2）房屋建筑工程专业甲级资质企业可承担房屋建筑工程监理业务：

1）28层以上，36m跨度以上（轻钢结构除外），单项工程建筑面积3万m^2以上的一般公共建筑。

2）高度120m以上的高耸构筑工程。

3）小区建筑面积12万m^2以上，以及单项工程28层以上的住宅工程。

[案例1-10] **水利工程建设监理单位资质管理标准（2019年版）**

水利工程监理单位资质分为水利工程施工监理、水土保持工程施工监理、机电及金属结构设备制造监理和水利工程建设环境保护监理4个专业。水利工程施工监理专业资质和水土保持工程施工监理专业资质分为甲级、乙级和丙级3个等级，机电及金属结构设备制造监理专业资质分为甲级、乙级2个等级，水利工程建设环境保护监理专业资质暂不分级。其中，甲级水利工程施工监理单位资质条件为：

(1) 具有健全的组织机构、完善的组织章程和管理制度。技术负责人具有高级专业技术职称，并取得监理工程师资格证书。

(2) 专业技术人员。监理工程师以及其中具有高级专业技术职称的人员、总监理工程师，不少于40人，其中高级专业技术职称的人员不少于8人。水利工程造价工程师不少于3人。

(3) 具有五年以上水利工程建设监理经历，且近三年监理业绩分别为：

1) 申请水利工程施工监理专业资质，应当承担过（含正在承担，下同）1项Ⅱ等水利枢纽工程，或者2项Ⅱ等（堤防2级）其他水利工程的施工监理业务；该专业资质许可的监理范围内的近三年累计合同额不少于600万元。

承担过水利枢纽工程中的挡、泄、导流、发电工程之一的，可视为承担过水利枢纽工程。

2) 申请水土保持工程施工监理专业资质，应当承担过2项Ⅱ等水土保持工程的施工监理业务；该专业资质许可的监理范围内的近三年累计合同额不少于350万元。

3) 申请机电及金属结构设备制造监理专业资质，应当承担过4项中型机电及金属结构设备制造监理业务；该专业资质许可的监理范围内的近三年累计合同额不少于300万元。

(4) 能运用先进技术和科学管理方法完成建设监理任务。

甲级水利工程监理单位可以承担各等级水利工程的监理业务，其他等级的监理单位业务范围受到具体的限制。

(六) 工程项目其他利益相关方

工程项目其他利益相关方一般包括：建筑材料或工程设备供应商、工程设备租赁公司、保险公司、银行等，这些公司企业与业主方或承包方签订合同，提供服务或产品。此外，工程项目其他利益相关方还包括工程建设过程或运行过程影响范围内的其他组织或个人。由于工程建设或运行，他们的利益受到影响，一般存在补偿的问题。在现代工程建设中，部分工程这一方面补偿的规模较大，如江西省峡江水利枢纽工程，工程概算总投资约100亿元，库区征地移民补偿概算投资就约占工程总投资的1/3。

二、主要利益相关方与工程建设过程关系

工程项目主要利益相关方在工程建设的不同阶段介入，常见的如图1-6

所示。

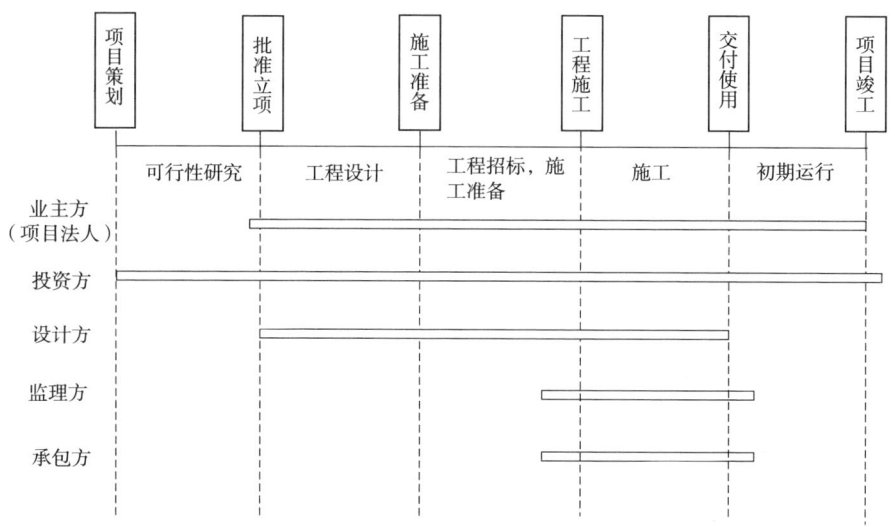

图1-6 工程项目主要利益相关方与工程建设过程关系示意图

三、主要利益相关方间的关系

目前,较常见的工程项目主要利益相关方之间的关系如图1-7所示。

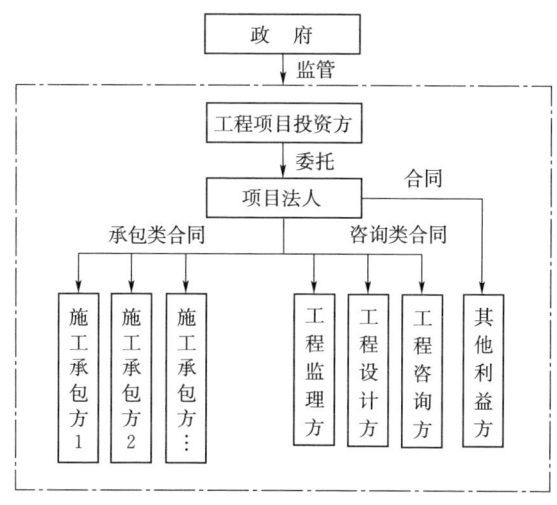

图1-7 工程项目主要利益相关方的关系

图1-7中,工程项目投资方组建或委托项目法人,并与其明确责任和权利。项目法人在工程项目实施过程中处于核心地位,其他与各市场主体与其签订承包或服务合同,并以合同为纽带建立经济、合作和法律关系;项目法人与

其他利益相关方也是通过直接或间接合同建立关系，明确工程项目实施过程中的权利、义务和责任。

对一般工程项目，政府扮演对工程项目监管的角色。政府的计划管理部门、建设管理部门、环境管理部门、审计部门等，分别对工程项目立项、工程建设质量、工程建设对环境的影响和工程建设资金的使用等方面进行审批或监管。对于政府投资或主管的公共项目、基础设施项目等，政府除承担上述审批或监管责任外，还要扮演投资方的角色，负责安排建设资金、组建项目法人等。

第四节 工程项目管理及其知识体系框架

一、工程项目管理与治理

1. 什么是工程项目管理

目前，人们对工程项目管理（construction project management）的认识并不十分统一。

（1）美国项目管理协会（PMI）在项目管理知识体系指南（Project Management Body Of Knowledge，PMBOK）中认为，项目管理（project management）就是将知识、技能、工具与技术应用于项目的活动，以满足项目的需要。工程项目是项目中的一类，按 PMI 的定义，则可将工程项目管理定义为：将知识、技能、工具与技术应用于工程项目的活动，以满足工程项目的需要。

（2）我国《建设工程项目管理规范》（GB/T 50326—2017）从管理的基本内涵出发，将工程项目管理定义为：运用系统的理论和方法，对建设工程项目进行的计划、组织、指挥、协调和控制等专业化活动。

显然，PMI 强调了知识、技能、工具与技术在项目活动中的应用，而 GB/T 50326—2017 强调的是管理的职能。此外，PMI 在定义项目管理时已经明确，其所指项目管理是直接承担项目任务组织方的项目管理；而在 GB/T 50326—2017 中，是指工程承包人的工程项目管理，还是工程发包人的工程项目管理？并不明确。

事实上，在市场经济条件下，工程项目实施通常采用承发包方式，工程承包人和发包人均存在工程项目管理的问题，但他们在管理目标、管理理念、管理逻辑，以及管理理论、技术和工具等应用方面均存在较大差异。工程承包人主要是通过对项目资源的合理调度、配置，以及对项目目标的控制，以实现企业现实的盈利目标和长远的战略目标；而工程发包人主要是通过对工程项目实施的合理组织、对工程项目的科学治理，包括对工程承包人的严格监管和合理激励，以实现预定的工程项目建设目标。

但不论是由 PMI 项目管理定义推导得到的工程项目管理定义，还是 GB/T 50326—2017 给出的工程项目管理定义，介绍的基本上属于工程项目承包人的项目管理，而工程项目发包人的项目管理与其存在一定的差异。

2. 什么是工程项目治理

当用工程项目管理的概念难以解释工程项目人的项目管理现象时，众多学者在探索工程项目治理问题。

什么是治理（governance），不同社会学科领域对治理的定义并不一致，即使在同一学科内不同学者也存在不同的认识。在公共管理或政治学科研究领域，罗西瑙（Rosenau）认为，治理是一系列活动领域里的管理机制，它们虽未得到正式授权，却能有效发挥作用；我国学者俞可平认为，治理是各个社会主体运用公共权威来维护社会秩序。在经济学研究领域，威廉姆森（Williamson）在研究交易成本理论时将治理定义为，治理是一种制度安排，旨在促使治理结构与交易性质的合理匹配；我国学者费方域在研究公司治理时认为，治理可用系列判断来表达：①公司治理的本质是一种合同关系；②公司治理的功能是配置权、责、利；③公司治理的起因在产权分离；④公司治理的形式有多种多样。不同学科的学者从不完全相同视角对治理进行定义，其结果不尽相同，甚至存在较大的差异，但明示或隐含着在下列几方面基本是相同或相似的。

（1）治理是人与组织或组织之间处理利益或权益问题时的战略性的、相对稳定的制度安排，包括组织结构，以及运作机制或过程。

（2）治理缘由在于人与组织或组织之间生产经营或生存发展过程中存在矛盾和冲突；治理的目标旨在缓解这种矛盾和冲突，以谋求和谐、共享和发展。

（3）治理的主要手段，包括治理结构和机制，是当事双方或多方主体的对等协调，通过这种协调形成共识，并进一步上升成为制度。

相关学科对治理的研究，促进了工程项目治理的发展。荷兰学者特纳（Turner）最早提出了项目治理概念，并指出项目治理是一种可以获得良好秩序的组织制度框架，通过这种制度框架，项目利益相关者可以识别出威胁或机会中的共同利益。英国学者温奇（Winch）将工程项目管理分为垂直治理和水平治理，其中垂直治理是指前者关注项目发包方与项目（总）承包方间的交易治理；而后者指（总）承包方之后的一系列交易关系治理。我国学者沙凯逊将工程项目治理概括为一种努力，它使法律上独立的、具有不同战略目标和长远利益的项目参与各方能够为共同的利益而在一起工作，取得共赢的结果。

3. 工程项目管理与治理的主要差异

工程项目管理与治理均是围绕工程项目展开，它们之间的主要差异见表1-1。

表 1-1　　　　　　　工程项目管理与治理间的主要差异

管理或治理要素	管　理	治　理
主体/客体及两者关系	项目经理/资源（包括人），地位不同的管理与被管理关系	项目委托方/代理方，地位平等的协调关系
目标	实现承包项目的时间、成本/投资和质量的目标	实现发包项目的时间、成本/投资和质量的目标
内容	PMBOK（2017年版）：10个知识领域，5个过程组； Construction Extension to the PMBOK（2016年版）：15个知识领域	项目治理：项目合同的安排及合同履行过程的协调/监管；公司治理：项目团队与公司的项目协议的安排，以及该协议落实的协调/监管
方法	系统科学	项目治理：契约理论、新制度经济学；公司治理：新制度经济学

二、工程项目管理主要过程体系

1. 工程项目管理总体框架

在市场经济环境下，在工程项目建设程序框架下，可得工程项目管理总体框架，如图1-8所示。

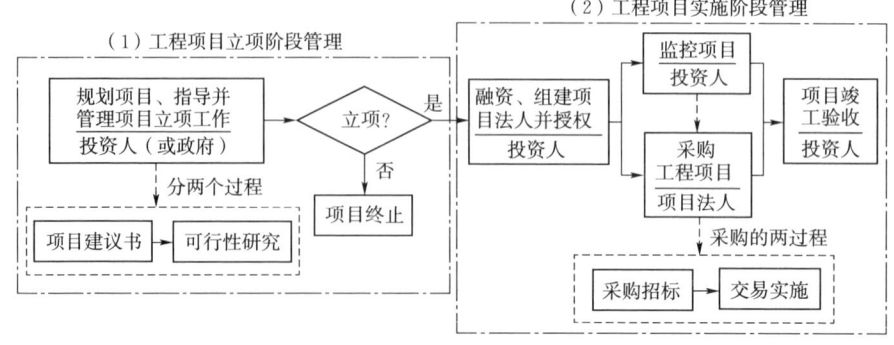

图 1-8　工程项目管理总体框架图

图 1-8 中：

（1）投资人，对重大工程项目，一般为政府或国有公司投资；企业为扩大生产也经常投资建设工程项目；房地产开发企业则是专门投资建设工程的组织/企业。

（2）项目法人，也称建设单位，对重大工程项目，政府总是要组建项目法人并授权，由项目法人对工程项目实施进行管理；对一般公司企业投资工程项目，项目法人管理职能常由投资人下设机构承担，此时投资人即为项目法人。

（3）采购工程项目。内容包括：采购工程设计服务、工程施工建造、工程监理服务、工程材料或设备供应；采购方式：可以是上述单项内容，也可以是上述内容的整合，如设计施工一体化采购；采购过程和管理：分采购招标和交易实施（采购合同履行）。

（4）项目竣工验收。指投资人检查项目法人组织实施的工程项目是否实现了项目立项或初步设计时确定的项目目标，包括对照项目目标的验收及后评价。

2. 投资方工程项目管理过程

对重大工程，投资方工程项目管理过程如图1-9所示。

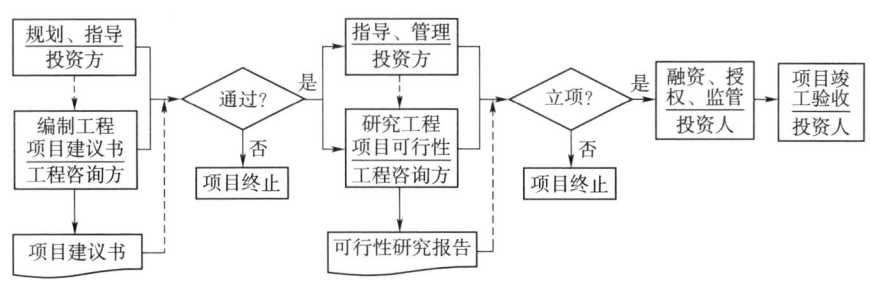

图1-9 投资方工程项目管理过程

图1-9中：

（1）投资方的工程项目管理分为两个阶段：项目立项阶段管理和项目实施阶段管理。项目立项阶段管理主要包括主持项目建议书、项目可行性研究报告编制等管理，以及项目决策和报批/备案。这些工作技术要求较高，常委托工程咨询方提供支持。项目实施管理相当复杂，并需要较多的、专门的、使用持续时间较长的管理资源，因而对大多重大工程项目，投资人采用组建专门机构（项目法人）的办法，对项目的实施进行管理，而其仅负责融资、授权、监管，并最终组织工程项目竣工验收。

（2）项目建议书/投资机会研究报告。项目建议书，一般针对政府投资项目，指工程项目提出的建议文件，是对拟建项目提出的框架性总体设想。编制项目建议书是工程项目立项的第一阶段的工作。对重大工程项目，项目建议书通过审批后，才进入项目的可行性研究。投资机会研究报告一般针对企业投资项目。

（3）可行性研究报告。这是指对项目在技术和经济，以及社会和环境影响等方面是否可行所进行的科学分析和论证后的成果报告。对重大工程项目，开展项目可行性研究的前提是项目建议书已经通过审查。

3. 项目采购招投标管理过程

工程项目采购招投标管理过程如图1-10所示。

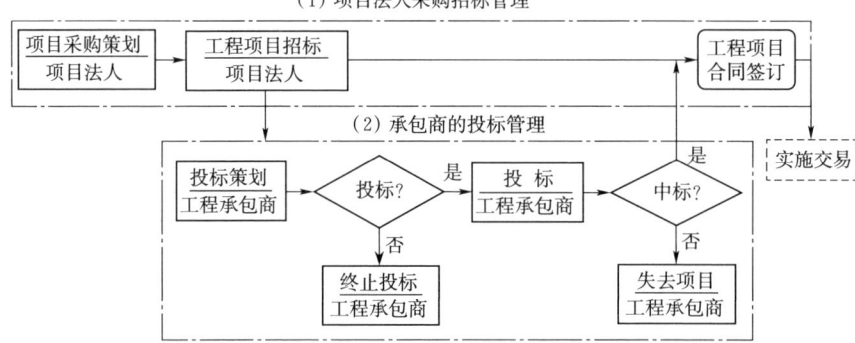

图1-10 采购招投标管理过程

图1-10中：

（1）项目采购策划。对重大工程项目该策划分3个层次：第一是项目分块建造策划；第二是工程项目发包方式策划，即工程设计施工分开采购还是一体化采购策划；第三是工程标段划分策划，如工程设计施工分开采购时，一般工程项目设计通常选择一个设计方完成，然而施工可能分成若干标段采购，如何保证划分方案合理？这是工程标段划分策划的任务。

（2）工程承包商（或咨询机构）。包括建设工程的施工、设计和监理等企业，他们分别向项目法人提供工程产品、工程材料和设备、工程咨询服务等。

（3）工程项目合同。工程采购中项目法人与标段中标承包商签订的合同，其可能是设计、施工、监理、供应等各类合同。对重大工程，合同数量较多，这决定于采购方式的选择。

4. 项目交易或实施管理过程

项目交易或实施管理过程，即工程项目合同履行管理过程，如图1-11所示。

图1-11中：

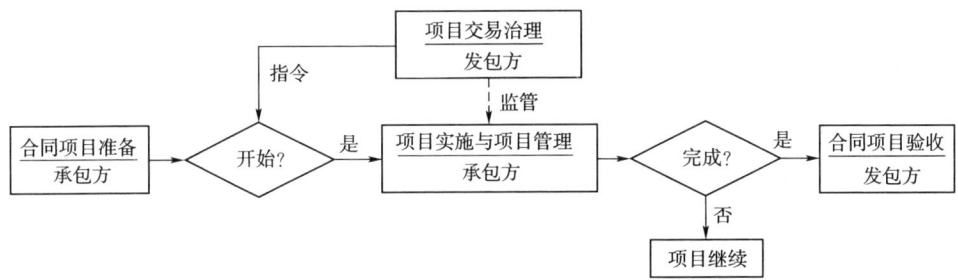

图 1-11 项目交易或实施管理过程

(1) 发包方,包括项目发包人(项目法人)及其下设机构或授权的其他机构,即代表发包人利益的机构或人员。

(2) 承包方,包括承包企业及其下设的项目部,主要为代表承包企业利益的团队。

5. 工程发包方的项目交易治理过程

工程发包方的项目交易管理/治理过程是面向每一个工程项目合同,工程发包方(项目法人)的交易管理或治理过程如图 1-12 所示。

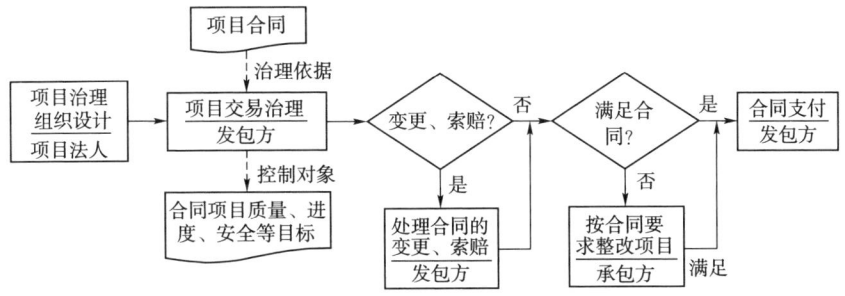

图 1-12 工程发包方(项目法人)的项目交易管理或治理过程

图 1-12 中:

(1) 合同项目,即一个项目标段所包括的子项目之和,或合同范围内的子项目之和。

(2) 项目交易治理,指项目发包方依据项目合同对承包方的监督、协调等。

6. 工程承包人方(企业)的项目管理过程

工程承包方(企业)的项目管理过程,如图 1-13 所示。

图 1-13 中:

(1) 企业制度,指项目部所在企业(承包人)拥有的相关技术标准、管理

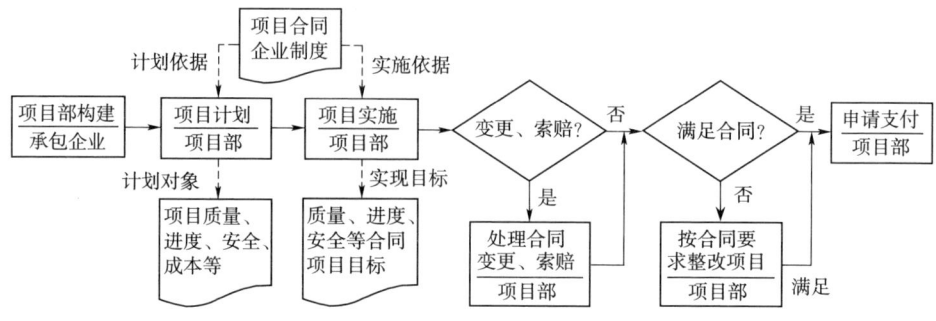

图 1-13 工程承包方（企业）的项目管理过程

规章，以及企业总部的任务书或授权书（企业总部与项目部的协议）等。

（2）项目部，也称项目团队，是承包人下设的、实施合同项目的机构，项目部的负责人称为项目经理。

三、工程项目管理知识体系框架

由工程项目管理主要过程可知，对重大工程项目，从立项到实施和验收，工程项目管理过程可分为："2个阶段"，即项目立项阶段和项目实施阶段；"3个主体"，即项目投资方、项目法人或发包方和项目承包方或咨询方，对一般企业或组织投资项目投资人和项目法人合一；"4个管理知识模块"，即项目立项管理知识、项目交易管理知识、项目治理知识和项目管理知识。

工程项目管理知识体系的构建总是为管理主体服务的。因此，有必要按工程项目管理"3个主体"分别介绍他们的管理知识体系。表 1-2～表 1-4 分别为"3个主体"管理的知识体系框架。

表 1-2　　　　工程投资方项目立项管理知识体系框架

序号	知识领域	所涉项目相关管理过程	应用部门或人
1	项目整体管理	确定项目立项任务，制定项目立项计划，监控立项工作，立项决策，监控项目实施，项目收尾	工程投资方高管
2	工程项目建设书编制	分析国家或地方规划、分析发展需求、提出工程任务和方案，评价经济和社会效益	工程咨询方
3	项目可行性研究	预测需求，分析工程方案，制定工程实施方案，评价经济社会影响，提出项目决策建议	工程咨询方
4	项目初步设计和融资管理	审批初步设计，规划融资管理，制定融资计划，控制投资	工程投资方高管
5	项目干系人治理	识别干系人，规划干系人管理，管理干系人参与，控制干系人参与	工程投资方高管

表1-3　工程项目法人或发包方项目实施管理知识体系框架

序号	知识领域	所涉项目相关管理过程	应用部门或人
1	项目整合管理	确认项目管理任务，制定项目管理规划，制作WBS和时间控制节点，制定项目采购计划，指导并监督履行合同，项目收尾管理	发包方高管
2	项目招标管理	制定招标计划，管理招标文件编制，控制招标过程，决标并签订合同	发包方职能机构
3	项目合同管理	规划合同管理，管理工程计量，管理工程计价，控制项目变更与索赔，控制合同支付	发包方职能机构
4	项目进度监控	审批项目进度，规划进度控制，监控项目进度	发包方职能机构
5	项目投资监控	审批项目资金计划，规划投资控制，监控项目投资	发包方职能机构
6	项目质量监控	审批项目质量计划，规划质量控制，监控项目质量	发包方职能机构
7	项目安全与环境监控	审批安全与环境计划，规划安全与环境控制，监控安全与环境	发包方职能机构
8	项目风险管理	规划风险管理，识别风险，实施定性风险分析，实施定量风险分析，规划风险应对，控制风险	发包方职能机构
9	项目沟通管理	规划沟通管理，项目沟通计划，控制项目沟通	发包方职能机构
10	项目干系人治理	识别干系人，规划干系人管理，管理干系人参与，控制干系人参与	发包方职能机构

表1-4　工程承包方（咨询方）项目管理知识体系框架

序号	知识领域	所涉项目相关管理过程	应用部门或人
1	项目投标管理	投标决策分析，规划投标管理，参与资质审查，参与踏勘现场，编制投标文件，投标报价，投标，谈判和签订合同	承包人经营部
2	项目整合管理	制定项目任务书，制定项目计划，指导项目实施，监管项目实施，结束项目	项目经理
3	项目合同管理	分析项目合同，规划合同管理，管理工程计量，管理计价，管理变更与索赔，管理合同款项申请，控制合同	项目部职能机构
4	项目进度管理	规划进度管理，定义活动，排列活动顺序，估算活动资源，估算活动，持续时间，制定进度计划，控制进度	项目部职能机构
5	项目成本管理	规划成本管理，估算成本，制定预算，控制成本	项目部职能机构

续表

序号	知识领域	所涉项目相关管理过程	应用部门或人
6	项目质量管理	规划质量管理，实施质量保证，控制质量	项目部职能机构
7	项目人力资源管理	规划人力资源管理，组建项目团队，建设项目团队，管理项目团队	项目部职能机构
8	项目风险管理	规划风险管理，识别风险，实施定性风险分析，实施定量风险分析，规划风险应对，控制风险	项目部职能机构
9	项目采购管理	规划采购管理，实施采购管理，控制采购管理，结束采购管理	项目部职能机构
10	项目沟通管理	规划沟通管理，项目沟通计划，控制项目沟通	项目部职能机构
11	项目安全与环境管理	规划安全与环境管理，实施安全与环境保证，控制安全与环境	项目部职能机构
12	项目干系人治理	识别干系人，规划干系人管理，管理干系人参与，控制干系人参与	项目部职能机构

在表1-3、表1-4中，发包人和承包人所涉管理知识领域似乎相同，但因他们的管理目标、管理逻辑、管理环境和所掌握信息的差异，管理中所用技术、工具或方法还是不尽相同。

思 考 和 练 习 题

1-1 工程与项目的内涵有什么相同和不同之处？

1-2 工程项目有哪些特殊性？工程项目有哪些分类、分解方法？

1-3 工程建设的一般程序如何？

1-4 工程项目主要利益相关方包括哪几方？他们各自在工程建设中扮演什么角色？

1-5 工程项目主要利益相关方通过什么方式合作？在合作中主要可能存在哪些冲突？政府在工程项目中扮演的角色如何？

1-6 公益性工程项目在管理上主要特点有哪些？

1-7 为什么对工程项目建设参与方要进行资质管理？

1-8 试画出某一大学新校区工程项目的分解结构。

1-9 项目管理与治理主要差别在什么地方？

1-10 工程项目实施过程如何？

1-11 工程发包人与承包人管理过程的主要区别是什么？主要联系有哪些？

1-12 工程项目管理主要包括哪几块知识领域？它们的主要差异有哪些？

第二章 工程项目立项

本章知识要点与学习要求

序号	知识要点	学习要求
1	工程项目立项制度	掌握
2	工程项目立项过程	掌握
3	政府投资与企业投资工程项目立项过程的主要差异	掌握
4	工程项目建议书、机会研究和（预）可行性研究	掌握
5	工程项目可行性研究的主要内容和作用	熟悉
6	工程项目投资估算及其方法	了解
7	工程项目财务评价、国民经济评价的概念及异同	熟悉
8	工程项目社会评价的概念与主要内容	了解
9	工程项目环境影响评价的主要内容和程序	了解
10	工程项目评价与项目评估的主要差异	熟悉

工程项目立项过程是项目的孕育过程，其决定着项目是否成立或交付实施。工程项目立项决策是否科学合理关系到其建成交付使用后是否满足经济社会发展需要，事关项目成败。

第一节 工程项目立项制度与过程

一、工程项目立项制度

1. 什么是工程项目立项

工程项目立项是指项目投资方或发起人对工程项目目标和方案，经财务、经济、社会和环境等多方面论证，认为可行，并经政府主管部门批复的过程。

2. 工程项目立项制度

工程项目立项要经过项目投资方或发起单位向政府投资主管部门提交项目

可行性研究报告，然后报政府相关部门根据批复权限和相关规定，对项目履行相关程序，包括审批制、核准制或备案制三类。

（1）审批制。政府投资工程项目一般实行审批制。对于重大工程项目需要投入大量建设资金，建成后对经济社会发展也会产生较大影响，一般也由政府投资或政府参与部分投资，其立项通常要列入国家中长期发展计划，政府相关部门对其立项全过程实行审批制，包括项目建议书、可行性研究报告（包括项目评估报告）、初步设计文件（包括工程概算）。

（2）核准制或备案制。对于不使用政府投资的企业投资工程项目，虽不实行审批制，但是针对项目不同情况实行核准制或备案制。其中，政府仅对重大项目和限制类项目从维护社会公共利益角度出发进行核准；其他项目无论规模大小，均实行备案制。

项目的市场前景、经济效益、资金来源和产品技术方案等均由企业自主决策、自担风险，并依法办理环境保护、土地使用、资源利用、安全生产、城市规划等许可手续和减免税确认手续。对于企业使用政府补助、转贷、贴息投资建设的项目，政府只审批资金申请报告。

每隔一定时间，国务院投资主管部门会同有关部门研究提出《政府核准的投资项目目录》。企业投资建设实行核准制的项目，仅需向政府提交项目申请报告，不再经过项目建议书、可行性研究报告和开工报告的批准程序。政府对企业提交的项目申请报告，主要从维护经济安全、合理开发利用资源、保护生态环境、优化重大布局、保障公共利益、防止出现垄断等方面进行核准。对于外商投资项目，政府部门则还要从市场准入、资本项目管理等方面进行核准。对于《政府核准的投资项目目录》以外的企业投资项目，实行备案制。

[案例 2-1] 政府核准的投资项目目录（2016 年本，节选）

1. 农业水利

农业：涉及开荒的项目由省级政府核准。

水利工程：涉及跨界河流、跨省（自治区、直辖市）水资源配置调整的重大水利项目由国务院投资主管部门核准，其中库容 10 亿 m^3 及以上或者涉及移民 1 万人及以上的水库项目由国务院核准。其余项目由地方政府核准。

2. 能源

水电站：在跨界河流、跨省（自治区、直辖市）河流上建设的单站总装机容量 50 万 kW 及以上项目由国务院投资主管部门核准，其中单站总装机容量 300 万 kW 及以上或者涉及移民 1 万人及以上的项目由国务院核准。其余项目由地方政府核准。

抽水蓄能电站：由省级政府按照国家制定的相关规划核准。

火电站（含自备电站）：由省级政府核准，其中燃煤燃气火电项目应在国家依据总量控制制定的建设规划内核准。

热电站（含自备电站）：由地方政府核准，其中抽凝式燃煤热电项目由省级政府在国家依据总量控制制定的建设规划内核准。

风电站：由地方政府在国家依据总量控制制定的建设规划及年度开发指导规模内核准。

核电站：由国务院核准。

电网工程：涉及跨境、跨省（自治区、直辖市）输电的±500kV及以上直流项目，涉及跨境、跨省（自治区、直辖市）输电的500kV、750kV、1000kV交流项目，由国务院投资主管部门核准，其中±800kV及以上直流项目和1000kV交流项目报国务院备案；不涉及跨境、跨省（自治区、直辖市）输电的±500kV及以上直流项目和500kV、750kV、1000kV交流项目由省级政府按照国家制定的相关规划核准，其余项目由地方政府按照国家制定的相关规划核准。

煤矿：国家规划矿区内新增年生产能力120万t及以上煤炭开发项目由国务院行业管理部门核准，其中新增年生产能力500万t及以上的项目由国务院投资主管部门核准并报国务院备案；国家规划矿区内的其余煤炭开发项目和一般煤炭开发项目由省级政府核准。国家规定禁止建设或列入淘汰退出范围的项目，不得核准。

煤制燃料：年产超过20亿m^3的煤制天然气项目、年产超过100万t的煤制油项目，由国务院投资主管部门核准。

液化石油气接收、存储设施（不含油气田、炼油厂的配套项目）：由地方政府核准。

进口液化天然气接收、储运设施：新建（含异地扩建）项目由国务院行业管理部门核准，其中新建接收储运能力300万t及以上的项目由国务院投资主管部门核准并报国务院备案。其余项目由省级政府核准。

输油管网（不含油田集输管网）：跨境、跨省（自治区、直辖市）干线管网项目由国务院投资主管部门核准，其中跨境项目报国务院备案。其余项目由地方政府核准。

输气管网（不含油气田集输管网）：跨境、跨省（自治区、直辖市）干线管网项目由国务院投资主管部门核准，其中跨境项目报国务院备案。其余项目由地方政府核准。

炼油：新建炼油及扩建一次炼油项目由省级政府按照国家批准的相关规划核准。未列入国家批准的相关规划的新建炼油及扩建一次炼油项目，禁止建设。

变性燃料乙醇：由省级政府核准。

3. 交通运输

新建（含增建）铁路：列入国家批准的相关规划中的项目，中国铁路总公司为主出资的由其自行决定并报国务院投资主管部门备案，其他企业投资的由省级政府核准；地方城际铁路项目由省级政府按照国家批准的相关规划核准，并报国务院投资主管部门备案；其余项目由省级政府核准。

公路：国家高速公路网和普通国道网项目由省级政府按照国家批准的相关规划核准，地方高速公路项目由省级政府核准，其余项目由地方政府核准。

独立公（铁）路桥梁、隧道：跨境项目由国务院投资主管部门核准并报国务院备案。国家批准的相关规划中的项目，中国铁路总公司为主出资的由其自行决定并报国务院投资主管部门备案，其他企业投资的由省级政府核准；其余独立铁路桥梁、隧道及跨10万t级及以上航道海域、跨大江大河（现状或规划为一级及以上通航段）的独立公路桥梁、隧道项目，由省级政府核准，其中跨长江干线航道的项目应符合国家批准的相关规划。其余项目由地方政府核准。

煤炭、矿石、油气专用泊位：由省级政府按国家批准的相关规划核准。

集装箱专用码头：由省级政府按国家批准的相关规划核准。

内河航运：跨省（自治区、直辖市）高等级航道的千吨级及以上航电枢纽项目由省级政府按国家批准的相关规划核准，其余项目由地方政府核准。

民航：新建运输机场项目由国务院、中央军委核准，新建通用机场项目、扩建军民合用机场（增建跑道除外）项目由省级政府核准。

4.～12.（略）。

二、工程项目立项过程

1. 工程项目立项过程框架

工程项目立项过程框架如图2-1所示。

图2-1表明，政府投资工程项目与企业投资工程项目（备案类）的立项过程存在较大的差异。这主要在于政府投资工程项目使用的是公共财政资金，有必要加强监控；而企业投资工程项目是企业的市场行为，应给企业自主权，但前提条件是符合国家产业政策，并在环境保护、土地使用、资源利用、安全

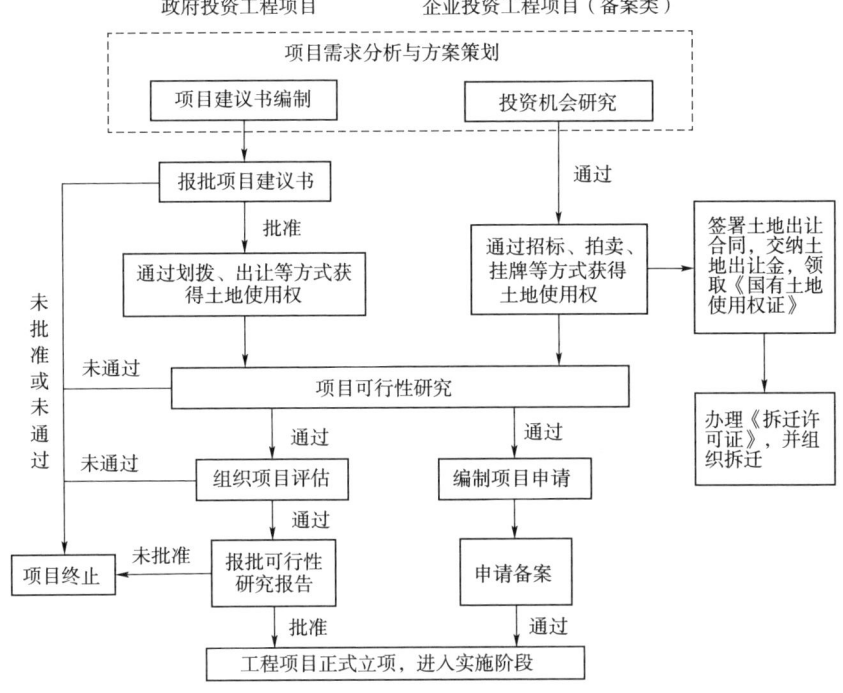

图 2-1 工程项目立项过程框架图

生产、城市规划等方面也要符合国家法律法规。企业投资工程项目（审核类）的立项过程与政府投资工程项目立项过程相近。

2. 政府投资项目立项过程

(1) 适宜编制工程规划的领域，政府相关部门应当编制工程专项规划。按照规定权限和程序批准的工程专项规划，是工程项目决策的重要依据。

(2) 国家或地方发展和改革委员会会同有关部门建立项目储备库，作为项目决策和年度计划安排的重要依据。

(3) 工程项目发起单位组织编制项目建议书，获批准后开展后续工作。

(4) 工程项目发起单位组织编制项目可行性研究报告（包括项目的经济、社会和环境评估），获批准后开展后续工作，包括项目初步设计、开工准备等事项。

(5) 对情况特殊、影响重大的项目，项目发起单位需要组织编制开工报告，并上报。

国家或地方发展和改革委员会审批政府投资项目时，一般应当委托具备相应资质的工程咨询机构对项目建议书、可行性研究报告进行评估，重大工程项目实行专家评议制度。

3. 企业投资核准制项目立项过程

对企业投资建设但需要核准的工程项目,即属于《政府核准的投资项目目录》之内的项目,企业应当按照有关要求展开项目机会研究(必要时还要组织预可行性研究)、可行性研究,对项目进行充分认证后进行立项决策。当决定实施该项目时,应编制项目核准申请报告,并附上依法取得的有关文件后,一并按照相关规定报送项目核准机关;项目核准机关对项目核准申请报告进行审查,如有必要,可委托工程咨询机构进行评估,然后做出是否予以核准的决定;企业获项目同意立项的核准文件后,方可办理土地使用、环境保护、资源利用、城市规划、安全生产、设备进口和减免税确认等手续,才能组织设计和施工。

企业提交的项目核准申请报告,应当主要从维护经济安全、合理开发利用资源、保护生态环境、优化重大布局、保障公共利益、防止出现垄断等方面依法进行审查;项目的市场前景、经济效益、资金来源、产品技术方案等均由企业自主决策、自担风险,项目核准机关不得干预企业的投资自主权。

项目核准制实行属地管理原则。中央企业投资项目和跨省级企业投资项目向国家发展和改革委员会申报核准;省级核准机构办理省属企业投资项目的核准工作,并会同有关省级行业主管部门对全省所有企业投资项目的核准材料进行整理、归纳和分析,按要求向国家发展和改革委员会上报;省级以下核准机关负责办理当地企业投资项目的核准工作,并会同相关同级行业主管部门将核准项目情况向上级校准机关汇总上报,抄送上级行业主管部门。

4. 企业投资备案制项目立项过程

对企业投资建设但不需要核准的工程项目,即属于《政府核准的投资项目目录》之外的项目,企业当按照有关要求展开项目机会研究、可行性研究,对项目进行充分认证后进行立项决策。当决定实施该项目时,需编制项目备案申请报告,并按规定要求向备案机关提交项目备案报告。项目备案机关应接收,并在规定时间内作出正式受理或不予受理的决定。企业获得准予备案的批文后方可办理土地使用、环境保护、资源利用、城市规划、安全生产、设备进口和减免税确认等手续,也才能组织工程设计和施工。

项目备案制也实行属地管理原则,具体与项目核准制类似。

第二节 工程项目需求分析与前期策划

一、工程项目需求分析

1. 什么是工程项目需求分析

工程项目需求分析(requirement analysis)是指经济社会或企业对项目功

能或完成任务能力的要求分析。对大中型工程项目，这工作一般由政府或企业委托工程咨询机构完成。政府投资工程项目的需求分析必须面向行业或区域经济社会发展，而企业投资工程项目的需求分析则从企业发展战略出发。这两类工程项目需求分析在内容上不尽相同。

2. 政府投资工程项目需求分析

根据国民经济发展、国家和地方中长期规划、综合规划或专项规划，对全国或区域经济和社会发展特定领域，如交通设施、电力、水资源等领域的供应和需求现状进行分析，并预测未来中长期发展中对这些领域的需求变化；进而分析满足这些需求变化的途径和措施，通常包括新建、改建或扩建项目，以改善供应条件或提升供应能力，满足经济社会发展需要。

3. 企业投资工程项目需求分析

根据国家产业政策、生产力布局、国内外市场，以及所在地的内外部条件，企业一般首先分析未来的发展战略，是扩大现有生产规模，还是开辟新的经营范围，或两者同步发展；其次分析实现企业发展战略的途径和措施，通常包括新建、改建或扩建项目，以实现企业的发展战略。

二、工程项目前期策划

策划（planning），即筹划、谋划或计划。不论是政府还是企业投资工程项目，一般在项目需求分析的基础上，对项目进行目标策划和方案策划。

1. 工程项目目标策划

工程项目目标策划（goal planning）的主要任务包括基本确定工程任务、工程规模、项目投资估算等。项目目标策划总体要充分考虑下列几方面的因素。

(1) 项目需求。对政府投资工程项目即为经济社会发展对项目的需求，对企业投资项目即为扩大生产能力，由这种需求决定工程项目的功能、能力和规模。

(2) 项目需求的变化。经济社会的需求或市场的需求总是变化的，因此确定项目的目标：项目功能、能力和规模时，有必要考虑需求的变化。过高评估需求，可能会增大工程规模，并引起工程投资浪费；过低评估需求，建成的工程难以满足未来经济社会发展需求或难以实现企业发展目标。为满足这种需求的变化，现实中经常采用整体规划、分期实施的工程建设策略。

(3) 工程建设条件。工程建设条件包括自然、社会、技术等多方面，不论是政府还是企业投资工程项目均必须充分考虑这些工程建设条件。有必要在这些条件的约束下，确定工程项目建设目标，以谋求工程项目投资最佳效果。

2. 工程项目方案策划

工程项目方案策划（scheme planing）指对工程项目方案的谋划或计划。一般在项目目标策划的基础上，进行方案策划，其主要内容如下：

(1) 基本选定工程规模、工程标准和工程总体布局。
(2) 初步选定主要建筑物形式。
(3) 初步确定主体工程主要施工方法和施工总布置及总工期。
(4) 初步提出主要环境问题及保护目标。
(5) 初步确定工程建设征地、拆迁或移民安置规划。
(6) 初步提出项目投资估算和资金筹措方案。

三、工程项目方案策划成果

对政府和企业投资工程项目，项目方案策划的成果通常分别称为项目建议书和投资机会研究报告。

1. 什么是项目建议书

项目建议书（project proposal）也称工程项目立项申请书，是项目发起单位就新建、扩建工程事项向政府项目投资管理部门申报的书面申请文件。

项目发起单位在项目策划的基础上，根据国民经济的发展、国家和地方中长期规划、经济社会发展需求、产业政策、生产力布局、国内外市场、所在地的内外部条件，提出的某一具体项目的建议文件，是对拟建项目提出的框架性的总体设想。

项目建议书编制的深度要求：

(1) 关于投资建设的必要性和依据：①阐明拟建项目提出的背景、拟建地点，提出或出具与项目有关的长远规划或行业、地区规划资料，说明项目建设的必要性；②对改扩建项目要说明现有项目或企业的情况；③对于引进技术和设备的项目，还要说明国内外技术的差距与概况、进口的理由，以及技术概况、工艺流程和生产条件的概要等。

(2) 关于产品方案、拟建项目规模和建设地点的初步设想：①产品的市场预测，包括国内外同类产品的生产能力、销售情况分析和预测、产品销售方向和销售价格的初步分析等；②说明（初步确定）产品的年产值，一次建成规模和分期建设的设想（改扩建项目还需说明原有生产情况及条件），以及对拟建项目规模经济合理性的评价；③产品方案设想，包括主要产品和副产品的规模、质量标准等；④建设地点论证，分析项目拟建地点的自然条件和社会条件，论证建设地点是否符合地区布局的要求。

(3) 关于资源、交通运输以及其他建设条件和协作关系的初步分析：①拟利用资源供应的可行性和可靠性；②主要协作条件情况、项目拟建地点水电及其他公用设施、地方材料的供应情况分析；③对于技术引进和设备进口项目应说明主要原材料、电力、燃料、交通运输、协作配套等方面的要求，以及已具备的条件和资源落实情况。

（4）关于主要工艺技术方案的设想：①主要生产技术和工艺。如拟引进国外技术，应说明引进的国别及国内技术与之相比存在的差距，技术来源、技术鉴定及转让等情况；②主要专用设备来源。如拟采用国外设备，应说明引进理由以及拟引进设备国外厂商的概况。

（5）关于投资估算和资金筹措的设想：投资估算根据掌握数据的情况，可进行详细估算，也可以按单位生产能力或类似企业情况进行估算。投资估算中应包括建设期利息、投资方向调节税和考虑一定时期内的涨价影响因素（即涨价预备金），流动资金可参考同类企业条件及利率，说明偿还方式、测算偿还能力。对于技术引进和设备进口项目应估算项目的外汇总用汇额及其用途，外汇的资金来源与偿还方式，以及国内费用的估算和来源。

（6）关于项目建设进度的安排：①建设前期工作的安排，应包括涉外项目的询价、考察、谈判、设计等；②项目建设需要的时间和生产经营时间。

（7）关于经济效益和社会效益的初步估算（尽可能有初步的财务分析和国民经济分析的内容）：①计算项目全部投资的内部收益率、贷款偿还期等指标以及其他必要的指标，进行盈利能力、偿还能力的初步分析；②项目社会效益和社会影响的初步分析。

（8）有关初步结论和建议：对于技术引进和设备进口的项目建议书，还应有邀请外国厂商来华进行技术交流的计划、出国考察计划，以及可行性分析工作的计划（如聘请外国专家指导或委托咨询的计划）等附件。

对不同类型的政府投资项目，项目建议书的具体内容不尽相同。水利水电工程项目建议书的主要内容和深度要求如案例 2-2；城市基础设施项目建议书的框架如案例 2-3。

［案例 2-2］ 水利水电工程项目建议书的主要内容和深度要求

《水利水电工程项目建议书编制规程》（SL 617—2013）规定，水利水电工程项目建议书的主要内容应包括：

（1）论述项目建设的必要性，基本确定工程的任务，对综合利用工程应明确各项任务的主次顺序。

（2）基本确定工程场址的主要水文参数和成果。

（3）初步查明工程的主要地质条件和工程地质问题，对天然建筑材料进行初查。

（4）基本选定工程规模、工程等别及标准和工程总体布局。

（5）基本选定工程场址（坝、闸、厂、站址和线路等），初步选定工程总体布置方案，基本选定基本坝型，初步选定其他主要建筑物形式。

（6）初步选定机电及金属结构的主要设备形式与布置。

（7）基本选定对外交通运输方案，初步选定施工导流方式和料场，初步确定主体工程主要施工方法和施工总布置及总工期。

（8）基本确定工程淹（浸）没处理、征（占）地的范围，初步查明主要淹没实物指标，初步确定移民安置规划，估算建设征地补偿费。

（9）分析工程建设对主要环境保护目标的影响，提出主要环境问题、环境保护的对策和措施，初估环境保护专项投资。

（10）初步界定水土流失防治责任范围，初拟水土保持措施，初估工程投资。

（11）分析建设项目能源消耗种类和数量，提出能耗指标，初拟节能措施并对节能效果进行初步分析。

（12）基本确定工程项目的类别，初拟工程管理方案，初步确定管理区范围。

（13）提出主要工程量和主要设备数量，编制工程投资估算。

（14）提出资金筹措方案和融资能力，分析工程效益、费用，评价项目的经济合理性和财务可行性。

[案例 2-3] 城市基础设施项目建议书的框架

一、总论
（一）项目名称
（二）承办单位概况
（三）拟建地点
（四）建设规模
（五）建设年限
（六）概算投资
（七）效益分析

二、市场预测
（一）供应现状（本系统现有设施规模、能力及问题）
（二）供应预测（本系统在建的和规划建设的设施规模、能力）
（三）需求预测（根据当前城市社会经济发展对系统设施需求情况，预测城市社会经济发展对系统设施需求量分析）

三、建设规模
（一）建设规模与方案比选

（二）推荐建设规模及理由

四、项目选址
（一）场址现状（地点与地理位置、土地可能性类别及占地面积等）

（二）场址建设条件（地质、气候、交通、公用设施、政策、资源、法律法规征地拆迁工作、施工等）

五、技术方案、设备方案和工程方案
（一）技术方案

1. 技术方案选择

2. 主要工艺流程图，主要技术经济指标表

（二）主要设备方案

（三）工程方案

1. 建筑物、构筑物的建筑特征、结构方案（附总平面图、规划图）

2. 建筑安装工程量及"三材"用量估算

3. 主要建筑物、构筑物工程一览表

六、投资估算及资金筹措
（一）投资估算

1. 建设投资估算（总述总投资，分述建筑工程费、设备购置安装费等）

2. 流动资金估算

3. 投资估算表（总资金估算表、单项工程投资估算表）

（二）资金筹措

1. 自筹资金

2. 其他来源

七、效益分析
（一）经济效益

1. 基础数据与参数选取

2. 成本费用估算（编制总成本费用表和分项成本估算表）

3. 财务分析

（二）社会效益

1. 项目对社会的影响分析

2. 项目与所在地互适性分析（不同利益群体对项目的态度及参与程度；各级组织对项目的态度及支持程度）

3. 社会风险分析

4. 社会评价结论

八、结论

2. 什么是投资机会研究报告

项目投资机会研究是企业在拟投资建设项目初步调查分析的基础上,将项目的设想概括为拟投资项目的初步方案的过程,该初步方案所形成的书面文件即为投资机会研究报告。

投资机会研究报告的内容一般包括:初步选定项目的背景和依据、市场与政策分析及预测、企业发展战略和内外部条件的分析,并提出投资总体结构及其他具体实施建议。投资机会研究报告是进一步深入研究的前提和基础,对部分企业投资工程项目,后续还要依据其进行预可行性研究,然后才能开展可行性研究。这决定于工程项目的复杂程度和重要性。

第三节　工程项目可行性研究与评估

一、工程项目可行性研究

(一) 工程项目可行性研究及其作用

1. 什么是工程项目可行性研究

工程项目可行性研究(feasibility study of a project)是指在项目建议书或预可行性研究的基础上,通过与项目有关的资料、数据的调查分析,对拟建工程项目的必要性,以及对经济和社会发展、生态环境影响等方面进行全面的、系统的、综合的技术经济分析论证工作。

不论是政府投资项目还是企业投资项目,一般均由项目发起单位或企业组织项目可行性研究,其是整个项目投资决策中不可缺失的重要工作。

工程项目需求分析与方案策划仅对拟建项目进行了初步分析,并提出政府投资工程项目的项目建议书或企业投资工程项目的项目机会研究报告。这不足以支持工程项目投资决策,工程项目立项还需对拟建工程项目的必要性、建设规模、建设标准、经济和社会效益,以及对环境的影响等方面进行深入研究,并将其概括为工程项目可行性研究。

2. 工程项目可行性研究的作用

工程项目可行性研究最终形成的可行性研究报告是项目投资决策、项目审批的重要依据;可行性报告及其批复文件在项目立项后的主要作用如下:

(1) 是建设项目投资决策和编制设计任务书的依据。

(2) 是向当地政府投资、规划和环境保护主管部门申请有关建设许可文件的依据。

(3) 是建设单位或项目法人筹集资金的重要依据。

(4) 是工程项目进行设计、施工和设备采购的重要依据。

(5) 是建设单位或项目法人与各参建方签订各种协议和合同的依据。

(6) 是项目考核和后评估的重要依据。

(二) 工程项目可行性研究的依据

对一个拟建工程项目进行可行性研究,必须在国家有关的政策、法规、规划的指导下完成,同时还要有相应的各种技术资料支撑,其主要依据包括:

(1) 国家有关的发展计划、规划文件,包括行业政策中的鼓励、特许、限制、禁止等有关规定。

(2) 项目主管部门对项目建设要求请示的批复。

(3) 项目建议书及其审批文件。

(4) 拟建地区的环境现状资料。

(5) 试验、试制报告。

(6) 项目投资方或项目法人与有关方面达成的协议,如投资、原料供应、建设用地、动力等方面的初步协议。

(7) 国家或地方颁布的有关法规。

(8) 国家或地方颁布的与项目建设有关的标准、规范、定额等。

(9) 市场调查报告。

(10) 主要工艺和设备的技术资料。

(11) 自然、社会、经济等方面的有关资料。

(12) 与项目可行性研究委托方签订的合同。

(三) 工程项目可行性研究的主要内容

不同类型工程项目可行性研究的对象存在较大的差异,但其经济效益、社会影响和环境影响的分析或评价的要求、内容基本相同,且是各类工程项目可行性研究的主要内容。

1. 细化项目建议书或投资机会研究提出的工程建设方案

组织工程调查和工程勘察,并对项目建议书或投资机会研究提出的工程建设方案进行细化,具体内容包括:

(1) 工程建设规模、工程建设标准和工程总体布置。

(2) 主要建筑物形式和主要尺寸。

(3) 主体工程施工组织方案及建设总工期。

(4) 工程周边主要环境影响问题及其保护目标和保护措施。

(5) 工程建设征地、拆迁或移民安置规划。

2. 编制工程投资估算

工程投资估算是指在工程项目可行性研究阶段,对将来进行该项目建设可能要花费的各项费用的事先匡算。

(1) 投资估算的编制依据。主要有以下几个方面：

1) 国家、行业和地方政府的有关规定。

2) 工程勘察与设计文件，图示计量或有关专业提供的主要工程量和主要设备清单。

3) 行业部门、项目所在地工程造价管理机构或行业协会等编制的投资估算指标、概算指标（定额）、工程建设其他费用定额（规定）、综合单价、价格指数和有关造价文件等。

4) 类似工程的各种技术经济指标和参数。

5) 工程所在地同期的工、料、机市场价格，建筑、工艺及附属设备的市场价格和有关费用。

6) 政府有关部门、金融机构等部门发布的价格指数、利率、汇率、税率等有关参数。

7) 与建设项目相关的工程地质资料、设计文件、图纸等。

(2) 投资估算的方法。建设项目投资估算要根据主体专业设计的阶段和深度，结合各自行业的特点，所采用生产工艺流程的成熟性，以及编制者所掌握的国家及地区、行业或部门相关投资估算基础资料和数据的合理、可靠、完整程度（包括造价咨询机构自身统计和积累的可靠的相关造价基础资料）进行，具体估算时，一般可分为静态、动态及铺底流动资金等。

1) 静态投资部分的估算，因民用项目与工业生产项目的出发点及具体方法不同而有显著的区别。一般情况下，工业生产项目的投资估算从设备费入手，而民用项目则往往从建筑工程投资估算入手。基本方法概括起来包括以下几种：

a. 生产能力指数法。根据已建成的、性质类似的建设项目或生产装置的投资额和生产能力及拟建项目或生产装置的生产能力估算项目的投资额。采用这种方法，计算简单，速度快；但要求类似工程的资料可靠，条件基本相同，否则误差就会增大。

b. 系数估算法。是以某部分的投资费用为基数，其他部分的投资则通过测定的系数与基数相乘求得。该方法又分为百分比系数、朗格系数、经验或规定系数。

c. 指标估算法。根据以往统计的或自行测定的投资估算指标来乘以待估项目的估算工程量，进行投资估算的一种方法。其中投资估算指标的表示形式多种多样，如建筑物的建筑工程以"元/m^2"表示，给排水工程或照明工程以"元/m"表示，变电工程以"元/(kV·A)"表示，道路工程以"元/m^2"表示，水库以"元/m^3"表示，医院以"元/床位"表示，等等。

d. 工程投资分类估算法。将工程分成若干类，分别估算的投资。

2) 动态投资估算，主要包括由价格变动可能增加的投资额、建设期贷款利息两部分内容，对于涉外项目还应考虑汇率的变化对投资的影响。

3) 铺底流动资金估算，部分的流动资金是项目建成后，为保证项目正常生产或服务运营所必需的周转资金。它的估算对项目规模不大且同类资料齐全的项目可采用分项估算法，其中包括劳动工资、原材料、燃料动力等部分；对于大项目及设计深度浅的可采用指标估算法。

工程项目投资估算无论采用何种方法，应充分考虑拟建项目设计的技术参数和投资估算所采用的估算系数、估算指标，在质量和数量方面所综合的内容，应遵循口径一致的原则。

工程项目投资估算无论采用何种办法，应将所采用的估算系数和估算指标价格、费用水平调整到项目建设所在地及投资估算编制年的实际水平。对于工程项目的边界条件，如建设用地费和外部交通、水、电、通信条件，或市政基础设施配套条件等差异所产生的与主要生产内容投资无必然关联的费用，应结合建设项目的实际情况进行修正。

不同行业工程投资估算编制方法不尽相同，但工程估算与相应工程初步设计阶段投资概算的方法类似。

[案例 2-4] 建筑工程投资估算编制

按国家住房和城乡建设部、财政部关于印发《建筑安装工程费用项目组成》（建标〔2013〕44 号）通知，建筑安装工程费用组成如图 2-2 所示。

建筑安装工程投资估算编制的步骤如下：

（1）估算工程费用。选择上述静态投资估算方法，估算建筑安装工程费，以及设备及工器具购置费。

（2）估算工程建设其他费用。其包括应列入建设投资估算，除建筑安装工程费用和设备及工器具购置费以外的一些费用，并按相关规定执行。

（3）估算基本预备费用。其以建筑安装工程费、设备及工器具购置费和工程建设其他费用三者之和为基数，乘以基本预备费率计算而得。基本预备费率一般取 10%～15%。

（4）估算价差预备费。其以建筑安装工程费、设备及工器具购置费、工程建设其他费用和基本预备费用四项之和为基数，考虑工程建设期价格上涨率计算而得。

（5）估算工程建设投资。汇总工程费用、工程建设其他费用和预备费用。

（6）估算工程总投资。包括建设投资、建设期利息，以及流动资金。

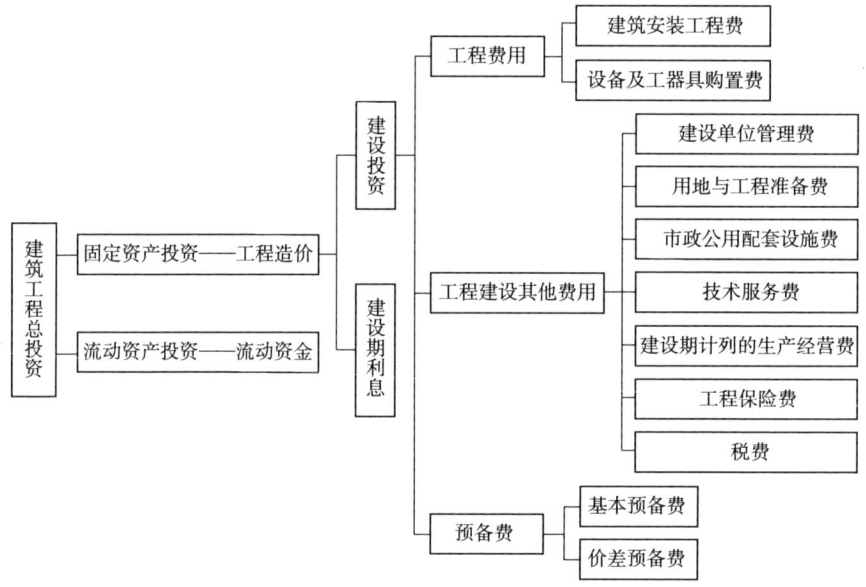

图 2-2 建筑安装工程费用组成图

[**案例 2-5**] 水利工程投资估算：分类估算方法

水利工程投资估算工程分类如图 2-3 所示。

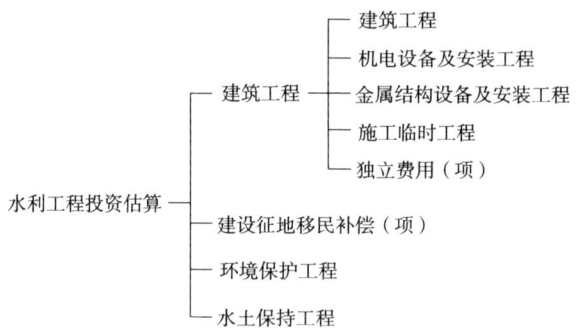

图 2-3 水利工程投资估算工程分类

编制投资估算时，首先，根据每类工程，进一步将其分解成子项工程；其次，根据现行《水利工程设计概（估）算编制规定》（水总〔2014〕429 号）相应的概算定额，分别计算每子项工程的单价，结合各子项工程的数量，计算每子项工程合价，累加后得到图 2-3 中建筑工程投资合计，考虑基本预备费用后，即得建筑工程静态投资；第三，根据相关规定，计算建设征地移民补偿、环境保护工程和水土保持工程投资，并与建筑工程投资相加，得工程（概算）静态投资总投资；最后，考虑价差预备费和建设期融资利息,得工程(概算)动态总投资。以工程(概算)动态总投资为基础,扩大5%~10%,即可得工程投资估算。选5%,还是10%,由工程类型决定,在《水利工程设计概(估)算编制规定》中有明确规定。

3. 经济评价

(1) 经济效果评价。指资金占用、成本支出与有用生产成果之间的比较。从经济的角度分析或评价工程项目是否可行,是项目可行性研究中的一项重要工作,也是项目投资决策的一个核心问题。

经济效果评价分为微观经济效益与宏观经济效益,即财务评价(financial evaluation)和国民经济评价(national economic evaluation)。

(2) 财务评价。指在国家现行财税制度和市场价格体系下,分析预测项目的财务效益与费用,编制财务报表,计算财务评价指标,考察拟建项目的盈利能力、偿债能力,进而判断项目的财务可行性。

(3) 国民经济评价。指按照资源合理配置的原则,从国家整体角度考察和确定项目的效益和费用,用影子价格、影子汇率和社会折现率等国民经济评价参数,分析计算项目对国民经济带来的净贡献,以评价项目经济上的合理性。

(4) 财务评价与国民经济评价的共同点,主要表现如下:

1) 评价目的相同。财务评价和国民经济评价都是要寻求以最小的投入获得最大的产出。

2) 评价基础相同。财务评价和国民经济评价都是在完成了产品需求预测、工程技术方案、资金筹措等可行性研究的基础上进行的,都使用基本的经济评价理论,即费用与效益比较的理论方法。

(5) 财务评价与国民经济评价的不同点,主要表现如下:

1) 评价角度和基本出发点不同。财务评价是站在项目层次上,从项目的经营者、投资者、未来债权人的角度,分析项目和各方的收支和盈利状况及偿还借款能力,以确定投资项目的财务可行性。国民经济评价则是从国家或区域的层次上,从全社会的角度考察项目需要国家付出的代价和对国家的贡献,以确定投资项目的经济合理性。

2) 费用、效益的划分不同。财务评价是根据项目直接发生的实际收支确定项目的效益和费用,凡是项目的货币支出都视为费用,税金、利息等也均计为费用。国民经济评价则着眼于项目所耗费的全社会有用资源来考察项目的费用,而根据项目对社会提供的有用产品(包括服务)来考察项目的效益。税金、国内借款利息和财政补贴等一般并不发生资源的实际增加和耗用,多是国民经济内部的"转移支付",因此,不列为项目的费用和效益。此外,国民经济评价还要考虑间接费用与间接效益。

3）采用的价格不同。财务评价要确定投资项目在财务上的现实可行性，因而对投入物和产出物均采用财务价格即现行的市场价格（预测值）。国民经济评价则采用反映货物的真实经济价值，反映机会成本、供求关系以及资源稀缺程度的影子价格。

4）主要参数不同。财务评价采用的汇率一般选用当时的官方汇率，折现率是因行业而异的基准收益率或最低可接受收益率。国民经济评价则采用国家统一测定和颁布的影子汇率和社会折现率。

（6）财务评价与国民经济评价结果的应用。财务评价与国民经济评价不尽相同，当这两种评价结论不一致时，如何进行项目投资决策呢？总体而言，应以国民经济评价结论为主要依据进行项目投资决策，即财务评价与国民经济评价均可行的项目，应予通过；财务评价与国民经济评价均不可行的项目，应予否定；财务评价不可行，国民经济评价可行的项目，应予以通过，但国家和主管部门应采取相应的优惠政策，如减免税、给予补贴等，使项目在财务上也具有生存能力；财务评价可行，国民经济评价不可行的项目，应予以否定，或者重新考虑项目方案。

4. 社会影响评价

社会影响评价（social impact assessment）指对项目可能产生的正或负两个方面的影响范围、程度等进行分析预测，并针对负面影响提出措施建议。

近半个世纪以来，社会科学家们就此提出了"以人为中心的发展理念"，认为发展的目的不是发展物质而是发展人类。在这一理念促进下，人们开始尝试从社会学的角度分析工程项目对实现国家或地方各项社会发展目标所做的贡献和影响，以及项目与当地社会环境的相互影响。世界银行（The World Bank）在1984年就提出将社会评价作为世界银行开展投资项目可行性研究的重要组成部分。目前，社会评价已在世界各国工程项目可行性研究中广泛应用，特别是那些对项目所在地居民受益较大的社会公益性项目、对人民群众生活影响较大的基础设施项目，或容易引起社会矛盾和风险的项目，如交通、水利、采矿和石化项目等。这些项目可能引发大规模征地拆迁、移民安置，或项目建成后运行中存在较大的污染等。

近年来，为防止重大工程项目引起的社会矛盾激化、加剧，国家发展和改革委员会颁发了《国家发展改革委重大固定资产投资项目社会稳定风险评估暂行办法》（发改投资〔2012〕2492号）。该暂行办法指出"社会稳定风险分析应当作为项目可行性研究报告、项目申请报告的重要内容并设独立篇章"。同时，在国家发展和改革委员会办公厅《关于印发重大固定资产投资项目社会稳定风险分析篇章和评估报告编制大纲（试行）的通知》（发改办投资〔2013〕428号）中，规定了社会稳定风险分析报告的主要内容。

[案例 2-6] 重大固定资产投资项目社会稳定风险分析主要内容

1. 编制依据

编制依据主要包括:

(1) 相关法律、法规、规章、规范性文件以及其他政策性文件。

(2) 项目单位的委托合同。

(3) 项目单位提供的拟建项目基本情况和风险分析所需的必要资料。

(4) 国家出台的区域经济社会发展规划、国务院及有关部门批准的相关规划。

(5) 其他依据。

2. 风险调查

社会稳定风险调查重点围绕拟建项目建设实施的合法性、合理性、可行性和可控性等方面开展。调查范围应覆盖所涉及地区的利益相关者,充分听取、全面收集群众和各利益相关者的意见,包括合理和不合理、现实和潜在的诉求等。

重点阐述以下部分或全部方面:调查的内容和范围、方式和方法;拟建项目的合法性;拟建项目自然和社会环境状况;利益相关者的意见和诉求、公众参与情况;基层组织态度、媒体舆论导向,以及公开报道过的同类项目风险情况。

3. 风险识别

在风险调查的基础上,针对利益相关者不理解、不认同、不满意、不支持的方面,或在日后可能引发不稳定事件的情形,全面、全程查找并分析可能引发社会稳定风险的各种风险因素。

重点阐述:在政策规划和审批程序、土地房屋征收方案、技术和经济方案、生态环境影响、项目建设管理、当地经济社会影响、质量安全和社会治安、媒体舆论导向等方面重点分析查找各风险因素。

4. 风险估计

根据各项风险因素的成因、影响表现、风险分布、影响程度、发生可能性,找出主要风险因素。采用定性与定量相结合的风险分析方法,估计主要风险因素的风险程度;分析主要因素之间是否相互影响。

重点阐述:按照风险可能发生的项目阶段(决策、准备、实施、运行),结合当地经济社会与拟建项目的相互适应性,从初步识别的各类风险因素中筛选、归纳出主要风险因素。对每一个主要风险因素进行分析、估计。

5. 风险防范和化解措施

根据风险识别和风险估计的结果,研究提出风险防范化解措施。

重点阐述：针对主要风险因素研究提出各项综合和各项的风险防范、化解措施，提出落实各项措施的责任主体和协助单位、防范责任、具体工作内容、风险控制节点、实施时间和要求的建议。

6. 风险等级

分析各项风险防范、化解措施落实的可行性和有效性，预测落实措施后每一个主要风险因素可能引发风险的变化趋势，包括发生概率、影响程度、风险程度等，综合判断拟建项目落实风险防范、化解措施后的风险等级。

重点阐述：预测各主要风险因素变化趋势及结果，综合判断落实措施后风险等级。

7. 风险分析结论

阐述拟建项目社会稳定风险分析的主要结论，包括：

(1) 拟建项目主要的风险因素。

(2) 主要的风险防范、化解措施。

(3) 拟建项目风险等级。

(4) 落实风险防范、化解措施的有关建议。

5. 环境影响评价

环境影响评价（environmental impact assessment）指对工程项目实施或建成后可能产生的环境影响进行分析、预测和评估，并提出预防或减轻不良影响的对策和措施的活动。

环境是指影响人类生存和发展的各种天然的和经过人工改造的自然因素的总和，包括大气、水、海洋、土地、矿藏、森林、草原、野生生物、自然遗迹、人文遗迹、自然保护区、风景名胜区、城市和乡村等。环境有自然环境和社会环境之分，自然环境是社会环境的基础，社会环境又是自然环境的发展。

工程项目是"人造自然"，其势必具有两面性。一方面，工程项目改造了自然，以满足经济社会发展的需要，即产生正面作用；另一方面，由于工程项目的存在，改变了自然，可能给环境带来负面的影响。因此有必要对这种负面影响进行评估，为投资决策提供支持。

(1) 项目环境影响评价分类：

1) 按照评价对象分为项目环境影响评价、规划环境影响评价和战略环境影响评价等。

2) 按照环境要素分为大气环境影响评价、水环境影响评价、噪声环境影响评价和固体废物环境影响评价等。

3）按照评价时间分为环境质量现状评价、环境影响预测评价、环境影响后评价。

（2）项目环境影响评价程序。项目投资方一般委托专业化的咨询机构开展环境影响评价工作。咨询机构常将工作分三个阶段：第一阶段，前期准备、初步调研和制定工作方案；第二阶段，分析论证和预测评价；第三阶段，环境影响评价文件编制。具体流程如图2-4所示。

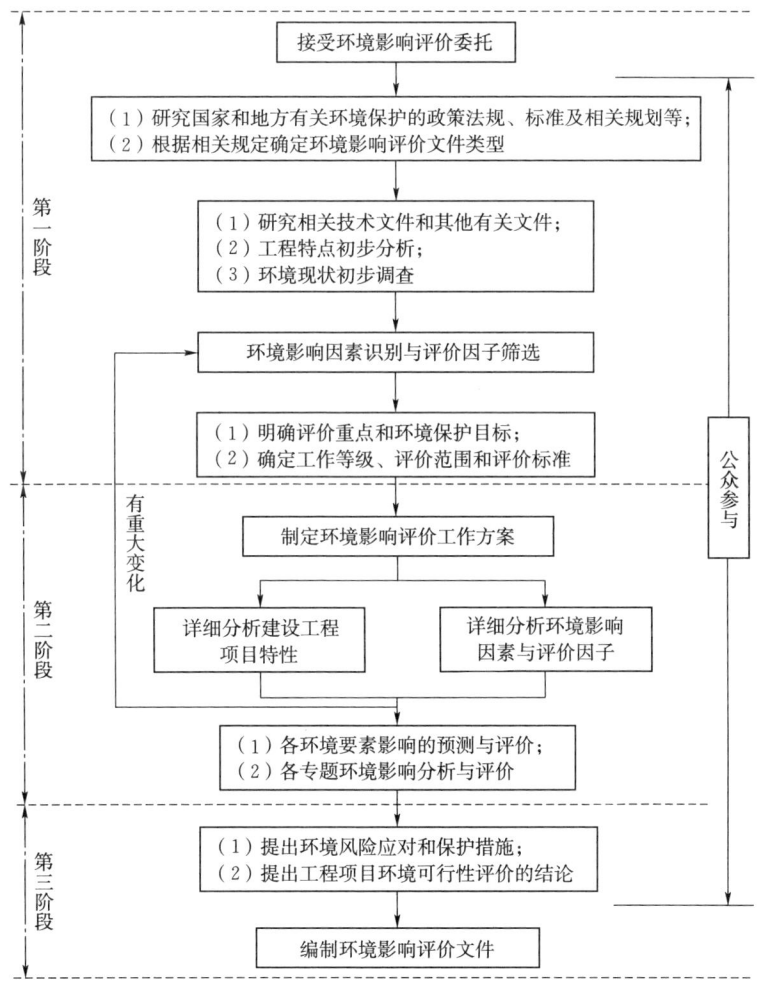

图2-4　咨询机构项目环境影响评价程序

（3）项目环境影响评价文件。我国《环境影响评价法》规定，可能造成重大环境影响的项目，应当编制环境影响报告书，对产生的环境影响进行评价；可能造成轻度环境影响的，应当编制环境影响报告表，对产生的环境影响进行分析或者专项评价；对环境影响很小、不需要进行环境影响评价的，应当填报环境影响登记表。其中，工程（建设）项目环境影响报告书应包括的内容如下：

1) 建设项目概况。
2) 建设项目周围环境现状。
3) 建设项目对环境可能造成影响的分析、预测和评估。
4) 建设项目环境保护措施及其技术、经济论证。
5) 建设项目对环境影响的经济损益分析。
6) 对建设项目实施环境监测的建议。
7) 环境影响评价的结论。

二、工程项目可行性研究的深度要求

从项目报批的视角，项目可行性研究的深度要求最终呈现在政府投资项目的可行性研究报告或企业投资项目的申请要求报告上。

1. 政府投资工程项目可行性研究报告的深度要求

对政府投资工程项目，其可行性研究的成果为可行性研究报告。不同行业或不同类型工程项目，对工程项目可行性研究报告内容和深度的要求不尽相同。案例 2-7 和案例 2-8 分别是水利水电工程项目和公路工程项目可行性研究主要内容和深度要求。

[案例 2-7] 水利水电工程可行性研究报告主要内容和深度要求

《水利水电工程可行性研究报告编制规程》（SL 618—2013）规定，水利水电工程可行性研究报告的主要内容和深度应符合下列要求：

（1）论证工程建设的必要性，确定工程的任务及综合利用工程各项任务的主次顺序。

（2）确定主要水文参数和成果。

（3）查明影响方案比选的主要工程地质条件，基本查明主要建筑物的工程地质条件，评价存在的主要工程地质问题，对天然建筑材料进行详查。

（4）确定主要工程规模和工程总体布局。

（5）选定工程建设场址（坝址、闸址、厂址、站址和线路）等。

（6）确定工程等级及设计标准，选定基本坝型，基本选定工程总体布置及其他主要建筑物的型式。

（7）基本选定机电和金属结构及其他主要机电设备的型式和布置。

（8）初步确定消防设计方案和主要设施。

（9）选定对外交通运输方案、料场、施工导流方式及导流建筑物的布置，基本选定主体工程主要施工方法和施工总布置，提出控制性工期和分期实施意见，基本确定施工总工期。

(10) 确定工程建设征地的范围，查明淹没实物，基本确定移民安置规划，估算移民征地补偿投资。

(11) 对主要环境要素进行环境影响预测评价，确定环境保护对策措施，估算环境保护投资。

(12) 对主体工程设计进行水土保持评价，确定水土流失防治责任范围，水土保持措施，水土保持监测方案，估算水土保持投资。

(13) 初步确定劳动安全与工业卫生的设计方案，基本确定主要措施。

(14) 明确工程的能源消耗种类和数量、能源消耗指标和设计原则，基本确定节能措施。

(15) 确定管理单位类别及性质、机构设置方案、管理范围和保护范围等。

(16) 编制投资估算。

(17) 分析工程效益费用和贷款能力，提出资金筹措方案；分析主要经济评价指标，评价工程的经济合理性和财务可行性。

(18) 水利水电工程可行性研究报告一般包括以下附件：

1) 项目建议书批复文件及与工程有关的其他重要文件。
2) 相关专题论证，审查会议纪要和意见。
3) 水文分析报告。
4) 工程地质勘察报告。
5) 工程规模论证专题报告。
6) 工程建设征地补偿与移民安置规划报告。
7) 环境影响报告书（表）。
8) 水土保持方案报告书。
9) 贷款能力测算专题报告。
10) 其他重大关键技术专题报告。

[案例2-8] **公路建设项目可行性研究报告主要内容**

《公路建设项目可行性研究报告编制办法》（交规划发〔2010〕178号）规定，公路建设项目可行性研究报告的主要内容应包括项目影响区域经济社会及交通运输的现状与发展、交通量预测、建设的必要性、技术标准、建设条件、建设方案及规模、投资估算及资金筹措、经济评价、实施安排、土地利用评价、工程环境影响分析、节能评价、社会评价等，特殊复杂的重大项目，还应进行风险分析。《公路建设项目可行性研究报告》

的具体内容要求包括：
1 概述
   1.1 项目背景
   1.2 编制依据
   1.3 研究过程
   1.4 建设的必要性
   1.5 主要结论
   1.6 问题及建议
2 经济社会和交通运输发展现状及规划
   2.1 研究区域概况
   2.2 项目影响区域经济社会现状及发展
   2.3 项目影响区域交通运输现状及发展
3 交通量分析及预测
   3.1 公路交通调查与分析
   3.2 相关运输方式的调查与分析
   3.3 预测思路与方法
   3.4 交通量预测
4 技术标准

   根据拟建项目在区域网络中的功能与定位、交通量预测结果，综合考虑地形条件、投资规模环境影响及与拟建项目连接的其他工程项目等影响因素，在通行能力及服务水平分析的基础上，按照《公路工程技术标准》相关规定，论证项目拟采用的技术等级、设计时速、车道数及路基宽度、荷载标准、抗震设防标准、隧道建筑界限、交通工程及沿线设施等具体指标。对于跨越有通航要求河流上的桥梁，应明确通航等级标准等指标。

5 建设方案
   5.1 建设条件
   5.2 建设项目起终点论证
   5.3 备选方案拟定
   5.4 方案比选
   5.5 推荐方案概况
6 投资估算及资金筹措
   6.1 投资估算
   6.2 资金筹措
7 经济评价

7.1 评价依据和方法
7.2 评价方案设定
7.3 经济费用效益分析
7.4 财务分析
7.5 评价结论

8 实施方案

分析工程施工条件和特点，研究制约工程进度、质量和造价的关键环节，提出工期安排等实施方案。对于改扩建项目，应该包括施工期交通组织方案。

9 土地利用评估

9.1 区域土地利用、类型及人均占有量
9.2 推荐方案占用土地、主要拆迁建筑物的种类和数量
9.3 对当地土地利用规划影响
9.4 与《公路建设项目用地指标》的符合性
9.5 集约节约使用土地措施

10 工程环境影响分析

10.1 沿线环境特征
10.2 推荐方案对工程环境的影响
10.3 减缓工程环境影响的对策

11 节能评价

11.1 建设期耗能分析
11.2 运营期节能
11.3 对当地能源供应的影响
11.4 主要节能措施
11.5 节能评价

12 社会评价

12.1 社会影响分析
12.2 互适性分析
12.3 社会风险分析
12.4 社会评价结论

13 风险分析

13.1 项目主要风险因素识别
13.2 风险程度分析
13.3 防范和降低风险措施

14 问题及建议

存在的主要问题与建议

2. 企业投资工程项目申请报告的深度要求

对企业投资项目，不论是核准制项目还是备案制项目，均需向政府相关部门提交项目申请报告。为指导企业做好项目申请报告的编写工作，规范项目核准机关核准行为，2017年国家发展和改革委员会发布了《项目申请报告通用文本》，对项目申请报告编写内容及深度提出了基本要求，如案例2-9。

[案例2-9] 项目申请报告通用文本

第一章　项目单位及拟建项目情况

一、项目单位情况。包括项目单位的主营业务、营业期限、资产负债、企业投资人（或者股东）构成、主要投资项目、现有生产能力、项目单位近几年信用情况等内容。

二、拟建项目情况。包括拟建项目的建设背景、建设地点、主要建设内容、建设（开发）规模与产品方案、工程技术方案、主要设备选型、配套公用辅助工程、投资规模和资金筹措方案等。拟建项目与国民经济和社会发展总体规划、主体功能区规划、专项规划、区域规划等相关规划衔接和协调情况，拟建项目的产业政策、技术标准和行业准入分析。拟建项目取得规划选址、土地利用等前置性要件的情况。

第二章　资源开发及综合利用分析

一、资源开发方案。资源开发类项目，包括对金属矿、煤矿、石油天然气矿、建材矿以及水（力）、森林等资源的开发，应分析拟开发资源的可开发量、自然品质、赋存条件、开发价值等，评价是否符合资源综合利用的要求。

二、资源利用方案。包括项目需要占用的重要资源品种、数量及来源情况；多金属、多用途化学元素共生矿、伴生矿、尾矿以及油气混合矿等的资源综合利用方案；通过对单位生产能力主要资源消耗量指标的对比分析，评价资源利用效率的先进程度；分析评价项目建设是否会对地表（下）水等其他资源造成不利影响。

三、资源节约措施。阐述项目方案中作为原材料的各类金属矿、非金属矿及能源和水资源节约以及项目废弃物综合利用等的主要措施方案。对拟建项目的资源能源消耗指标进行分析，阐述在提高资源能源利用效率、降低资源能源消耗、实现资源能源再利用与再循环等方面的主要措施，论证是否符合能耗准入标准及资源节约和有效利用的相关要求。

第三章 生态环境影响分析

一、生态和环境现状。包括项目场址的自然生态系统状况、资源承载力、环境条件、现有污染物情况和环境容量状况等，明确项目建设是否涉及生态保护红线以及与相关规划环评结论的相符性。

二、生态环境影响分析。包括生态破坏、特种威胁、排放污染物类型、排放量情况分析，水土流失预测，对生态环境的影响因素和影响程度，对流域和区域生态系统及环境的综合影响。

三、生态环境保护措施。按照有关生态环境保护修复、水土保持的政策法规要求，对可能造成的生态环境损害提出治理措施，对治理方案的可行性、治理效果进行分析论证。根据项目情况，提出污染防治措施方案并进行可行性分析论证。

四、特殊环境影响。分析拟建项目对历史文化遗产、自然遗产、自然保护区、森林公园、重要湿地、风景名胜和自然景观等可能造成的不利影响，并提出保护措施。

第四章 经济影响分析

一、社会经济费用效益或费用效果分析。从资源综合利用和生态环境影响等角度，评价拟建项目的经济合理性。

二、行业影响分析。阐述行业现状的基本情况以及企业在行业中所处地位，分析拟建项目对所在行业及关联产业发展的影响，尤其对产能过剩行业注重宏观总量分析影响，避免资源浪费和加剧生态环境恶化，并对是否可能导致垄断，是否符合重大生产力布局等进行论证。

三、区域经济影响分析。对于区域经济可能产生重大影响的项目，应从区域经济发展、产业空间布局、当地财政收支、社会收入分配、市场竞争结构、对当地产业支撑作用和贡献等角度进行分析论证。

四、宏观经济影响分析。投资规模巨大、对国民经济有重大影响的项目，应进行宏观经济影响分析。涉及国家经济安全的项目，应分析拟建项目对经济安全的影响，提出维护经济安全的措施。

第五章 社会影响分析

一、社会影响效果分析。阐述拟建项目的建设及运营活动对项目所在地可能产生的社会影响和社会效益。其中要对就业效果进行重点分析。

二、社会适应性分析。分析拟建项目能否为当地的社会环境、人文条件所接纳，评价该项目与当地社会环境的相互适应性，提出改进性方案。

三、社会稳定风险分析。重点针对拟建项目直接关系人民群众切实利益且涉及面广、容易引发的社会稳定问题，在风险调查、风险识别、风险估计、提出风险防范和化解措施、判断风险等级基础上，从合法性、合理性、可行性和可控性等方面进行分析。

四、其他社会风险及对策分析。针对项目建设所涉及的其他社会因素进行社会风险分析，提出协调项目与当地社会关系、规避社会风险、促进项目顺利实施的措施方案。

三、工程项目评估

1. 什么是工程项目评估

工程项目评估是指由政府投资主管部门认定机构，对工程项目可行性研究报告进行评估，并提出工程项目可行、不可行，或进行调整等意见的活动。

工程项目可行性研究是一般工程项目立项过程中要做的工作，并由项目投资方或项目发起单位组织。但对政府投资工程项目，以及部分企业投资的核准类工程项目，特别是重大工程项目，在可行性研究的基础上，还要进行由政府主管部门组织、从国家或全局视角出发的评估，必要时还要组织专家评审。

2. 工程项目评估的内容

工程项目评估的主要内容大部分在项目可行性研究报告中已经涉及，包括国民经济评估、社会影响评估和环境影响评估等，但对不同类型项目，根据其对经济社会发展影响的不同，政府投资部门在组织项目评估时，评估的重点有所不同。如有些工程项目侧重对经济社会发展影响的评估，有些工程项目将评估重点放在项目对环境影响的评估上。

思 考 和 练 习 题

2-1 工程项目立项的内涵是什么？

2-2 政府对部分企业投资项目实行核准制的目的是什么？

2-3 政府投资与企业投资（备案类）工程项目立项过程的主要差异是什么？为什么会有这些差异？

2-4 项目需求分析的任务是什么？政府投资与企业投资项目需求分析的主要差异是什么？

2-5 工程项目可行性研究及其作用、依据和内容有哪些？

2-6 政府投资与企业投资工程项目的可行性研究内容存在的差异是什么？

2-7 工程项目可行性研究中，为什么要进行国民经济评价？

2-8 财务评价和国民经济评价的主要区别是什么？

2-9 项目环境影响评价一般委托专业机构完成，其评价的程序如何？

2-10 对重大工程项目，政府部门一般在项目可行性研究的基础上，组织对项目进行评估，为什么？项目评估的内容一般包括哪些？

第三章 工程项目实施组织与管理体系

本章知识要点与学习要求

序号	知识要点	学习要求
1	业主方项目管理组织方式及其特点	熟悉
2	业主方常见发包（组织）方式及其特点	掌握
3	工程发包（组织）方式与业主方管理组织方式区别与联系	了解
4	业主方项目发包与管理组织方式的整合设计	了解
5	项目法施工、项目经理部、项目管理目标责任书	掌握
6	项目管理目标责任书的主要内容、项目经理的主要职责	了解
7	工程参与方常见管理组织结构及其特点	熟悉
8	工程参与方管理组织结构选择的影响因素	熟悉
9	工程项目基本目标及其相互联系	掌握
10	工程项目管理的计划和控制体系的构成	掌握

市场经济环境下，工程项目实施由多方参与，其中工程投资方（业主方）是主导方，项目法人或建设单位负责项目的整体实施机构，而项目其他参与方则承担工程施工、设备制造或咨询服务。他们所承担项目的任务不相同，期望目标也存在差异，但他们内部的管理组织结构，以及管理目标、计划和控制系统的设计理念基本类似。

第一节 业主方项目实施组织

工程项目投资方/业主方项目实施组织分为项目管理组织方式和项目发包方式两个维度，这两个维度的组织问题并不完全独立，存在着相互影响，要求整合设计。

一、业主方项目管理组织方式

业主方,亦称建设单位或项目法人,在签订工程合同中也称项目发包方,纵观其管理组织方式的演变,不难发现项目业主方管理组织方式的发展与工商企业管理组织的演变轨迹类似。工商企业管理从家族式管理到职业经理人的管理,其本质是所有权与经营权的分离,这是社会化、专业化生产的必然趋势。在工程建设领域,项目业主方管理方式的发展也不例外。国内外常见业主方管理组织方式有自主管理、委托管理和一体化管理3种方式。

1. 自主管理方式

所谓自主管理,即由业主方自己组织队伍对工程项目的实施进行管理,其又可细分为:"业主方自主管理""业主方+工程监理""业主方+工程监理+DA/AB (dispute avoidance/adjudication board)"和"业主方+全过程工程咨询服务"4种方式。其中,DA/AB为争端避免/裁决委员会。

(1)业主方自主管理方式。即由工程项目业主方自己组织管理,如房地产开发企业,经多年、多项目开发后,积累了人才和经验,其具自主管理项目的能力,目前在试点实行自主管理,而不采用建设监理等咨询方。

(2)"业主方+工程监理"方式。业主方主要依靠自己的力量对工程项目进行管理,但在项目实施阶段,其委托工程师/监理对施工合同进行管理,并赋予工程师/监理一定的权力,对项目目标进行控制。

(3)"业主方+工程监理+DA/AB"方式。业主方依靠自己力量对工程项目进行管理,并在实施阶段除委托监理外,还组建争端协调小组DA/AB,由其协调处理合同双方的重要争端问题。这在大型国际工程中应用较多。

(4)"业主方+全过程工程咨询服务"方式。业主方主要依靠自己的力量对工程项目进行管理,但在项目实施阶段,其委托项目管理/咨询公司除了对施工承包方进行监管外,还对工程可行性研究、造价、工程招标等方面提供一项或多项服务。

上述各管理方式中,业主方均存在一支较大的管理队伍,并在管理中起主导作用,对一般管理问题进行决策。

2. 委托管理方式

所谓委托管理方式,即由业主委托工程咨询公司、项目管理公司等,代表业主对工程项目的全过程或若干阶段开展项目管理的方式。这种管理方式,业主方投入管理力量较小,主要对重大问题决策。目前,常见的委托管理方式又分"代建"/PM方式、"代建+监理"方式等。

(1)"代建"/PM方式。根据项目管理公司(拥有工程监理资质)的服务内容、合同中规定的权限和承担的责任不同,PM模式可进一步分为项目管理承包型（PMC）和项目管理咨询型（PM）两种类型。这两类的最大区别在于：①前者承担成本超支的经济风险，而后者拿佣金，不承担成本超支的经济责任；②前者直接与承包商签署合同，也有可能自身承担一些外界及公用设施的设计/采购/施工任务，而后者仅提供咨询管理服务，并不与承包商直接签署合同。

（2）"代建＋监理"方式。这种方式中，代建方虽有承担管理项目能力，但不具备工程监理的资质。

委托管理方式与自主管理方式的主要差异是：委托管理方式中的代建方等工程咨询机构在业主方的授权下，在项目实施管理中起主导作用；而自主管理方式中，项目实施管理则以业主方为主导，监理方等工程咨询机构在其中仅起辅助作用。

3. 一体化管理方式

一体化管理（Project Management Team，PMT）方式，即业主方与委托项目管理公司或工程咨询公司的相关人员混合在一起，组成项目管理联合体，统一对项目进行管理。以实现业主方和项目管理公司的资源优化配置。FIDIC的合同文本（FIDIC IGRA 80 PM）规定，如采用 PMT 方式，则业主方管理人员将在项目管理联合体经理的领导下开展工作。这种管理方式的特点是不再分业主方还是监理方两个管理层次，而是整合在一起了。

目前国内用得较多的业主方管理方式有："业主方＋工程监理"方式、"业主方＋全过程工程咨询服务"方式和"代建＋监理"方式。

二、业主方项目发包方式

（一）项目发包方式及其发展

1. 项目发包方式

在市场经济环境下，业主方总是采用在建设市场上选择承包方，为其完成工程的建设任务；而工程一般由多个子项目组织，建设过程的基本内容又分为设计和施工，于是项目业主方可将整个项目的设计、施工任务分别选择设计和施工企业来完成，也可选择一家具有设计施工能力的建设企业来完成；项目业主方甚至还可将整个工程的设计任务交给一家设计企业完成，而将整个项目的施工分成为若干部分，分别选择不同施工企业来完成，等等。这就是工程项目不同的发包方式。因此，工程项目发包方式是指业主方将工程的建设任务进行合理分解，并选择相应的承包方去完成的组织方式。

工程发包方式，在不同视角下，人们对工程发包组织方式给出了其他名称。例如，基于工程项目交付视角，称为项目交付方式（Project Delivery Methods/System，PDM/PDS）；基于承包视角，称为工程交易方式，或工程承包方式。

2. 项目发包方式的发展

约 5000 年前，随着石器时代向铁器时代转变，吴哥窟、金字塔、万里长城等古代建筑在统治者强迫下，经奴隶们无偿劳动而建造；约 500 年前，随着经济社会的发展，工匠队伍的出现，工程从奴隶无偿劳动的建造转变为工匠的有偿雇佣劳动而建造；约 200 年前，在经济社会制度变迁、工程技术进步的推动下，工程建设从完全的手工业逐步向工业化方向发展，专业化的建筑业应运而生，建设工程交易制度逐步建立。

在建设工程交易制度下，业主方通常采用发包方式获得工程，即把工程的设计、施工等发包给专门的承包商去完成，而其只需对这一交易过程进行管理，并向承包商支付交易款项。

工程项目立项后，要经历一个设计、施工、验收等阶段的过程；工程项目一般也由若干子项目构成，是一个系统，这即为工程交易中的时空二维结构。如何组织工程交易？这就是交易方式或发包方式设计问题。最先出现的是什么样的交易方式，现已无从考证。但美国工程交易制度的变迁，可为工程交易方式/发包方设计提供启示。

在美国，从 1789 年到 1933 年这段时间，90％的基础设施采用设计-施工-运行三位一体的方式运作。这种建设体制的效率高、交易成本低，但是设计方与施工人员之间缺乏有效的监督和约束，再加上承包商自身设计力量的不足，工程质量难以得到保证。在 1875 年前的一段时间里，"豆腐渣"大坝、桥梁坍塌等恶性事故屡屡发生，平均每年有 25 座桥梁坍塌。针对这种情况，美国政府从 1893 年开始，在联邦政府的公共项目中采用设计与施工分离（DBB）的发包方式，并在 1926 年的公共建筑法中作为强制执行的内容。进入 20 世纪 90 年代后，由于技术的进步和企业结构的变化，集设计与施工于一体的 DB 方式又重新受到重视。1995 年之后 10 多年中，采用 DB 建设的工程项目每年以 6％的速度递增，据 1999 年对 400 家最大的承包商的统计，有 62％的企业在承担 DB 项目的建设任务。

美国发包方式应用的实践告诉我们，发包方式的选择与工程技术、经济社会发展紧密相关。事实上，其还与工程项目自身的特点相关。

目前，按工程设计、施工是否一体化，可将工程发包方式分为：设计与施工相分离的发包方式（DBB）和设计与施工相融合的发包方式（EPC/DB）两大类。而这两大类发包方式下又分为若干具体的发包方式。当然，EPC 和 DB 的适用条件不完全相同。

对某一工程项目，采用不同发包方式，将会产生不同的技术经济效果。因此，工程项目立项后，业主方首先关心的是如何选择或设计发包方式，进而为工程项目实施开好局、起好步。

(二) 常见项目发包方式简介

1. 设计与施工相分离的发包方式

设计与施工相分离的发包方式，即 DBB 模式，是目前国际上最为通用、也是最为经典的建设工程发包方式之一。世界银行、亚洲开发银行贷款项目和采用国际咨询工程师联合会（FIDIC）《土木工程施工合同条件》的项目均采用这种发包方式。

（1）DBB 的组织模式。英国与中国 DBB 的组织模式分别如图 3-1 和图 3-2 所示。

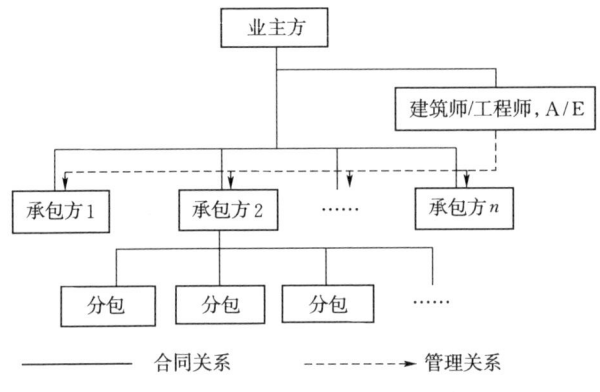

图 3-1　英国 DBB 的组织模式

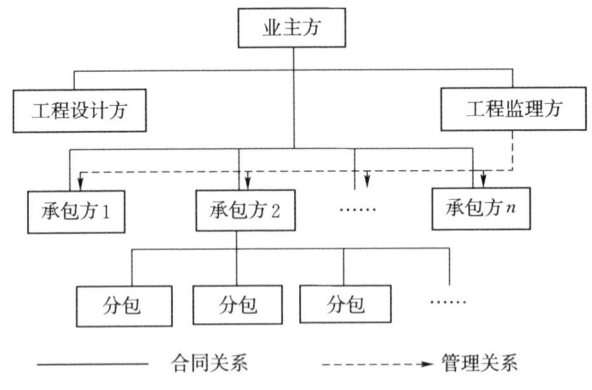

图 3-2　中国 DBB 的组织模式

在英国采用 DBB 时，一般业主方与建筑师/工程师（Architect/Engineer，A/E）签订咨询服务合同，委托其进行前期的各项有关工作（如可行性研究等），待工程项目评估立项后再进行设计。在设计阶段，A/E 除了完成设计工作外，还要准备施工招标文件，在设计工作全部完成后，协助业主通过竞争性招标将工程施工的任务发包给报价最低的承包商。在项目施工过程中，A/E通常担任监督角色，并且是业主方与承包方沟通的纽带。

在我国，采用DBB时，一般业主分别与工程设计方和工程监理方分别签订专业服务合同。工程设计方负责工程设计，对业主负责；工程监理方负责施工合同管理和监督，对业主方负责。显然，其与英国的主要差异是在工程设计和监理的委托上。

根据业主方是否将工程划分为不同标段进行招标，DBB又可分为DBB（施工总包）和DBB（分项发包）两类发包方式。DBB（施工总包）是在工程设计完成后，将工程项目的全部施工任务发包给一个承包人，由其组织实施，当然允许其将部分专业工程进行分包；DBB（分项发包）是在工程设计完成后，将工程项目划分为多个标段分别招标，选择承包人完成相应标段的施工任务。

（2）DBB的特点。项目组织实施按设计-招标-建造的自然顺序方式进行，即一个阶段结束后另一个阶段才能开始。其主要优点为：有利于选择专业化的设计方、施工方分别完成工程设计和施工任务；其主要缺点为：设计与施工的分离，难以实现设计施工的整合和优化。

2. 设计施工相融合的发包方式

设计施工相融合的发包方式包括DB模式、EPC模式和CM模式。

（1）DB模式。

1）DB的组织模式，如图3-3所示。采用DB时，一般业主方首先聘请咨询顾问公司，明确拟建项目的功能要求或设计大纲，然后通过招标的方式选择DB总承包方，并签订相应的总承包合同。DB承包方对整个建设工程负责。DB承包方可以选择一家咨询设计公司进行设计，然后采用竞争性招标方式选择分包方，也可以利用自己的设计和施工力量完成部分或全部工程。

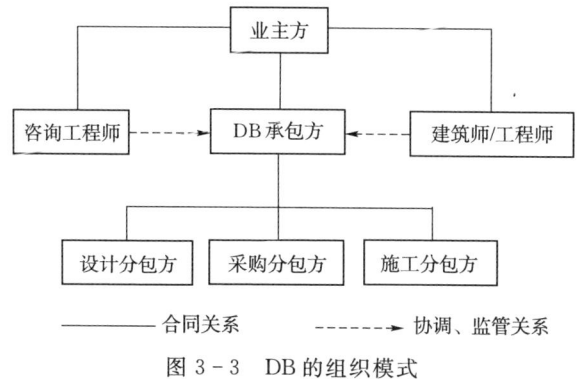

图3-3 DB的组织模式

2）DB的特点。建立了"单一责任制"，DB总承包方为业主提供"一站式"服务,业主也只面对一个 DB 承包方。在我国现行制度下,工程设计分初步设计和详细设计(包括技术设计/招标设计、施工图设计)。因此,DB 可细分为 DB(初步设计开始)和 DB(详细设计开始),即初步设计开始的 DB 和详细设计才开始的 DB。

(2) EPC 模式。从本质上讲,EPC 是 DB 的衍生模式。在这种发包方式中,总承包方除了提供设计和施工服务外,还需要将服务范围向前、向后拓展,即从工程项目的策划开始,一直到项目的试运行全部由总承包商来完成,项目业主只需提供必需的资金,然后"转动钥匙"即可运行设施。虽然 EPC 是 DB 的衍生模式,但它们的适用范围却有所不同。DB 主要适用于房屋建筑工程,很少涉及复杂设备的采购和安装;EPC 一般适用于大型工业投资项目,主要集中在石油、化工、冶金、电力行业,建设项目都有投资规模大、专业技术要求高、管理难度大等特点。在这类工程项目中,设备和材料占总投资比例高、采购周期长,很多设备需要单独定制,甚至需要设计并制造全新的设备。如果等到设计工作全部完成后才开始设备采购和工程施工,那么整个工期就会拖得很长,对于业主来说,这是非常不利的。而采用 EPC 方式,在设计的同时进行设备材料的采购,而且设计和施工实现了深度交叉,从而有效地缩短了建设工期。此外,采用 EPC 方式时,一般业主方投入的管理工作较少,但项目质量最终是可以验证的,如项目建成后可进行满负荷试运营。

(3) CM 模式。其起源、组织模式和特点如下:

1) CM 模式的起源和组织模式。CM(Construction Management)模式是美国汤姆森(Charles B. Thomson)等在 1968 年研究关于如何加快设计和施工进度及改进管理控制方法时,提出的快速路径施工管理方法(fast track construction management)的简称,有学者将其译为快速轨道法或快速路径法。快速路径施工管理方法又称为阶段施工法(phase construction method)。construction management 的中文直译为"施工管理"或"建设管理",这两个概念在我国已有明确的内涵,而 CM 模式的内涵要比"施工管理"或"建设管理"丰富。事实上,即使在 CM 模式的发源地美国,对 CM 模式也没有一个统一的、准确的定义。因此,目前习惯上仍采用 CM 模式这一提法。

采用 CM 模式,可以实现快速法工程建设,图 3-4 为 CM 模式下组织工程实施的示意图。

由图 3-4 可见,采用 CM 可以将工程的详细设计(以下简称详设)工作和招标工作与工程施工搭接起来。建设工期若从详细设计开始计算,CM 下的整个建设工期为

建设工期=第Ⅰ阶段详设时间+第Ⅰ次招标时间+整个工程施工的时间

(3-1)

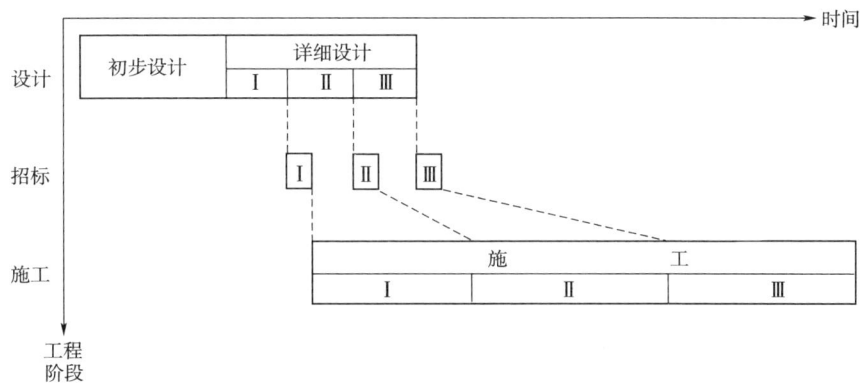

图 3-4　CM 模式下组织工程实施示意图

从理论上讲，CM 比 DBB 可缩短建设工期，其缩短的量 ΔT 为

$$\Delta T = 详设总时间 + 各次招标时间 - 第 \text{I} 阶段详设时间 - 第 \text{I} 次招标时间$$

(3-2)

对于大型、复杂的工程项目，ΔT 有时会较长，甚至会超过 1 年。但要注意到，与 DBB 相比，这种快速施工方法在实施过程中的组织协调和目标控制的难度会大大上升。例如，设计变更可能会增加；设计与施工方的协调、施工方之间的协调频数会增多，并导致工程施工效率的降低。显然，这需要一种与其相适应的新的组织管理模式。在这样的背景下，CM 模式应运而生。

与传统的 DBB 相比，在 CM 模式下，除有项目业主、工程设计、工程施工的供应商参与工程建设外，增加了一个新的角色——CM 公司/单位，其受业主的委托，在整个工程实施中扮演一个十分重要的建设组织者和管理者的角色。

通过上述分析介绍，可以对 CM 模式的内涵作这样的解释：在采用快速路径法施工时，从工程建设详细设计阶段开始，业主就选择具有施工经验的 CM 单位（或 CM 经理），如咨询单位建设开发公司、工程总承包公司等，大多选择施工总承包公司，参与到工程实施中来，为设计方提供施工方面的建议，并且随后负责施工管理。这种治理结构设置的目的是将工程建设的实施作为一个完整的过程来对待，并考虑到协调设计、施工的关系，以在尽可能短的时间内，高效、经济地完成工程建设的任务。

2) CM 模式的特点和分类。要强调的是，不能将组织快速施工与 CM 模式混为一谈，在 DBB 下也可组织快速施工。CM 模式的主要特点是，在工程实施阶段，业主建立了以 CM 经理为核心的治理结构，即建设管理组织体系，以及相应的合同体系。

从 CM 的应用实践看，可将 CM 分为代理型（CM agency）和风险型（CM at risk）两类。

采用 CM agency 时，业主方一般选择有丰富工程施工管理经验的咨询单位或工程开发建设公司作为 CM 经理，业主与 CM 经理签订的合同为管理服务、咨询类合同，合同价一般按工程造价的某一百分比计，或一笔固定的费用；业主方分别与设计单位、施工承包商、供应商签订合同，CM 单位负责各种合同的管理。

采用 CM at risk 时，业主方一般选择有丰富工程施工承包和施工管理经验的工程总承包公司作为 CM 经理；CM 经理一般既要承担部分施工任务，也要承担施工管理任务；业主与 CM 经理签订的合同为具有承包性质的合同；业主常将大部分工程施工和采购任务向 CM 经理总发包，但有时也将少量的专业工程施工、材料或设备的采购直接发包，并委托 CM 经理管理。CM 经理向业主总承包工程后，一般要分包，并与分包人签订分包合同。

CM 这个种模式目前在国内的应用并不多。

[案例 3-1]　某石化建设工程项目应用的工程发包方式

某石化建设工程项目包括煤气化装置、空分装置、主控室、净化装置（2100、2700）、净化装置（2300、2500）、煤筒仓和道路 7 个子项目。在项目实施阶段分为初步设计、详细设计和施工 3 个过程。项目业主方将煤气化装置、空分装置、主控室作为一个单元，采用 EPC 方式，并由中石化宁波工程公司总承包。将净化装置（2100、2700）、净化装置（2300、2500）、煤筒仓和道路 4 个子项目作为另一个单元，采用 DBB 方式，由实华工程设计有限公司承担设计任务；而工程 4 个子项目的施工，又采用分项发包方式，分别由中石化三建筑公司、中石化五建筑公司、安徽省一建筑公司和安徽石化建筑公司承担。整个项目发包方式如图 3-5 所示。

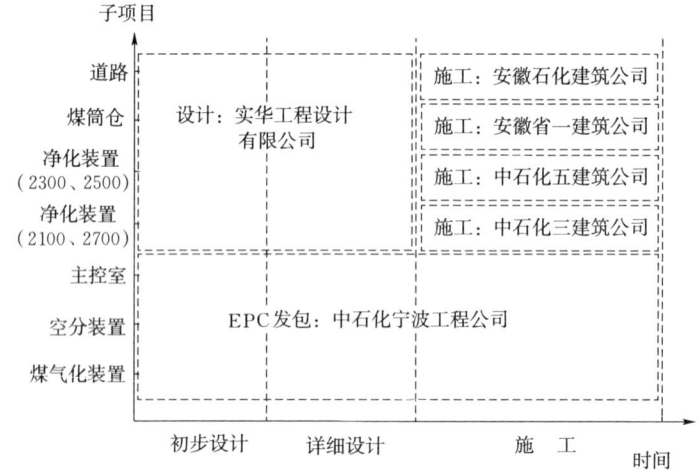

图 3-5　某石化建设工程项目发包方式示意图

三、业主方项目实施组织设计

1. 业主方项目管理组织方式与项目发包方式的内在联系

在优化视角下,业主方项目管理组织方式与项目发包方式并不是独立的,而是存在着联系和依赖。例如,针对某些化学工厂,业主方选择工程设计施工总承包方式时,意味着业主方不仅面对单个承包方,而且一般采用总价合同,合同履行过程中管理工作量也较少。因此,可考虑自主管理方式,仅在工程完工验收时有必要聘请工程咨询专家参与工程验收。而对于基础设施工程,如水利工程,工程实施过程中不确定性较大,通常采用设计施工相分离的发包方式(DBB);而这些工程大都由政府主导,因而常采用"业主方+监理/工程师"管理组织方式。因此,常将业主方项目发包方式与管理组织方式整合在一起优化设计,并简称业主方实施组织设计。

2. 业主方实施组织设计的影响源

工程项目实施离不开项目参与方与工程实体。此外,由于工程项目实施过程具有"先订货,后生产"的特征,工程施工过程和工程项目合同履行过程相交织。因此,工程项目实体的形成离不开建设条件和建设市场,即建设环境的支持。显然,在工程项目实施中,项目参与方、工程项目实体和建设环境3个方面是业主方项目实施组织设计的主要影响源。

(1) 项目参与方的影响。包括工程发包方、设计方、监理方,以及承包方的影响。这种影响常体现在能力、经验和信用等方面。它们对业主方管理组织设计产生不同程度的影响。国内外的实践表明,公益性建设工程项目、项目法人偶然组织实施的建设工程,以及项目法人虽有一定的工程建设管理能力,但当工程项目较为复杂或工程建设规模很大,凭借自身能力难以完成建设任务或管理成本很高时,项目法人总是采用"委托管理"方式,委托有能力的专业化公司对建设工程的实施进行监管、协调。一般仅当自身长期从事建设工程开发,具有一支稳定的建设队伍,如房地产开发公司、大江大河的流域开发公司、政府中具有长期建设任务的专业部门等才组织专门的队伍对建设工程的实施进行监管。

(2) 工程项目实体(产品)的影响。包括工程产品的经济属性、工程结构复杂程度、工程规模,以及工程子项在实施过程的依赖程度等。根据建设工程项目投产或运营后能否产生经济效益,分为经营性项目、公益性项目,以及介于两者之间的准公益性项目。对于公益性项目一般由政府投资,业主方缺位,常采用代理的方式;对于经营性项目,有明确的业主方,业主方可以根据自身的管理能力和偏好选择管理方式。当工程项目较为复杂时,工程项目设计与施工联系紧密,实施过程设计和施工的监管、协调的工作会明显增加,实行设计施工一体化对工程整体优化、"可建造性"具有明显优势；但对工程承包方的能力、经验，以及信用等方面会提出较高的要求。因此，一般国际大型复杂的工程经常采用 DB 或 EPC 发包方式，选择具有丰富的工程经验和实力强的承包人。对重大工程常由若干相对独立的子项目组成，经常采用 Multi-DB，或 Multi-EPC，或 DBB 发包方式，即对相对独立的子项工程，采用不同的工程发包方式。对水利水电类工程，子项间在施工中依赖性强，若将其采用 DBB（分项发包）方式，则在施工过程中不同承包人之间的干扰会十分明显，最终结果是协调管理工作量的显著增加。因此，采用分项发包还是施工总包，或如何分标均值得研究。但对于一些较为分散的工程，如南水北调工程，以及轨道交通工程、高速公路工程等均是沿线分布，采用 DBB（分项发包）方式时，实施过程中承包人的相互干扰将会很少。

（3）建设环境的影响。任何工程项目的实施总是在一定环境下完成的，这种实施环境包括经济社会环境和自然环境。建设工程实施具有历时长等特点，对实施环境较为敏感。因此，项目实施环境对业主方管理组织设计会产生较大的影响。项目实施环境具体包括：征地拆迁/移民、施工场地占用、施工道路占用和施工临时设施布置条件，以及国家和工程所在地政府的政策法规、建设市场发育程度等。

3. 业主方实施组织设计影响因素

众多学者在研究业主方实施组织设计影响因素，而且并不十分统一，较新研究的成果表明，主要影响因素如下：

（1）业主方项目管理组织方式设计的影响因素：

1）项目规模。

2）项目复杂程度。

3）工程建设条件。

4）工程所在地建设市场发育程度。

5）项目法人治理能力。

6）项目法人对治理组织方式的偏好。

7）政策法规。

（2）项目发包方式设计的影响因素：

1）项目规模。

2）项目复杂程度，包括工程技术复杂性和工程不确定性。

3）工程建设条件，包括征地拆迁/移民，以及交通、供水供电等施工现场条件。

4）工程所在地建筑市场发育程度。

5）项目法人治理能力。

6) 工期控制要求。

7) 质量控制要求。

8) 投资控制要求。

9) 子项目间施工干扰程度。

10) 项目法人对风险的偏好。

11) 项目法人对交易方式偏好。

12) 政策法规。

(3) 业主方项目实施管理组织设计影响因素集。业主方项目管理组织方式和项目发包方式设计影响因素不尽相同，但共同的影响因素有 7 个。研究也表明，其中前 5 个为主要影响因素，即项目规模、项目复杂程度、工程建设条件、工程所在地建设市场发育程度和项目业主方管理能力。其中，业主方的项目管理能力对项目管理组织方式构建有特殊的影响。

4. 业主方项目实施组织设计步骤和方法

业主方项目实施组织设计分可行方案构建和优化方案选择两步。

(1) 业主方项目实施组织方案可行集构建。根据国内常见业主方项目管理组织方式和常见项目发包方式，经组合，可得业主方项目实施组织方案可行集，见表 3-1。

表 3-1　　　　　　业主方项目实施组织方案可行集

管理组织方式	发包方式		
	DBB	DB/EPC	CM
"业主方自主管理"方式			
"业主方＋工程监理"方式			
"业主方＋全过程工程咨询服务"方式			
"业主方＋工程监理＋DA/AB"方式			
"代建"/PM 方式			
"代建＋监理"方式			

表 3-1 中，每行和每列的组合即为一个工程项目业主方管理组织方案，即存在 18 个方案，但并不是每个组合是合理的。在我国工程建设领域实行监理制，在这一制度下，对政府投资工程项目，"业主方自主管理"方式所在这一行的方案均属不可行的，因此可以排除。将表 3-1 各方案中排除不可行方案后，得到的即为业主方项目实施组织方案可行集。

(2) 业主方项目实施组织方案的优选。在已知业主方项目实施组织方案可行集和主要设计影响因素的基础上，可采用层次分析法（Analytic Hierarchy Process，AHP）、模糊综合评价法（Fuzzy Comprehensive Evaluation，FCE）

等方法进行方案的优化选择。邀请相关专家根据实际工程项目及建设环境，以追求工程交易成本最低为目标，寻求优化的业主方项目实施组织方案，包括项目业主方项目管理组织方式和工程发包方式的优化组合。

[案例3-2] 南水北调东线江苏水源有限责任公司项目实施组织方案

（一）工程特点和建设条件

南水北调东线江苏段（一期）工程南起扬州江都，北至苏鲁交界的南四湖，是一呈线状分布的输水工程，全长404km，主要包括河道工程，以及新建14座、更新改造4座大型泵站。工程设计概算投资124.2亿元。

（二）业主方管理组织方式

江苏省政府决定成立南水北调东线江苏水源有限责任公司（简称江苏水源公司）为该工程建设和运营的责任主体。江苏水源公司根据建设和运行管理差异，在建设期设计人员编制50人。他们中许多来自省水利建设管理部门，长期从事水利工程建设管理工作。然而面对延绵404km的建设工程，显然需要分工程单元发包，而且需要根据不同工程单元的特点，选择合适的业主方管理方式。经分析，可能的业主方管理方式包括：“业主方＋监理”"委托＋监理"和"代建"等方式。

（三）工程项目发包方式

根据工程特点、建设环境和业主方的管理能力，构建发包方式可行集。

（1）河道工程可行的发包方式。由于其沿线分布、可能会跨不同行政区域；河道工程技术相对简单，但建设条件，包括征地拆迁、设计施工过程协调各方关系的问题十分复杂；在传统发包方式的影响下，能承担施工过程协调各方关系的CM承包商在建设市场上较为缺乏。因此应采用设计施工相分离的DBB（分项发包）方式，而其他发包方式均不适当。

（2）水泵站工程可行的发包方式。水泵站工程较为集中，建设外部协调工作较为简单，但内部协调较为复杂。针对这种情况，应采用DB/EPC/CM at risk具有优势，但限于目前建设市场具有总承包水泵站工程能力的DB/EPC承包人缺乏，在同一批水泵站建设中均采用这种方式是不可能的，因而DBB（施工总包）必须考虑。此外，业主方在设备采购方面已积累了相当的经验，水泵站工程土建与设备安装施工关系紧密，分项发包施工干扰大，因而在DB/EPC/CM at risk方式中，可明确采用DB方式，对DB方式也可进一步分为DB（初步设计后）和DB（招标设计后）两种方式，即初步设计完成后的DB和招标设计完成后的DB。因此，水泵站工程发包的可行方式有3种：DB（初步设计后）、DB（招标设计后）和 DBB（施工总包）。

（四）业主方项目实施组织方案

1. 业主方项目实施组织整体方案

根据工程特点和建设环境等多方面因素，构建南水北调东线江苏段（一期）工程业主方实施组织方案，如图 3-6 所示。

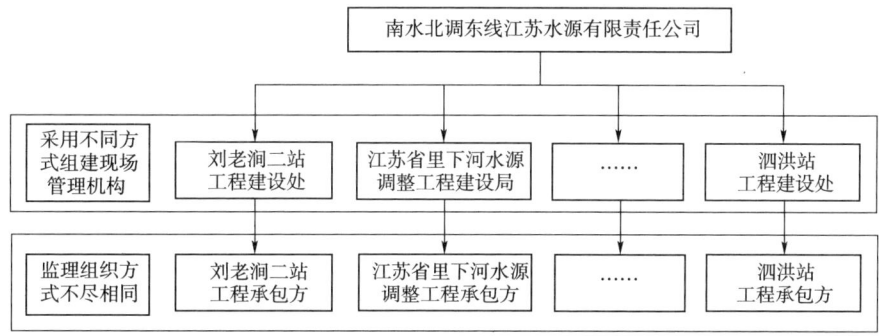

图 3-6　南水北调东线江苏段（一期）工程业主方实施组织方案

2. 项目各单元/子项的管理组织方式和发包方式

南水北调东线江苏段（一期）工程考虑工程特点、建设条件和业主方管理力量等多个因素，对工程进行空间上划分单元作为工程发包的基础，然后根据相关影响因素，对可能的发包方式和管理组织方案进行综合评价，项目最终实施组织方案如下：

（1）河道工程。这类工程的特点是工程技术较单一，但建设条件复杂，一般以市或县行政区划为单位划分标段，采用 DBB 发包方式，委托工程所在水行政主管部门组织项目现场管理机构，另加工程监理方对河道工程的实施进行监理。

（2）水泵站工程。这类工程的特点总体上与河道工程相反，建设条件相对简单，但工程技术较复杂。根据影响项目业主方管理组织设计影响因素，对各可能方案进行评价。最终：工程发包方式采用 DBB 方式；业主方管理组织方式根据工程特点，采用了"业主方＋工程监理""代建＋监理"和"代建"方式。

第二节　承包方项目实施组织

工程承包方是工程项目实施的主体，即工程项目建设任务是靠承包方去完成的。因此，工程承包方管理组织是否合理，是关系项目成败的关键因素之一。

一、项目法施工与工程项目经理部

1. 什么是项目法施工

在我国计划经济年代，施工企业实行的是一种生产型的管理模式，它的特点是以产量与产值导向左右整个企业的管理。项目法施工是20世纪90年代我国工程建筑业改革过程中提出的施工企业的一种管理模式，其要求施工企业以承包的项目为管理对象，合理配置企业资源，并在每个承包项目上任命项目经理、构建施工项目经理部，由项目经理全面负责项目实施，以保证每项承包项目都能按照每个合同的工期、质量等要求全面完成施工任务，整个施工企业围绕承包项目运转。项目法施工环境下施工企业承包项目实施组织如图3-7所示。

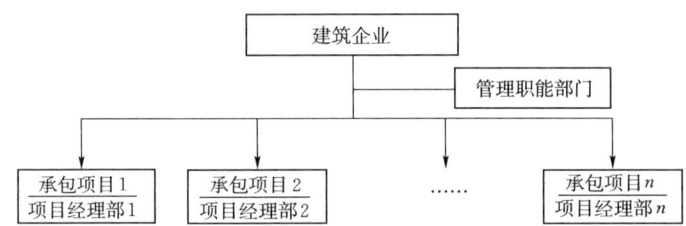

图3-7 项目法施工环境下施工企业承包项目实施组织示意图

项目法施工是20世纪90年代设计施工相分离建设的情景下，施工企业对施工项目进行管理的模式。在新时代工程设计施工总承包模式下，工程总承包企业通常还是采用类似的管理模式，即以设计施工总承包项目为基本单位进行管理。

2. 什么是工程项目经理部

工程项目经理部（construction team），简称项目经理部或项目部，是施工企业为了完成某项建设工程施工任务而设立的临时组织，由项目经理在企业的支持下组建并领导。项目经理部是一次性的具有弹性的现场生产组织机构，不具备法人资格，而是施工企业根据建设工程施工项目需要而组建的非常设的下属机构。

施工企业一般从市场获得工程建设任务后，着手组建项目经理部，一般的步骤如下：

（1）施工企业根据所承包工程项目特点和企业人力资源现状，通过竞争或直接任命方式确定项目经理。

（2）施工企业根据获得工程建设任务的特点，编制《项目管理规划大纲》。

（3）根据《项目管理规划大纲》，确定项目经理部的管理任务和组织形式。

(4) 根据《项目管理规划大纲》,确定《项目管理目标责任书》。
(5) 确定项目经理部的结构,设立职能部门与工作岗位。
(6) 确定各岗位的人员、职责、权限。
(7) 由项目经理根据《项目管理目标责任书》进行目标分解。
(8) 项目经理组织有关人员制定规章制度,包括目标责任和考核奖惩制度。

二、项目经理

1. 什么是项目经理

项目经理(construction manager),即项目经理部的负责人,他是项目经理部的最高管理者或称指挥者。

在施工企业管理中,一般在工程投标时就要明确潜在的项目经理。因为招标方一般认为项目经理对项目的实施极为重要,因而潜在项目经理的能力、经验和职业素质通常在工程评标中作为评价的重要指标。

2. 项目经理的地位和作用

项目经理对相应的工程项目管理全面负责,是工程项目的管理中心,在整个项目活动中占有举足轻重的地位,具体表现如下:

(1) 项目经理是公司企业法定代表人在项目上的全权委托代理人。从企业内部看,项目经理是项目活动全过程所有工作的总负责人,是项目生产要素投入和优化组合的组织者;从对企业外部看,项目经理作为企业法定代表人的全权委托代理人,是履行合同义务、执行合同条款、承担合同责任、处理合同变更、行使合同权力的最高合法当事人。

(2) 项目经理是协调各方面关系,使之相互紧密协作、配合的桥梁和纽带。工程项目管理是一个动态管理过程,在实施中,众多的结合部、复杂的人际关系,必然产生各种矛盾、冲突和纠纷,而负责沟通、协商、解决这些矛盾的关键人物就是项目经理。

(3) 项目经理对项目实施进行控制,是各种信息的集散中心。自下、自外而来的信息,通过各种渠道汇集到项目经理手中;项目经理又通过指令、计划和文件等形式,对下、对外发布信息,通过信息的散发达到控制的目的,使项目取得成功。

(4) 项目经理是工程项目责、权、利的主体。项目经理是项目责任的主体,是实现项目目标的最高责任者。项目经理又必须是权力的主体,权力是确保项目经理能够承担起责任的条件和手段,权力的大小,则需视项目经理责任的要求而定。若没有必要的权力,项目经理就无法对工作负责。项目经理还必须是项目利益的主体。利益是项目经理工作的动力,是由于项目经理负有相应的责任而应得到的报酬,利益的多少应视项目经理的责任而定。若没有一定的利益,项目经理就不愿负有相应的责任,也不会认真行使相应的权力。

3. 项目经理的任务和职责

承包项目的类型和性质不同,其项目经理的具体任务和职责可能不同,但基本职责是相似的。项目经理的任务主要包括两个方面:一方面是保证工程项目按照规定的目标按时、优质、低耗地全面完成;另一方面是保证各生产要素在项目经理职权范围内做到最大限度的优化配置。主要任务有以下几项:

(1) 确定项目管理组织机构并配备人员,制定规章制度,明确有关人员的职责,确保组织项目活动正常运转。

(2) 确定项目管理阶段目标,进行目标分解,制定总体控制计划,确保项目建设成功。

(3) 及时、适当地做出项目管理决策,包括投标报价决策、人事任免决策、重大技术组织措施决策、财务工作决策、资源调配决策、进度计划决策等。

(4) 协调本组织机构与各协作单位之间的协作配合及经济、技术关系,代表企业法定代表人进行有关签证。

(5) 建立完善的内部及对外信息管理系统。

(6) 实施合同,处理好合同变更,搞好与有关单位的协作。

项目经理的职责是由其所承担的任务所决定的。一般而言,项目经理应履行以下职责:

(1) 贯彻执行国家和工程所在地政府的有关政策法规,执行企业的各项管理制度。

(2) 严格执行财务制度,加强财务管理,正确处理国家、企业与个人的利益关系。

(3) 执行工程项目合同中由项目经理负责履行的各项条款。

(4) 对工程项目施工进行有效控制,执行有关技术规范和标准,积极推广应用新技术,确保工程质量和工期,努力提高经济效益。

4. 项目经理的素质要求

根据项目经理在承包项目管理中的地位和作用,以及其所承担的职责,可以看出,项目经理应具有较高的素质。负责一个大中型工程项目的项目经理需要面对的大量问题都是开创性或具有挑战性的。大量工程实践表明,工程项目经理应具有下列基本素质。

(1) 职业道德素养。项目经理应遵守国家的法律法规,服从企业领导和监督;具有高度的事业心和责任感,对工程项目建设有献身精神;具有良好的道德品质和团队意识，善于与人共事；诚实守信，公道正直，能正确处理各方利益关系。

（2）能力素质。项目经理应具有符合施工项目管理要求的能力素质，包括技术业务素质和领导能力两个方面。前者要求其熟悉工程项目建设的客观规律，懂经营管理、合同管理和法律知识等，后者包括较强的决策能力、组织协调能力、指挥能力和应变能力。

（3）知识素质。项目经理通常应接受过大学以上的专业教育，必须具有相关专业知识并取得相应的资格证书，否则很难真正介入项目管理工作或在项目中被人们所接受。一般来说，项目经理应具有项目领域的专业知识、一般的管理学知识、项目管理的知识以及经济、法律等综合性的、广博的知识面，并在工作中更新知识、不断提高。

（4）实践经验。项目经理不仅应懂技术，会管理，既是管理专家又是专业技术上的行家，更应有丰富的实践阅历和解决实际问题的技能。项目管理过程存在大量不确定性因素和实际、复杂的问题，仅懂管理理论和专业技术知识是当不好项目经理的。管理既是科学，又是艺术，没有丰富的实际锻炼培养不出合格的项目经理。许多施工企业将项目经理的选择、培养作为重要的企业发展战略之一。

（5）身体素质。项目经理日理万机，任务繁重，特别是施工项目经理，工作和生活条件比较艰苦。因此，项目经理必须年富力强，具有健康的身体，以保持充沛的精力和旺盛的意志，否则是无法承担项目经理这一重任的。

在设计施工总承包情景下，对工程项目经理提出了更高的要求，在技术上，其即要懂设计，也要熟悉施工。

三、项目管理目标责任书

1. 什么是项目管理目标责任书

项目管理目标责任书（document of construction management responsibility），也称项目实施目标任务书，是施工企业根据与业主方/发包方签订的工程承包合同，并依据企业内部项目管理的相关制度，向项目部下达的实施项目的文件，其本质是施工企业与项目部签订的项目实施协议或合同，并由企业总经理与项目经理分别代表企业和项目部在责任书上签字。

承包项目管理目标责任书本质上是合同，但和施工企业与建设单位签订的承包合同在性质和内容上均存在较大的差异。

（1）性质上的差异。工程承包合同是两个或两个以上法律上平等的主体间签订的合同，受到法律的保护。国家政策法规的变化对工程承包合同的履行可能有影响，建设单位或施工单位各自管理制度的变化不能影响到工程承包合同的履行；而对于项目管理目标责任书，要遵守企业内部的相关制度，当企业内部制度发生变化时，一般对项目管理目标责任书的落实可能产生一定的影响。

（2）内容上的差异。项目管理目标责任书的目标是要完成工程承包合同任务，但许多企业并不是将工程承包合同任务全部下达给项目部，如主要材料的采购，目前许多施工企业采用集中采购方式，此时主要材料的采购就不包括在项目管理目标责任书内。

2. 工程项目管理目标责任书的内容

不同工程承包项目，项目管理目标责任书的内容不同；类似工程承包项目，不同施工企业去承担时，其项目管理目标责任书的内容也不完全相同。但一般情况下，工程项目管理目标责任书通常包含以下内容：

（1）项目管理实施目标，包括质量、进度和成本目标等。
（2）组织与项目经理部之间的责权利分配。
（3）项目设计、采购、施工、试运行等管理的内容和要求。
（4）项目需用资源的提供方式和核算办法。
（5）企业法定代表人向项目经理委托的特殊事项。
（6）项目经理部应承担的风险。
（7）项目管理目标的评价原则、内容和方法。
（8）对项目经理部奖惩的依据、标准和方法。
（9）项目经理解职和项目经理部解体的条件和办法。

[案例3-3] 某建设有限公司项目管理目标责任书（主要部分）

甲方：某建设有限公司（以下简称公司）

乙方：某建设有限公司项目经理（以下简称乙方）

为了加强工程项目管理，使公司承揽的项目（合同编号：××××）施工承包项目能顺利实施，通过公司内部竞标，决定委任×××为项目经理，全面负责该工程的项目管理、施工组织、经营管理及主合同的履约工作。根据本公司《项目目标责任制度规定》，特签订本项目实施目标责任书。

1. 工程概况

（1）工程名称：×××
（2）工程地点：×××
（3）业主方：×××
（4）工程内容：×××

2. 工程工期、质量、安全管理目标

(1) 工期目标：符合主合同要求，严格履行责任工期和项目策划要求，满足建设方和公司要求的形象进度。

(2) 质量目标：合格率达到100%，优良率符合主合同要求。

(3) 安全目标：满足公司与项目签订的《安全生产责任状》及项目策划要求。

(4) 工程创优目标：创优。

(5) 文明施工目标：满足工程主合同规定及公司相关规定的要求和项目策划要求。

3. 项目经理部组成及职责

项目经理部由项目经理、项目技术负责人，以及主要经营人员、财务人员推荐，并经公司行政人力资源部聘任的其他管理人员组成。禁止将项目班子人员的亲戚安排到项目经理部内工作。

(1) 项目经理的职责：①认真执行国家、地方政府和上级有关方针、政策，严格执行集团、公司的各项制度、流程。②认真履行与聘任单位签订的项目目标责任书，对工程进度、质量、安全、成本、文明施工等全面负责。③主持或参与编制施工组织设计、施工方案、质量安全保证措施，并组织实施。积极推广新技术、新材料、新工艺，提高科技效益率。④经授权人授权，主持或参与项目内各单位工程、分部分项工程的发包，并对分包工程的进度、质量、安全、成本、文明施工全面管理、监督、协调。⑤根据授权人安排和项目实际，组织编制施工计划，与授权人有关职能部门签订劳动力、材料、设备、资金等供需合同或租赁合同，并负责组织实施。⑥对进入项目的人、财、物进行合理组织调配，及时解决施工中出现的问题。协调好与业主方、设计单位、工程监理单位、政府主管部门、总承包和分包单位等各方面的关系。⑦制定项目管理人员的岗位责任制和项目管理制度，做到有章可依，有章必依，奖惩分明。⑧自觉接受主管单位职能部门、上级单位、政府主管部门的指导、检查、监督、审计，按公司规定定期向公司报送报表、报告工作。⑨建立项目成本核算制度，建立预算成本、计划成本、实际成本及"干前有预算、干中有核算、干后有决算"的成本管理体系。加强成本管理，控制费用开支，做到工长算量、限额领料，招标采购，过程控制。每月进行一次成本分析会，如计划成本超支，应立即采取有效措施调控，并及时向聘任人报告。办理、审批权限范围内的工程结算，及时有效回收工程款、质保金及往来款。⑩加强各类经济技术资料的管理，及时办理各种签证和经济索赔。工程竣工后，应将项目部经营结算、竣工验收资料送交公司档案室。⑪按照建设部和当地政府有关施工现场综合考评办法，组织开展创标准化工地，创文明工地活动，加强项目精神文明建设。

（2）项目经理的权限：①对进入项目的人、财、物有统一调配权。②有材料、设备询价权，经授权人特许，对项目所需材料、周转材料、机械设备，经市场调查和公司信息平台比价有采购权和租赁权。③有项目岗位设置、聘任项目班子成员和其他管理人员的建议权；有对项目管理人员的调配、考核、奖惩权；有优选劳务队伍的建议权。有对项目管理人员及劳务人员的辞退权和奖罚权。④除执行规定的工资标准外，有权根据公司的有关规定制定合理的奖罚方案，经公司批准后自主执行。⑤公司总经理授予的其他权利。

4. 风险抵押金

责任人对承担的目标责任实行风险抵押。按照《项目目标责任制度规定》项目部应交纳风险抵押金××万元。其他条款按《项目目标责任制度规定》相关内容执行。

5. 项目经营目标及考核办法

（1）利润目标：以中标主合同/承包价的×%计算上缴管理费，本工程合同暂估总价为×××万元，暂定上缴公司管理费为：××万元（大写），最终上缴利润以竣工结算总价按同比例计算。业主方对项目部发放的各项单项奖金按×%上缴公司管理费，剩余部分项目部根据公司批准的由项目部制定的奖励方案自主执行。为保证项目资本健康运行以及各项项目目标的稳定实现，项目部的现场经费控制指标为结算产值的×%（其中招待费控制指标为结算产值的×‰），现场经费或招待费超过规定的标准，超过部分将扣除××%的所得税上缴公司管理费。

（2）成本目标：本工程项目成本目标为：××万元（大写）。成本包括：①完成承包主合同文件规定要求的项目所必需的所有费用（如施工机具及其进出场费、劳务、材料、设备、土建施工、设备安装和维护、试验检验、工程管理、安全文明施工、保险、税金、临时工程、与其他分包方的配合费用，以及合同明示或暗示的所有应由责任人承担的工程、市场、协调等可能发生的一切风险及费用）；②前期业务联络费用、公司为员工扣缴的规费，以及资金占用费等；③项目部对分包商的罚款、资料费、保险、代扣税金等收到的款项冲减项目成本；④中标单位管理费、招标代理费和资金占用费等。

（3）完成利润目标考核：①完成利润在利润目标的100%以上，按超额利润的××%给予项目部奖励；②完成利润达不到利润目标时，则没有完成部分的××%由项目部根据完成利润目标考核分配办法承担,从风险抵押金中扣除;③在项目办理竣工决算时,项目部利润考核奖励发至此部分总奖励的80%;项目质保期满,质保金全部回收后,再发放剩余奖励款项。

(4) 拓展营业指标:积极开拓施工地业务市场,对主合同以外新承接的项目,不含主合同承包范围延伸的工程量,按照公司《市场开拓与激励管理规定》进行奖励。

6. 项目管理目标及考核办法

(1) 项目管理目标见项目管理目标一览表(略)。

(2) 考核办法详见考核评分表(略)。①实现工程质量目标:工程质量评为市或行业优良的项目,上缴公司目标利润的比例调减0.5%;工程质量评为省级最高奖的项目,上缴公司目标利润的比例调减1%;工程质量评为国家级最高奖的项目,上缴公司目标利润的比例调减2%。②主合同变更责任成本的调整:依据目标成本单价,对主合同变更项目,有相同或相似单价的,采用相同或相似单价;没有相同或相似单价的,由公司市场经营部核定。

7. 其他考核

(1) 业主方给予项目部的合同外奖励,公司根据实际情况处理。

(2) 如出现业主方书面投诉,按3000元/次予以处罚。

(3) 现场安全文明施工未达标,按3000元/次予以处罚。

(4) 其他单项工作,如返工、不按财务规定和经营程序办事等,按2000元/次予以处罚。

(5) 公司对项目部进行和项目管理六项考评分,按规定给予绩效调整。

(6) 出现重大质量、安全责任事故,直接经济损失全部计入成本,并按公司相关规定对项目部进行处罚。

8. 财务管理

(1) 项目部按10%的年利率支付资金占有成本。

(2) 所有工程款项先汇入公司财务账户,工程资金按"以收定支"的原则控制。

9. 完工结算审计

项目完工交验,工程款全部结回,资产全部清算完毕,对项目进行终结审计、考核,并80%支付兑现奖罚,剩余20%待质保金全部收回后兑现奖罚。

10. 未尽事项

本目标责任书未明确的内容，按公司《项目目标责任制度规定》相关内容执行。

11. 争议处理

本目标责任书为公司内部管理目标责任书，解释权归公司。若公司与项目部就本责任书在履行期间发生争议，双方应本着诚实信用和公平合理的原则及时协调矛盾；协商不成，可向公司所在地人民法院诉讼解决。

12. ～13. （略）。

第三节　工程项目管理组织结构

不论是业主方、建筑企业，还是项目经理部，在他们内部均存在管理组织结构设置的问题。而伴随着管理学科的发展，组织内管理组织结构有多种经典形式，工程项目各参建方均可根据自身特点和所处环境等方面因素，进行选择或进一步设计。

一、工程参与方常用管理组织结构

1. 线性式组织结构

线性式组织结构（line organization），其本质就是使命令线性化，如图3-8所示。

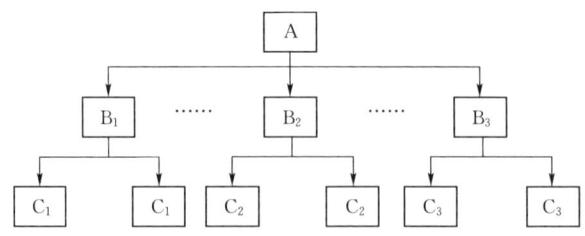

图3-8　线性式组织结构示意图

图3-8中，A是项目经理（负责人），B为第一级工作部门，C为第二级工作部门。每一个工作部门，每一个工作人员都只有一个上级。为了加快命令传递的过程，线性式组织系统就要求组织结构的层次不要过多，否则会妨碍信息的有效沟通。因此有必要尽可能地减少组织结构层次。

线性组织结构具有结构简单、职责分明、指挥灵活、确保工作指令唯一性等优点；缺点是项目经理责任重大，往往要求他是全能式的人物。同时，理论和实践均表明,在线性式组织结构中,一般不宜设副职,或少设副职,这有利于线性系统有效地运行。

线性组织结构一般适用于工程承包方、工程咨询/监理方;对简单、规模较小的工程项目,业主方也常采用这种组织结构形式。

2. 职能式组织结构

职能式组织结构(functional organization),如图3-9所示。其中A是项目经理(负责人),B为项目经理下属的职能管理部门,如财务部、工程技术部等;C为某子项目的管理部门,如大型水电站厂房工程管理部门、大坝工程管理部门等。

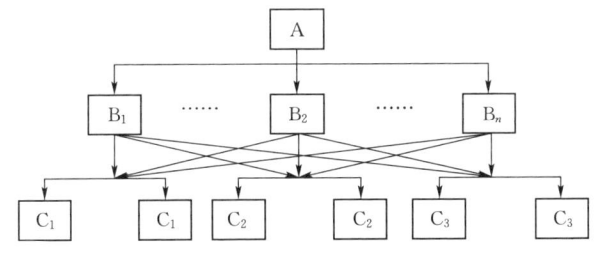

图3-9 职能式组织结构示意图

职能式组织结构的特点是强调管理职能的专业化,即将管理职能授权给不同的专门部门去管理,这有利于发挥专业人才的作用,这也是管理专业化分工的结果。然而,职能式组织结构存在着命令系统多元化的问题,各个职能部门管理界限有时也难以清晰;发生矛盾时,管理协调工作量较大。

职能式组织结构一般管理队伍较为庞大,常适用于规模较大、且较为复杂的工程项目。

3. 矩阵式组织结构

矩阵式组织结构(matrix organization)如图3-10所示。其中A是最高管理人,B是按职能划分的部门,C是按子项工程(分类项目或任务)划分的项目管理部门或工作小组。矩阵组织结构模式具有能够充分发挥组织中人力资源的作用,能够以尽可能少的人力,实现多个项目或多项任务的高效管理,反映了项目组织结构设计的弹性原则;其缺点是对每一项纵向和横向交会的工作而言,指令来自纵向和横向两个工作部门,指令源为两个。当纵向和横向工作部门的指令发生矛盾时,由该组织系统的最高指挥者(部门),即

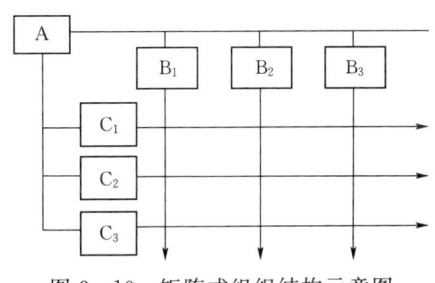

图3-10 矩阵式组织结构示意图

图 3-10 中的 A 进行协调或决策。

在矩阵组织结构模式中为避免纵向和横向工作部门指令矛盾对工作的影响，可采用以纵向工作部门指令为主，也可采用以横向工作部门指令为主，这样可减轻该组织系统的最高指挥者（部门）的协调工作量。除此以外，应该强调纵向工作部门和横向工作部门的良好沟通，以及明确的规章制度。

二、工程参与方管理组织结构选择与分工策划

（一）工程参与方管理组织结构选择

工程参与方管理组织结构选择影响因素主要包括：

(1) 工程特点。包括工程项目的规模、复杂程度、工期要求，以及建设环境等。

(2) 参与方组织特点。包括企业所有制性质、企业规模和发展战略等。

(3) 参与方组织文化。包括企业愿景、文化观念、价值观念、企业精神、道德规范、行为准则、历史传承、企业制度、文化环境等，其中价值观是企业文化的核心。

(4) 参与方负责人/项目经理的管理偏好。

（二）工程参与方管理组织分工策划

项目管理组织分工分为：项目任务分工和管理职能分工两部分。

1. 管理组织分工的原则和要求

(1) 项目管理组织分工的基本原则：

1) 与环境相适应的原则。

2) 目标统一的原则。

3) 便于统一指挥的原则。

4) 有效管理幅度和合理分层的原则。

5) 分工协作的原则。

6) 合理授权和权责相符的原则。

7) 信息传递灵活方便的原则。

8) 精干高效的原则。

(2) 管理组织分工的基本要求：

1) 力求项目管理决策路径短。在项目实施过程中，各管理层面项目经理的决策体现了项目管理工作对项目实施过程的控制。为了提高项目管理的工作效率，项目管理的决策路径应尽可能短，在满足有效管理跨度的条件下项目管理的结构层次应尽可能少。

2) 力求对项目目标的整体控制。所谓对项目目标的整体控制，是指对项目或子项目实施全过程的控制。因为项目实施全过程中的各个阶段之间存

在密切的技术和经济的联系,所以针对项目或子项目设置全过程的项目管理班子,有利于保持项目目标控制的连续性,从而有利于实现项目管理组织的目标。但是,要实现对项目目标的整体控制,对项目经理提出了更高的要求。如果项目经理具有足够的全过程项目管理的知识和经验,采用按项目分解结构设置项目经理有利于项目整体目标的实现,并有利于发挥项目经理的能力。

3) 有利于发挥专业优势。项目管理工作具体依赖组织中各层面和各部门管理人员完成。由于各管理人员客观上拥有专门领域内的知识和经验,应体现发挥专业优势的原则,以有利于提高项目管理的工作质量和效果。由于建筑业的特殊性,设计/管理专业人员和施工(管理)专业人员在专业知识和经验方面往往是"分离的",因此采用按设计和施工两阶段分开设置不同专业的项目经理及配置相关专业的管理人员,将有利于发挥管理人员的专业优势。

4) 高效地利用项目管理资源。项目管理资源主要指参与项目管理组织中的管理部门和管理人员。高效地利用项目管理资源原则要求在服从由项目管理组织部门所决定的管理工作需要的前提下,组织更加精干。纵向力求减少管理层面,横向力求精简项目经理的设置及其职能管理部门的人员。

5) 力求具有灵活性和适应性。应充分考虑项目组织结构的灵活性,力求能随着项目管理工作进展的需要而增减管理部门。

2. 任务分工

项目任务分工是要明确某管理任务由哪个管理部门主管,由哪些部门协管或配合。任务分工体现组织结构中各部门或个体的职责任务范围,从而为各部门或个体指出工作的方向,将多方向的参与力量整合到同一个有利于项目开展的合力方向。

项目任务分工是在项目任务分解的基础上而进行的,通常用任务分工表描述。在项目管理任务分工表中应明确各项工作任务由哪个工作部门(或个人)负责,由哪些工作部门(或个人)配合或参与。无疑,在项目的进展过程中,应视项目变化对管理任务表进行调整。

3. 管理职能分工

项目管理职能分工要明确,某项目任务由哪个职能部门作决策准备,哪个部门作决策,哪个部门执行等。对于一般的管理过程,其管理职能均可分为策划、决策、执行、检查4种基本职能。管理职能分工通常用表的形式反映项目团队内部项目经理、各工作部门和各工作岗位对各项工作任务的项目管理职能分工。

三、工程参与方项目管理组织结构案例

1. 工程项目业主方管理组织结构案例

工程项目业主方管理组织结构选择主要与工程规模及其分布范围关系较大，工程规模较小者常用线性式管理组织结构；工程规模较大，且分布较广时，常采用职能式或矩阵式管理组织结构。

[案例 3-4] 黑龙江省三江工程建设管理局（项目业主方）管理组织结构

黑龙江省三江治理工程项目包括胖头泡蓄滞洪工程，以及松花江、嫩江等三江堤防工程，总投资约 228 亿元，其中堤防工程总长 2904km，建筑物 642 座，2015 年开工建设。工程特点是分布广，堤防工程呈线状。该工程项目业主方为黑龙江省三江工程建设管理局，内设办公室、工程技术处、计划合同处、财务审计处、建设管理处、质量安全处等职能管理机构；采用自主管理方式，在省城统一下设胖头泡、松花江、嫩江等建设管理处；形成图 3-11 管理组织结构。

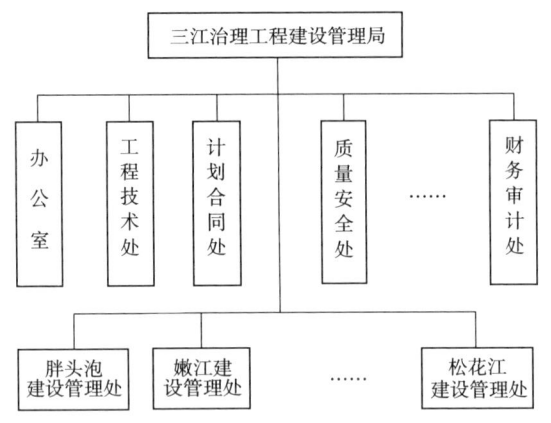

图 3-11 黑龙江省三江工程建设管理局管理组织结构图

[解析] 黑龙江省三江治理工程为线状分布的水利工程，统一采用了自主（建设局）管理的组织方式，下设现场管理处，并构建矩阵式管理组织结构，这是可行的。但工程分布较广，而其办公地点均放在省城哈尔滨市，这是不适当的。顾名思义，建设现场管理处应设在工程建设现场。这里部分子项目建设现场管理处与工程实施现场相隔 700 多千米。这必然会导致整体项目管理绩效的下降。

2. 建筑企业管理组织结构案例

大多大型建筑企业采用职能式管理组织结构，如中国水利水电第十四工程

局有限公司、中国建筑第三工程局有限公司、中交第四航务工程局有限公司等均采用职能式管理组织结构。

[案例3-5]　大型建筑企业职能式管理组织结构

中交第四航务工程局有限公司是有68年历史的、传统施工企业，现已发展成为在港口、航道、填海造岛、特大桥梁、过江通道等工程承包领域有明显优势，立足华南，面向全球，具有从工程投资、咨询策划，到工程设计和建造的多元化工程公司，组织结构如图3-12所示。

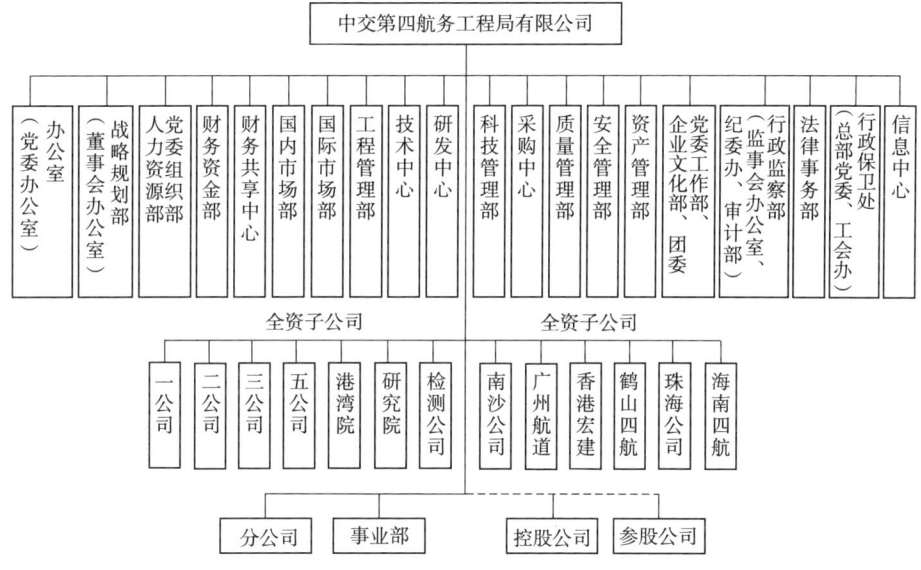

图3-12　中交第四航务工程局有限公司组织结构图

图3-12中，分公司包括韶关、珠海、北京等19家；事业部包括投资事业部和房地产事业部（公司）；控股公司包括广连高速、江门航道、宜宾四航等6家；参股公司包括中国港湾、湘潭四航、广东港湾等17家。

3. 项目部管理组织结构案例

对中小型承包工程施工项目，项目部大多采用线性式或矩阵式组织结构；而对于大型施工项目，项目部大多采用职能式组织结构。

[案例3-6]　珠江三角洲水资源配置工程A7标项目部管理组织结构

珠江三角洲水资源配置工程是2014年国务院部署的172项节水供水重大水利工程之一，工程自广东省西江干流江中鲤鱼洲取水，取水流量为$80m^3/s$；输水干线向东北布置，总长113.2km，旨在解决深圳、东莞、广州南沙等地发展缺水问题的同时,有效改变以往受水区单一供水格局,提高城市的供水安全性和应急保障能力,保障城市供水安全和经济社会发展,并对粤港澳大湾区发展提供战略支撑。其中,广州市南沙区榄核镇LG12号工作井至大岗镇高沙村LG14号工作井地下双线输水工程为土建施工A7标段。该段工程设计输水流量80m³/s,长度7.6km,主要建筑物包括输水隧洞及线路上的工作井等。工程合同价15.04亿元。土建施工A7标段由中国水利水电第七工程局有限公司中标,即其为工程施工方。该公司在工程现场设立项目部,具体负责土建施工A7标段的实施,项目部管理组织结构如图3-13所示。

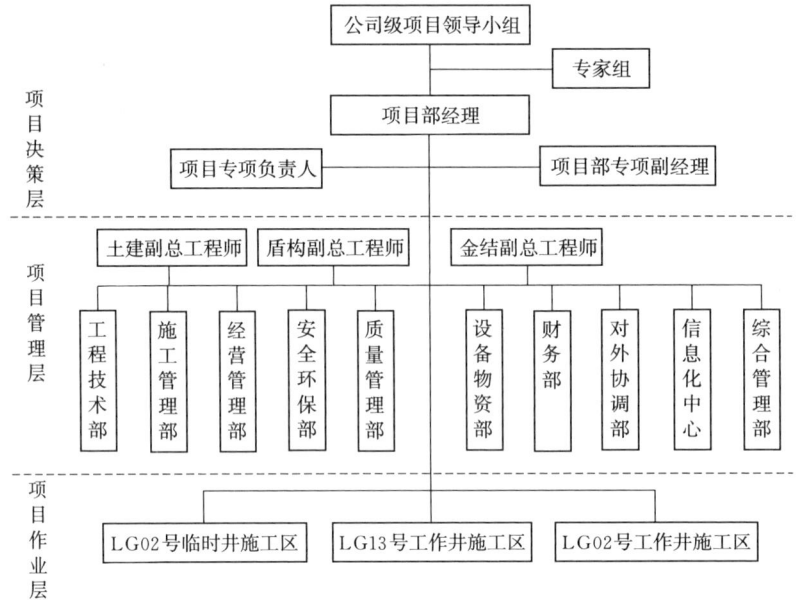

图3-13 珠江三角洲水资源配置工程A7标项目部管理组织结构图

图3-13中:

项目专项负责人包括工程技术、进度、质量、安全、财务等方面负责人;项目部设副经理2名,分管项目协调和BIM平台。

各施工区设有施工队,详情如下:

(1) LG02号临时井施工区设有基础处理施工队、竖井开挖施工队、盾构施工队、钢管安装施工队、混凝土施工队、回填灌浆施工队、数控钢筋加工厂、混凝土拌和厂和综合施工队。

(2) LG13号工作井施工区设有基础处理施工队、竖井开挖施工队、盾构施工队、钢管安装施工队、混凝土施工队、回填灌浆施工队、建筑装修施工队、钢管加工厂和综合施工队。

(3) LG02 号工作井施工区设有基础处理施工队、竖井开挖施工队、盾构施工队、钢管安装施工队、混凝土施工队、回填灌浆施工队、建筑装修施工队、混凝土拌和厂及综合施工队。

第四节 工程项目管理体系

对工程项目各参与方,从项目业主方到工程承包项目经理部,一般均应有明确的项目管理体系,包括目标体系、计划体系和控制体系。

一、工程项目管理目标体系

1. 工程项目管理总体目标

工程项目管理总体目标一般在可行性研究报告,或项目的初步设计文件中有明确的或隐含的规定,包括工程项目成果的功能(即工程功能)、工程开工后的历时,以及建成工程项目所投入的资金。其中,对工程功能要求隐含着工程质量的要求,这在工程建设依据的规范或标准中体现,一般在工程目标中是不出现的。

[案例 3-7] 珠江三角洲水资源配置工程总体目标(摘自工程初步设计报告)

珠江三角洲水资源配置工程基本背景资料如案例 3-6,工程整体计划 2019 年 7 月全面开工,建设工期 60 个月,工程概算总投资 354 亿元。

[解析] 显然,该工程项目管理总体目标为:在工程开工后 60 个月内完成工程建设任务,取水 $80 m^3/s$,向指定区域供水,以保障深圳、东莞、广州南沙等地供水安全和经济社会发展;但工程投资要控制在 354 亿元内。

2. 工程项目管理的基本目标

从案例 3-7 工程可见,对工程项目管理总目标,可分解为工程建设时间目标、工程功能和质量目标,以及工程投资目标。

(1) 工程建设时间目标,也称工程工期目标或进度目标。一般用静态视角描述工程时间目标时,常用工期的概念,如在签订承发包合同时,常在工程合同中明确建设工期多少天或多少月;而用静态视角描述工程进行的速度时,常用工程进度的概念。而在工程项目管理中,在工程时间方面,常是用动态视角来审视工程项目活动的。因此,工程进度的概念要用得更多。

(2) 工程功能和质量目标。工程功能常指工程项目所发挥的有利作用或效能,这在工程项目立项阶段就开始讨论,并在工程项目实施阶段已经用文字或图纸加以详细的规定,项目参与各方也十分清楚了,因此在工程实施阶段并不去强调。然而,保证功能实现的重要支撑是工程质量,在项目前期工作中并不提及,而是隐含在工程实施过程的相关规范或标准之中,这成为工程项目管理中的重要对象。因此,工程质量是工程项目管理的基本目标。

(3) 工程投资目标。建设一个工程项目,投资经常是个约束条件。在我国历史上有许多"烂尾工程",其中一个重要原因是工程投资无法落实。建设工程需要的资金,在投资方或发包方的项目管理视角下通常称工程投资;但在工程承发包条件下,在工程承包方项目管理视角下,通常将完成任务需要的资金为工程成本。两者在内涵上不尽相同,在工程项目管理中被承发包双方应用。

综上所述,工程项目实施中,管理的基本目标有:进度或工期目标、质量目标和投资或成本目标。

3. 工程项目管理的其他目标

工程进度、质量和投资/成本是工程项目实体要实现的目标,只有这些目标实现了,工程项目成果才能正常发挥效益。但在项目实施过程中,还会产生一些对项目直接参与主体,以及项目周边有不利影响的方面,包括参与人员的健康和安全、项目周边生态环境等。这要求将它们作为管理的目标,而这些方面主要概括为两个目标:

(1) 安全目标。该目标要求通过科学的项目管理,保证工程项目实施过程中不发生安全事故,保障施工现场人员、现场周边人员的安全。

(2) 环保目标。该目标要求通过科学的项目管理,保证工程建设能与工程周边环境协调,保障工程现场周边环境不受污染,包括水质、大气、噪声、交通条件等相关指标在规定范围之内。

4. 工程项目管理目标间的关系

工程项目的基本目标——工程进度、工程质量和工程投资或成本均存在于每个项目,它们是相互影响的"铁三角";而工程项目实施中需要控制的安全和环境问题,在工程项目施工中无处不在,但不同工程项目程度不尽相同。这些目标之间的关系如图3-14所示。

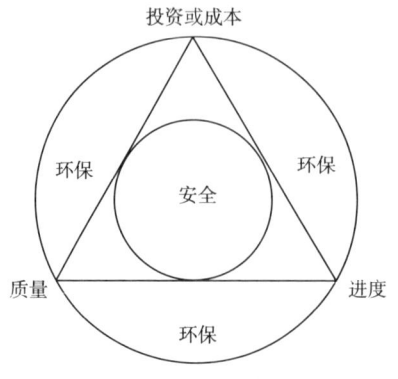

图3-14 工程项目目标之间关系

图3-14中,建设工程项目的进度、投资和质量3个基本目标联系十分密切;保障施工安全和环境对工程进度、投资产生深刻影响。

(1) 建设进度与建设投资及其效益的关系。建设工期是工程项目计划中的龙头,当工程规模、结构一定,建设工期不同时,意味着投入资源不同,并导致建设成本不同;与此同时,工程投资发挥作用的时效不同,工程建设经济效果也不同。显然,总存在一个建设工期的优化问题,以谋求最佳的投资效果。

(2) 建设进度与质量的关系。在一定的建设工期范围内,工程质量不会有明显的变化,但建设项目工期缩短到一定程度,如超出了规定建设工期的下限时,进一步压缩建设工期,对工程质量和安全均是一种风险。

(3) 建设投资与质量、安全的关系。一般而言,工程建设中,提升工程质量和安全的水平,势必要增加工程投资;若不重视工程质量、安全问题,当需要处理这些问题时,势必会产生较高的成本。

(4) 工程项目环境对工程投资影响明显。建设工程是"人造自然",在项目立项阶段,提升"人造自然"与自然和谐程度,与工程建设投资联系紧密;在工程实施过程中,如何减轻施工对现场环境的负面影响,也少不了增加工程投资或成本。

二、工程项目管理计划体系

在市场经济环境下,工程项目实行承发包,即工程项目实施中存在发包方与承包方的合作,但他们的任务和努力的目标不尽相同;与此同时,不论发包方,还是承包方均存在实施项目目标的计划问题。因此,工程项目计划体系可按这两个维度分解。

1. 项目不同参与主体的管理计划

项目参与方式可分为:项目发包方,以及与其签有工程合同,并为其提供服务产品或服务的另一方——承包方/咨询方,包括设计方、监理方、施工方、物料供应方等。各项目参与方管理计划编制的逻辑关系如图3-15所示。发包方与承包方/咨询方的工程项目计划差异较大,计划的依据不同,计划范围差异也很大;而对承包方/咨询方的项目管理计划,依据均是与发包方签订的合同,并根据合同的具体要求编制各自的管理计划。

(1) 发包方项目管理总计划。项目发包方主要依据批复的项目可行性研究报告,编制项目计划。其应从项目整体出发,对项目整体实施做顶层计划。主要包括:

1) 工程项目总目标计划。包括工程项目总工期、建设资金筹措计划、总投资管理计划,以及实现工程质量、安全和环境项目总体控制计划。

2) 工程项目交易计划。包括工程交易分段或分块、每分段或分块交易方式,以及每分段或分块工程招标计划、工程交易过程的支付和协调计划等。

3) 工程项目管理组织计划。包括项目业主方的组织方式、业主方组织结

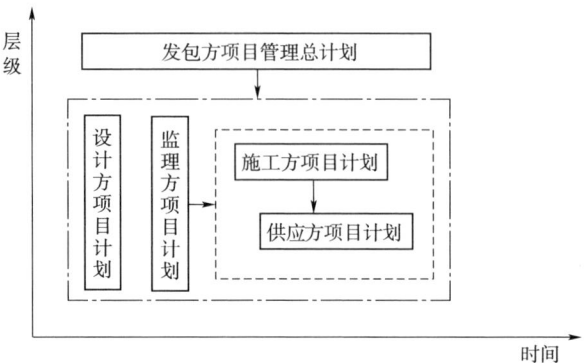

图 3-15　各项目参与方管理计划编制的逻辑关系图

构和职能分工等。该计划与工程项目交易计划存在较多的联系,有必要加强两者的协调。

4) 工程交易过程监管计划。包括监管力量的组织、现代信息技术的应用,以及监管制度设计等方面计划。

5) 工程项目实施整体风险管理计划。包括对整个工程项目实施过程可能存在的风险进行识别、评估,并提出应对这些风险的措施。

(2) 承包方/咨询方项目管理计划。承包方的项目计划始于工程投标,并与业主方签项目工程合同。工程项目承包方主要依据工程合同的要求编制项目计划。主要包括:

1) 工程项目实施组织计划。包括项目经理选择、项目部组织结构设置,以及相应职能分工、岗位安排等人力资源配置。

2) 工程项目实施总体计划。按工程合同要求,编制项目实施总体方案计划,包括工程进度计划、工程质量和安全保证计划、重点工作/工艺技术应用计划、工程总成本控制计划,以及资源配置计划和环境控制计划等。

3) 工程项目实施周、月计划。在工程项目实施总体计划指导下,在总结前期工程目标计划落实现状的基础上,编制工程周计划或月计划,内容包括进度计划、质量和安全保证计划、工程成本控制计划,以及资源配置和环境控制计划。

4) 现代技术应用计划。根据工程合同要求和工程实际,分析工程技术难点、重点,提出解决相关技术问题的应对方案。

5) 工程项目实施风险控制计划。在深入分析合同条件、工程建设内容、工程技术和建设环境的基础上,客观认识工程实施面临的风险,在成本最小的原则下,提出应对工程风险的具体措施。

2. 工程项目不同管理目标计划

工程项目不同管理目标计划在方法和内容上的差异均较大,但在项目不同参与方间所用方法较近。

（1）工程项目进度管理计划。按工程项目分解结构，分为工程项目总进度计划，以及单项工程、单位工程、分部工程等的进度计划；按计划时间长短，在项目总进度计划下，又分为年进度、季进度、月进度和周进度计划等。编制进度计划的基本方法有网络计划图与横道图等。进度管理计划是其他目标管理计划的龙头。

（2）工程项目质量管理计划。不同项目参与方均存在质量管理计划的问题，该计划相同之处在于找出项目质量重点管理的对象，并确定相应控制计划；不同点是在于不同参与方具体计划的内容不同。如承包方从工程所涉材料、机械、工艺、操作者和环境等基础要素入手编制管理计划；而发包方主要围绕对承包方生产过程和产出产品的监督编制管理计划。

（3）工程项目投资/成本管理计划。对工程发包方和承包方，投资/成本管理计划均涉及费用，但费用管理计划的内容，以及计划采用的方法手段均存在差异。前者主要围绕优化工程设计、合理规划工程交易、科学引进竞争机制，以及控制项目实施中变更和索赔等方法做管理计划；而后者主要是通过优化资源配置、提高生产效率，并借助工程合同争取更多机会等方面编制管理计划。

（4）工程项目安全控制计划。承包方直接组织工程施工，是工程安全控制的主要责任方，其要根据工程合同内容，按照相关规范或标准编制控制计划；而发包方虽不直接参与施工，但也有必要对工程承包方安全控制计划的完整性进行检查，并在工程实施过程安全问题进行监管，即工程发包方要做好承包方安全控制的监管计划。

（5）工程项目环境控制计划。与工程安全控制类似，承包方要根据工程环境条件和合同要求，做好项目环境控制的计划；而发包方要做好相应的监管计划。

3. 工程项目管理目标计划的要求

工程项目有特殊性以及项目管理目标计划在项目实施中的重要地位，对目标计划提出特殊要求如下：

（1）讲究系统性。对于项目发包方，首先是根据可行性研究报告或初步设计文件的批复，编制项目总体目标；然后按项目分解结构和实施时间分析目标，并编制相应的管理目标计划；再次在优化工程交易方案的基础上，确定各交易合同的目标，并编制相应交易计划。对于承包方，就以工程合同为基础，确定项目实施总体目标，然后以项目进度计划为龙头，编制资源配置，以及工程质量、安全、环境和成本控制计划。

（2）讲究客观性。一方面项目管理计划要与工程参与方的主观条件和客观环境相适应；另一方面要遵循规律性，这主要体现在现行的法律法规和技术标准之中，对工程承包方项目管理目标计划的编制要特别研究合同条件，遵守合同给出的建设条件和提出的要求。

（3）讲究经济性。不论是发包方，还是承包方的项目管理目标计划，经济性总是一个重要指标。一般而言工程项目质量，实施过程的安全性和环境要求是确定项目立项的约束条件，项目功能、工期和经济性是3个变量。而进入项目实施阶段，在项目功能、建设工期已经确定，因而在工程发包方编制管理目标计划时，应以工程项目功能/结构、工期、质量，以及实施中的安全和环境控制为约束条件，而将项目经济性，即项目投资最小作为追求的目标。对工程承包方则更是如此，工程项目结构、质量、工期，以及实施中的安全和环境控制均在工程合同中明确，在项目管理目标计划中，应将这些作为边界条件，去谋求工程成本最低。

（4）讲究灵活性。不管项目的哪一参与方，也不管项目何种管理目标计划，项目管理者总是在项目实施前根据实践经验，以及对自然条件、经济社会的环境预测而编制计划，而这些经验或预测是否符合实际仍是未知的。因客观世界是变化的，管理者对客观世界的判断也是有限理性的。因此，大部分项目管理目标计划在实施过程中会存在一定的偏差。这反过来就要求在编制计划时讲究灵活性，留有适当调整目标计划的空间，这可保证管理目标计划更完善。如在做进度计划时，适当考虑恶劣天气的影响，这可提升进度计划的可靠性；在工程施工合同中，工程费用通常设有"备用金"或"暂列金"，其主要是为了应对工程子项的增加等不确定因素的出现。

三、工程项目实施控制体系

1. 工程项目实施控制体系的层次

在市场经济环境下，工程项目实施一般采用交易方式，与此相适应的控制体系如图3-16所示。

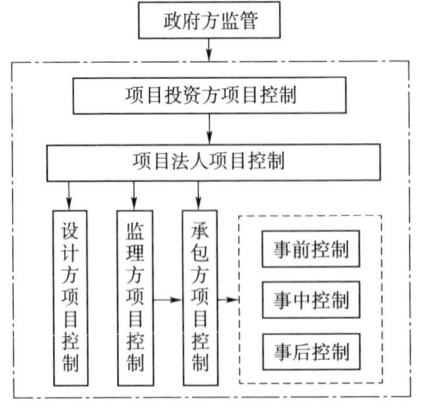

图3-16 工程项目实施控制体系图

（1）政府方监管。工程项目建设期对公共有影响，建成后对公共有影响或为公共服务，因此政府相关部门应对项目的实施进行控制，主要内容包括工程质量、安全与环境等。政府方的这些控制面向项目各参与方。当政府参与项目投资时，政府投资主管部门还要对项目的投资和进度目标进行控制。

（2）项目投资方项目控制。当项目

投资方下设项目法人时，其控制的直接对象是项目法人，控制目标是项目投资。

（3）项目法人项目控制。项目法人是工程项目实施的责任主体，其控制对象为承担工程项目建设的各参与方，包括工程设计、监理、施工和物料供应等；控制目标包括工程进度、质量、安全、环境和投资等。

（4）设计方项目控制。按工程设计合同要求，对工程质量、投资等目标进行控制，并对设计方工作质量，包括工程过程质量、工作成果质量，如设计方案的优化、设计图纸和文件的差错率等进行控制。

（5）监理方项目控制。按工程监理合同要求，对监理对象行为进行监管，对监理范围内工程的进度、质量、安全、环境和投资等进行控制。

（6）承包方项目控制。工程承包方在工程施工现场组建项目部，其按工程施工合同要求，对工程进度、质量、安全、环境和成本等进行控制，这其中包括施工前、施工过程工作质量，以及施工形成产品质量的控制。

2. 工程项目实施控制要素

工程项目参与方均存在项目实施控制的问题，相关控制内容较多，控制目标也不尽相同，然而控制的要素比较相近，包括：

（1）人员素质的控制。包括人的能力或资格，人的行为的控制。例如，不论是工程设计方、监理方，还是施工方，对部分人员设有资格要求，仅当这些人具备这方面资格，即具有一定的能力和经验，才能在某些岗位上工作，承担一定的职责或行使一定的权力。人行为的规范性对工作质量影响也很大，具有资格者，其行为不规范，不可能保证工作质量，因此对工程参与人行为的控制也十分重要。

（2）工程设备/施工机械性能的控制。对于工程监理方，相关检测设备达不到检测精度，就不能客观反映工程中间或最终成果的性能指标，显然，要对工程检测设备性能进行控制。在工程施工中，施工机械性能达不到规定要求，也不可能生产出合格的工程产品。因此，工程设备/施工机械等的性能是项目控制的关键要素。

（3）工程数据客观性/工程材料性能的控制。对于工程设计方，工程数据是工作设计的原材料，工程设计中若原始数据不完整或精度达不到要求，则设计的工程产品要么达不到预期要求，要么实施中要调整设计，进而增加工程投资或拖延工程进度；而工程的材料若达不到规定要求，则工程质量不能保证，也可能引发出一系列工程安全问题。

（4）技术/工艺的控制。对于工程设计方，主要是控制工程技术的科学应用，要将成熟的技术应用于工程，以降低工程质量、安全和投资方面的风险；对于工程承包方，主要是应按工程设计、规范或标准要求，控制施工工艺，以保证工程质量和安全。

（5）工程环境的控制。对于工程承包方，此处控制环境包括：①工程的施工环境，例如，在夏季，要控制高温环境下浇筑大体积混凝土，这是为了防止大体积混凝土出现温度裂缝；②工程施工对工程现场周边环境的影响，如噪声、扬尘和污水对工程现场周边的影响。

思 考 和 练 习 题

3-1　工程项目业主方管理常见组织方式有哪些？各有什么特点？

3-2　DBB、DB/EPC 的内涵是什么？

3-3　DB/EPC 与 DBB 相比，主要特点是什么？

3-4　20 世纪 70 年代，美国学者提出 CM 模式，其主要特点是什么？

3-5　影响业主方管理组织方式与工程项目发包（组织）方式选择的主要因素有哪些？

3-6　工程项目参与方常见的管理组织结构有哪些？各有什么特点？

3-7　对项目经理有哪些要求？

3-8　项目经理的任务和职责包括哪些？

3-9　为什么我国大型建筑企业采用职能式管理组织结构，而不用矩阵式管理组织结构？

3-10　分析中小型工程项目部应用线性式或矩阵式管理组织结构的情境。

3-11　工程项目体系是如何组成的？基本目标有哪些？其他目标主要有哪些？为什么？

3-12　工程项目计划体系和控制体系运行的起点分别在哪里？主体是谁？

第四章 工程项目招标与投标

本章知识要点与学习要求

序号	知识要点	学习要求
1	工程项目招标及其分类	掌握
2	工程项目招标程序、文件组成	熟悉
3	工程施工招标标底、控制价的概念	掌握
4	工程施工招标标底、控制价的编制	了解
5	工程施工招标的开标、评标和决标的概念	掌握
6	工程分包、变更、索赔、预付款、质量保证金的概念	熟悉
7	工程投标组织与程序	熟悉
8	工程投标决策与影响因素	熟悉
9	工程投标报价编制准备与编制方法	了解
10	工程投标报价技巧	了解

第一节 工程项目招标及其程序

在市场经济条件下，业主方大多情况下总是通过市场、采用竞争机制选择承包人、咨询服务方或工程设备等的供应方，确定工程价格并签订合同后，让其去完成相应的任务，这一过程对业主方而言，最常见的就是工程项目招标。

一、工程项目招标

1. 什么是工程项目招标

工程项目招标（tendering，call for bidding）是指业主方，即工程招标人（tenderee）以实施工程项目为目的，或以完成工程建设任务为目的，通过法定程序和方式吸引工程建设领域相关企业（包括工程施工、工程咨询服务，以及设备制造等企业）参与竞争，并确定由优胜者承担工程建设任务的活动。响应工程招标，并参与招标竞争的活动称为工程投标（bidding），参与招标竞争的企业/主体为工程投标人（bidder）。

工程招标的最后成果是确定承担招标项目相关任务的中标企业，并与之签订交易合同。

2. 工程招标分类

业主方一般在工程实施/交易规划的基础上，以工程实施方案确定的每项内容组织招标。工程交易方案可能包括：工程施工、工程咨询（设计、监理等）服务、设备制造、工程材料采购，以及设计施工一体化/工程总承包等。因此，相应存在工程施工招标、工程咨询招标、工程材料采购招标和工程总承包招标等。

此外，据工程招标选择对象范围，一般可将其分为国际招标和国内招标。国际招标为面向国际选择工程承包方或服务方。利用国际金融机构资金的工程项目一般要求实行国际招标。

二、招标方式与程序

1. 什么是工程招标方式

工程招标方式，是指招标活动的组织方式。不同招标方式主要区别是招标信息发布的形式和所含范围的差异。招标方式不同，参与招标竞争企业的范围就有可能存在差异。

《中华人民共和国招标投标法》中将工程建设项目招标方式分为公开招标和邀请招标两种方式，而且一般是要求进行公开招标。

（1）公开招标（open tendering/public invitation），亦称无限竞争性招标（unlimited competitive tendering），是指招标人以招标公告的方式邀请不特定的法人或者其他组织投标的招标方式。它由招标人按照法定程序，在公开出版物上发布或者以其他公开方式发布招标公告，所有符合条件的企业都可以平等参加投标竞争，招标人从中择优选择中标者。

（2）邀请招标（selective tendering/invited bidding），又称有限竞争性招标（limited competitive tendering），是指招标人以投标邀请书的方式邀请特定的法人或者其他组织投标，接到投标邀请书的法人或者其他组织才能参加投标的一种招标方式，其他潜在的投标人则被排斥在投标竞争之外。邀请招标必须向3个以上（含3个）的潜在投标人发出邀请。

2. 工程招标程序

工程招标是以招标人或招标人委托的招标代理机构（tendering agency）为主体进行的活动。我国工程项目公开或邀请招标的一般程序如图 4-1 所示。

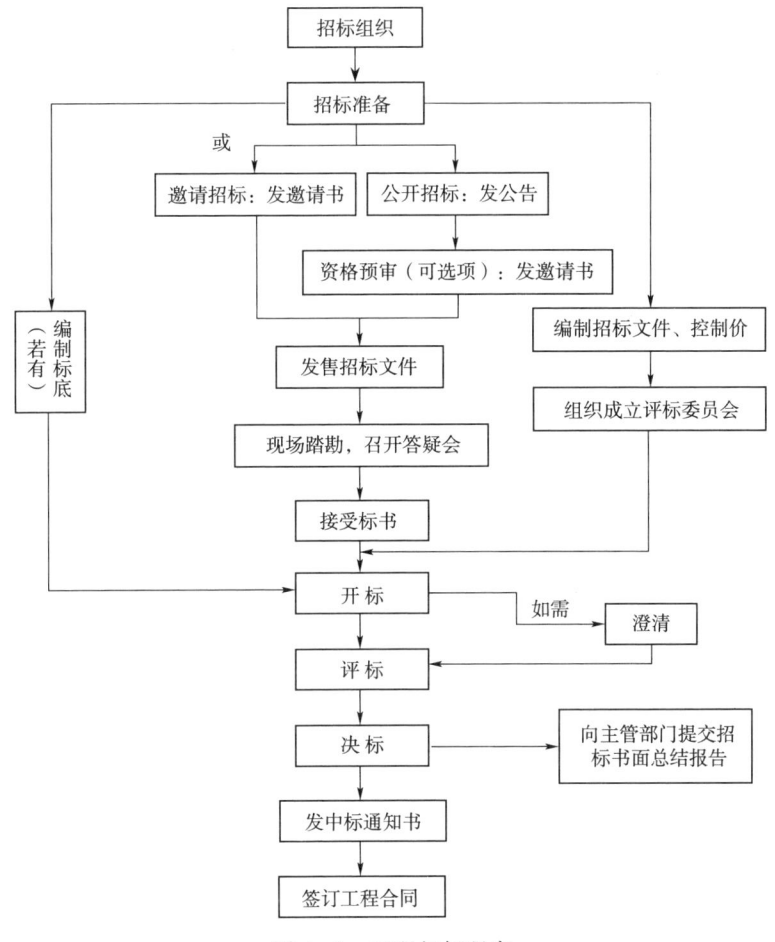

图 4-1　工程招标程序

（1）招标组织（tender organizing）。对大型工程，业主方/招标人一般要构建招标领导小组和工程招标管理机构。领导小组对招标过程的重大问题进行决策，招标管理机构则负责工程招标实施。

（2）招标准备（tender preparation）。招标人进行招标首先必须做好招标准备，内容包括落实招标条件、建立招标机构和确定招标计划 3 个方面。招标条件是指招标前必须具备的基本条件，例如，招标项目按照国家有关规定需要履行项目审批手续的，应当先履行审批手续，取得批准；招标人应当有进行招标项目的相应资金或者资金来源已经落实等。施工招标计划一般包括确定招标的范围、招标方式和招标工作进程等。

（3）招标公告（tender notice）、投标邀请（invitation for bids）、招标文件发售。公开招标，一般要求招标人在指定媒体或其他场合发布工程招标公告；当对投标人采用资格预审时，则仅向通过预审者发放投标邀请书。邀请招标，一般向特定的3家以上潜在承包人发送投标邀请书。在招标公告（或邀请书）中一般要说明工程建设项目概况、工程分标情况、投标人资格要求等。对邀请招标、公开招标中实行资格预审的公开招标，仅当收到招标人的投标邀请书者，方具有购买招标文件的资格。对招标人，在规定的发售招标文件前要完成招标文件的编制工作。

（4）接受标书（bid accepting），即招标人接受投标人递交投标书的过程。通过资格预审的承包商购买招标文件后，一般先仔细研究招标文件，进行投标决策分析，若决定投标，则派相关人员赴现场考察，参加业主方召开的标前会议，仔细研究招标文件，制定施工组织设计，做工程估价，编制投标文件等，并按照招标文件规定的日期和地点将投标书送达招标人指定地点。

（5）开标（bid opening），指在招标投标活动中，由招标人主持、邀请所有投标人和政府行政监督部门或公证机构人员参加，并在预先约定的时间和地点，当众开启投标文件的过程。工程施工开标时，一般要宣布各投标人的报价。

（6）评标（bid evaluation），指招标人组织评标委员会，由该委员会按照招标文件规定的标准和方法，对各投标人的投标文件进行评价、比较和分析，从中选出中标候选人的过程。评标的最后结果是评标报告，其中包括推荐具有排序的3个中标候选人。

（7）决标（bid determination），指在评标委员会推荐中标候选人的基础上，由招标人最终确定中标人的过程。评标委员会一般推荐3个中标候选人，并有明确排序，招标人一般确定排名第一者中标，并与其签订工程合同。

第二节 工程施工招标策划

工程施工（construction）指根据工程项目设计文件的要求，对建设工程进行新建、扩建、改建的活动。工程施工招标是工程项目招标中最经典、影响力最大的一类招标，其他类型工程招标由其发展而来，因此本章专门介绍工程施工招标。

一、工程施工招标文件策划

（一）工程施工招标文件

1. 什么是工程施工招标文件

工程施工招标文件（construction bidding document）是指招标人向投标人发出，并告知施工项目特点、需求，以及施工招标投标活动规则和施工合同条件等信息的要约邀请文件。施工招标文件是施工招标投标活动的主要依据，对招标投标活动各方均具有法律约束力。施工招标文件与施工招标活动中产生的新文件，经整合后便形成工程施工合同。

2. 工程施工招标文件的组成

（1）招标公告或投标邀请书。

（2）投标人须知。

（3）评标标准和方法。

（4）合同条款及格式。

（5）采用工程量清单招标的，应当提供工程量清单。

（6）图纸。

（7）技术标准。

（8）投标文件格式。

招标人应当在招标文件中规定实质性要求和条件，并用醒目的方式标明。

（二）工程施工合同条件选择

1. 标准化工程施工合同条件

经过上百年的工程实践，国内外在工程施工领域已经形成了多个标准化的合同条件，包括：

（1）ICE 合同条件和 AIA 合同条件。ICE 和 AIA 分别是英国土木工程学会（Institute of Civil Engineer，ICE）和美国建筑师学会（American Institute of Architects，AIA）编制的。这两个合同条件分别在英、美国内的影响很大。ICE 合同条件在英联邦国家的影响也很大。

（2）FIDIC 合同条件。其是国际咨询工程师联合会（FIDIC）编制的合同条件，包括施工合同条件（conditions of contract for construction，2017）和生产设备和设计-建造合同条件（conditions of contract for plant and design–build，2017）等系列合同条件。该合同条件在国际工程中广泛应用广泛。

（3）国内施工合同条件。我国目前有国家发展和改革委员会编制的《中华人民共和国标准施工招标文件》（2007年版），内含施工合同条件；有水利部组织编制的《水利水电工程标准施工招标文件》（2009年版）及住房和城乡建设部等组织编制的《建设工程施工合同（示范文本）》（GF–2017–0201）等。

2. 标准化工程施工合同条件的特点

（1）大多数标准化工程施工合同条件由两部分组成，即"通用条款"和"专用/特殊条款"。"通用条款"是一个具有普遍意义的完整的合同条款体系，是固定的；"专用条款"与"通用条款"在章节编排上是对应的，但内容是待补充的。当具体工程具有特殊性，可借助于"专用条款"对"通用条款"进行调整或补充，而在合同的解释权上"专用条款"优先于"通用条款"。

(2) 标准化工程施工合同条件较合理、完善。其是由学术机构组织专家编制,并经多个工程项目、多年实践,并在不断调整、提升而成的,因而是较合理和完善。

(3) 应用标准化施工合同条件可降低使用者的交易成本。大部分工程招标者对施工合同并不熟悉,若由其从头开始编制合同文件,不仅难以提出一个合理的文本,编制成本也较高。

3. 标准化工程施工合同条件的选择

一般而言,国际工程中多采用 FIDIC 合同条件,DBB 发包方式则采用《施工合同条件(2017)》;DB 发包方式则采用《生产设备和设计-建造合同条件(2017)》。在我国工程建设发展历史上已经出现多种施工合同条件,目前一般工程采用《中华人民共和国标准施工招标文件》(2007 年版),对水利工程可采用《水利水电工程标准施工招标文件》(2009 年版)。

(三) 工程施工招标文件编制原则和要求

1. 施工招标文件编制原则

编制招标文件应做到系统、完整、准确、明了,使投标人一目了然,应遵循下列依据和原则:

(1) 应遵守国家的有关法律和法规,如《中华人民共和国民法典》《中华人民共和国招投标法》等多种法律法规。对于国际组织贷款的项目,还必须按该组织的各种规定和审批程序来编制招标文件。若招标文件的规定不符合国家的法律、法规,则有可能导致招标文件作废,有时发包人还要赔偿损失。

(2) 应注意公正地处理发包人和承包人(或供货方)的利益,即要使承包方获得合理的利润。若不恰当地将过多的风险转移给承包人一方,势必迫使承包人加大风险费,提高投标报价,最终还是增加发包人支出。

(3) 招标文件应正确地、详尽地反映建设项目的客观情况,以使投标人的投标能建立在可靠的基础上,从而尽可能减少履约过程中可能发生的争议。

(4) 招标文件包括许多内容,从投标人须知、合同条件到规范、图纸、工程量清单等,这些内容应力求统一,尽量减少和避免各种文件间的矛盾。招标文件的矛盾会为承包人创造许多索赔的机会,甚至会影响整个工程施工或造成较大的经济损失。

2. 施工招标文件编制要求

(1) 招标文件规定的各项技术标准应符合国家强制性标准。招标文件中规定的各项技术标准均不得要求或标明某一特定的专利、商标、名称、设计、原产地或生产供应者,不得含有倾向或者排斥潜在投标人的其他内容。如果必须引用某一生产供应者的技术标准才能准确或清楚地说明拟招标项目的技术标准时,则应当在参照后面加上"或相当于"的字样。

（2）招标人可以要求投标人在提交符合招标文件规定要求的投标文件外，提交备选投标方案，但应当在招标文件中做出说明，并提出相应的评审和比较办法。

（3）施工招标项目需要划分标段、确定工期的，招标人应当合理划分标段、确定工期，并在招标文件中载明。对工程技术上紧密相连、不可分割的单位工程不得分割标段。招标人不得以不合理的标段或工期限制或者排斥潜在投标人。依法必须进行施工招标的项目的招标人不得利用划分标段规避招标。

（4）招标文件应当明确规定所有评标因素，以及如何将这些因素量化，或者根据这些因素进行评估。在评标过程中，不得改变招标文件中规定的评标标准、方法和中标条件。

（5）招标文件应当规定一个适当的投标有效期，以保证招标人有足够的时间完成评标并与中标人签订合同。投标有效期从投标人提交投标文件截止之日起计算。

二、工程施工招标标底、控制价及其编制

（一）施工招标标底及其编制

1. 什么是施工招标标底

施工招标标底（tender base price）是招标人测算的招标项目的预期价格。招标标底经常被用作衡量投标人工程报价的尺子，也是工程评标的主要依据之一。

《中华人民共和国招标投标法实施条例》规定，招标人可以自行决定是否编制标底；一个招标项目只能有一个标底；标底必须保密。招标人常委托咨询机构编制标底，受委托方不得参加受托编制标底项目的投标，也不得为该项目的投标人编制投标文件或者提供咨询。招标人设有最高投标限价的，应当在招标文件中明确最高投标限价或者最高投标限价的计算方法。招标人不得规定最低投标限价。

《中华人民共和国招标投标法实施条例》又规定，招标项目设有标底的，招标人应当在开标时公布。标底只能作为评标的参考，不得以投标报价是否接近标底作为中标条件，也不得以投标报价超过标底上下浮动范围作为否决投标的条件。

2. 编制标底的依据

（1）建设工程工程量清单计价规范。

（2）国家或省级、行业建设主管部门颁发的计价定额和计价办法。

（3）建设工程设计文件及相关资料。

（4）招标文件中的工程量清单及有关要求。

(5) 与建设项目相关的标准、规范、技术资料。

(6) 工程造价管理机构发布的工程造价信息；工程造价信息没有发布的参照市场价。

(7) 其他相关资料。主要指施工现场情况、工程特点及常规施工方案等。

3. 编制标底的原则

(1) 标底要体现工程建设的政策和有关规定。标底虽可浮动，但它必须以国家的宏观控制要求为指导。

(2) 计算标底时的项目划分必须与招标文件规定的项目和范围相一致，单价编制方法要与招标文件中确定的承包方式相一致。

(3) 所选择的基础单价（人工、材料、施工机械）要和实际情况相符合，以按实际价格计算为原则。

(4) 一个招标项目，只能有一个标底，不能针对不同的投标人设有不同的标底。

(5) 标底应由施工成本、管理费、利润、税金等组成，一般应控制在批准的概算，或预算，或投资包干金额的范围内。

4. 编制标底的方法

当将编制的标底作为衡量投标报价的尺子时，其编制方法有实物量法和单价法；当编制的标底要进一步与投标方工程量清单中的单价比较时，只能采用单价法。

(1) 实物量法。将招标项目各计价项目的工程量乘以定额中相应项目的人工、材料和机械台班的消耗量，汇总得出该招标项目所需的全部人工、材料和机械台班数量；然后再分别乘以当时、当地的人工、材料和机械台班（时）单价，求和后得人工、材料和机械台班的总费用；再加上企业管理费、利润、规费和税金；最后汇总得到招标项目估价，经调整后得招标标底。

(2) 单价法。先根据定额和人工、材料和机械台班（时）的单价确定招标范围内各计价项目的工程单价，然后将各计价项目的工程量乘以对应的工程单价，汇总相加后得到招标工程预算价，经调整后得到招标标底。单价法根据所使用的工程单价包含的费用内容不同，又分为综合单价法和全费用单价法。全费用单价法目前应用较普遍。

(二) 工程施工招标控制价及其编制

1. 什么是施工招标控制价

施工招标控制价（tender sum limit）是招标人根据国家或省级、行业建设主管部门颁发的有关计价依据和办法，以及拟定的招标文件和招标工程量清单，结合工程具体情况编制的招标工程的最高投标价的限价。国有资金投资的工程建设项目应实行工程量清单招标，并应编制招标控制价。

招标控制价的内涵决定了招标控制价不同于标底，可不保密。为体现招标的公平、公正，防止招标人有意抬高或压低工程造价，招标人应在招标文件中如实公布招标控制价，不得对所编制的招标控制价进行上浮或下调。招标人在招标文件中公布招标控制价时，应公布招标控制价各组成部分的详细内容，不得只公布招标控制价总价。同时，招标人应将招标控制价报工程所在地的工程造价管理机构备查。招标控制价超过批准的概算时，招标人应将其报原概算审批部门审核。投标人的投标报价高于招标控制价的，其投标应予拒绝。

我国对国有资金投资项目实行投资概算审批制度，因而国有资金投资工程项目，招标控制价原则上不能超过批准的投资概算。

招标控制价与招标标底的主要差异有：前者为投标报价的上限标准，若投标报价超过该值时，其将被视为废标（rejection of bids）处理；后者是衡量或评价投标报价的合理性尺子，从工程价格视角，接近标底的报价更为合理。

2. 编制招标控制价注意事项

（1）使用的计价标准、计价政策应是国家或省级、行业建设主管部门颁布的计价定额和相关政策规定。

（2）采用的材料价格应是工程造价管理机构通过工程造价信息发布的材料单价，工程造价信息未发布单价的材料，其材料价格应通过市场调查确定。

（3）国家或省级、行业建设主管部门对工程造价计价中费用或费用标准有规定的，应按规定执行。

（4）要适当下调社会生产力水平，并考虑工程实施中的风险因素，包括工程变化和市场波动的风险。因而，工程招标控制价一般比标底要高，但比相对应的工程概算要低。

三、工程施工投标人资格审查

响应工程施工招标文件，参与工程施工投标活动的建设施工企业称施工投标人。招标人应根据招标项目的特点和要求，对施工投标人的投标资格进行审查；投标人资格审查分资格预审和资格后审两类。投标人资格审查的问题包括合理选择资格审查机制和确定审查内容和审查方法。

（一）工程施工投标人资格审查的内容

投标人资格审查的内容，各国各地不尽相同，资格预审和资格后审也存在差异，但概括起来基本上有以下几个方面。

1. 投标人一般性资料审核

（1）投标人的名称、注册地址（包括总部、地区办事处、当地办事处）和传真、电话号码等，对国际招标工程，还有投标人国别。

（2）投标人的法人地位、法人代表姓名等。

(3) 投标人公司注册年份、注册资本、企业资质等级等情况。

(4) 若与其他公司联合投标，还需审核合作者的上述情况。

2．财务情况审核

(1) 近3年（有的要求5年）来公司经营财务情况。对近3年经审计的资产负债表、公司损益表，特别是对总资产、流动资产、总负债和流动负债情况进行审核。

(2) 与投标人有较多金融往来的银行名称、地址和书面证明资信的函件，同时还要求写明可能取得信贷资金的银行名称。

(3) 在建工程的合同金额及已完成和尚未完成部分的百分比。

3．施工经验记录审核

(1) 列表说明近几年（如5年）内完成各类工程的名称、性质、规模、合同价、质量、施工起讫日期、发包人名称和国别。

(2) 与本招标工程项目类似工程的施工经验，这些工程可以单独列出，以引起审核者重视。

4．施工机具设备情况审核

(1) 公司拥有的各类施工机具设备的名称、数量、规格、型号、使用年限及存放地点。

(2) 用于本项目上的各类施工机具设备的名称、数量和规格，以及本工程所用的特殊或大型机械设备情况，属于公司自有还是租赁等情况。

5．人员组成和劳务能力审核

(1) 公司总部主要领导和主要技术负责人、经济负责人的姓名、年龄、职称、简历、经验以及组织结构设置和分工框图等。

(2) 参加本项目施工人员的组织机构及其主要行政、技术和管理部门组织结构框图。

(3) 参加本项目施工的主要技术工人、熟练工人、半熟练工人的技术等级、数量以及是否需要雇用当地劳务等情况。

(4) 总部与本项目管理人员的关系和授权。

6．工程分包计划审核

(1) 拟分包部分清单。

(2) 拟分包单位的名称、地址、资质等级，有无分包合同。

(3) 哪些专业性很强的工程需要发包人另行招标，总包与分包的关系等。

(4) 分包是否服从总包的统一指挥和结算，应在资格预审中说明自己的态度。

7．必要的证明或其他文件的审核

(1) 安全生产许可证。企业是否具备由政府相关部门颁发的、有效的安全生产许可证。

(2) 审计师签字、银行证明、公证机关公证,国际工程还应有大使馆签证等。

(3) 承包人誓言等。

(二) 工程施工投标人资格审查方法与注意事项

1. 资格审查方法

对投标人实行资格预审时,一般采取综合评价方法,主要过程如下:

(1) 首先淘汰报送资料极不完整的投标申请人。因为资料不全,难以在机会均等的条件下进行评分。

(2) 根据招标项目的特点,将资格预审所要考虑的各种因素进行分类,并确定各项内容在评定中所占的比例,即确定权重系数,预定总分及格线和各项分值范围;每一大项下还可进一步划分若干小项,对各资格预审申请人分别打分,进而得出综合评分。

(3) 淘汰总分低于预定及格线的投标申请人。

(4) 对及格线以上的投标人进行分项审查。为了能将施工任务交给可靠的承包人完成,不仅要看其综合能力评分,还要审查其各分项得分是否满足最低要求。

评审结果要报请发包人批准,如果是使用国际金融组织贷款的工程项目,还需报请该组织批准。经资格预审后,招标人应当向资格预审合格的投标申请人发出资格预审合格通知书,告知获取招标文件的时间、地点和方法,同时向资格预审不合格的投标申请人告知资格预审结果。

当采用资格后审时,也可参考上述综合评价机制。

2. 资格审查注意事项

(1) 在审查时,不仅要审阅其文字材料,还应有选择地做一些考察和调查工作。因为有的申请人得标心切,在填报资格预审文件时,不仅只填那些工程质量好、造价低、工期短的工程,还有可能出现弄虚作假现象。

(2) 投标人的商业信誉很重要,但这方面的信息往往不容易得到。应通过各种渠道了解投标申请人有无严重违约或毁约的记录,在合同履行过程中是否有无理索赔和扯皮现象。

(3) 对拟承担本项目的主要负责人和设备情况应特别注意。有的投标人将施工设备按其拥有总量填报,可能包含应报废的设备或施工机具,一旦中标却不能完全兑现。另外,还要注意分析投标人正在履行的合同与招标项目在管理人员、技术人员和施工设备方面是否发生冲突,以及是否还有足够的财务能力再承接本项目。

(4) 联合体申请投标时,必须审查其合作声明和各合作者的资格。

(5) 应重视各投标人过去的施工经历是否与招标项目的规模、专业要求相适应，施工机具、工程技术及管理人员的数量、水平能否满足本项目的要求，以及具有专长的专项施工经验是否比其他投标人占有优势。

四、工程施工招标的开标、评标和决标

（一）工程施工招标开标及其程序

1. 什么是施工开标

施工开标（opening of bids）是指在规定的日期、时间、地点当众宣布所有投标人送来的投标文件中投标人名称和报价等信息的活动。

开标后使全体投标人了解各家报价和自己的报价在其中的顺序。招标方当场逐一宣读投标书，但不解答任何问题。开标时间、地点通常在招标文件中确定；开标由招标人或其委托的招标代理主持，邀请评标委员会委员、投标人代表、公证部门代表等参加。招标人要事先以有效的方式通知投标人参加开标；投标人代表应按时、按地参加开标。采用公开招标方式时，必须经过开标这一环节，采用竞争性谈判方式时，由招标方与投标方分别协商，可不需开标这一环节，但仍需邀请有关方参与定标会。

开标时仅针对有效投标书，并宣布各投标人投标总价等相关内容。投标文件有下列情形之一的，招标人应当拒收：

（1）逾期送达。

（2）未按招标文件要求密封。

2. 施工开标的一般要求

（1）如果招标文件中规定投标人可提出某种供选择的替代投标方案，这种方案的报价也在开标时宣读。

（2）对某些大型工程的招标，有时分两个阶段开标，即投标文件同时递交，但分两包包装，一包为技术标，另一包为商务标。技术标的开标，实质上是对技术方案的审查，只有在技术标通过之后才开商务标，技术标通不过的则将商务标原封不动退回。

（3）设有标底的招标项目，应按宣布的开标顺序，当众开标前公布标底。

（4）开标后任何投标人都不允许更改其投标内容和报价，也不允许再增加优惠条件，但在发包人需要时可以做一般性说明和疑点澄清。

（5）开标后，招标人进入评标阶段。

3. 施工开标程序

（1）宣布开标纪律。

（2）公布在投标截止时间前递交投标文件的投标人名称，并点名确认投标人是否派人到场。

(3) 宣布开标人、唱标人、记录人、监标人等有关人员姓名。

(4) 按照投标人须知前附表规定检查投标文件的密封情况。

(5) 按照投标人须知前附表的规定确定并宣布投标文件开标顺序。

(6) 设有标底的，公布标底。

(7) 按照宣布的开标顺序当众开标，公布投标人名称、标段名称、投标保证金的递交情况、投标报价、质量目标、工期及其他内容，并记录在案。

(8) 投标人代表、招标人代表、监标人、记录人等有关人员在开标记录上签字确认。

(9) 开标结束。

(二) 工程施工招标评标

1. 什么是施工招标评标

施工招标评标（bid evaluation）是指评标委员会依据招标文件的规定和要求，对投标人递交的投标文件进行审查、评审和比较，以最终确定中标人的活动。有下列情形之一的，评标委员会应当否决投标人的投标：

(1) 投标文件未经投标单位盖章和单位负责人签字。

(2) 投标联合体没有提交共同投标协议，或共同投标协议不合格。

(3) 投标人不符合国家或者招标文件规定的资格条件。

(4) 同一投标人提交两个以上不同的投标文件或者投标报价，但招标文件要求提交备选投标的除外。

(5) 投标报价低于成本或者高于招标文件设定的最高投标限价。

(6) 投标文件没有对招标文件的实质性要求和条件做出响应。

(7) 投标人有串通投标、弄虚作假、行贿等违法行为。

2. 施工评标的原则、组织与纪律

(1) 施工评标原则。评标工作要求讲究严肃性、科学性和公平合理性，任何单位和个人不得非法干预或者影响评标过程和结果；对投标文件评价、比较和分析，要客观公正，不以主观好恶为标准；评标人员要遵守评标纪律，严守保密原则，以维护招投标双方的合法权益。施工评标活动总体应遵循公平、公正、科学和择优的原则，具体原则包括标价合理，工期适当，施工方案科学合理，施工技术先进；工程质量、工期、安全保证措施切实可行；中标方有良好的社会信誉和工程业绩。

(2) 施工评标组织。我国《招标投标法》明确规定：评标委员会由招标人负责组建，评标委员会成员名单一般应于开标前确定。国家计委等七部委2001年联合发布的《评标委员会和评标办法暂行规定》明确：依法必须进行工程招标的工程，其评标委员会由招标人的代表和有关技术、经济等方面的专家组成，成员人数为5人以上单数，除招标人、招标代理机构以外的技术、经济等方面专家不得少于成员总数的 2/3。

评标委员会的专家成员，应当由招标人从建设行政主管部门，或其他有关政府部门的专家库，或者工程招标代理机构的专家库中确定。一般招标项目采取随机抽取的方式，特殊招标项目可以由招标人直接确定。评标委员会成员名单在中标结果确定前应当保密。

评标专家一般应符合的条件：从事相关专业领域工作满 8 年，并具有高级技术职称或同等专业水平；熟悉有关招标投标法律法规，并具有与招标项目相关的实践经验；能够严肃认真、公平公正、诚实廉洁地履行职责。

不得担任评标委员会成员的情形：投标人或投标人主要负责人的近亲属；项目主管部门或行政监督部门的人员；与投标人有经济利益关系，可能影响对投标公正评审的；曾因在招标、评标以及其他与招标投标有关活动中有违法行为而受过行政处罚或刑事处罚的。

(3) 施工评标纪律。有关法律法规对招标人、招标代理（若有）、投标企业和评标相关人员均有纪律要求。

3. 评标办法

施工工程评标一般有经评审的最低投标价法和综合评估法两种办法。

(1) 经评审的最低投标价法，即评标委员会对满足招标文件实质要求的投标文件，根据规定的量化因素及量化标准进行价格折算，按照经评审的投标价由低到高的顺序推荐中标候选人，或根据招标人授权直接确定中标人，但投标报价低于其成本，可能影响合同履行的异常低价除外。经评审的投标价相等时，评审前的投标报价低者的优先中标；评审前的投标报价也相等时，由招标人自行确定中标人。

(2) 综合评估法，也称打分法，是指评标委员会按招标文件确定的评审因素、因素权重、评分标准等，对各招标文件的各评审因素给予赋分，以投标书综合分的高低为基础确定中标人的方法。综合评估法能较为系统、全面地评价投标人履行工程合同的能力、水平。但评审较为复杂，一般被大型或复杂工程采用。

(三) 工程施工招标决标与签订合同

1. 什么是决标

决标（award of contract），也称定标，是最后确定中标人或最后决定将合同授予某一个投标人的活动。招标人根据评标委员会提出的书面评标报告和推荐的中标候选人自主确定中标人，也可以授权评标委员会直接确定中标人。

确定中标人后，招标人应在投标有效期内以书面形式向中标人发出中标通知书（notice of contract award to the winning bidder），同时将中标结果通知未中标的投标人。中标通知应经政府招投标管理机构核准和公示，无问题后方可发出。中标通知书对招标人和中标人均具有法律效力。

使用国有资金投资或者国家融资的项目，招标人应当确定排名第一的中标候选人为中标人。排名第一的中标候选人放弃中标、因不可抗力提出不能履行合同，或者招标文件应当提交履约保证金而在规定的期限内未能提交的，招标人可以确定排名第二的中标候选人为中标人。排名第二的中标候选人因与前者同样的原因不能签订合同的，招标人可以确定排名第三的中标候选人为中标人。依次确定其他中标候选人与招标人预期差距较大，或者对招标人明显不利的，招标人可以重新招标。

2．签订合同

中标人收到中标通知书后，自中标通知书发出之日起 30 天内，应以招标文件和中标人的投标文件为依据，与招标人订立书面合同。

中标人无正当理由拒签合同的，招标人取消其中标资格，其投标保证金不予退还；给招标人造成的损失超过投标保证金数额的，中标人还应当对超过部分予以赔偿。发出中标通知书后，招标人无正当理由拒签合同的，招标人向中标人退还投标保证金；给中标人造成损失的，还应当赔偿损失。

通常招标人在签合同前要与中标人进行合同谈判，但合同谈判必须以招投标文件为基础，对投标价格、投标方案等实质性的内容不能进行谈判。在谈判中各方提出的修改补充意见在经双方同意后，可确立作为合同协议书的补遗，并成为合同文件的组成部分。

双方在合同协议书上签字，同时承包人应提交履约保证，才算正式决定了中标人，并表明招标工作告一段落。招标人应及时退还所有投标人的投标保证金或保证函。

五、工程施工合同主要事项策划

工程施工合同策划是工程施工招标策划的重要组成部分。一般工程中主要事项在施工合同"通用条件"作了规定；针对特殊事项常通过"专用条件"作调整或补充。

（一）工程施工合同主要事项的约定

1．工程施工合同相关各方的义务或权利

（1）工程发包人的一般义务。在施工合同履行中，工程发包人的一般义务包括：

1）遵守法律。发包人在履行合同过程中应遵守法律，并保证承包人免于承担因发包人违反法律而引起的任何责任。

2）发出开工通知。发包人应委托监理人按施工合同的约定向承包人发出开工通知。

3) 提供施工场地。发包人应按专用合同条款约定向承包人提供施工场地，以及施工场地内的有关资料。对于房屋建筑或市政工程，如地下管线和地下设施等资料，并保证资料的真实、准确、完整。

4) 协助承包人办理证件和批件。发包人应协助承包人办理法律规定的有关施工证件和批件。

5) 组织工程设计交底。发包人应根据合同进度计划，组织设计单位向承包人进行工程设计交底。

6) 支付合同价款。发包人应按合同约定向承包人及时支付合同价款。

7) 组织竣工验收。发包人应按合同约定及时组织竣工验收。

8) 其他义务。发包人应履行合同约定的其他义务。

(2) 监理人的一般职责和权力。在施工合同履行中，监理人的一般职责和权力包括：

1) 监理人受发包人委托，享有施工合同约定的权力。监理人在行使某项权力前需要经发包人事先批准。若通用合同条款没有指明的，应在专用合同条款中明确。

2) 监理人发出的任何指示应视为已得到发包人的批准，但监理人无权免除或变更施工合同约定的发包人和承包人的权利、义务和责任。

3) 施工合同约定应由承包人承担的义务和责任，不因监理方对承包人提交文件的审查或批准，对工程、材料和设备的检查和检验，以及为实施监理作出的指示等职务行为而减轻或解除。

(3) 承包人的一般义务。在施工合同履行中，工程承包人的一般义务包括：

1) 遵守法律。承包人在履行合同过程中应遵守法律，并保证发包人免于承担因承包人违反法律而引起的任何责任。

2) 依法纳税。承包人应按有关法律规定纳税，应缴纳的税金包括在合同价格内。

3) 完成各项承包工作。承包人应按合同约定以及监理工程师根据合同规定作出的指示，实施、完成全部工程，并修补工程中的任何缺陷。除专用合同条款另有约定外，承包人应提供为完成合同工作所需的劳务、材料、施工设备、工程设备和其他物品，并按合同约定负责临时设施的设计、建造、运行、维护、管理和拆除。

4) 对施工作业和施工方法的完备性负责。承包人应按合同约定的工作内容和施工进度要求，编制施工组织设计和施工措施计划，并对所有施工作业和施工方法的完备性和安全可靠性负责。

5）保证工程施工和人员的安全。承包人应按合同约定采取施工安全措施，确保工程及其人员、材料、设备和设施的安全，防止因工程施工造成的人身伤害和财产损失。

6）负责施工场地及其周边环境与生态的保护工作。承包人应按照合同约定负责施工场地及其周边环境与生态的保护工作。

7）避免施工对公众与他人的利益造成损害。承包人在进行合同约定的各项工作时，不得侵害发包人与他人使用公用道路、水源、市政管网等公共设施的权利，避免对邻近的公共设施产生干扰。承包人占用或使用他人的施工场地，影响他人作业或生活的，应承担相应责任。

8）为他人提供方便。承包人应按监理工程师的指示为他人在施工场地或附近实施与工程有关的其他各项工作提供可能的条件。除合同另有约定外，提供有关条件的内容和可能发生的费用，由监理工程师依合同商定或确定。

9）工程的维护和照管。工程接收证书颁发前，承包人应负责照管和维护工程。工程接收证书颁发时尚有部分未竣工工程的，承包人还应负责该未竣工工程的照管和维护工作，直至竣工后移交给发包人为止。

10）其他义务。承包人应履行合同约定的其他义务。

2. 施工合同的转让与分包

（1）施工合同转让（assignment）。指中标的建筑企业将工程的承包权转让给另一建筑企业的行为，即转包。转让的实质是合同主体的变更，是权利和义务的转让，而不是合同内容的变化。施工承包合同一经转让，原承包人与发包人就无合同关系，而改变为新承包人与发包人的合同关系。一般说，原承包人是发包人经过资格审查、招标投标和评标后选中，并在相互信任的基础上经过谈判，签订合同的。因此，合同转让在理论上是不被认同的，在法律上也是被禁止的。

（2）施工合同分包（sub-contracts）。指中标建筑企业将承包合同中的部分工程分包给另一建筑企业完成的行为。分包与转让不同，它的实质是为了弥补承包人某些专业方面的局限或力量上的不足，借助第三方的力量来完成合同。施工合同的分包有两种类型，即一般分包与指定分包。

一般分包是指由承包人提出分包子项目，选择分包人，并与其签订分包合同。一般也规定：承包人不得将其承包的工程肢解后分包出去，也不得将主体工程分包出去；未经发包人同意，承包人不得将工程任何部分分包出去；承包人应对其分包出去的工程以及分包商的任何工作和行为负全部责任，分包人应就其完成的工作成果向发包人承担连带责任；分包人不得将其分包的工程再分包出去。

指定分包是指分包工程项目和分包人均由发包人确定，但仍由承包人与其签订分包合同，此类分包人称为指定分包人。指定分包有两种情况：一种是发包人根据工程需要，在招标文件中写明分包工程项目以及指定分包人的情况。若承包人在投标时接受了此项指定分包，则该项指定分包即视为与一般分包相同，其管理也与一般分包的管理相同；另一种是在工程实施过程中，发包人为了更有效地保证某项工作的质量或进度，需要指定分包人来完成此项工作的情况。此种指定分包，应征得承包人的同意，并由发包人协调承包人与分包人签订分包合同。发包人还应保证补偿承包人由于指定分包而增加的一切额外费用，并向承包人支付一定数额的分包管理费。承包人应按分包合同规定负责分包工作的管理和协调。指定分包人应接受承包人的统一安排和监督管理。指定分包一般是要严格控制的。

[案例 4-1] 某分包合同纠纷案的判决

  A 公司通过招标承建了某单位家属楼，后经这家发包人同意，A 公司又将该家属楼的一些附属工程分包给 B 公司，并就工程质量要求、交付时间等内容分别签订了承包、分包书面合同。1 年后，工程按期完成，可经工程质量监督单位检验，发现该家属楼附属工程存在严重的质量问题。发包人便要求 A 公司承担责任，A 公司却称该附属工程系经发包人同意后分包给他人与自己无关为由推脱。发包人于是又找到分包人 B 公司，B 公司亦以种种理由拒绝承担责任。无奈，发包人将（总）承包人 A 公司，以及分包人 B 公司共同告至法院，要求二被告对质量不合格的附属工程返工，并赔偿损失 1 万元。

  法院审理认为（总）承包人 A 公司与发包人签订的建筑承包合同及 A 公司与 B 公司签订的分包合同均为有效合同，（总）承包人 A 公司、分包人 B 公司均应按合同约定全面履行义务。现分包人 B 公司承建的该家属楼附属工程完工后，经检验发现存在严重的质量问题，实际上就是分包人 B 公司没有按合同约定质量要求施工的违约行为，故 B 公司应承担返工及赔偿损失的责任。同时（总）承包人 A 公司应就整个中标项目向发包人负责，这其中也包括要承担分包人违约造成的连带责任。据此，法院依法判决该（总）承包人 A 公司对分包 B 公司承建有严重质量问题的附属工程返工重做，并赔偿因此所受损失 1 万元，分包人 B 公司承担连带责任。

3. 工程的开工、延长和暂停

（1）工程开工（commencement of works）。在投标书附件中规定了从中标函颁发之后的一段时间里，监理工程师应向承包人发出开工通知。而承包人收到此开工通知的日期或开工通知中列明的开工日期作为开工日期，承包人应尽快开工。竣工日期是从开工日期起算的。若由于发包人的原因，如征地、拆迁未落实，引起承包人工期延误或增加开支，则发包人应对工期和费用给予补偿。

（2）工期延长（extension of time）。承包人有权得到工期延长的情形包括额外的或附加的工作、不利的自然条件（adverse physical conditions）、发包人造成的任何延误、不属于承包人的过失或违约引起的延误，以及其他合同条件提到的原因。承包人得到工期延长的同时能否得到费用补偿，要视具体情况而定。

（3）工程暂停（suspension of works）。指施工过程中出现了危及工程安全或一方违约使另一方受到严重损失的情况下，受害方采取的一种紧急措施，其目的是保护受害方的利益。引起工程暂停的原因可能是承包人也可能是发包人，引起工程暂停的损失由责任方承担。

4. 工程变更

工程变更（project change/variation）指在工程施工合同执行过程中，发包人或监理工程师（若有）根据工程需要，下达变更指令（change/variation order），对合同确定的内容或原设计文件进行修改，或对经监理工程师批准的施工方案进行改变。

（1）工程变更原因。主要包括施工条件的变化、设计的变化、出现了合同范围之外的工程、施工方法和施工计划的变化，以及承包人违约等方面。

（2）工程变更程序。先后有工程变更的提出建议（发包人、设计方、监理方和承包人均可提出）、发包人或监理组织工程变更建设审查、工程变更设计与批准，工程变更价格调整的估计，以及工程变更的实施等。

（3）工程变更的价格调整。出现工程变更，一般会引起工程价格的调整。这种价格调整情况经常遵循的原则有：若合同中有相同项目，则用该项目已有的单价；如果没有适用于该变更工程的单价，则可用类似项目的单价并加以修正；若既无相同项目，也无类似项目，则应由合同相关方进行协商确定新的单价或价格；若协商不成，监理工程师（若有）有权独立决定他认为合适的价格，并相应地通知承包人，或作为合同争端问题解决。

5. 工程计量与支付

工程量（project quantities）是予以支付的依据之一。予以支付的工程量必须满足：在内容上，必须是工程量清单上所列的，包括监理工程师批准的项目；在质量上，必须是经过检验的、质量合格的项目的工程量；在数量上，必须是按合同规定的原则和方法所确定的工程量。若合同中没有特殊规定，工程量一般均应按测量净值计算。仅经监理工程师批准或认定的工程量，才能作为支付的工程量。

工程施工合同支付（project payment）主要涉及的款项有：

(1) 工程进度款（project progress payment）。指对工程量清单中所列的项目，按实际完成的，满足支付条件的，并经监理工程师确认的工程量，乘以合同中规定的单价，得到向承包人支付的款项。工程进度款常按月支付，因此也称月进度款。

(2) 暂列金（provisional sums）。包含在合同总价中，并在工程量清单中用该名称标明。暂列金可用于工程的任何部分施工的一笔费用。其也可用于采购货物、设备或服务；或用于指定分包；或供处理不可预见事件。按监理工程师的指令，暂定金可全部或部分被使用，也可能不需被动用。

(3) 暂估价（provisional estimate）。暂估价是指招标方在工程量清单中提供的用于支付必然发生但暂时不能确定单价的材料、设备或专业工程的一笔金额。其与暂列金的差别是必然会发生，但其单价具有不确定性；而暂列金则是该材料、设备或专业工程是否存在也具有不确定性。

(4) 计日工（daywork），又称点工，是工程支付的一种结算制度。其是指在施工过程中，完成发包人提出的施工图纸以外的零星项目或工作，按合同中约定的综合单价计价，且按每人工作日为单位计算。

(5) 工程变更款、工程费用索赔款和价格调整款项。工程变更款为工程发生变更后，工程款式的增或减；工程费用索赔款一般为非承包方责任，而其受到损失，按合同约定发包方向其补偿的款项；价格调整款项为由于建筑市场波动，按合同约定对工程单价进行调整而产生的款项，与原工程单价相比，增减的可能性均存在。

(6) 预付款（advance payment）。在施工合同中，预付款分为工程预付款和材料预付款。工程预付款是指承包人中标后，发包人向其提供一笔无息贷款，用于调迁施工队伍、施工机械，以及临时工程的建设等。材料预付款也是发包人向承包人提供的无息贷款，不过其主要用于支持承包人采购材料和工程设备。预付款在工程进度款中将由发包人逐步扣回。

(7) 质量保证金（retention many）。为工程完工后的质量保修期内，工程的一些缺陷能得到及时的修补，承包人违约的损失能得到及时的补偿，一般在合同中规定，发包人有权在工程月进度款中按其百分比扣留一笔款项，这就是质量保证金。我国目前规定，当工程承包方提供履约担保的条件下，工程施工过程可不设质量保证金。

(8) 奖励与赔偿（incentive - free and claim）。施工中，如因承包人的原因，而使发包人得到额外的效益，或致使发包人额外的支付或损失时，发包人应对承包人进行奖励，或向承包人要求赔偿。

(9) 完/竣工支付（completion payment）和最终支付（final payment）。

在监理工程师签发合同工程移交证书后的 28 天内,承包人就应向发包人提交完工支付申请,并附有详细的计算资料和证明文件;承包人在收到监理工程师签发的保修责任终止证书后的 28 天内,应向监理工程师提交一份最终支付申请表,并附有证明文件。

6. 质量检查

质量检查(quality inspect)是通过检验确定工程实体质量与要求或标准相比是否符合的过程。工程用所有材料、永久工程的设备和施工工艺,均应符合合同要求及监理工程师的指示。承包人应随时按照监理工程师的要求,在工地现场以及为工程加工制造设备的所有场所,为其检查提供方便。监理工程师应将质量检查的计划在 24 小时前通知承包人。监理工程师或其授权代表经检查认为质量不合格时,承包人应及时补救,直到下次检查验收合格为止。对隐蔽工程,在监理工程师检查验收前不得覆盖。

7. 承包人的违约

承包人的违约(default of contractor)指承包人在实施合同过程中由于破产等原因而不能执行合同,或是有意无视监理工程师的指示或无能力去执行合同。承包人的下列几种行为均认为是违约。

(1) 已不再承认合同。

(2) 无正当理由而不按时开工,或是当工程进度太慢,收到监理工程师指令后又不积极赶工。

(3) 在检查验收材料、设备和工艺不合格时,拒不采取措施纠正缺陷或拒绝用合格的材料和设备替代原来不合格的材料和设备者。

(4) 无视监理工程师事先的书面警告,公然无视履行合同中所规定的义务。

(5) 无视合同中有关分包必须经过批准及承包人要为其分包承担责任的规定。

承包人违约,发包人可自行或雇用其他承包人完成此工程,并有使用原承包人的设备、材料和临时工程的权利。监理工程师应对其已经做完的工作、材料、设备、临时工程的价值进行估价,并清理各种已支付的费用。

8. 业主方/发包人的违约

发包方的违约(default of employer)一般是发包人的支付能力问题,包括下面几种情况:

(1) 在合同规定的应付款期限内,未按监理工程师的支付证书向承包人支付款项。

(2) 干扰、阻挠或拒绝批准监理工程师上报的支付证书。

(3) 业主方/发包人停业清理或宣告破产。

(4) 由于不可预见原因或经济混乱，发包人通知承包人，他已不可能继续履行合同。若出现上述发包人违约，承包人有权通知监理工程师，在发出通知某期限内（如14天）终止承包合同，并不再受合同约束，从现场撤出所有施工设备。此时，发包人还应按合同条款向承包人支付款项，并赔偿由于发包人违约而引起的承包人的各种损失。

9. 争端解决

合同在执行过程中，经常会发生各种争端，有些争端可以按合同条款双方友好协商解决，但总会存在一些合同中没有详细规定，或虽有规定但双方理解不一的争端。争端解决（settlement of disputes）的方式有许多，如谈判、调解，以及仲裁或诉讼等。一般均是通过监理工程师去调解，当争议双方不愿谈判或调解，或者经过谈判和调解仍不能解决争端时，可以选择仲裁机构进行仲裁（arbitration）或法院进行诉讼（litigation）审判的方式进行解决。这一般在合同中也有约定。

10. 施工索赔

索赔（claims）一般指在合同实施过程中，当事人一方不履行或未正确履行其义务，而使另一方受到损失，受损失的一方向违约方提出的赔偿要求。在施工承包中，施工索赔是指承包人由于非自身原因发生了合同规定之外的额外工作或损失，而向发包方要求费用和工期补偿。换言之，凡超出原合同规定的行为给承包人带来的损失，无论是时间上的还是经济上的，只要承包人不能从原合同规定中获得支付的额外开支，而应得到经济和时间补偿的，均有权向发包方提出索赔。广义上的索赔不仅是承包人向发包方提出，而且还包括发包方向承包人提出，后者也常称反索赔。索赔和反索赔往往并存。

[案例 4-2]　一起费用和工期延误的索赔案

承包人与某一房地产开发商签订了工程施工合同。合同工程包括3栋住宅楼，其中，A栋为26层的框架剪力墙结构，B栋和C栋均为7层的砖混结构。计划开工日期是当年的3月1日，2栋多层住宅的完工日期要求为当年的11月末，高层为次年的11月末。按监理工程师批准的进度计划，3栋住宅的基础同时开挖。但由于开发商的房屋动迁出现问题，致使C栋楼所处位置的原有一处平房迟迟没有搬迁，造成C栋楼不能按原计划动工。当开发商解决完C栋楼平房的动迁问题时，已经是7月中旬。7月正是当地的多雨季节，C栋楼的基础土方刚开挖就赶上连续3天的大暴雨，虽然承包人在现场采取了排水措施，但基坑仍灌满了水，承包人只好用两台水泵来抽出基坑中的水，使承包人蒙受了经济损失和工期延误，承包人就此依据合同向开发商提出索赔要求。

[解析] 引起本索赔案的主要原因是开发商的违约,没有按合同约定的时间给承包人提供施工场地。由此,迫使承包人只能在(7月中旬)雨季实施C栋楼基础土方的开挖,并遇上了3天大暴雨的风险。这种风险在正常履行合同的环境下是不会引起损失的,或只能引起较小的损失,这是承包人无法预见的,当然在投标文件中就没有反映。因此,本索赔事件成立。

11. 工程接收

工程接收(project taking over)分全部工程接收和局部工程接收两种。

(1) 当承包人认为其所承包的全部工程实质上已完工,可向监理工程师申请完/竣工验收。通过竣工验收,他可向监理工程师申请颁发接收证书(taking-over certificate)。若监理工程师对工程验收满意,则他应签发一份接收证书。该接收证书经发包人确认后,就意味着承包人将工程移交给了发包人,此后该工程即由发包人负责管理。

(2) 区段或局部工程接收。常分为三种情况:一是合同中规定,某区段或部位有单独的完工要求和竣工日期;二是已局部完工,监理工程师认为合格且为发包人所占用,并成为永久工程的一部分;三是在竣工前,发包人已选择占用,这种占用在合同中无规定,或是属于临时性措施。对于上述情况之一,承包人均有权利向监理工程师申请签发区段或局部工程的接收证书。这类接收证书的签发,相应的区段或局部工程则移交给发包人。

(二) 工程施工合同主要事项的调整

通过"专用条款"可对"通用条款"中的一般约定进行调整,例如:

(1) 分包与联合体。当招标文件中不允许分包或/和联合体投标时,"通用条件"相关条款就失效;当允许分包或/和联合体,并对分包或联合体提出要求时,可在相应条款中列明。

(2) 施工合同计价方式和价格调整。一般施工合同采用可调单价合同,在通用合同条件中并有一般的调价公式。根据工程特点,可采用可调单价合同,并设计调价公式中的相关参数,也可用固定单价合同,即工程实施过程中单价不予调整,市场风险由承包方承担。

[案例4-3] 合同计价方式不合理,施工承包方施工中提出终止合同申请

某大型调水工程总投资约120亿元,其中,输水节点上的一座大型抽水泵站,设计抽水流量为100m^3/s,概算投资约2.4亿元。2006年下半年业主方做施工招标准备,经半年之后,完成了招标工作,确定施工承包方,双方也签订了施工合同,并2007年4月正式开工。该合同规定工期为30个月,合同"专用条款"中约定工程价格采用固定单价计价方式。但进入2008年后,市场物价上涨明显,到2008年6月,钢筋价格几乎翻

了一倍。面对这一市场变化，施工承包方向业主方/发包方提出终止施工合同申请，即退出工程施工。

最终，业主方没有同意承包方提出的申请，其一方面向主管部门报告工程实施现状；另一方面与施工承包方就市场波动引起的风险分配进行谈判，对于施工承包方由于市场价格上涨而带来施工成本的增加给予适当的补偿。

[解析] 工程施工合同计价方式有多种，采用何种更合适？这决定于工程结构的不确定性和市场物价的波动性。当工程结构不确定性较大时，一般采用单价计价方式；当施工工期较长，如超过1年时，一般采用可调单价计价方式。本案例中，施工合同工期超过2年，一般应采用可调单价计价方式。本案例中业主方不同意施工承包方的终止合同申请也是明智的。若同意，业主方要重新招标，合同价格在新的市场价格环境下形成，还要起码延长半年工期，最终是两败俱伤。

（3）工程支付方面调整。工程预付款的扣回比例规则、工程进度款支付规则、工程质量保证金扣留和返还规则等均可通过"专用条款"作出规定。

第三节　工　程　施　工　投　标

工程施工投标是工程项目投标中最常见，也是最典型的一类投标。可供其他投标参考。

一、工程投标组织与程序

（一）投标组织

1. 什么是工程投标

工程投标（bidding）指经特定审查而获得投标资格的工程建筑企业或工程咨询企业，按照工程招标文件要求，编制工程投标书，在规定的时间内向招标人递交投标书，并争取中标的行为。

响应工程招标文件，参与工程投标活动的建筑企业或工程咨询企业被称为工程投标人。

2. 投标组织方式

工程投标一般是单个建筑企业的行为，但当招标人允许联合投标时，这意味着两个或两个以上建筑企业可联合投标。这两种情况的组织方式是不同的。

（1）单个建筑企业的工程投标组织。当某个建筑企业决定要参加某工程项目的投标之后，应立即组织一个高效精干的投标班子。对参加投标班子的人员要认真选择，一般应具备一定条件，包括具有一定的专业知识、具有丰富的实践经验、具有熟悉经济合同的法律知识和相关工作经验、掌握一套科学的研究投标的方法和手段。

(2) 多个建筑企业联合的工程投标组织。在招标人允许联合投标的条件下，一些建筑企业为了在激烈的投标竞争中取胜，往往相互联合组成一个临时性或长期性的联合承包组织，以发挥各家的优势，增加竞争实力，并争取中标。联合承包组织有多形式，例如，合资公司（joint enterprise），即正式组织一个新的法人单位，进行注册并进行长远的经营活动；联合集团（consortium），即各建筑企业单独具有法人资格，但联合集团不一定以集体名义注册为一家公司，他们可以联合投标并承包一项或多项工程；联营体（joint venture），其是为了特定的项目组成的非永久性团体，对某项目进行投标、承包和实施，该项工程承包任务结束，清理完联营期间的财务账目，或者该项工程联合投标失败后，这项联营也就终结。

[案例 4-4] 珠海淇澳大桥联合投标

广东珠海淇澳大桥工程，全长 173km，桥面宽 33m；通航净高在通航水位以上 18m，通航孔跨度 320m，主孔平均水深 7～10m，招标文件规定，采用 DB 方式建造，工期为 730 天。主孔采用跨径 320m 的公路斜拉桥，但主跨与边跨的配合、主梁断面型式、索面布置、引桥桥型、孔径配合、基础型式等均可由参加竞标方自行优化选用，并允许联合体投标。

针对工程的特点及招标文件的要求，原交通部下属第二公路工程局、第二航务工程局，以及原铁道部大桥工程局勘测设计院组成联合集团参加淇澳大桥的投标。投标前，联合集团三方签订了联合投标协议，确定第二航务工程局为联合集团的牵头方，并根据风险共担、利益共享的原则，明确了在投标中及中标后各方任务，以及责、权、利。

该联合集团中，大桥的陆上部分工程施工由第二公路工程局承担，该单位对这类工程项目具有传统优势；大桥的水上部分工程施工由第二航务工程局承担，该单位对这类工程项目也有传统优势；大桥的设计任务由原铁道部大桥工程局勘测设计院承担，其类似工程也完成了不少。因此，该联合体集中了大桥工程陆上、水上施工，以及设计 3 家大型企业的优势，在该工程投标过程中具有明显的中标优势，并一举夺标。

[问题] 建筑企业什么情况下考虑组织联合集团投标？

[解析] 建筑企业组织联合体投标的先决条件是招标文件中明确接受联合集团投标。而且，建筑企业要对工程特点进行分析，一般而言，本企业完全

有能力承担招标项目,不轻易组织联合集团投标。这主要在于联合集团投标中标可能性要大些,但项目实施过程中的协调成本较高。我国建筑企业长期以来走的是专业化发展之路,面对工程总承包项目,单一的设计或施工企业难以胜任,在这种情境下,设计和施工企业联合投标也是目前的优先选项。

(二) 工程投标程序

工程投标程序与工程招标程序相对应,如图4-1所示,且工程投标过程必须响应工程招标过程,否则将无法开展投标活动。如招标公告规定某天几点前投标人应提交投标文件,若投标人在这之前没有递交投标文件,或递交投标文件不响应招标文件,则该投标人就失去了这个项目承包权。因而,工程投标主要过程如下:

1. 投标决策与申报资格预审书

(1) 招标工程分析与投标决策。建设市场上几乎每天都有施工项目在招标,任何一个建筑企业均不可能,也不应见标就投。一般要经过招标工程分析和投标决策(bidding decision),才最终决定是否参与工程投标。这是建筑企业控制投标风险、提高中标率,并获得较好经济效果的重要措施。

(2) 申报资格预审书。资格预审(prequalification)能否通过,是投标人能否中标的第一关。投标人申报资格预审时应注意以下问题:

1) 准备一份任何投标均可用的资格预审文件。承包商要在平时就将一般资格预审的有关资料准备齐全,最好全部存放在计算机内,针对某一招标项目填写资格预审调查表时,再将有关资料调出来,并加以补充完善。

2) 针对工程特点,填好资格预审表。在填写预审表时,要加强分析,针对工程特点,认真填写重点内容,特别要反映出本公司的施工经验、施工水平和施工组织能力,这些往往是业主考虑的重点。

3) 加强信息收集,及早动手做好资格预审申请的准备。这样可及早发现问题,并加以解决。当针对某一招标项目,发现本企业某些缺陷,如资金、技术或施工设备有问题时,则应及早考虑寻找合作伙伴,弥补不足,或组成联营体参加资格预审。

4) 做好递交资格预审文件后的跟踪工作,以便发现问题,及时解决。若是海外工程,可通过当地分公司或代理人做好这一工作。

通过工程项目招标人资格审查的建筑企业,才能进入真正的竞争角逐。

2. 购买标书、参与工程现场踏勘和做投标准备工作

(1) 购买标书。通过招标人资格审查的建筑企业会接到其投标邀请和购买招标文件的通知书,建筑企业应按要求购买招标文件。

(2) 参与工程现场踏勘和投标预备会。发售招标文件一定时间内,招标人均会组织投标人进行一次工地现场踏勘,这是工程施工投标人一般经历的投标程序。在工程现场踏勘、调研之前,应仔细研究招标文件,特别是文件中的工作范围、专用条款,以及设计图纸和说明;然后拟定出调研提纲,确定重点要解决的问题。投标人现场踏勘应从下列几方面进行调查了解:

1) 工程的性质以及与其他工程之间的关系。

2) 投标人拟投标段工程与其他承包商或分包商之间的关系。

3) 施工现场地形、地貌、地质、气象、水文、交通、电力和水源供应以及有无障碍物等。

4) 工地附近有无住宿条件、料场开采条件、设备维修条件和其他加工条件等。

5) 工地附近生活供应和治安情况等。

(3) 投标准备。主要包括:

1) 分析招标文件。招标文件是投标的主要依据,因此应该仔细分析研究。研究招标文件,其重点应放在研究投标人须知、专用条款、设计图纸、工程范围以及工程量表上,对技术规范和设计图纸,最好组织专人研究,弄清楚招标项目在技术上有哪些特殊要求。

2) 校核工程量。对招标文件中的工程量清单,投标人一定要进行校核,这不仅影响到投标报价、中标的可能;若中标,还影响到投标人的经济利益。例如,当投标人大体上确定工程总报价后,对某些子项目施工中可能会增加工程量的,可适当提高单价;而对某些子项目工程量可能会减少的,可以适当降低单价。在工程量核对中,若发现有重大出入,如漏项或算错,必要时应找业主核对,要求业主给以书面形式说明。对于总价合同,校核工程量的工作显得尤为重要。

3) 编制施工组织设计(construction planning)。投标过程中的施工组织设计比较粗略,但必须有一个全面规划,不同的施工方案和施工组织,对工程报价影响很大。

4) 分析计算投标报价。投标报价计算工作内容一般包括核对清单中的工程量、基础单价分析、综合单价计算、各清单费用计算(工程项目清单、措施项目清单、其他项目清单、税金项目清单),以及汇总各清单费用,最后确定报价。这部分内容将在下文具体介绍。

5) 准备备忘录提要。招标文件中通常明确规定,不允许投标人对招标文件的各项要求进行随意取舍、修改或提出保留。但在投标过程中,投标人对招标文件反复深入地研究后,经常会发现许多问题,这些问题大致可分为以下三类:

第一类是对投标人有利的，可以在投标时加以利用或在以后可以提出索赔要求的问题。这类问题投标人一般在投标时不提出。

第二类是明显对投标人不利的问题，如总价合同中子项工程漏项或工程量少计。这类问题投标人应及时向业主提出质询，要求更正。

第三类是投标人通过修改招标文件的某些条件或是希望补充某规定，以使自己在合同实施过程中能处于主动地位的问题。

上述问题在准备投标文件时应单独写成一份备忘录提要，但这份提要不能附在投标文件中提交，只能由投标人保存。第三类问题一般留在合同谈判时一个个提出来，并将谈判结果写入合同协议书的备忘录中。通常而言，投标人在投标过程中，除第二类问题外，一般是少提问题，多收集信息，以争取中标。

3. 投标文件编制

编制投标文件，也称填写投标书。显然，投标文件编写应完全按照招标文件的要求进行，不带任何附加条件，有附加条件的投标文件一般视作废标处理。工程投标文件的内容如下：

（1）投标函及投标附录。投标函一般要明确投标总报价、工期、施工质量等级等相关承诺；投标附录包括项目经理姓名、价格调整的差额计算等方面。

（2）法定代表人身份证明、授权委托书。法定代表人身份证明一般包括单位名称、地址、经营年限，以及法定代表人姓名和身份证号码等信息；授权委托书一般明确参与投标活动代理人的相关信息。

（3）联合体协议书（若联合投标）。一般要明确联合体成员单位、牵头单位名称，以及他们之间的职责分工。

（4）投标担保。可以采用汇票、支票、电汇，以及银行担保等方式。若采用汇票、支票、电汇方式，应附上相关票据复印件；若采用保证担保方式，要提供保书，并由担保人及其法定代表人盖章和签字，若是委托代理人签字，则要附上授权委托书。

（5）已标价的工程量清单报价表。该表格的填写随招标文件要求而定，单价合同一般将各项单价列在工程量清单内；若招标人要求报单价分析表，则需按招标文件规定将主要的或全部的单价均附上单价分析表。

（6）施工组织设计。投标人在编制施工组织设计时，应积极使用 BIM（Building Information Modeling）等现代信息技术，并与传统文字、图表等相结合，三维立体地表达所采用的施工组织、施工方法和施工技术等方面；结合工程特点提出切实可行的工程质量、安全生产、文明施工、工程进度、技术和组织措施，同时应对关键工序、复杂环节重点提出相应技术措施，如冬雨季施工技术、减少噪声、降低环境污染、地下管线及其他地上地下设施的保护加固措施等。

（7）项目管理机构表。一般包括管理组织机构图和相应人员的姓名、执业或职业资格证明，以及主要技术和管理人员简历。

（8）拟分包项目情况表。若将部分子项工程分包给其他承包人，则需将分包工程项目、主要内容、分包项目预计造价，以及分包人名称、资质等级和法定代表人等情况纳入该表。

（9）资格审查资料。主要是投标人基本情况资料汇总、近3年财务状况、近5年完成的类似项目情况等。

（10）原件的复印件和其他材料。原件的复印件主要是投标人基本情况资料的复印件；如投标保函、承包商营业执照、企业资质等级证书、承包商投标全权代表的委托书及其姓名和地址、能确认投标人财产及经济状况的银行或金融机构的名称和地址等。

二、投标报价及其技巧

参与投标竞争是建筑企业承接工程业务的主要来源。若中标，投标报价又是合同价，其与企业的盈利空间或风险密切相关。

（一）投标报价及其重要性

1. 什么是工程投标报价

工程投标报价（tender offer/bid price），是指工程投标人决定投标，并根据工程招标文件和市场环境，分析计算工程子项单价和投标项目总价，与其他投标文件一起提交给招标人的过程。

工程投标必须有报价，且只能有一个报价。当发现招标文件存在优化空间，计划优化工程后报价，但这时仍必须按原招标文件要求编制一个报价，并进行详细说明。

2. 施工投标报价的重要性

工程投标报价对工程投标人十分重要，主要表现在下列两方面：

（1）投标报价关系到投标书是否有效。若招标文件设有控制价，当投标报价高于控制价时，则该投标文件被视为废标，即无效投标书；若投标报价过低，如被评标委员会认定低于成本价或异常报价时，则该投标文件也被视为废标。

（2）投标报价高低关系到中标可能性和中标后的获利空间。若投标人报价较高，通常中标可能性降低，但若能中标，则会获得较丰厚的利润；反之，则可提高中标可能性，但中标后，获利空间较小，甚至会面临亏损的风险。

（二）投标报价准备

针对一个特定的招标工程，影响投标人报价的因素有很多。因此，在投标报价之前，投标人需要详细研究招标文件、开展市场调查和工程现场调查、对拟分包的工程进行询价、编制工程方案等一系列准备工作。

1. 研究施工招标文件

招标人的招标文件一方面用于介绍招标项目情况,另一方面用于提出招标要求、招标规则等。因此,投标人必须研究招标文件,弄清招标项目情况、招标人的意图、招标范围、承包人的责任等与投标报价紧密相关的信息,以确保有效投标,并争取提出合理的报价。

(1)《投标人须知》分析。《投标人须知》是要求投标人了解的有关事项,包括招标工程及发包人概况、投标人必须遵守的规定和投标书所需提供的文件等。投标人获取招标文件后,就有必要对《投标人须知》中的下述内容进行重点分析:

1)资金来源。首先要弄清楚招标工程的资金来源,属政府拨款,还是招标人/发包人自有资金或是银行贷款;其次是各种资金来源的可靠性及比例,以评估招标人的付款风险。

2)投标担保。要注意招标人对投标担保形式、担保机构、担保数额和担保有效期的规定,以防止投标文件不符合这方面要求而被判为无效投标。

3)投标报价的要求。招标文件通常对投标报价中的各种价格和取费标准有不同的规定,如哪些价格用暂估价,哪些可以自报,哪些执行政府定价;工程所在地的规费有哪些,费率是多少;暂列金额是多少等。没有按照招标文件的报价要求进行报价者,特别是规费项目及其费率,投标文件有可能被判为无效。

4)投标文件的编制和提交。投标人要特别注意对投标文件的组成内容、格式、份数、密封、签名盖章等方面的要求,以防投标文件被判为无效。

5)备选方案。要注意招标文件对多方案投标的规定,有些招标文件允许投标人提出不同于招标文件所给的设计方案(即备选方案)的报价,但有些招标文件明确表示不接收其他方案。

6)评标办法及标准。投标的目标是要争取中标,这就要求投标人详细研究评标方法,采用综合评估法时,要关注各个评标因素的打分标准和权重。投标文件及投标报价必须符合评标方法及标准。

(2)合同条件分析。合同条件是招标文件的重要组成部分,内容相当丰富,投标人编制投标报价时应着重分析以下几个方面:

1)承包人的任务、工作范围和责任。报价前首先应明确承包的范围界限和责任界限,现场管理和协调方面的责任,承包人为发包人和监理人提供现场工作与生活条件方面的责任等,并将承担这些任务和责任的费用计入报价。

2)合同计价方式。不同计价方式的合同,实质上对风险进行了不同的分配，这涉及工程量风险、价格风险由谁承担的问题，投标报价需予以考虑。

3）合同付款方式及时间。对投标人/承包人而言，什么时候能够获得多少工程款，关系到资金回笼时间。这又与承包人奖金组织方案与融资成本相关。

4）工程变更和索赔的处理。合同对工程变更是如何界定的，实际工程量超出工程量清单中的估计工程量是否属于变更，单价如何调整；新增项目变更的工程量一般均按实际工程量结算，但单价如何确定；变更与索赔中的管理费、利润能否补偿等。这些问题都与报价相关。

5）工程工期。主要是看招标文件给定的合同工期是否宽裕，是否需要赶工期，这涉及人工、材料等资源的组织与安排，与工程成本相关。

6）发包人的责任与义务。主要关注两方面：一是发包人为承包人提供的工作与生活条件，如办公用房、职工宿舍等；二是发包人负责采购供应的工程材料和设备。前者可以减少承包人的支出，降低承包人的成本。后者对报价的影响较为复杂，投标人除了要考虑对发包人供应的材料、设备的配合费用外，还要考虑价格风险的减少和隐含利润的损失。

（3）工程量清单分析。主要包括工程量计算规则、工程量清单复核、工程量变更估计，以及暂列金额及计日工等问题的分析。

2. 市场询价与现场调查

投标人编制报价时，有必要掌握生产要素的市场情况、施工现场的条件，以及发包人和竞争对手的情况。

（1）市场询价。主要包括材料、设备和劳务等的询价。

（2）工程现场调查。工程现场条件不仅影响工程组织和实施方案设计，也影响工程实施成本。主要包括自然条件情况（如水文、气象自然灾害等）、交通运输和通信情况（运输方式，如公路、铁路、水运、空运等）和当地生产要素市场情况（如砂、石、砖、商品混凝土的价格和可供量，以及当地劳动力的数量、技术水平、雇用价格）等的调查，以及建设条件、发包方和竞争对手等的调查。

3. 工程分包询价

（1）分包询价的内容：投标人/潜在（总）承包人应在制定施工方案后，在确定需要分包工程范围的基础上组织询价，主要内容如下：

1）分包人的施工方法、技术措施、验收标准及方式。

2）分包人的工期及进度计划。

3）由分包人提供的主要材料的质量、品质证明资料。

4）分包工程的报价及其有效期。

5）需要（总）承包人提供的工作条件和施工配合要求。

（2）分包询价分析。在询价的基础上，从以下几方面进行分包询价分析：

1) 分包标函的完整性。分包标函是否包括分包询价要求回复的全部内容，回复的内容是否明确等。

2) 分项报价的完整性。报价的项目是否完整，各个子项单价的费用内容是否完整等。

3) 分包报价的合理性。可与（总）承包人的原报价相比较，判定其合理性。

4) 其他因素分析，如质量有无保证，主要材料的质量与品质是否符合要求，工期能否满足工程总体进度要求，有无特殊要求等。

[案例 4-5] 某投标人对招标文件研究不足而遭受较大损失

某输水渠道工程施工标，长 7.3km，投资约 2.3 亿元，施工内容包括土方开挖、防渗体填筑等子项工程。在招标文件中，招标人对防渗体土质有特别要求，并在设计图上明确标示出了 6 个取土料场位置，以及它们与输水渠道工程的相对位置、距离和每个料场的可取土地量，但在文字上没有专门说明。

某投标人在投标过程中，仅注意到了 5 个取土料场，对距离现场最远的第 6 个料场没有关注，并据此编制投标报价。后来该投标人中标了，在施工过程中发现 5 个取土料场用料不够了，要求招标人另提供料场，并提出工程变更要求。但发包人不承认该变更事项，由此承包人经济上受到较大损失。

[问题] 承包人提出的工程变更为什么不能成立？

[解析] 问题的关键是投标人没有认真研究招标文件。招标文件包括设计文件，还包括相关图纸，图纸上能明确的，不一定再用文字去说明。显然，这是投标人投标过程的失误。即使看设计图纸时漏了第 6 个料场，若投标文件做得仔细，那在编制施工组织设计时也会发现仅靠较近工程现场的 5 个料场的料是不能满足施工需要的，这样也会发现问题。按照较近的料场去计算工程成本，当然报价会低，且容易中标。但工程实施中还是要从较远的地方运料，发生较高的成本。对这些发包人是不会同意作为工程变更处理的，即不会给承包人调整工程单价或成本补偿，这是承包人应承担的风险。

(三) 投标报价编制

工程投标报价编制分为投标预算与投标报价两步。

1. 什么是工程投标预算与投标报价

(1) 投标预算是指在施工进度计划、主要施工方法、分包单位和资源安排确定之后，根据企业定额及询价结果，对完成招标项目所需费用的估计。

投标预算的编制是以合理补偿成本为原则，不考虑竞争因素，不涉及投标决策问题。其作用，一是为投标报价提供基准；二是用于评价投标报价的风险度。

（2）投标报价是指在投标预算的基础上，根据竞争对手的情况和本企业的经营目标，就投标项目向招标人提出的工程预期承包价格。若中标，投标报价则为承包工程的合同价。

有些施工企业忽视投标预算的作用，不做预算分析而直接在报价单上填报工程单价，或仅仅凭经验估计投标报价总额。这样，很容易在激烈竞争的环境下迷失方向，或者因报错价而失去了中标机会，或者因中标而陷入亏损风险的泥潭。

2. 工程投标报价影响因素

投标报价应当在投标预算的基础上进行。一个合理的投标报价，应充分考虑以下因素。

（1）招标工程范围。工程范围不仅包括工程实体的范围，还包括工作范围。因此，在理解招标工程范围时，不但要看工程量清单和施工图纸，还要看施工合同条款。

（2）目标工期、目标质量要求。投标预算一般只反映招标工程在正常工期和合格质量标准（符合国家验收标准）条件下的费用。而现在许多招标工程要求的目标工期往往小于国家颁布的工期定额，发包人对质量的要求也往往高于国家验收标准，投标报价对这些因素的影响要有所反映。

（3）建筑材料市场价格及其风险因素。材料费占工程造价的比重较大，对采用固定单价的合同，一般规定由承包人承担材料的涨价风险。此时，投标人要特别认真研究建筑材料的市场价格走势，并考虑价格风险因素。

（4）现场施工条件和施工方案。现场施工条件会影响施工成本，投标报价时要考虑其中的有利因素和不利因素。同时，投标报价要反映工程量清单的措施费用项目。

（5）招标文件的分析结果。招标文件分析的结果必须反映到投标报价中，特别是评标办法与标准、合同条款和工程量清单等方面。

（6）竞争对手及中标的迫切性。投标报价是一种竞争性决策，必须考虑竞争对手的情况，如有哪些竞争对手参加投标，竞争对手的实力、报价习惯和中标的迫切性等。

（7）本企业的经营策略。本企业针对当前招标工程的经营策略是应当考虑的因素，而企业当前任务的饱满程度、人力及设备资源利用率等都会影响企业当前的经营策略。

3. 工程投标预算价编制

（1）工程投标预算的编制依据。工程投标预算的编制依据与工程概算和施工图预算相比，差异较大，主要包括：

1）招标文件确定的工程范围。
2）招标文件提供的工程量清单。
3）招标文件中合同条件的相关规定。
4）工程所在地人工、材料和施工机械使用的市场价。
5）投标人的企业定额或相关资料数据。
6）投标人的计划利润。
7）招标文件的计价要求，如暂估价、暂列金额等。

（2）工程投标预算的费用组成。工程投标预算的费用组成由人工费、材料费、施工机具使用费、企业管理费、利润、规费和税金组成；此外，还应将招标文件列入的暂估价、暂列金额等包括在内。

（3）工程投标预算编制方法。其编制方法不尽相同，但一定要响应招标文件，即与招标文件的要求相一致。如《水利水电工程标准施工招标文件》（2009年版）中就提供了两种可供选择的、不完全相同的编制方法。

4. 工程投标报价确定

投标预算按投标人完成招标项目所需成本和拟获得的利润来确定，并没有考虑企业的经营需要和市场竞争状态；而投标报价一般要考虑企业经营状态，如中标的迫切性，市场的竞争状态，竞争对手的数量，以及有竞争能力对手的报价情况。因此，投标报价应是根据企业经营状态和市场竞争状态等方面，对投标预算适当调整而得到的一个投标项目价格的估计值。这个调整幅度一般不会很大，一般在5％以内。例如，企业当下迫切中标，则可适当调低投标预算作为投标报价，以争取中标，但也不能调到低于企业完成项目的成本价，反之，则可直接使用或适当提高投标预算，将其作为投标报价；当市场竞争激烈，且有强劲的竞争对手时，有必要适当调低投标预算作为投标报价，以争取中标，同样也不能低于成本价。

5. 填报工程量清单注意事项

不同行业，或不同招标人可能采用不同格式的工程量清单。填报工程量清单时，要仔细研究招标文件的工程量清单说明、投标报价说明；若有工程量清单报价表填写规定时，还要对其认真研究，投标人必须严格按这些说明或规定填写工程量清单。

（四）投标报价技巧

投标报价技巧是指在投标报价中采用什么手法使招标人可以接受，且中标后又能获更多的利润。这在招标人视角下是不提倡的，但在市场经济环境下，竞争过程就是如此。

（1）不平衡报价法（unbalanced bids），也称前重后轻法。它是指一个工程项目的投标报价在总价基本确定后，如何调整内部各个子项目的报价，以期既不影响总报价，又在中标后可以获得较高的经济效益。下列几种情况可考虑采用不平衡报价法：

1）能够早日完工的项目，如基础工程、土方工程等，可以报较高的单价，以利于及早收回工程款，加速资金周转；而后期工程项目，如机电设备安装、装饰等，可适当降低单价。

2）经工程量核算，估计今后工程量会增加的项目，其单价可适当提高；而工程量可能减少的项目，其单价可适当低些。

3）设计图纸内容不明确，估计修改后工程量要增加的项目，其单价可高些；而工程内容不明确的，其单价不宜提高。

4）没有工程量只填报单价的项目，如疏浚工程中的淤泥开挖，其单价宜高些，这并不影响到总价。

5）暂定项目或选择项目，若经分析，实施可能性较大者，则单价不宜报低；而实施可能性较小者，则单价不宜报高。

不平衡报价法的应用，一般要求建立在对工程量清单表中工程量仔细核实、分析的基础上。同时，对提高或降低单价也应把握好度，以免引起业主反感，甚至导致废标；一般变化幅度控制在10%左右。

（2）多方案报价法。对于某些招标文件，若要求过于苛刻，则可采用多方案报价法应对，即按原招标文件报一个价；然后再提出：若对某些条件做修改，可降低报价，即报另一个较低的价来吸引招标人。有时，投标人在研究招标文件时发现，原招标文件的设计和施工方案不尽合理，则投标人可提出更合理的新方案吸引发包人，并提出和该新方案相适应的报价，以供发包人比较。当然，一般这种新设计和施工方案的总报价要比原方案的报价低。应用多方案报价法时要注意的是，对原招标方案一定要报价，否则是废标。

（3）突然降价法。报价是一项保密的工作，但由于竞争激烈，对手往往通过各种渠道或手段来刺探情况，因此在报价时可采用一些迷惑对方的手法。如不打算参加投标，或准备报高价，流露出无利可图不计划认真投标等假象，甚至有意泄露一些假情报，以迷惑竞争对手，但到投标截止前几小时，突然前去投标，并压低报价，使对手措手不及。采用突然降价法时，一定要考虑好降价的幅度，在临近投标截止日期前，根据情报分析判断，作出正确决策。

（4）优惠条件法。在投标中能给业主一些优惠条件，如贷款、垫资、提供材料和设备等，解决业主的某些困难，有时这是投标取胜的重要因素。

（5）先亏后盈法。有的承包商为了占领某一地区的建筑市场，或对一些大型工程中的第一期工程，不计利润，只求中标。这样在后续工程或第二期工程招标时，凭借经验、临时设施及创立的信誉等因素，比较容易再次中标，并争取获利。

思 考 和 练 习 题

4-1　工程项目招标及其分类、方式与程序如何？

4-2　工程项目招标文件组成以及编制基本要求有哪些？

4-3　工程项目招标标底与控制价的概念是什么？标底与控制价有什么异同？它们分别有什么用途？

4-4　什么是工程施工招标的开标、评标和决标？

4-5　施工招标的评标方法有哪些？各有什么特点？这些方法是否能同时使用？为什么？

4-6　工程施工合同双方的义务和其他一般规定主要有哪些？

4-7　什么是工程变更、施工索赔？

4-8　工程项目投标的内涵，以及工程项目投标组织形式和程序如何？

4-9　什么是工程投标决策？工程投标决策的影响因素包括哪些？

4-10　工程投标文件包括哪些？其与工程招标文件是什么关系？

4-11　什么是工程投标报价？投标报价与招标的标底或控制价是什么关系？

4-12　如何编制工程投标报价？编制投标报价有哪些技巧？

第五章　工程项目进度管理

本章知识要点与学习要求

序号	知识要点	学习要求
1	建设工期、合同工期、计划/规定工期和项目活动的概念	掌握
2	工程项目进度计划系统的内容	熟悉
3	项目活动间逻辑关系和持续时间的设计	熟悉
4	进度计划的编制依据和程序	了解
5	用双代号网络图和时标网络图编制进度计划的方法	掌握
6	双代号网络进度计划活动时间参数的计算、关键线路	掌握
7	工程进度影响因素	了解
8	工程进度计划优化和计划评审技术	了解
9	工程进度的检查、比较方法	掌握
10	工程进度偏差分析和调整的方法	熟悉

　　工程项目进度管理（project schedule management）是指进度管理者在规定工期指导下确定项目目标/计划工期，并编制进度计划；进而在该计划实施中，分析进度偏差，查找偏差发生的原因，并采取控制措施和调整原进度计划等活动的总称。对于工程项目，其进度计划是否合理，或在进度计划实施中又能否按计划执行，或进度控制措施是否有效，这些均关到工程项目成本控制和经济效益的发挥。因此，一般认为进度管理是工程项目管理的中心任务之一。

第一节　工程项目进度及其计划系统

一、工程项目进度相关概念

1. 什么是项目进度与工期

（1）进度一般是指活动或工作进行的速度；工程项目进度，或称工程进度是指工程项目进行的速度。工程项目进度不能过慢或过快,工程进度过慢会拖延建设工期,并导致工程不能按期交付;工程进度过快,可能会增加资源供应强度,进而增加工程成本,工程质量也容易出现问题。因此,工程项目进度安排十分强调合理性。

(2) 工程项目工期是指完成工程项目或其子项目所需要的时间,常用日历天、周或月表示。

2. 什么是建设工期与合同工期

(1) 建设工期是指工程项目或单项工程从正式开工到全部建成投产或交付使用所经历的时间。建设工期一般按日历月计算,有明确的起止年月,并在建设项目的可行性研究报告中有具体规定。建设工期是具体安排建设计划的依据。

(2) 合同工期是指完成合同范围工程项目所经历的时间。它的开始计算日期为承包人接到监理工程师开工通知令的这一天。监理工程师发布开工通知令的日期和工程竣工日期在投标书附件中一般均有详细规定,但合同工期除了该规定的天数外,还应计及因工程内容或工程量的变化、自然条件不利的变化、业主违约及应由业主承担的风险等不属于承包人责任事件的发生,且经过监理工程师发布变更指令或批准承包人的工期索赔要求,而允许延长的天数。

3. 什么是规定工期与计划工期

(1) 规定工期 (T_S) 是指工程项目可行性研究报告或初步设计文件所确定的、要求完成该项目的时间,或承包合同规定的、要求承包人完成该合同项目的时间。建设工期、合同工期是规定工期,上一级项目进度计划确定的某子项目(或活动)的计划工期,对该子项目的进度计划编制者而言,也应将其视为规定工期,并作为编制该子项目进度计划的依据。

(2) 计划工期 (T_P) 也称目标工期,其是指进度计划编制者,在规定工期的约束下,根据工程项目的特点,以及经济性和安全性等方面要求而确定的计划完成该项目所需要的时间。例如,编制工程项目总进度计划时,一般根据项目可行性研究报告或初步设计文件确定的建设工期,确定工程项目总进度计划工期,并要求工程总进度计划工期小于或等于规定工期;承包人在编制合同工程进度计划时,一般根据承包合同规定的工期,确定完成该合同项目的计划工期,并要求合同工程计划工期小于或等于合同规定工期。

4. 什么是计算工期

计算工期 (T_C) 是指工程项目计划者在计划工期指导下,对项目进行分解、设计各子项目(或活动)的实施方案,包括资源配置、子项目之间逻辑关系,以及估算完成每个子项目所需时间,然后借助一定的分析计算工具,确定完成该项目所需要的时间。一般要求计算工期小于或等于计划工期,反之,项目的进度或工期目标就不能实现。

二、进度计划系统

建设工程项目进度计划系统是由多个相互关联的进度计划组成的系统,它是项目进度控制的依据。由于各种进度计划编制所需要的必要资料是在项目进展过程中逐步形成的,因此项目进度计划系统的建立和完善也有一个过程,它是逐步形成的。

(1) 由不同项目参与方的计划构成进度计划系统,包括:

1) 业主方编制的整个项目实施的进度计划,包括各类控制性进度计划、总进度计划。

2) 设计方进度计划。

3) 施工方和设备安装制造方进度计划。

4) 采购和供货方进度计划等。

(2) 由不同深度的计划构成进度计划系统,包括:

1) 工程项目总进度计划。

2) 项目子系统进度计划。

3) 项目子系统中的单位工程、分部工程等进度计划等。

(3) 由不同功能的计划构成进度计划系统,包括:

1) 工程项目控制性进度计划。

2) 工程项目实施性进度计划等。

(4) 由不同周期的计划构成进度计划系统,包括:

1) 长期进度计划。

2) 短期进度计划,包括年度、季度、月度和旬计划等。

在建设工程项目进度计划系统中,各进度计划或各子系统进度计划在编制和调整时必须注意其相互间的联系和协调。

第二节 工程项目活动分析设计

工程项目活动(activity),亦称工作、工序或子项目,是指为完成工程项目而必须进行的具体工作。活动是工程项目进度管理的基本单元,在进度管理中,一般首先要设计项目活动的 3 个属性:范围、逻辑关系和持续时间。设计活动范围,并赋以适当编号,以区分不同的活动,确定进度管理的基本单元;设计逻辑关系,以明确活动之间的相互联系;设计资源供应计划,以估计活动持续时间。

一、活动范围设计

1. 活动范围设计的依据

活动范围主要是依据工程项目的结构、工程施工的特性和管理上的需要来设计,具体应包括:

(1) 已有的工程项目分解规定。根据工程项目的特性可将其分解为单项工程、单位工程、分部工程和分项工程。这样的分解在建筑、水利水电等行业都已做了一些规定,可将这样的分解视为是工程项目活动范围设计的基础。

(2) 工程施工方案和管理的要求。在工程项目分解到分项工程后,可根据施工的特点和管理上的要求,再作进一步的详细分解,得到进度管理的基本单元,即工程项目活动。活动的范围可大可小。例如,可将混凝土拌制、混凝土运输、混凝土浇筑和混凝土养护各设计为一项活动,也可将这4项活动综合设计为一项混凝土工程。当然,在一些较为宏观的进度计划中,有时也将一个分项工程定义为一项活动。

2. 活动范围表示

活动范围设计完成后,可将工程项目分解为从粗到细、分层的树状结构,并用表的形式表达出来,从而形成施工项目活动清单(activity list)。

[案例 5-1] 某工程工厂车间施工项目活动分解

某工厂车间,根据其结构特点,将其分解为10个施工活动/子项,并按各活动施工工艺关系逻辑进行排列,进而形成各活动/子项清单表(见表 5-1)。

表 5-1 某工程安装间施工项目活动清单

活动代码	活动名称	紧前活动	单位	工程量	持续时间/d
a	柱体浇筑高程 923.48m	—	m³	4000.0	90
b	钢梁、预制桥机轨道梁及轨道安装	a	项	1	15
c	2号桥机安装调试运行开到1号机组	b	项	1	45
d	柱体浇筑高程 923.48~929.00m	b	m³	290.0	60
e	墙体砌筑	a	m³	450.0	90
f	网架施工	d	项	1	45
g	1号桥机安装调试运行	f	项	1	45
h	屋面板铺设	f	项	1	30
i	屋顶女儿墙高程 933.35m	$FTS_{hi}=60d$	m³	62.6	30
j	屋面防水	i	项	1	30

注 FTS_{hi} 为活动 h 结束时间与活动 i 开始时间的间隔。

二、活动逻辑关系设计

为方便工程项目进度管理,有必要设计项目活动间的逻辑关系,然后借助于一定的工具来描述这种逻辑关系,以便进一步对工程进度作分析。

1. 活动逻辑关系描述

活动逻辑关系(activity logical relations)是指活动之间开始投入工作或完成工作的先后关系,其常由活动的工艺关系和组织关系决定。

(1) 工艺关系(process relation)。活动之间的先后关系由活动的工艺决定的称为工艺关系。某基础工程关系如图5-1所示。在图5-1中,槽1→垫1→基1→填1为工艺关系。

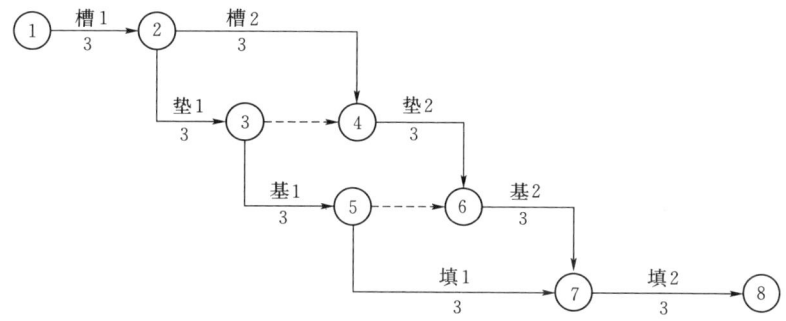

图5-1 某基础工程关系示例图

(2) 组织关系(organizational relation)。活动之间的先后关系由组织活动的需要(如人力、材料、施工机械调配的需要)决定的称为组织关系。在图5-1中,槽1→槽2、垫1→垫2等为组织关系。

2. 活动逻辑关系的表现形式

活动逻辑关系一般可表达为平行关系、顺序关系和搭接关系3种形式,如图5-2所示。在这3种关系中,搭接关系是最基本的,平行关系和顺序关系可视为其特例。

三、活动持续时间分析

工程项目活动持续时间,与设计工程项目范围和逻辑关系不同,它是在工程项目范围确定的基础上,首先在计划工期指导下,根据经验初步估计各活动持续时间;其次估计完成项目所投入的各种资源的品种、数量;最后根据各活动工作量、资源品种和供应强度分析计算活动持续时间。有时这一过程需反复进行,直到其不仅满足计划工期要求,而且各活动资源配置经济合理。

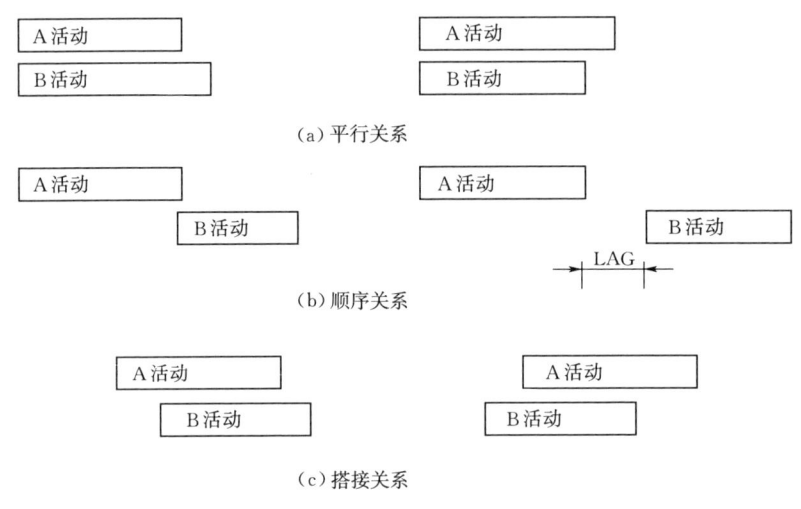

图 5-2 活动逻辑关系一般形式示意图
(注：LAG 为 A 活动与 B 活动间的时间间隔。)

1. 项目活动时间分析的依据

活动持续时间估算的依据一般包括：

（1）项目活动清单。

（2）资源配置（resource requirements）。资源包括人力、材料、施工机械和资金等，大多数情况下，活动持续时间受到资源分配的影响。

（3）资源效率（resource capabilities）。大多数活动持续时间受到所配置资源的效率的影响。例如，熟练工完成某项活动的时间一般要比普通工少。

2. 项目活动持续时间分析的途径和方法

（1）项目活动持续时间 t_{i-j} 估计的途径可采用下列 3 条，或者是他们的组合。

1）利用历史数据（historical results）。历史数据包括工程定额（quota）、项目档案（project files）、规程规范，以及企业所积累的一些数据。

2）专家判断估计（expert judgment/estimating）。影响活动持续时间的因素很多，对其的估计也有一定的难度。因此，可请专家提供帮助，由他们根据历史资料和积累的经验进行估计。

3）类比估计（analogous estimating）。类似的活动常会有类似的持续时间，因此，可利用类比法进行估计。

（2）项目活动持续时间估算的方法分为：

1）经验估计法。根据类似工程的经验数据，结合现场的施工条件、资源供应情况，估计出项目活动的持续时间。

2) 单时分析法 (single-time-estimate)。其是在选定施工定额、预算定额、施工方法、投入的劳动力、施工机具设备和其他资源的基础上，估算出项目活动一个肯定的时间的一种方法。估算公式如下：

$$t_{i-j} = \frac{Q}{SRN} \quad (5-1)$$

式中　　t_{i-j} ——完成活动 i—j 的持续时间；
　　　　Q ——活动的工作量；
　　　　S ——产量定额；
　　　　R ——投入活动 i—j 的人数或施工机械台班；
　　　　N ——工作的班次。

单时分析法，一般适用于影响活动的因素少、影响程度比较确定，并且具有相当量的历史资料的情况。

3) 三时分析法 (three-time-estimate)。当各活动的影响因素较多，其不确定性较大，且又缺乏时间消耗的历史资料时，就难估算出一个肯定的单一的时间值，而只能由概率理论，估算在一定资源投入条件下，项目活动持续时间的期望值 (expectation) 和方差 (variance)。三时分析法首先估算出下列 3 个时间值：

最乐观时间 (most optimistic time) a；
最可能时间 (most probable time) m；
最悲观时间 (most pessimistic time) b。

然后，假设项目活动持续时间服从 β 分布，并用下列公式估算项目活动 i—j 持续时间 t_{i-j} 的期望值 D_{i-j} 和方差 σ^2_{i-j}。

$$D_{i-j} = \frac{a + 4m + b}{6} \quad (5-2)$$

$$\sigma^2_{i-j} = \left(\frac{b-a}{6}\right)^2 \quad (5-3)$$

第三节　工程项目进度计划

一、进度计划及其编制依据

1. 进度计划

工程项目进度计划是在项目分解结构或工作分解结构的基础上，对项目活动做出的一系列时间先后的安排。工程进度计划除描述项目活动预计开始和完成的时间以及工程项目的预期工期外，同时还可以：

（1）引导项目其他类型的计划工作。

(2) 协调资源。

(3) 使资源在需要时可以被利用。

(4) 预测在不同时间上所需的资金和资源的级别以便赋予项目不同的优先级。

(5) 满足严格的完工时间约束。

进度问题在项目生命期中引起的冲突最多。在项目管理中对进度的考虑一般要优于对费用的考虑，因而进度计划在项目管理中非常重要，是成功实现项目目标的关键。

2. 进度计划编制依据

不同类型的施工进度计划，其依据稍有差别。编制施工进度计划，常应以下列信息为依据。

(1) 施工承包合同。施工承包合同中有关工期、质量、资金的要求是确定施工进度计划的基本依据。

(2) 设计文件及施工详图供图速度。设计文件明确了工程规模、结构形式及具体的要求，是编制进度的依据。此外，施工详图是施工的依据，施工详图的供图速度必须与施工进度计划相适应。

(3) 施工方案。施工方案设计与施工进度计划编制是相互影响的，施工方案设计应考虑到施工进度的要求；而编制施工进度计划又应考虑到施工方法、施工机械的选择等因素的影响。

(4) 有关法规、技术规范或标准。例如，施工技术规范、施工定额等。

(5) 施工企业的生产经营计划。一般施工进度计划应服从施工企业经营方针的指导，满足生产经营计划的要求。

(6) 承包人的管理水平和设备状况。包括承包人及分包商的项目管理水平、人员素质与技术水平、施工机械的配套与管理等资料。

(7) 有关施工条件。包括：①施工现场的气象、水文、地质情况；②建设地区建筑材料、劳动力供应情况；③供水、供电的方式及能力等状况；④工地场内外交通状况；⑤征地、拆迁及移民安置情况；⑥业主、监理工程师和设计单位管理项目的方法和措施。

二、进度计划编制方法

工程项目进度计划的表示方法有很多，常用的有横道图、网络图、文字说明、S形曲线和形象进度图等。本章重点介绍横道图、网络图。

(一) 横道图法

横道图又称甘特图（Gantt chart），由美国人甘特于1917年提出。由于其直观、易于编制和理解，因而被广泛用于工程项目进度计划与控制中。

横道图表示进度计划,一般包括两个部分,即左侧的数据区域(主要有工作名称、持续时间、单位、工程量等)和右侧的横道线区域。图5-3即为用横道图表示的某桥梁工程的施工进度计划。该计划图明确显示了工程项目的划分、活动的开工时间和完工时间、持续时间以及项目的工期等信息。

序号	工作名称	持续时间/d	进度/d									
			5	10	15	20	25	30	35	40	45	50	55
1	施工准备	5											
2	预制梁	20											
3	运输梁	2											
4	东侧桥台基础	10											
5	东侧桥台	8											
6	东桥台后填土	5											
7	西侧桥台基础	25											
8	西侧桥台	8											
9	西桥台后填土	5											
10	架梁	7											
11	与路基连接	5											

图5-3 用横道图表示的某桥梁工程的施工进度计划

利用横道图编制工程项目进度计划,存在以下缺点:

(1)不能明确表达出活动之间的逻辑关系。在计划执行过程中,当某项活动的进度提前或拖延时,横道图不便于分析这种提前或拖后对后续活动和项目工期的影响。

(2)不能明确反映出项目的关键活动和关键线路,因而不便于进度控制人员抓住影响工期的主要矛盾。

(3)不便于进行工期、资源和费用优化。

鉴于上述不足,横道图一般适用于简单、粗略的进度计划编制,或作为网络计划分析结果的输出形式。

(二)网络图法

网络计划技术的种类很多,以每项活动的持续时间和逻辑关系划分,可归纳为4种不同类型:

(1)针对活动持续时间肯定和逻辑关系肯定的关键线路法(Critical Path Method,CPM)。

(2) 针对活动持续时间非肯定和逻辑关系肯定的计划评审技术（Program Evaluation and Review Technique，PERT）。

(3) 针对活动持续时间肯定和逻辑关系非肯定的决策关键线路法。

(4) 针对活动持续时间非肯定和逻辑关系非肯定的图示评审技术、随机网络计划技术、风险型随机网络。

其中，CPM在工程项目中应用最广泛，而CPM中又有两种常用的工具：双代号网络图（activity-on-arrow network）和单代号网络图（activity-on-node network）。下面主要介绍双代号网络图及其衍生图——双代号时标网络图。

（三）双代号网络图

双代号网络图又称箭线式网络图，它是以箭线或其两端节点的编号表示活动的网络图。在双代号网络图中，每一条箭线表示一项活动，如图5-4所示。箭线的箭尾节点表示该活动的开始，箭线的箭头节点表示该活动的结束。在非时标网络图中，箭线的长度不反映活动持续时间的长短。箭线宜画成水平直线，也可画成折线或斜线。水平直线投影的方向应自左向右，表示活动的进行方向。双代号网络图的节点应用圆圈表示，并在圆圈内编号。节点编号顺序应从小到大，可不连续，但严禁重复。

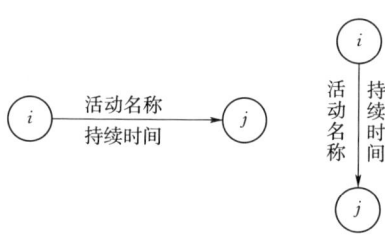

图5-4 活动表示图

1. 双代号网络图三要素

（1）活动。在双代号网络图中一项活动用一条箭线和两个圆圈表示，如图5-4所示。活动名称写在箭线上面，活动的持续时间写在箭线下面；箭尾表示活动的开始，箭头表示活动的结束；圆圈中的两代码也可用以代表活动的名称。在图5-5中的挖土、打桩等活动均用箭线表示。在无时间坐标的网络图中，箭线的长度与完成活动持续时间无关。箭线一般画成直线，也可画成折线或曲线。双代号网络图中的活动分两类：一类是既需消耗时间，又需消耗资源的活动，例如，图5-5中的挖土、打桩；另一类是既不消耗时间，也不需要消耗资源的活动，称为虚活动（dummy activity）。虚活动是为了反映各活动间的逻辑关系而引入的，并用虚箭线表示。如图5-5中，在打桩紧前就有一虚箭线，其表示要在挖土和桩预制及养护均完成后，才能开始打桩。

（2）节点（node），又称事项或事件（event）。它表示一项活动的开始或结束的瞬间，起承上启下的衔接作用，而不需要消耗时间或资源。节点在网络图中一般用圆圈表示，并赋以编号，如图5-5所示。箭线出发的节点称为开

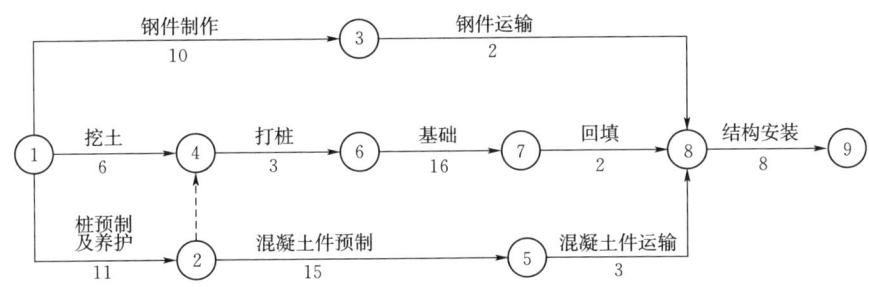

图 5-5 双代号网络图

始节点,箭线进入的节点称为结束节点。在一个网络图中,除整个网络计划的起始节点和终止节点外,其余任何一个节点均有双重作用,既是前面活动的结束节点,又是后面活动的开始节点。

(3) 线路 (path),又称路线。从网络图的起始节点出发,沿箭线方向连续不断地通过一系列节点和箭线,到达网络图的终止节点有若干条通路,这每一条通路都称为一条线路。线路上各活动持续时间之和称为该线路持续时间。网络图中线路持续时间最长的线路称为关键线路 (critical path)。关键线路的持续时间称进度网络计算工期。同时,位于关键线路上的活动称为关键活动 (critical activity)。

2. 双代号网络图的绘制规则

在绘制双代号网络图时,一般应遵循以下基本规则:

(1) 双代号网络图必须正确表达已定的逻辑关系。

(2) 双代号网络图中,严禁出现循环回路。

(3) 双代号网络图中,在节点之间严禁出现带双向箭头或无箭头的连线。图 5-6 中的活动 2—4 和 4—5 的表示是错误的。

(4) 双代号网络图中,严禁出现没有箭头节点或没有箭尾节点的箭线。图 5-7 中,(a) 图出现了没有箭尾节点的箭线;(b) 图中出现了没有箭头节点的箭线,都是不允许的。没有箭头节点的箭线,不能表示它所代表的活动在何处完成;没有箭尾节点的箭线,不能表示它所代表的活动在何时开始。

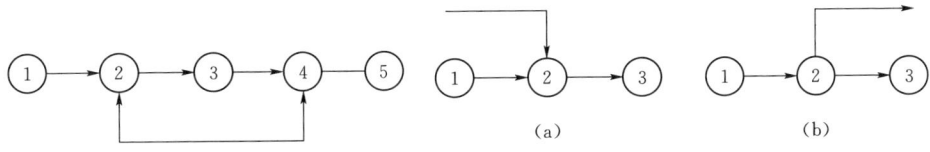

图 5-6 活动箭线的错误画法   图 5-7 双代号网络图错误的画法

(5) 绘制网络图时,箭线不宜交叉;当交叉不可避免时,可用过桥法或指向法。图 5-8 中,(a) 为过桥法,(b) 为指向法。

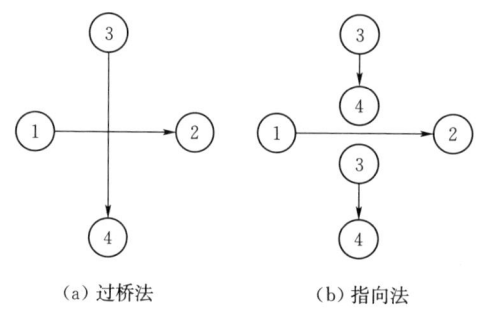

(a) 过桥法　　　　(b) 指向法

图 5-8　双代号网络图箭线交叉的表示方法

(6) 双代号网络图中应只有一个起始节点和一个终点节点，而其他所有节点均应是中间节点，即既有箭头指向它，也有箭尾离开它。

(7) 一条箭线箭头节点的编号应大于箭尾节点的编号。编号时号码应当从小到大，箭头节点编号必须在其前面的所有箭尾节点都已编号之后进行。图 5-9 (a) 为正确编号，图 5-9 (b) 为错误编号。

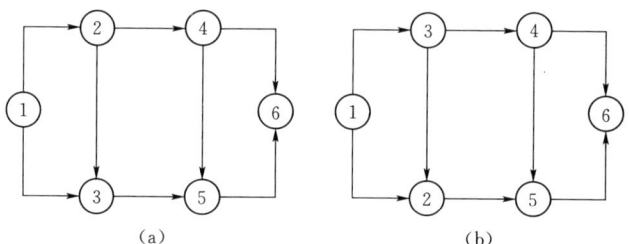

图 5-9　网络图的节点的编号

3. 活动时间参数的计算

网络计划中每项活动有 6 个时间参数：最早开始时间（ES_{i-j}）、最早完成时间（EF_{i-j}）、自由时差（FF_{i-j}）、最迟完成时间（LF_{i-j}）、最迟开始时间（LS_{i-j}）和总时差（TF_{i-j}）。分析计算这 6 个时间参数的一般条件为：已知活动的持续时间 t_{i-j} 和计划/目标工期 T_P。

(1) 计算活动的最早时间。活动的最早时间包括最早开工时间 ES_{i-j} 和最早完工时间 EF_{i-j}。最早开工时间是指某活动有可能开始的最早的时刻；最早完工时间是指某活动有可能完成的最早时刻。对于任一活动，应首先计算活动的最早开工时间，然后再计算活动的最早完工时间。活动的最早时间的计算应从网络计划的起始节点开始，顺着箭线方向依次进行。其计算步骤如下：

1) 以网络计划起始节点（$i=1$）为开始节点的活动，当未规定其最早开始时间时，一般假设其最早开始时间为零，即 $ES_{i-j}=0$。

2) 其他活动的最早开始时间 ES_{i-j} 应等于其紧前活动最早开始时间 ES_{h-i} 与紧前活动持续时间 t_{h-i} 之和的最大值，即

$$ES_{i-j} = \max\{EF_{h-i}\} = \max\{ES_{h-i} + t_{h-i}\} \quad (h < i < j) \quad (5-4)$$

3) 活动的最早完成时间 EF_{i-j} 按式（5-3）进行计算：

$$EF_{i-j} = ES_{i-j} + t_{i-j} \quad (5-5)$$

对于双代号网络图中终节点 n，与其相连活动的最早完成时间 EF_{i-n} 的最大值，显然是完成整个项目所需要的时间，这就是上文定义的计算工期 T_C，因此可得到下列公式：

$$T_C = \max\{EF_{j-n}\} \tag{5-6}$$

（2）计算活动的自由时差 FF_{i-j}。某活动的自由时差是指在不影响其紧后活动最早开始时间的前提下，该活动可以利用的最大的机动时间。活动自由时差 FF_{i-j} 的计算应按以下两种情况分别考虑：

1）对于有紧后活动的活动，其自由时差等于本活动之紧后活动最早开始时间减本活动最早完成时间所得之差的最小值，即

$$FF_{i-j} = \min\{ES_{j-k} - EF_{i-j}\} \quad (i<j<k) \tag{5-7}$$

或

$$FF_{i-j} = \min\{ES_{j-k} - ES_{i-j} - t_{i-j}\} \quad (i<j<k) \tag{5-8}$$

2）对网络终节点相连的活动，式（5-7）和式（5-8）就不适用了。但可以假设后面有项活动，其最早开始时间应是终节点相连活动的最早完成时间的最大值，即 $\max\{EF_{j-n}\}$，进一步根据式（5-6），可得与网络终节点相连活动自由时差的计算公式：

$$FF_{j-n} = T_C - EF_{j-n} \tag{5-9}$$

（3）计算活动的最迟时间。活动的最迟时间包括最迟开始时间 LS_{i-j} 和最迟完成时间 LF_{i-j}，它们均是指在计划工期 T_P 的约束下活动必须最迟开始和最迟完成的时刻。显然，在计算程序上，必须先算最迟完成时间 LF_{i-j}，并从终节点，即从最后一个节点开始。具体计算步骤如下：

1）以网络进度计划终节点 n 为完成节点的活动，其最迟完成时间 LF_{j-n} 等于网络计划的计划工期，即

$$LF_{j-n} = T_P \quad (j<n) \tag{5-10}$$

2）其他活动的最迟完成时间 LF_{i-j}。应等于其紧后活动最迟完成时间与其紧后活动持续时间之差的最小值，即

$$LF_{i-j} = \min\{LS_{j-k}\} = \min\{LF_{j-k} - t_{j-k}\} \quad (i<j<k<n) \tag{5-11}$$

3）活动的最迟开始时间 LS_{i-j}，显然是其最迟完成时间 LF_{i-j} 减其自身的持续时间 t_{i-j}，即

$$LS_{i-j} = LF_{i-j} - t_{i-j} \tag{5-12}$$

（4）计算活动的总时差 TF_{i-j}。活动的总时差是指在不影响计划工期的前提下，其可以利用的最大的机动时间。TF_{i-j} 等于该活动最迟完成时间与最早完成时间之差，或该活动最迟开始时间与最早开始时间之差，即

$$TF_{i-j} = LF_{i-j} - EF_{i-j} = LS_{i-j} - ES_{i-j} \tag{5-13}$$

图 5-10 将活动时间参数的计算结果和关键线路标注在图上，这称六时标注分析法，简称六时标注法。

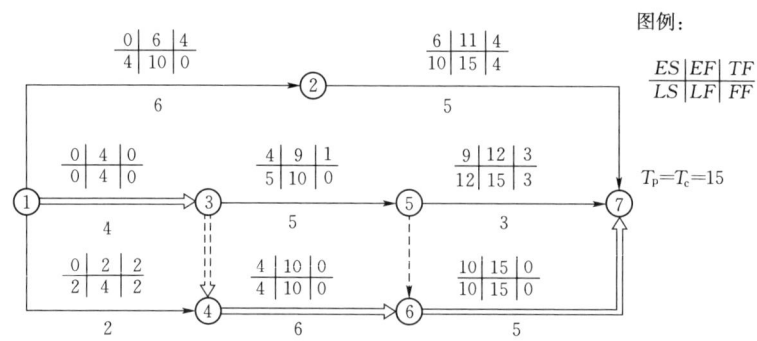

图 5-10 图上作业法计算网络时间参数示例

4. 关键线路和关键活动的确定

（1）关键线路。在网络计划中，从始节点开始，沿箭头方向至终节点，可能存在多条线路，将每条线路上活动的持续时间累加，其最长的这条线路称为关键线路。

（2）关键活动。在网络计划中，关键线路上的活动称为关键活动。关键线路和关键活动在网络图上一般用粗线或双线或彩色线标注其箭线。

（3）确定关键活动。当网络计划图中活动较多时，根据定义去确定关键活动是困难的。而借助总时差这一活动的时间参数去确定关键活动则十分简单。原理为关键活动的总时差最小，特别地，当网络计划的计算工期等于计划工期时，总时差为零的活动即关键活动。因而，在网络计划图中找出总时差最小的活动，即就找到了关键活动。

（4）确定关键线路。将关键活动首尾相连，即得关键线路。在一个网络计划图中，可能存在多条关键线路。

（四）双代号时标网络图

1. 双代号时标网络图

双代号时标网络法（time-coordinate network，或 time scale network），简称时标网络，是以时间坐标为尺度表示活动的进度网络，如图 5-11 所示。双代号时标网络将双代号网络图和横道图结合了起来，既可表示活动的逻辑关系，又表示活动的持续时间。

双代号时标网络图绘制在时标计划表上。时标计划表的时间单位可根据需要在编制时标网络计划之前确定，可以是小时、天、周、旬、月或季等。时间可标注在时标计划表顶部，也可以标注在底部，必要时还可以在顶部和底部同时标注。

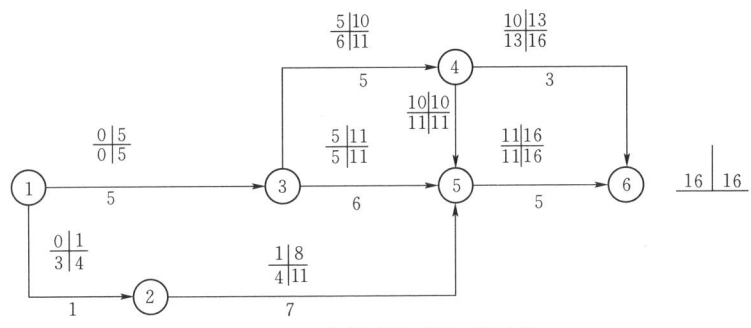

图 5-11 时标网络图

在时标网络计划中,以实箭线表示活动,实箭线的水平投影长度表示活动的持续时间;以虚箭线表示虚活动;以波形线表示自由时差。

2. 时标网络计划的特点

时标网络计划与一般网络计划相比,有以下特点:

(1) 主要时间参数一目了然,只有图上没有直接表示出来的时间参数才需要进行计算。故使用时标网络计划可大大节省计算量。

(2) 由于箭线的长短受时标的制约,故绘图比较麻烦,另外修改活动持续时间必须重新绘图。

3. 时标网络计划的用途

由于时标网络计划具有上述优点,故时标网络计划在我国应用面较广。时标网络计划主要适用于以下几种情况:

(1) 活动少、工艺过程较为简单的工程项目进度计划,能边绘制、边计算和边调整。

(2) 初始网络计划的优化可在时标网络图上进行。

(3) 用前锋线法评价进度状态时,也使用时标网络计划。这将在本章第四节介绍。

4. 时标网络图的绘制

(1) 画出具有活动时间参数的双代号网络图。

(2) 在时标表上，按最早开始时间确定每项活动的开始节点位置。

(3) 按各活动持续时间长度绘制相应活动的实线部分，使其水平投影长度等于活动持续时间。

(4) 用波形线（或者虚线）把实线部分与其紧后活动的开始节点连接起来，以表示自由时差。

5. 关键线路和时间参数分析

(1) 确定关键线路。从终节点到始节点观察，凡是不出现波形线的通路，即为关键线路。

(2) 确定计算工期。终节点与始节点所在位置的时间差值为计算工期。

(3) 计算活动最早时间。每个箭尾中心所对应的时标值代表最早开始时间；没有自由时差的活动的最早完成时间是其箭头节点中心所对应的时标值；有自由时差的活动的最早完成时间是其箭头实线部分的右端所对应的时标值。

(4) 计算活动自由时差。活动自由时差是其波形线（或虚线）在横坐标轴上水平投影的长度。

(5) 计算总时差。时标网络计划中，活动总时差应自右而左进行逐个计算。一项活动只有其紧后活动的总时差值全部计算出以后才能计算出其总时差值。活动总时差等于其诸紧后任一活动总时差与本活动自由时差之和的最小值。其计算公式是：

1) 以终点节点（$j=n$）为完成节点活动的总时差 TF_{i-n} 按网络计划的计划工期 T_P 计算确定，即

$$TF_{i-n} = T_P - EF_{i-n} \qquad (5-14)$$

2) 其他活动的总时差 TF_{i-j} 应为

$$TF_{i-j} = \min(TF_{j-k} + FF_{i-j}) \quad (i<j<k) \qquad (5-15)$$

TF_{i-j} 计算完成后，如果有必要，可将其标注在相应的波形线或实箭线之上。

(6) 计算活动最迟时间。由于已知最早开始时间 ES_{i-j} 和最早结束时间 EF_{i-j}，又知道了活动总时差 TF_{i-j}，故其活动最迟时间可用以下公式计算：

$$LS_{i-j} = ES_{i-j} + TF_{i-j} \qquad (5-16)$$

$$LF_{i-j} = EF_{i-j} + TF_{i-j} \qquad (5-17)$$

[案例 5-2] 时标网络计划时间的计算

某工程时标网络计划如图 5-12 所示，计划工期 15d。计算时标网络

计划的时间参数。

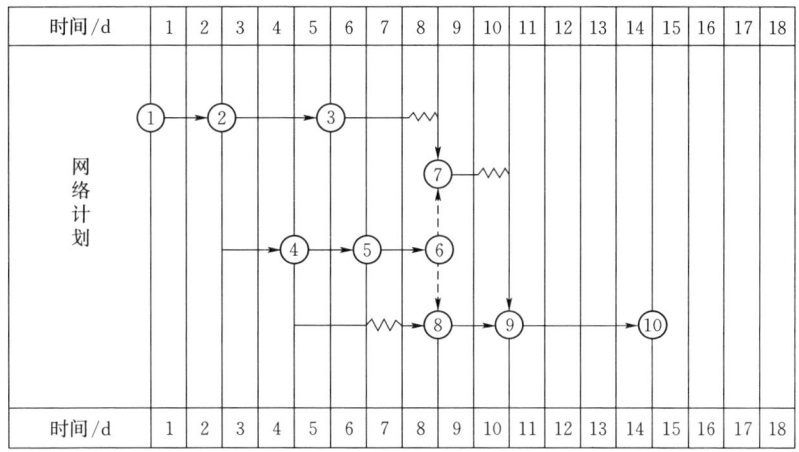

图 5-12 时标网络计划

(1) 计算工期 T_C 的确定。网络计划的计算工期等于终点节点 10 与起点节点 1 所在位置的时标值之差，即 $T_C=14-0=14(d)$。

(2) 最早可能时间 ES 和 EF 的确定。时标网络计划中，每条箭线/活动开始节点对应的时标值代表活动的最早开始时间，实线部分右端或完成节点对应的时标值代表活动的最早完成时间。如图 5-12 中，活动 3—7 的最早开始时间为第 5 天（后），最早完成时间为第 7 天（末）；活动 4—5 的最早开始时间为第 4 天，最早完成时间为第 6 天。

(3) 活动自由时差 FF 的确定。活动自由时差等于其箭线上波形线的水平长度值。如图 5-12 中，活动 3—7 的自由时差为 1 天。

(4) 活动总时差 TF 的确定。总时差应自右向左逐项活动计算。例如，图 5-12 中，活动 9—10 的总时差按公式（5-14）计算为：$TF_{9-10}=T_P-EF_{9-10}=15-14=1(d)$；活动 8—9 的总时差按公式（5-15）计算为：$TF_{8-9}=\min(1+0)=1(d)$；同样得活动 7—9 的总时差：$TF_{7-9}=\min(1+1)=2(d)$。依此类推，可计算出全部活动的总时差。

(5) 最迟必须 LS 和 LF 时间的确定。按式（5-16）和式（5-17）计算。例如，$LS_{9-10}=ES_{9-10}+TF_{9-10}=10+1=11(d)$，$LF_{9-10}=EF_{9-10}+TF_{9-10}=14+1=15(d)$，同样可得，$LS_{8-9}=ES_{8-9}+TF_{8-9}=8+1=9(d)$，$LF_{8-9}=EF_{8-9}+TF_{8-9}=10+1=11(d)$。依此类推，可计算出全部活动的最迟必须开始时间和最迟必须完成时间。

(6) 关键线路的确定。图 5-12 中，1—2—4—5—6—8—9—10 或 1—2—4—5—8—9—10 线路自始至终不出现波形线，为关键线路。

三、进度计划编制程序

当应用网络计划编制项目进度计划时,其编制程序包括4个阶段10个步骤,见表5-2。

表5-2　　　　　　　　　　工程项目进度编制程序

编制阶段	编制步骤
1. 计划准备阶段	(1) 调查研究,收集相关资料; (2) 确定工期目标,即进度计划工期
2. 绘制网络图阶段	(1) 进行项目分解,确定活动范围; (2) 分析活动逻辑关系; (3) 绘制网络图
3. 计算活动时间参数及确定关键线路阶段	(1) 设计活动资源配置,计算活动持续时间; (2) 计算网络计划时间参数; (3) 确定关键线路和关键工期
4. 网络计划优化阶段	(1) 优化网络计划; (2) 整理优化后网络计划

1. 计划准备阶段

(1) 调查研究,收集相关资料。调查研究的目的是掌握充分、准确的资料,从而为确定合理的进度计划工期、编制科学的进度计划提供可靠的依据。调查的内容包括:项目可行性研究报告、初步设计相关文件或工程合同,以及设计资料、有关标准和定额、资源需求和供应情况、有关历史和统计资料等。

(2) 确定工期目标。工期目标是指有关主管部门要求的工期或合同中规定的工期。工期目标的确定应以设计和施工工期定额为依据,同时充分考虑项目的难易程度、现场的施工条件、资源和成本的约束等。

2. 绘制网络图阶段

(1) 项目分解,确定活动范围。将项目由粗到细分解是编制计划的前提。对于控制性计划,项目分解应粗一些;对于实施性计划,项目分解应细一些。

(2) 分析活动逻辑关系。分析活动之间的逻辑关系时,既要考虑工艺上的关系,又要考虑组织安排和资源调配的需要。对于施工进度计划而言,安排逻辑关系的主要依据有施工方案、资源供应情况以及施工经验等。

(3) 绘制网络图。根据已确定的逻辑关系按网络图的绘制规则绘制网络图。根据需要和习惯,既可绘制双代号网络图,又可绘制单代号网络图。

3. 计算活动时间参数及确定关键线路阶段和网络计划优化阶段

活动时间参数的计算和网络计划的优化具体见下面有关内容。

四、进度计划优化与评审

1. 进度计划优化

网络计划的优化是指在满足既定约束条件下,按选定目标,通过不断改进网络计划寻求满意方案的过程。网络计划的优化目标,应按计划任务的需要和条件选定,包括工期优化、费用优化、资源优化。

(1) 工期优化。工期优化是指当计算工期不满足规定工期时,通过压缩关键活动的持续时间满足工期要求的过程。在优化过程中,不能改变各项活动之间的逻辑关系,不能将关键活动压缩成非关键活动。此外,在优化过程中当出现多条关键线路时,必须将各条关键线路的持续时间压缩成相同的数值。

(2) 费用优化。又称工期成本优化,是指寻求工程总成本最低时的工期安排,或按要求工期寻求最低成本的计划安排的过程。

工程的总成本是由直接费和间接费组成的,而直接费是由人工费、材料费、机械使用费、其他直接费及现场经费等组成,间接费包括施工组织管理的全部费用。一般来说,直接费会随着工期的缩短而增加,间接费会随着工期的缩短而减少,故两者叠加,必有一个总成本最低所对应的工期,这就是费用优化所要寻求的目标。工期 T 与工程费用 C 的关系如图 5-13 所示。

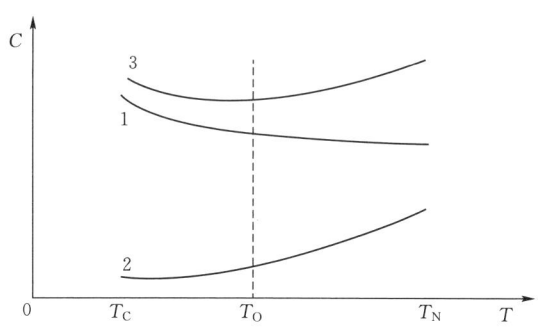

图 5-13 工期-费用曲线
1—直接费;2—间接费;3—总费用;
T_C—最短工期;T_N—正常工期;T_O—最优工期

(3) 资源优化。资源是指为完成一项计划任务所需投入的人力、材料、施工设备和资金等。完成一项工程任务所需要的资源量基本是不变的,不会通过资源优化将其减少。资源优化的目的是通过改变活动的开始时间和完成时间,使资源按照时间的分布符合优化目标。

在通常情况下,网络计划的资源优化分为两种,即"资源有限,工期最短"的优化和"工期固定,资源均衡"的优化。前者是通过调整计划安排,在满足资源限制条件下,使工期的延长值达到最少的过程;而后者是通过调整计划安排,在工期保持不变的条件下,使资源需用量尽可能均衡的过程。

2. 进度计划评审

(1) 计划评审技术(PERT)主要假定。PERT 是一种常用的活动逻辑关系肯定而活动历时非肯定型的网络计划技术。其主要假定包括:

1) 每项活动是随机独立的,且服从正态分布。

2) 在这种网络图中,仅有一条线路占主导地位。

3) 在这种网络图中,关键线路持续时间服从正态分布。

(2) PERT 应用步骤:

1) 绘制网络图,与 CPM 中的网络图相同。

2) 活动历时的随机分析。

3) 计算节点的最早预计发生时间的期望值。

4) 计算节点的最迟允许发生时间的期望值。

5) 计算节点的机动时间(或称时差)。

6) 计算各个节点,或整个工程按计划完成的概率。

7) 确定关键路线。

(3) 活动 $i-j$ 期望持续时间 D_{i-j} 和方差 σ_{i-j}^2 计算。

用式(5-2)和式(5-3)计算 D_{i-j} 和 σ_{i-j}^2。

当各项活动采用了期望值 D_{i-j} 后,就相当于将非肯定型的网络计划化为肯定型的网络计划了。这就可以采用与前述 CPM 相同的方法进行 PERT 网络计划的时间参数计算了。

第四节 工程项目进度控制

一、进度的影响因素

工程项目进度管理是一个动态过程,影响因素多,风险大,应认真分析和预测,合理采取措施,在动态管理中实现进度目标。影响工程项目进度的因素来自以下几个方面:

(1) 业主。业主提出的建设工期目标的合理性、业主在资金及材料等方面的供应进度、业主各项准备工作的进度和业主项目管理的有效性等均影响着建设项目进度控制。

(2) 勘察设计单位。其影响因素包括勘察设计目标的确定、可投入的力量及其工作效率、各专业设计的配合,以及业主和设计单位的配合等。

(3) 承包人。其影响因素包括施工进度目标的确定、施工组织设计编制、投入的人力及施工设备的规模，以及施工管理水平等。

（4）建设环境。其影响因素包括建筑市场状况、国家财政经济形势、建设管理体制、当地施工条件（气象、水文、地形、地质、交通、建筑材料供应）等。

二、进度的控制过程

工程项目进度控制是指在执行计划的过程中，通过检查实际进度情况，并将其与计划进度相比较，若出现偏差，便分析产生的原因和对工期的影响程度，进而提出必要的调整措施纠正偏差的过程。

工程项目进度控制的最终目的是确保工程项目按预定时间完成或交付使用。

（1）项目进度计划的确定。项目开始和项目实施过程中，应逐步地由宏观到微观，由粗到细编制深度不同的总进度计划、各子系统和子项目进度计划等。

（2）工程项目进度检查。项目开工后，每隔一段时间（月）都要对进度计划的执行情况进行检查，包括工程形象进度的检查、图纸供应与施工进展是否匹配、材料和设备供应情况等的检查。

（3）进度的计划值和实际值的比较。在项目的实施过程中，外部环境和条件的变化均会对工程进度产生影响，从而造成实际进度偏离计划进度，如果这种偏差得不到及时纠正，势必影响总进度目标的实现。因此，应定期收集反映实际进度的有关数据，并进行加工处理，形成与计划进度有可比性的数据，然后将计划进度与实际进度进行比较，确定工程的实际状况与计划之间的差距。

（4）进度纠偏。当实际进度与计划进度存在偏差时，首先要分析偏差产生的原因，即分析进度的影响因素，其次分析这种偏差对工期以及后续活动的影响，最后制定纠偏措施。

三、进度的检查、比较方法

在工程项目的实施过程中，应定期对进度计划的执行情况进行跟踪检查，以便发现问题后能及时采取措施加以解决。工程进度检查系统如图5-14所示。其中，实际进度与计划进度的比较是其主要环节。常用的方法有横道图检查法、S形曲线检

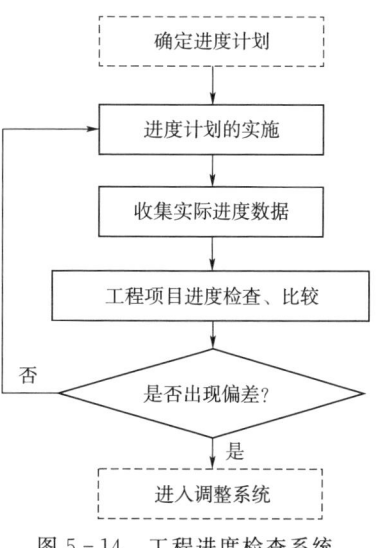

图5-14　工程进度检查系统

查法和前锋线检查法。

1. 横道图检查法

利用横道图进行进度检查时，可将每天、每周或每月实际进度情况定期记录在横道图上，用以直观地比较计划进度与实际进度，评价实际进度是超前、落后，还是按计划进行。若通过检查发现实际进度落后了，则应采取必要措施，改变落后状况；若发现实际进度远比计划进度提前，可适当降低单位时间的资源用量，使实际进度接近计划进度。这样常可降低相应的成本费用。

[案例 5-3] 用横道图法检查工程进度

某工程项目的计划进度和实际进度如图 5-15 所示。现在项目已开始 7 周，实际状况为：A 已经在 0~4 周中完成；B 已于第 5 周初开始，累计完成工程量为 33%；C 第 6 周开始，已累计完成工程量 75%；其他工作尚未开始。则可将实际的开始（结束）时间标在计划的横道图下面，用两种图例，以作对比。

可通过比较同一时刻实际累计完成工作量的百分比和计划累计完成工作量的百分比，判断活动实际进度和计划进度的关系。若计划累计完成工作量的百分比大于实际累计完成工作量的百分比，表示进度拖后，拖欠的工作量为两者之差。若计划累计完成工作量的百分比小于实际累计完成工作量的百分比，表示进度提前，提前的工作量为两者之差。

图 5-15 中，至评价日期，工作 B 的计划累计完成工作量的百分比为 50%，大于实际累计完成工作量的百分比 33%，工作 B 进度拖后；工作 C 的计划累计完成工作量的百分比为 100%，大于实际累计完成工作量的百分比 75%，工作 C 进度拖后。

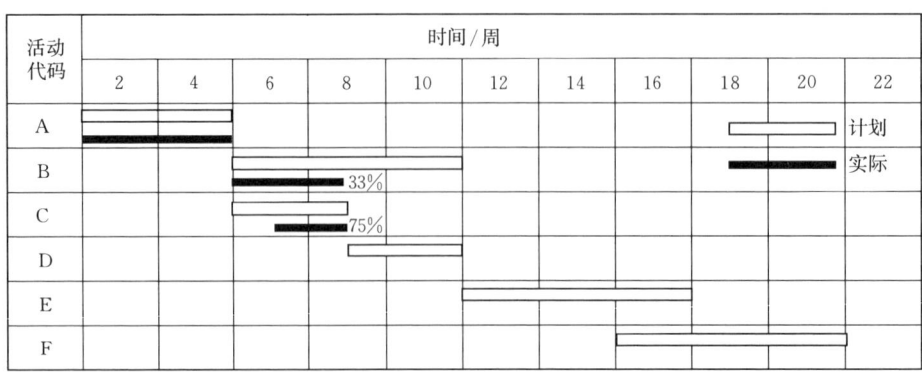

图 5-15　横道图法检查工程进度

2. S形曲线检查法

S形曲线是一条反映累计完成工作量百分比随时间变化规律的曲线，由于其形状形似英文字母"S"而得名。工程项目实施过程中，每隔一段时间将实际累计完成工作量百分比 Q 随时间 T 变化的曲线绘制在原计划S形曲线图上，如图5-16所示。通过比较实际进度S形曲线和计划进度S形曲线，可以获得如下信息：

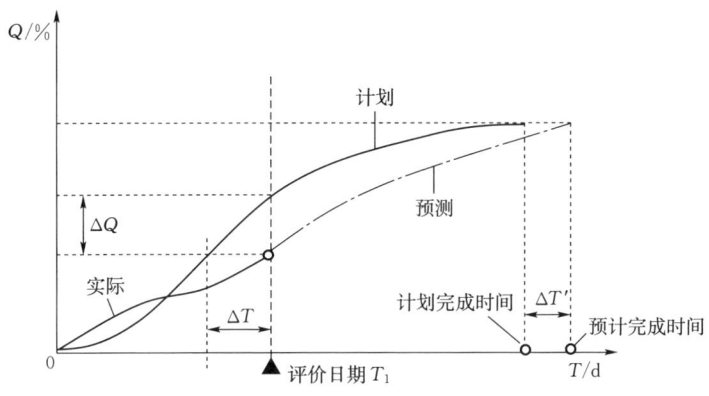

图 5-16 S形曲线检查工程进度

（1）工程项目整体实际进展状况。如果工程实际进展点落在计划S形曲线左侧，表明此时实际进度比计划进度超前；如果工程实际进展点落在S形曲线右侧，表明此时实际进度拖后；如果工程实际进展点正好落在S形曲线上，则表示此时实际进度与计划进度一致。

（2）工程项目实际进度超前或拖后的时间。在S形曲线比较图中可以直接读出实际进度比计划进度超前或拖后的时间。如图5-16所示，ΔT 表示 T_1 时刻实际进度拖后的时间。

（3）工程实际超额或拖欠的任务量。在S形曲线比较图中也可以直接读出实际进度比计划进度超额或拖欠的任务量。如图5-16所示，ΔQ 表示 T_1 时刻拖欠完成的任务量。

（4）后期工程进度预测。如果后期工程按原计划速度进行，则可做出后期工程计划S形曲线如图5-16中虚线所示，从而可以确定工期拖延预测值 $\Delta T'$。

3. 前锋线检查法

前锋线检查法是一种有效的进度动态管理的方法。前锋线又称实际进度前锋线，它是网络计划执行中某一时刻正在进行的各活动的实际进度前锋的连线。前锋线一般是在时间坐标网络图上标示的，从时间坐标轴开始，自上而下依次连接各线路的实际进度前锋，即形成一条波折线，这条波折线就是前锋线，如图5-17中的波折线。

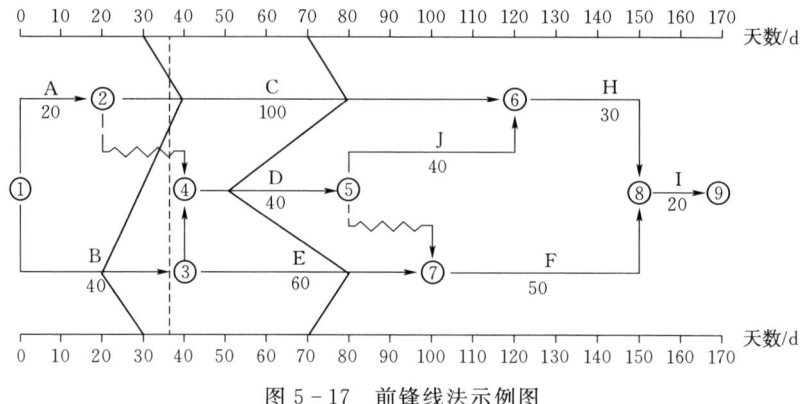

图 5-17 前锋线法示例图

画前锋线的关键是标定各活动的实际进度前锋位置。其标定方法有两种：

(1) 按已完成的工程实物量比例来标定。时间坐标网络图上箭线的长度与相应活动的历时对应，也与其工程实物量成比例。检查时刻某活动的工程实物量完成了几分之几，其前锋点自左至右标在箭线长度的几分之几的位置。

(2) 按尚需时间来标定。有时活动的历时是难于按工程实物量来换算的，只能根据经验或用其他办法来估算。要标定该活动在某时刻的实际进度前锋，就用估算办法估算出从该时刻起到完成该活动还需要的时间，从箭线的末端反过来自右到左进行标定。

图 5-17 是一份时间坐标网络计划用前锋线进行检查的示例图。该图有 2 条前锋线，分别记录了第 30 天和第 70 天检查的结果。

实际进度前锋线的功能包括两个方面：分析当前进度和预测未来进度。

(1) 分析当前进度。以表示检查时刻的日期为基准，前锋线可以看成描述实际进度的波折线。处于波峰上的线路，其进度相对于相邻线路超前，处于波谷上的线路，其进度相对于相邻线路落后。在基准线前面的线路比原计划超前，在基准线后面的线路比原计划落后。画出前锋线，整个工程在该检查计划时刻的实际进度状况便可一目了然。按一定时间间隔检查进度计划，并画出每次检查时的实际进度前锋线，可形象地描述实际进度与计划进度的差异。检查时间间隔越短，描述越精确。

(2) 预测未来进度。通过对当前时刻和过去时刻两条前锋线的分析比较，可在一定范围对工程未来的进度变化趋势作出预测。可引进进度比概念进行定量预测。

前后两条前锋线间某线路上截取的线段长度 ΔX 与这两条前锋线之间的时

间间隔 ΔT 之比叫进度比,用 B 表示。进度比 B 的数学计算式为

$$B = \frac{\Delta X}{\Delta T} \qquad (5-18)$$

B 的大小反映了该线路的实际进展速度的大小。某线路的实际进展速度与原计划相比是快、是慢或相等时,B 相应地大于 1、小于 1 或等于 1。根据 B 的大小,就有可能对该线路未来的进度做出定量的分析。

四、进度计划调整

1. 进度偏差分析

在工程项目实施过程中,当通过实际进度与计划进度的比较,发现有进度偏差时,需要分析该偏差对后续活动及工期的影响,从而采取相应的调整措施对原进度计划进行调整,以确保工期目标的顺利实现。进度偏差的大小及其所处的位置不同,对后续活动和工期的影响程度是不同的,分析时需要利用网络计划中活动总时差和自由时差的概念进行判断。

(1) 分析出现进度偏差的活动是否为关键活动。如果出现进度偏差的活动位于关键线路上,即该活动为关键活动,则无论其偏差有多大,都将对后续活动和工期产生影响,必须采取相应的调整措施;如果出现偏差的活动是非关键活动,则需要根据进度偏差值与总时差和自由时差的关系作进一步分析。

(2) 分析进度偏差是否超过总时差。如果活动的进度偏差大于该活动的总时差,则此进度偏差必将影响其后续活动和工期,必须采取相应的调整措施;如果活动的进度偏差未超过该活动的总时差,则此进度偏差不影响工期。至于对后续活动的影响程度,还需要根据偏差值与其自由时差的关系作进一步分析。

(3) 分析进度偏差是否超过自由时差。如果活动的进度偏差大于该活动的自由时差,则此进度偏差将对其后续活动产生影响,此时应根据后续活动的限制条件确定调整方法;如果活动的进度偏差未超过该活动的自由时差,则此进度偏差不影响后续活动,因此,原进度计划可以不做调整。

进度偏差的分析判断过程如图 5-18 所示。进度控制人员可以根据进度偏差的影响程度,制定相应的纠偏措施进行调整,以获得符合实际进度情况和计划目标的新进度计划。

2. 进度偏差调整

当实际进度偏差影响到后续活动、工期而需要调整进度计划时,其调整方法主要有以下两种:

(1) 改变某些活动间的逻辑关系。当工程项目实施中产生的进度偏差影响

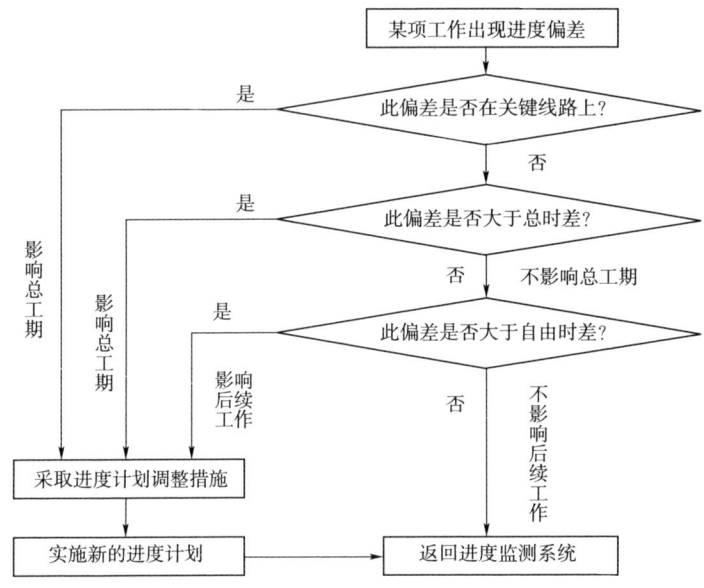

图 5-18 进度偏差对后续活动和工期的影响分析流程图

到工期,且有关活动的逻辑关系允许改变时,可以改变关键线路和超过计划工期的非关键线路上的有关活动之间的逻辑关系,达到缩短工期的目的。例如,将顺序进行的活动改为平行作业、搭接作业以及分段组织流水作业等,都可以有效地缩短工期。

(2) 缩短某些活动的持续时间。这种方法是不改变工程项目中各项活动之间的逻辑关系,而通过采取增加资源投入、提高劳动效率等措施来缩短某些活动的持续时间,使工程进度加快,以保证按计划工期完成该工程项目。这些被压缩持续时间的活动是位于关键线路和超过计划工期的非关键线路上的活动。同时,这些活动又是其持续时间可被压缩的活动。这种调整方法通常可以在网络图上直接进行。

[案例 5-4] 某工程项目基础通过改变逻辑关系调整进度偏差

某工程项目基础工程包括挖基槽、作垫层、砌基础、回填土 4 个施工过程,各施工过程的持续时间分别为 21 天、15 天、18 天和 9 天,如果采取顺序作业方式进行施工,则其工期为 63 天。为缩短该基础工程工期,如果在工作面及资源供应允许的条件下,将基础工程划分为工程量大致相等的 3 个施工段组织流水作业,试绘制该基础工程流水作业网络计划,并确定其计算工期。

该基础工程流水作业网络计划如图 5-19 所示。通过组织流水作业,使得该基础工程的计算工期由 63 天缩短为 35 天。

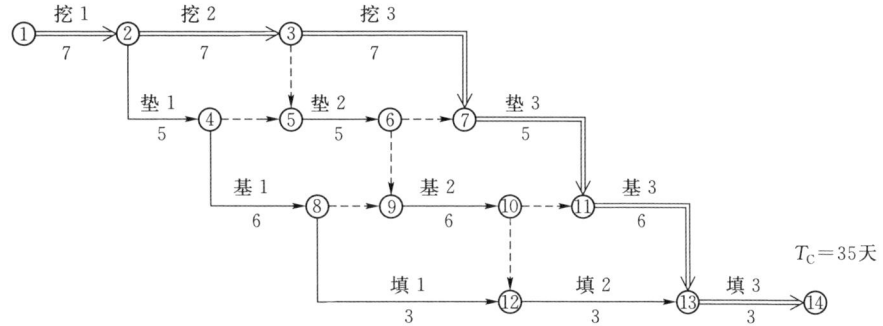

图 5-19 某基础工程流水作业网络计划

思 考 和 练 习 题

5-1 何谓工程项目进度及其管理？工程进度的影响因素有哪些？

5-2 工程项目进度计划系统包括哪些内容？

5-3 工程项目进度计划有哪些常用的表示方法？各有什么特点？

5-4 试述工程项目进度计划的编制程序。

5-5 项目活动逻辑关系是由什么决定的？

5-6 什么是计划工期？什么是计算工期？两者的一般关系如何？

5-7 什么是最早开始时间？什么是最早完成时间？

5-8 什么是自由时差？什么是总时差？两者的关系如何？

5-9 什么是关键线路、关键活动？为什么要找关键线路？

5-10 某工程施工由 A~P 项活动组成，它们的逻辑关系和持续时间见表 5-3。

表 5-3　　　某工程施工活动的逻辑关系和持续时间

活动代码	A	B	C	D	E	F	G	H	I	J	K	L	M	N	P
紧前活动	—	A	A	—	B,C	B,D	D	E,F	C	I,H	G,F	K,J	L	L	M,N
持续时间	2	2	3	2	2	2	2	2	3	2	1	3	2	2	2

试绘制该工程施工进度的双代号网络图，并计算总工期、找出关键线路。

5-11 某工程施工项目，合同工期 12 个月。承包人向监理机构呈交的施工进度计划如图 5-20 所示（图中活动持续时间单位为月）。

（1）该施工进度计划的计算工期为多少个月？是否满足合同工期的要求？

（2）该施工进度计划中哪些活动应作为重点控制对象？为什么？

（3）施工过程中检查发现，活动 C 将拖后 1 个月完成，其他活动均按计划进行，活动 C 的拖后对工期有何影响？

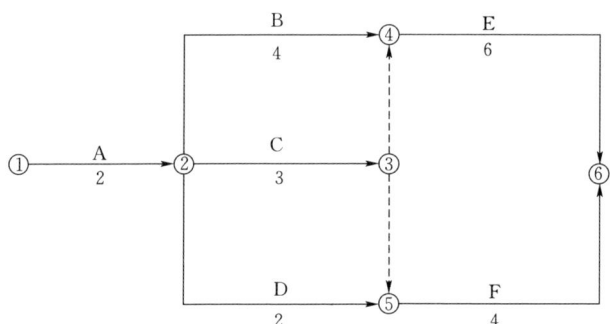

图 5-20 某工程施工进度双代号网络图

5-12 如何分析进度偏差对工期及后续活动的影响？

第六章 工程项目质量管理

本章知识要点与学习要求

序号	知识要点	学习要求
1	工程项目质量和工程项目质量管理的概念	掌握
2	工程项目质量管理原则、过程模式和要点	熟悉
3	工程项目质量的特点和影响因素	熟悉
4	工程项目质量计划及其编制依据和表现形式	掌握
5	工程设计与施工质量计划的内容	熟悉
6	质量控制与全面质量控制的内涵	了解
7	工程项目质量控制体系的内容	了解
8	工程施工工序质量控制的内容和过程	掌握
9	工程施工质量控制点及其设置过程	熟悉
10	工程项目质量检验分类和质量验收程序	了解

"百年大计,质量第一",这说明了工程项目质量的重要性。确保工程项目质量,是工程项目建设管理永恒的主题。工程项目质量管理作为工程项目管理的重要组成部分,需要管理者给予足够的重视。

第一节 工程项目质量及其管理

一、工程项目质量

1. 什么是质量

国际标准化组织的 ISO 9000:2008 将质量(quality)定义为:产品、体系或过程的一组固有特性满足顾客和其他相关方面要求的能力。它可使用形容词,如差、好或优秀来修饰。

上述定义中,过程是指使用资源将输入转化为输出的活动的系统,产品则是过程的结果;体系又称系统,指相互关联或相互作用的一组要素;顾客是指接受产品的组织或个人；相关方是指与组织的业绩或成就有利益关系的个人或团体，例如，顾客、所有者、员工、供方、银行、行业协会、合作伙伴和社会等；要求是指明示的、习惯上隐含的或必须履行的需求或期望。

2. 什么是工程项目质量

工程项目质量（construction project quality），简称工程质量，是指工程产品满足规定要求和需要的能力。所谓规定要求，通常是指规程规范、技术标准和合同所规定的要求；所谓需要，一般是指用户的需要。这种规定要求和需要经常包括以下几个方面：

（1）适用性。包括建筑物平面、空间布置合理；操作、维修方便；有利生产、方便生活等。

（2）可靠性。包括满足强度、刚度、稳定性要求；满足耐久性要求，如耐磨、耐腐蚀、抗渗、抗冻；使用有效和安全等。

（3）经济性。包括工程项目投资效益高；运行和维修费用低等。

任何工程项目都是由分项工程（或单元工程）组成的，而每一分项工程的施工则是通过一道道工序来完成的。工序是指施工人员在某一工作面上，借助于某些工具或施工机械对一个或若干个劳动对象所完成的一切连续活动的综合，即由若干操作或工作所组成。所以，从质量形成的角度看，工作质量决定工序质量，工序质量决定工程产品质量。

工作质量是指：为保证工程产品质量，施工和施工管理所涉各项工作的完善程度。它既包括工程承包方为保证工程质量所做的组织管理工作和生产全过程中各项工作的水平和完善程度，又包括工程业主方和监理方为保证工程产品质量所进行的监督、管理等各项工作的水平和完善程度。

工序质量包括这些活动条件的质量和活动效果的质量。操作人员、建筑材料、施工机具、施工方法或工艺及施工环境是影响工序质量的主要因素。

工程（产品）质量、工序质量和工作质量虽是三个不同的概念，包括不同的内容，但三者之间的联系却是十分密切的。产品质量和工序质量取决于施工操作和管理活动等各方面工作的质量。因此，保证工作质量是工序质量和工程（产品）质量保证的基础。

二、工程质量管理

1. 什么是质量管理

我国《质量管理体系　基础和术语》（GB/T 19000—2016）将质量管理（quality management）定义为：制定质量方针和质量目标，通过质量策划或计划、质量保证、质量控制和质量改进，实现质量目标的过程。有效的工程质量管理应该根据工程项目的诸多特点，依靠系统的质量管理原则、方法及过程而展开。

2. **工程质量管理原则**

为实现工程质量目标,应遵循以下 8 项质量管理原则(quality management principles)。

(1) 以顾客为中心(customer focus)。组织依存于其顾客,因此,组织应理解顾客当前的和未来的需求,满足顾客要求并争取超出期望。项目组织是通过完成项目的建设来满足业主方(顾客)需求的。因此项目组织应保证工程项目能满足业主方的要求。

(2) 领导作用(leadership)。领导者应将本组织的宗旨、方向和内部环境统一起来,并创造使员工能够充分参与实现组织目标的环境。项目组织能否通过质量管理体系的建立和实施来贯彻质量方针,实现质量目标,关键在于领导。成功的项目质量管理需要领导者高度的质量意识和持续改进的精神。

(3) 全员参与(involvement of people)。各级人员是组织之本,只有让他们充分参与,才能使他们的才干为组织带来最大的收益。项目组织最重要的资源之一就是全体员工。成功的项目离不开项目组织全体员工对本职工作的敬业和对其他项目工作、质量活动的积极参与。

(4) 过程方法(process approach)。将相关的资源和活动作为过程进行管理,可以更高效地得到期望的结果。

(5) 管理的系统方法(systematic approach to management)。针对设定的目标,识别、理解并管理一个由相互关联的过程所组成的体系,有助于提高组织的有效性和效率。项目组织应建立实施工程项目质量管理体系,即制定质量方针和质量目标,然后通过建立、实施和控制由过程网络构成的质量管理体系来实现这些方针和目标。

(6) 持续改进(continuous improvement)。持续改进是组织的一个永恒目标。

(7) 基于事实的决策方法(fact based decision method)。对数据和信息的逻辑分析或直觉判断是有效决策的基础,即项目组织应收集各种以事实为依据的信息和数据,采用科学的分析方法,得出工程项目质量活动发展的趋势,及时地发现问题、解决问题并预防问题的发生;同时项目管理者在决策时必须掌握可靠的信息和数据,并对其进行科学系统地分析,从而保证项目质量管理体系的正常运行和项目各方的利益。

(8) 互利的供方关系(relationship management)。通过互利的关系,可以增强组织及其供方创造价值的能力。

3. **工程质量管理要点**

(1) 质量管理是项目管理的中心环节。

(2) 质量管理是综合管理，而不是专业管理。

(3) 质量管理的主要活动包括建立质量方针和目标，以及质量策划、质量控制、质量保证和质量改进。

(4) 质量管理是经营哲学。

(5) 质量管理应从最简单的事情抓起。

三、工程质量管理过程模式与发展阶段

1. 工程项目质量管理过程模式

质量管理过程模式是一个范围广泛的概念，包括任何接受输入和将其输出的活动与操作。一个工程项目包括诸多的活动和操作，而且通常是从一个过程的输出直接到下一个过程的输入。因此项目组织必须明确和管理繁多的网络过程，尤其应该注意项目组织内各过程系统之间的相互影响。

图 6-1 是一个完整的质量管理体系过程模式，表明了过程之间的相互关系：①管理者应从管理职责中明确要求；②在资源管理中确定并应用必要的资源；③在实现产品和/或服务中建立并实施过程；④对结果进行测量、分析和改进；⑤通过管理、评审、反馈到管理职责更改，实现质量的改善和提高。

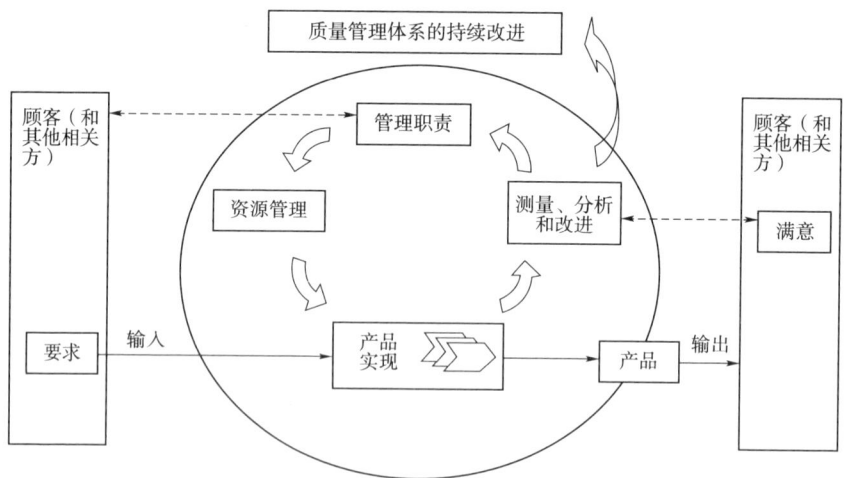

图 6-1 工程项目质量管理体系过程模式

项目组织在明确输入要求的过程中不可忽视顾客以及其他相关团体的重要性，从而为所有所需的过程实施过程管理以实现所需的产品和/或服务，并验证过程输出。最后通过测量顾客以及其他相关团体的满意度，来评估确认工程项目是否满足顾客的需求。

2. 工程项目质量管理发展阶段

与一般质量管理类似,工程质量管理经历了检验质量管理→统计质量管理→全面质量控制→全面质量管理的发展过程。

18世纪是操作者质量控制,19世纪初是领班质量控制,1919年提出检验员的质量控制,即检验质量管理,强调质量把关;1924年提出统计质量控制(Statistical Quality Control,SQC),即强调将数理统计技术应用于质量控制;20世纪50年代提出全面质量控制(Total Quality Control,TQC),强调全面、全员、全过程的质量控制;20世纪80年代,国际标准化组织(ISO)将TQC提升,形成全面质量管理(Total Quality Management,TQM)理念和方法,并将其标准化。TQM强调全员参与管理,以及持续质量改进。

第二节 工程质量特点与影响因素

一、工程质量特点

工程质量的特点主要表现如下:

(1) 质量数据的波动性。由于建筑生产的单件性、流动性,工程质量容易产生波动且波动大。同时由于影响工程质量的偶然性因素和系统性因素比较多,其中任何一个因素发生变动,都会使工程质量产生波动。为此,要严防出现系统性因素的质量变异,要把质量波动控制在偶然性因素范围内。

(2) 质量问题的隐蔽性。建设工程在施工过程中,分项工程交接多、中间产品多、隐蔽工程多,因此质量存在隐蔽性。若在施工过程中不及时进行质量检查,事后只能从表面上检查,就很难发现内在的质量问题,这样就容易产生判断错误。

(3) 影响因素的多样性。建设工程质量受到多种具体因素的影响,如决策、设计、材料、机具设备、施工方法、施工工艺、技术措施、人员素质、工期、工程造价等,这些因素直接或间接地影响工程质量。

(4) 质量终检的局限性。工程项目的终检(竣工验收)无法进行工程内在质量的检验,发现隐蔽的质量缺陷。因此,工程项目的终检存在一定的局限性。这就要求工程质量控制应以预防为主,重视事先、事中控制,防患于未然。

(5) 质量评价方法的特殊性。工程质量的检查评定及验收是按检验批、分项工程、分部工程、单位工程进行的。检验批的质量是分项工程乃至整个工程质量检验的基础,检验批质量合格与否主要取决于主控项目和一般项目抽样检验的结果。隐蔽工程在隐蔽前要检查合格后验收,涉及结构安全的试块、试件以及有关材料，应按规定进行见证取样检测，涉及结构安全和使用功能的重要分部工程要进行抽样检测。

二、工程质量影响因素

影响工程质量的具体因素很多，但可概括为：人员（man）、材料（material）、机械（machine）、方法或工艺（method）及环境（environment）五大方面，常称4M1E。

（1）人员的因素。人员包括直接参与施工的决策者、管理者和作业者。人员的因素影响主要是指上述人员个人的质量意识及质量活动能力对工程质量形成造成的影响。我国实行的执业资格注册制度和管理及作业人员持证上岗制度等，从本质上说，就是对从事工程项目及施工活动的人员的素质和能力进行必要的控制。在工程质量管理中，人员的因素起着决定性的作用。所以，工程质量控制应以控制人员的因素为基本出发点。人员，作为控制对象，应避免人员工作的失误；作为控制动力，应充分调动人的积极性，发挥人的主导作用。

（2）材料因素。材料指工程建设中所使用的各类材料和工程设备等，其中各类材料包括原材料、半成品、成品、构配件和周转材料等。各类材料是工程施工的物质条件，材料质量是工程质量的基础，材料质量不符合要求，工程质量就不可能达到标准。所以加强对材料的质量控制，是保证工程质量的重要基础。

（3）机械因素。主要指施工机械和各类施工工器具，包括运输设备、吊装设备、操作工具、测量仪器、计量器具以及施工安全设施等。施工机械设备是所有施工方案和工法得以实施的重要物质基础，合理选择和正确使用施工机械设备是保证工程质量的重要措施。

（4）方法或工艺因素。主要包括施工技术方案和措施，以及工法等方面。从某种程度上说，技术工艺水平的高低，决定了工程质量的优劣。采用先进合理的工艺、技术，依据规范的工法和作业指导书进行施工，必将对形成质量要素的产品精度、强度、平衡度、清洁度、耐久性等物理、化学特效等方面起到良性的推进作用。近年来，高性能混凝土技术、高效钢筋和预应力技术、新型模板及脚手架等新技术的应用对消除质量通病，保证工程质量起到了积极作用。

（5）环境因素。主要包括施工现场自然环境因素、施工质量管理环境因素和施工作业环境因素。环境因素对工程质量的影响，具有复杂多变和不确定性的特点。

1）施工现场自然环境因素：主要指工程地质、水文、气象条件和周边建筑、地下障碍物以及其他不可抗力等对施工质量的影响因素。例如，在地下水位高的地区，若在雨季进行基坑开挖，遇到连续降雨或排水困难，就会引起基坑塌方或地基受水浸泡而影响承载力等；在寒冷地区冬季施工措施不当，工程会因受到冻融而影响质量。

2）施工质量管理环境因素：主要指施工承包方质量管理体系、质量控制制度和各参建施工承包方之间的协调等因素。根据承发包的合同结构，理顺管理关系，建立统一的现场施工组织系统和质量管理的综合运行机制，确保工程质量保证体系处于良好的状态，创造良好的质量管理环境和氛围，是施工顺利进行，提高工程质量的保证。

3）施工作业环境因素：主要指施工现场平面和空间环境条件，各种能源介质供应，施工照明、通风、安全防护设施，施工场地给排水，以及交通运输和道路条件等因素。这些条件是否良好，将直接影响到施工能否顺利进行，以及工程质量能否得到保证。

第三节 工程质量计划

一、工程质量计划依据、要求和表现形式

1. 什么是工程质量计划

工程项目质量计划（quality planning）是指针对具体工程项目的要求，以及应重点控制的环节所编制的对项目设计、采购、施工、检验等质量环节进行质量控制的方案。

工程项目管理人员应该意识到，计划是工程质量管理的起点，其次是按计划实施。质量并非出自检查，事先不计划，指望在项目实施过程中靠检查和监督来保证质量是不可行的。

整个工程项目质量计划应由项目建设单位/业主方主导，具体由项目参与各方分别编制。主要包括决策阶段质量计划、设计阶段质量计划和施工阶段质量计划。

2. 制订工程质量计划的依据

（1）质量方针。质量方针是组织（如公司、集团、研究机构等）的最高管理者正式发布的该组织总的质量宗旨和方向。它体现了该组织成员的质量意识和质量追求，是组织内部的行为准则，也体现了客户的期望和对客户的承诺。组织的质量方针可以被该组织的项目团队随时采用并运用于项目。如果组织缺少正式的质量方针或该项目由多个组织参与（如合资项目），则项目管理班子需要为该项目单独制定一个质量方针。例如，某项目的质量方针是"为下一道工序提供的交付成果无可挑剔"。

(2) 质量目标。项目质量目标是落实质量方针的具体要求，并与质量方针一致。质量目标包括满足项目或产品要求所需的内容，并应是可测量的。质量目标应当以组织内人员都能对其实现做出贡献的方式加以沟通，质量目标的展开职责应当予以规定。

(3) 标准和规则。标准是一个公认组织批准的文件，是为了能够普遍和重复使用，而为产品、过程或服务提供的准则、指导方针或特征，它们不是强制执行的。标准中若明确有强制性条文，则强制性条文是需要强制执行的。规则是规定产品、过程或服务特征的文件，包括适用的行政管理条例，是强制执行的。项目管理人员在制定质量计划时必须考虑到特定领域中可能影响到项目的标准和规则。尤其随着标准的广泛使用，标准事实上可能在不同层次上强制执行。显然，制定一个质量计划所依据的标准包括了通用的 ISO 9000 系列标准。随着国际间交流与合作的增加，事实上 ISO 9000 已成为广泛接受的强制标准。当前 ISO 14000（环境保护管理标准）和 ISO 18000（职业安全卫生管理标准）也已经成为被推广的质量标准。

(4) 项目综合说明。工程项目综合说明描述工程项目的特点和工程运行管理的要求；工程建设过程中的主要技术问题，以及影响工程项目质量、工期和费用的因素等。

(5) 项目的建设环境，包括项目组织的内部和外部的环境。

(6) 类似项目建设管理的经验和教训。包括以往工程项目建设中质量管理的成功经验，获奖工程（如鲁班奖）的先进质量管理体系与方法，以及发生质量事故工程的教训。

(7) 项目风险。工程项目实施过程存在许多不确定的因素，若不加以科学的预控管理，会大大降低工程质量的保证率。

3. 工程质量计划的要求

(1) 计划结果要与产品质量管理系统（Product Quality Management System，PQMS）的其他要求协调一致。

(2) 计划结果应满足质量目标，并形成适合于操作的文件。

(3) 计划引起的更改应在受控状态下进行，并在更改期内仍保持 PQMS 的完整性。

(4) 计划应紧紧围绕设定、实现质量目标进行。

(5) 计划结果应确保 PQMS 总要求的实现。

4. 工程质量计划编制成果的表现形式

工程质量计划编制成果的主要表现形式由项目质量计划书、实施说明和检查表三部分组成。

(1) 项目质量计划书。项目质量计划书是实施项目的组织（如公司、集团、研究机构等）的质量体系在该项目上的具体体现，故项目质量计划编制应与组织质量体系的要求相一致。在组织已建立了质量体系的基础上，参照质量手册的有关内容编制质量计划，通常可根据客户要求从组织的质量手册、质量程序文件中选择、引用或对其进行补充。质量计划应指出如何将这些通用的程序文件与具体项目所特有的要求结合起来，以实现规定的质量目标。当组织尚未建立明确的质量体系时，质量计划可以是一个独立的文件，根据客户要求和组织的具体情况编制。

（2）实施说明。实施说明以非常专业的术语说明了各种问题的实际内容及其在质量控制过程中应是如何测量的。例如，项目团队在规定满足计划进度要求的基础上，必须指出每一个活动是必须按时开始，还是只需按时完成；是对单个活动进行测量还是仅仅对某些可交付成果进行测量；如果是后者，还需指明是哪些可交付成果。在某些应用领域，实施说明也称为度量标准。

（3）检查表。检查表是用以核实一系列必须采取的步骤是否已经得到实施的结构化工具。检查表通常由详细的条目组成，可以简单或复杂，常采用命令式的（做这个！）或询问式的（你做完了吗？）短语。许多组织采用标准的检查表以保证频繁执行的任务的一致性。在某些应用领域，检查表来自工程专业协会或咨询服务组织。

二、工程设计质量计划

工程设计过程的质量计划是通过工程设计使项目决策过程制定的工程项目质量目标具体化，指出达到规定质量目标的途径和具体方法。工程设计过程质量计划主要由工程设计方负责编制，并要得到工程业主方/发包方的认可。

1. 工程设计质量计划内容

（1）分析业主方对工程的功能要求特点（业主方需在设计合同中将自己对工程的功能要求表述清楚且准确）。

（2）明确工程设计方案。

（3）履行设计合同所必须达到的工程质量总目标及其分解目标。

（4）质量管理组织机构、人员及资源配置计划。

（5）确定保证工程质量所采取的设计技术或手段。

（6）多方案比较与设计优化计划。

（7）设计质量控制点的设置和设计成果审查计划。

2. 工程设计质量计划的编制步骤

在设计阶段质量计划编制时，应根据计划内容依次逐步开展编制工作。

（1）通过进一步明确工程的功能要求，以确定设计阶段工程的质量要求。工程质量（功能、技术）的要求是为工程使用的总目标服务的。通常按如下过程确定工程质量要求：

1）业主方在平衡项目进度、造价与质量三者之间制约关系的基础上对项目的质量目标与要求做出总体性、原则性的规定和决策。

2）由业主方的技术、市场、销售等部门提出工程（产品）数量、生产技术和质量要求。选择相对成熟的生产工艺，以防止风险，同时确定工程及生产设备的质量标准及使用年限。

3）业主方在确定项目范围时，应明确项目产品的特性、系统的标准、生产规格，并形成文件，产品特性尽可能用可以测量的指标表示，以此作为设计的依据。

（2）起草好设计任务书。通过设计任务书提出具体工程要求、技术说明、安全说明等，最终形成工程的质量要求文本。

（3）设计组织计划。不同工程，设计内容不一，所涉及的设计专业也不尽相同，应根据实际组织设计力量，形成工程设计项目部，并确定项目部经理/负责人，由其统筹组织工程设计、配备相应的资源。

（4）细化工程设计任务。根据设计合同提出的工程质量总目标，对其进行细化和分解。工程项目总质量目标，只有通过技术设计才能使之具体化、细化。在项目设计阶段，必须根据设计合同确定的质量目标对其进行分解。

（5）确定为保证工程质量所采取的设计技术或手段。在现代工程中各种专业设计都有相应的技术规范，这些规范作为通用规范，是设计的依据。由于通用规范经常有标准的生产工艺、标准的成品（半成品），供应者、施工者对此都熟悉，所以能降低施工和供应的费用。根据工程特点、环境特点，还必须进行工程的特殊技术设计，设计出图纸和特殊的（专用）规范，以及各方面详细的技术说明文件。

（6）设计成果审查计划。考虑到设计工作的特殊性，对一些大型且技术复杂的工程，业主方常常不具备相关的知识和技能，所以常常需要委托设计监理或聘请专家咨询，对设计进度和质量、设计成果进行审查。每一阶段都必须控制设计深度，并按规定组织设计评审，按法规要求对设计文件进行审批，以保证设计成果质量达到业主方要求。

三、工程施工质量计划

工程施工是将工程建设目标和相应的工程设计成果付诸实施的过程。其中，施工质量计划一般由工程施工承包方负责编制。

1. 施工质量计划概念

施工质量计划的编制主体是施工承包方。在总承包的情况下，分包方的施工质量计划是总包方施工质量计划的组成部分。总包方有责任对分包方施工质量计划的编制进行指导和审核，并承担施工质量的连带责任。

根据建筑工程生产施工的特点，目前我国工程施工的质量计划常以施工组织设计或施工项目管理实施规划的文件形式进行编制。

在已经建立质量管理体系的情况下，质量计划的内容必须全面体现和落实企业质量管理体系文件的要求（也可引用质量体系文件中的相关条文），同时结合本工程的特点，在质量计划中编写专项管理要求。

2. 施工质量计划内容

（1）工程特点及施工条件分析（合同条件、法规条件和现场条件）。

（2）履行施工承包合同所必须达到的工程质量总目标及其分解目标。

（3）质量管理组织机构、人员及资源配置计划。

（4）为确保工程质量所采取的施工技术方案、施工程序。

（5）材料设备质量管理及控制措施。

（6）工程检测项目计划及方法等。

（7）施工质量控制点的设置。

3. 施工质量计划的审批

工程施工质量计划编制完毕，应经企业技术负责人审核批准，并按施工承包合同的约定提交工程监理方或工程项目业主方，经批准确认后执行。

[案例6-1] 某写字楼工程施工质量计划（部分）

南京市某写字楼工程建筑面积 $45000m^2$，施工总承包方的施工质量计划主要内容如下：

（1）工程质量目标及目标分解。工程质量总目标为：确保"扬子杯奖"，力争"鲁班奖"。各分项工程依据《建筑工程施工质量验收统一标准》（GB 50300—2013）、《建筑施工安全检查标准》及其他有关施工质量验收规范规定确保合格率达到100%。保证按期交付使用，达到安全无事故。工程各分部的质量目标如下：

1）地基与基础工程：合格。

2）主体结构工程：合格，并达到优质结构。

3）建筑装饰装修工程：合格。

4）建筑屋面工程：合格。

5）给排水与采暖工程：合格。

6）电气工程：合格。

（2）工程质量管理组织机构框图如图6-2所示。

工程质量管理组织机构人员职责分配情况见表6-1。

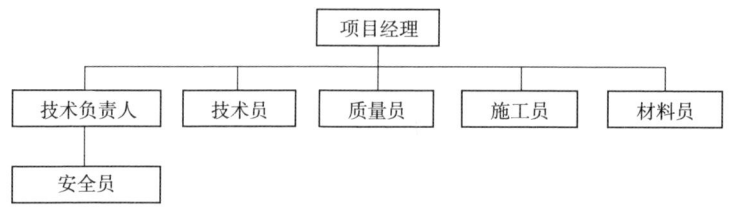

图 6-2 工程质量管理组织机构框图

表 6-1　　　　工程质量管理组织机构人员职责分配情况

职位	职责
项目经理	全面负责工程项目施工全过程的施工组织、控制和管理工作，认真执行项目质量计划和各施工方案，严格按各项规定、规范和规程标准指导施工，对作业人员进行管理和监督，负责编制并组织实施项目质量计划和施工进度计划，负责组织单位工程及分部工程验收，履行工程承包合同，按照合同质量要求，组织施工，办理交工手续
技术负责人	负责全面技术质量管理工作，协助项目经理完善质量保证计划并贯彻实施，负责编制与贯彻特殊工序的作业指导书和施工组织设计，提出详细的材料供应计划，负责制定各项施工技术质量措施和安全措施，负责隐蔽工程的验收及分部分项工程评定材料的汇总，负责审批技术员对各工序活动人员的技术交底，负责分项工程验收，并参与其他验收阶段的验收工作
技术员	协助技术负责人做好施工现场的技术质量管理工作，以书面形式对参加各工序活动的所用人员进行技术交底，负责收集整理各分项工程的技术资料和质量记录，负责项目部统计技术的应用和指导工作，负责开展QC活动，负责对工程不合格品做好标识和记录
质量员	负责对工程所有分项工程的检验批进行全面检查监督，参与分项工程质量检验及隐蔽工程验收工作，对所有进场物资负有验收否决权，对工程质量有奖罚权
施工员	组织班组按质量要求施工，参与隐蔽工程的验收，做好关键项目的复核，配合质量员检查，发现问题及时采取措施，协助技术人员做好技术资料的收集与管理工作等
材料员	负责进入现场材料的验收并做好相关记录，及时填写原材料试验委托书，转交材料出厂合格证及试验单，负责原材料及半成品、成品的标识工作
安全员	负责施工现场安全防护措施的规范设置与安全管理，确保工程安全防护措施的符合性和有效性，确保作业人员的人身安全

（3）工程混凝土、砂浆试块制作计划见表 6-2。

表6-2　　　　　　　某工程混凝土、砂浆试块制作计划表

试块名称		强度等级	试块组数量	备注
实验楼	垫层	C30	2	
	基础	C30	6	
	地圈梁	C30	6	
	柱、梁、板	C30	5（每层）	
基础砌筑砂浆		M5	2	水泥砂浆
墙体砂浆		M5	5（每层）	混合砂浆

(4) 工程施工过程质量控制流程如图6-3所示。

施工质量控制依据的制定：

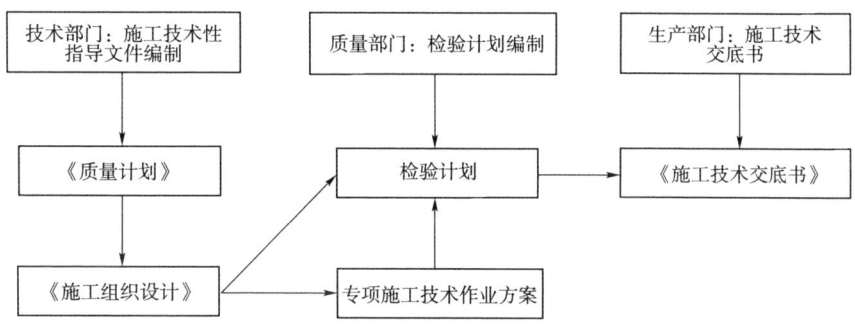

施工操作过程控制：

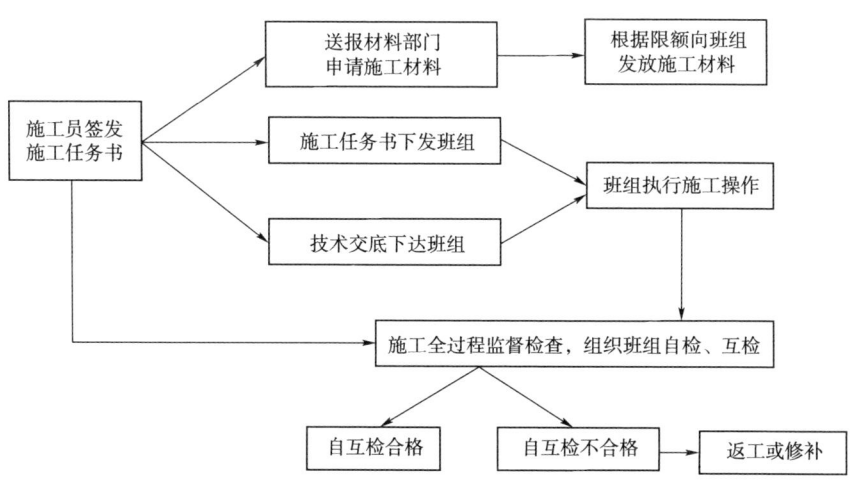

图6-3（一）　施工过程质量控制流程图

质量验收过程控制：

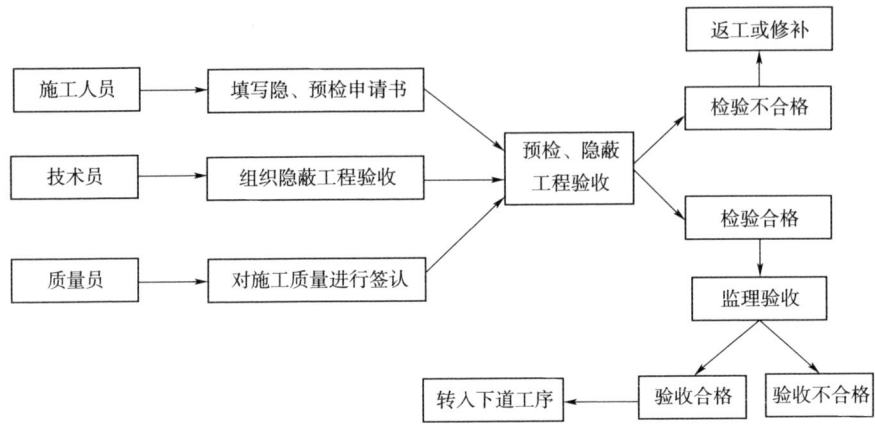

图 6-3（二） 施工过程质量控制流程图

（5）隐蔽工程验收计划见表 6-3。

表 6-3　　　　　　　隐蔽工程验收计划表

序号	验收项目	验收单位	备 注
1	建筑物定放线	规划部门、业主方	
2	基础钢筋	业主方	
3	基础结构	主管部门、质监站	设计、业主方参加
4	各层砌体	业主方	
5	各层钢筋	业主方	设计、业主方参加
6	各层模板	业主方	
7	各层埋件、预留洞口	业主方	
8	各层防雷引下线	业主方	
9	各层管线预埋	业主方	
10	各层砌体拉结筋	业主方	
11	门窗框锚固	业主方	
12	中间结构验收	主管部门、质监站	设计、业主方参加
13	屋面防水层	业主方	
14	排水管道	业主方	

注　以上项目验收均必须邀请监理方相关人员参加。

（6）隐蔽工程验收与技术复核计划流程如图 6-4 所示。

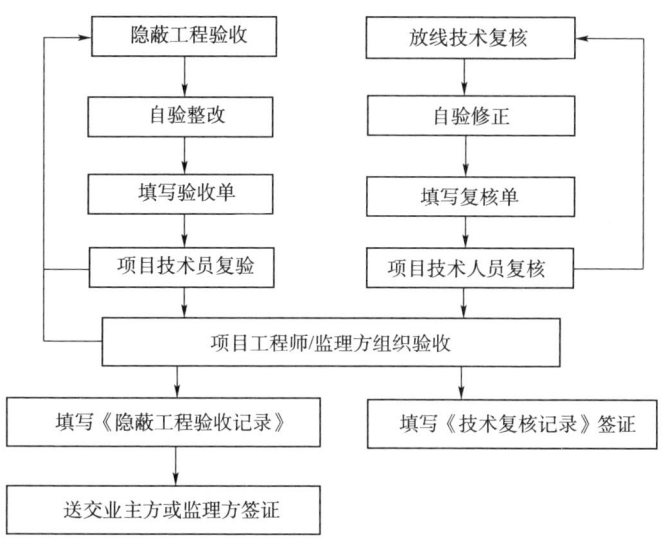

图6-4 隐蔽工程验收与技术复核计划流程图

(7) 工程技术复核计划见表6-4。

表6-4　　　　　工程技术复核计划

序号	复核项目	复核人	序号	复核项目	复核人
1	水准点、高程引测	公司技质科、业主方代表	14	各层钢筋	施工员
2	定位轴线	公司技质科、业主方代表	15	各层模板	施工员
3	基坑标高	项目工程师	16	各层砌体	施工员
4	基础轴线	项目工程师	17	综合布线	专业队、项目工程师
5	基础钢筋配料单	钢筋工长	18	屋面保护层	施工员
6	基础钢筋	施工员	19	屋面防水施工	项目工程师
7	基础柱、梁钢筋配料单	钢筋工长	20	门窗框安装锚固	施工员
8	基础柱、梁钢筋	施工员	21	脚手架	公司安全科
9	商品混凝土配合比	项目工程师	22	塔吊井架安装	公司安全科
10	砂浆配合比	项目工程师	23	排水管坡度	安装施工员
11	各层轴线、标高	项目工程师	24	上水管灌水通球试验	项目工程师
12	各层皮数杆	项目工程师	25	电气绝缘测试	项目工程师
13	各层钢筋配料单	钢筋工长	26	防雷接地电阻测试	项目工程师

第四节 工程质量控制

一、质量控制与全面质量控制

1. 什么是质量控制

质量控制（quality control）是在质量计划的基础上，致力于满足工程项目质量要求的一系列落实、检查、纠偏等活动。

质量控制的目的是使各项质量活动及结果达到质量要求，其控制的过程、活动、技术与方法等均必须始终围绕这一目的展开。

质量控制的核心思想是预防为主。要充分运用作业技术，并在质量环（quality loop）上开展各项活动，及时发现并排除工程项目质量形成的各个阶段存在的问题及找到产生问题的原因，使每个过程及环节始终处于受控状态。

2. 全面质量控制

全面质量控制（Total Quality Control，TQC）首先由美国质量管理专家朱兰（Juran）和费根堡姆（Feigenbanm）等提出。TQC是从系统理论出发，将企业或工程项目作为整体，依靠全体人员，综合运用现代管理方法和科学技术，建立一套完善的质量保证体系，控制生产过程中影响质量的各种因素，经济地开发和生产出用户满意产品的管理活动总称。美国质量管理专家戴明把全面质量控制的基本方法概括为四个阶段八个步骤。

第一个工作阶段是计划阶段，也叫P阶段（plan），主要是在调查问题的基础上制定计划。计划的内容包括确立目标、活动等，制定完成任务的具体方法。这个阶段包括八个步骤中的四个步骤：①查找问题；②进行排列；③分析问题产生的原因；④制定对策和措施。

第二个工作阶段是实施阶段，也叫D阶段（do），就是按照制定的计划和措施去实施，即执行计划。这个阶段是八个步骤中的第五个步骤，即⑤执行措施。

第三个工作阶段是检查阶段，也叫C阶段（check），就是检查生产（设计或施工）是否按计划执行，其效果如何。这个阶段是八个步骤中的第六个步骤，即⑥检查采取措施后的效果。

第四个工作阶段是处理阶段，也叫A阶段（action），就是总结经验和清理遗留问题。这个阶段包括八个步骤中的最后两个步骤：⑦建立巩固措施，即把检查结果中成功的做法和经验加以标准化、制度化，并使之巩固下来；⑧确定遗留问题，并将其转入下一个循环，即将本次循环中没有解决的问题或不完善之处列出来，作为下一次循环中应处理的内容。

上述四个阶段工作形成循环,即 PDCA 循环,又称"戴明环"。其不断重复,使工作不断改进,质量不断提高,如图 6-5 所示。同时还应该看到,各级质量管理都有一个 PDCA 循环,可形成一个大环套小环,一环扣一环,互相制约,互为补充的有机整体。一般说,上一级循环是下一级循环的依据;下一级循环是上一级循环的落实和具体化。

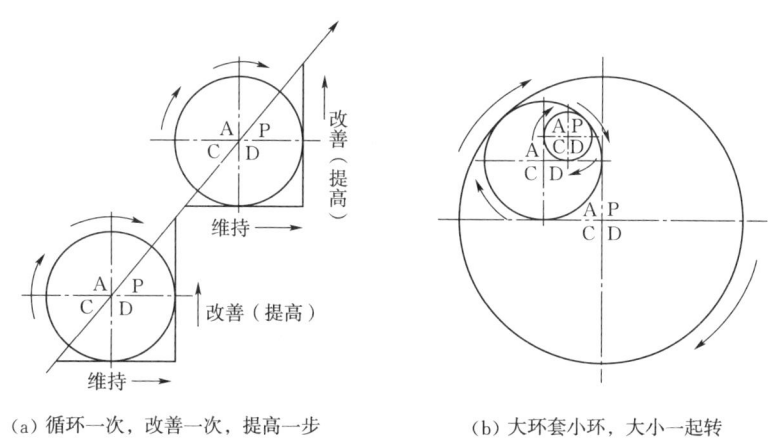

(a) 循环一次,改善一次,提高一步　　(b) 大环套小环,大小一起转

图 6-5　PDCA 循环示意图

全面质量控制有下列基本观点:

(1) 全面的质量观点。即把工程项目质量广义化,要求用良好的工作质量保证工序质量,用高标准的工序质量来保证工程产品质量。

(2) 为用户服务的观点。对工程项目设计施工者而言,不但业主方是用户,而且设计施工中的下道工序是上道工序的用户,质量管理的目标就是要使用户满意。

(3) 预防为主的观点。在设计施工过程中,要跟踪影响质量的因素,针对问题,采取措施,使生产过程的质量始终处于控制状态,把质量问题消灭在萌芽状态。

(4) 以数据说话的观点。即广泛应用数理统计方法,依靠数据做出判断,采取措施。

(5) 全方位控制的观点。就是依靠参与设计施工和监理的全体人员,运用各种管理手段,对设计施工的全过程进行控制。

(6) 一切按 PDCA 循环办事,通过实践不断提高的观点。要求整个工程项目的管理工作都按 PDCA 办,即按计划、实施、检查和处理的循环进行。

与传统的质量管理方式相比,全面质量控制主要有两个特点:一是传统的质量管理方式是以事后检验把关为主,全面质量控制要求以预防为主;二是传统的质量管理方式主要是管结果,控制结果;全面质量控制重点是管控影响质量的因素,即对影响因素进行全面控制。

二、工程质量控制体系

工程项目施工质量控制过程既有施工承包方的质量控制,也有业主方、设计方、监理方、供应方及政府的工程质量监督部门的控制,他们具有各自不同的地位、责任和作用。施工承包方和供应方在施工阶段是质量自控主体,他们不能因为监控主体的存在和监控责任的实施而减轻或免除其质量责任。业主方、监理方、设计方及政府的工程质量监督部门,在施工阶段是依据法律和合同对自控主体的质量行为及效果实施监督控制。自控主体和监控主体在施工全过程中相互依存、各司其职,共同推动着施工质量控制过程的发展和质量目标的实现。

工程项目质量控制体系一般包括控制的组织体系、对象体系和过程体系。

1. 工程项目质量控制组织体系

相对于工程项目的进度、费用控制而言,工程项目质量控制是一项既复杂又十分具体的重要工作。在合同环境下,其组织体系包括承包方的质量保证体系和业主方/监理工程师的质量控制体系两个方面。

(1) 工程承包方的质量保证体系一般由下列子体系组成:

1) 思想保证子体系。要求参与施工的全体人员树立"质量第一、用户第一"及"下道工序是用户""服务对象是用户"等观点。

2) 组织保证子体系。要求设置质量管理机构和相应的专职质量管理人员,专门负责项目施工的质量管理;要求设置质量管理试验室,并配有相应的检验人员;在基层施工队或班组,要建有质量管理小组,并配有兼职质量管理人员,形成质量管理的网络。

3) 工作保证子体系。包括施工准备质量保证子体系和施工现场质量保证子体系(还可进一步分为建筑工程质量保证子体系和安装工程质量保证子体系等)。

(2) 业主方在确定工程项目质量目标的基础上,具体的质量控制工作经常交由工程监理方承担。工程监理方的质量控制体系,一般要求:

1) 合理设置质量控制机构。

2) 科学配备质量控制人员。

3) 明确各类监理人员在质量控制方面的职责。

承包方的质量保证体系和监理工程师的质量控制体系相辅相成,构成了施工质量控制的组织体系,正是这一组织体系的正常运转,才得以保证工程项目质量目标的实现。

2. 工程项目质量控制对象体系

在工程项目的施工阶段，其质量控制对象包括两方面：一是对影响因素的控制；二是对施工结果的质量控制，即对工程产品质量的控制。

影响工程项目质量的因素概括为 4M1E，即人员、工程材料、施工机械、施工方法或工艺和施工环境。对它们的控制主要有以下内容：

（1）人员的质量控制。包括参与工程各类人员的生产技能、文化素养、生理体能、心理行为等方面的控制或把关。施工承包方应通过择优录用、加强思想教育及技能方面的教育培训；合理组织、严格考核，并辅以必要的激励机制，使项目参与者的潜在能力得到最好的组合和充分的发挥。

（2）工程材料的质量控制。工程材料（包括原材料、半成品，以及工程设备）是构成工程实体的基础，加强对它们的质量控制，不仅是提高工程质量的必要条件，也是实现工程项目成本目标和进度目标的前提。

（3）施工方法或工艺的质量控制。施工工艺的先进合理是直接影响工程质量、工程进度及工程成本的关键因素，施工工艺的合理或可靠程度还直接影响到工程施工安全。施工方案的质量控制主要包括以下内容：

1）全面正确地分析工程特征、技术关键及环境条件等资料，明确质量目标、验收标准、控制的重点和难点。

2）制定合理有效的施工技术方案和组织方案，前者包括施工工艺、施工方法；后者包括施工区段划分、施工流向及劳动组织等。

3）合理选用施工机械设备和临时设施，合理设计施工总平面图和各阶段施工平面图。

4）选用和设计保证质量和安全的模具、脚手架等施工设备。

5）编制工程所采用的新技术、新工艺、新材料的专项技术方案和质量管理方案。

6）为确保工程质量，应针对工程具体情况，编写气象地质等环境不利因素对施工的影响及其应对措施。

（4）施工机械设备的质量控制。主要有以下内容：

1）对施工所用的机械设备，包括起重设备、各项加工机械、专项技术设备、检查测量仪表设备及人货两用电梯等，应根据工程需要从设备选型、主要性能参数及使用操作要求等方面加以控制。

2）对施工方案中选用的模板、脚手架等施工设备，除按适用的标准定型选用外，一般需按设计及施工要求进行专项设计，对其设计方案及制作质量作为重点控制的对象。

3）按现行施工管理制度要求，工程所用的施工机械、模板、脚手架，特别是危险性较大的现场安装的起重机械设备，不仅要对其设计安装方案进行审批，而且安装完毕交付使用前必须经专业管理部门的验收，合格后方可使用。同时，在使用过程中尚需落实相应的管理制度，以确保其安全正常使用。

（5）施工环境的质量控制。环境因素主要包括地质水文状况，气象变化、其他不可抗力因素，以及施工现场的通风、照明、安全卫生防护设施等内容。环境因素对工程施工的影响一般难以避免。要消除其对施工质量的不利影响，主要是采取事先预防和事中控制方法。

3. 工程施工质量控制过程体系

施工是形成工程实体的过程，施工质量控制是一个始于选择施工人员、施工方案和投入材料的质量控制，终于工程检查验收的全过程控制体系。这个过程大致可分为3个阶段。

（1）施工前质量控制。施工前质量控制是指开始施工前进行的质量控制，具体内容如下：

1）施工人员和分包方的资质审核。施工人员的资质审核主要指对承包方的施工项目经理和主要技术人员的审核，要求进场的这些人员和投标文件中填报的相一致。若招标文件中允许选择分包方，则承包方所选择的分包方需经监理方认可，方能进场施工。

2）对工程所需原材料、构配件的质量进行检查与控制。有些原材料、半成品、构配件应事先提交样品，经认可后方能采购订货。凡进场材料均应有产品合格证或技术说明书，同时还应按有关规定进行抽检。没有合格证或抽检不合格，不得用于工程。

3）对工程设备，应按审批同意后的设计图纸组织采购或订货。这些设备到货后，均应进行检查和验收。

4）审核施工组织设计和施工技术措施。

5）检查施工现场的水平坐标、高程水准点。对重要工程，一般监理方向承包方提供坐标点和水准点，并要求承包方复核，最后监理方对复核结果进行审核。

6）要求承包方建立完善的质量保证体系。包括完善的计量及质量检测技术和手段。

7）组织设计交底和图纸审核。对有些工程部位应下达质量要求标准。

8）对工程质量有重大影响的施工机械设备，应审核承包方提交的有关技术性能报告，不符合质量要求者，不能在施工过程中使用。

9）把好开工关。对现场各项施工准备检查满意后，监理工程师才发布开工令。对停工的项目，在监理工程师在发布复工令前，不得恢复施工。

（2）施工中质量控制。施工中质量控制是指在施工过程中进行的质量控制，具体内容如下：

1）完善工序质量控制，把影响工序质量的因素纳入管理状态。建立质量控制点，及时检查和分析质量统计分析资料和质量控制图表。

2）严格工序间交接检查。主要工序作业需按有关验收规定检查验收。如基础工程中，对开挖的基槽、基坑、未经地质验收和量测的标高、尺寸，不得浇筑垫层混凝土。钢筋混凝土工程中，安装模板后，未经检查验收，不得架立钢筋；钢筋架设后，未经检查验收，不得浇筑混凝土等。

3）对重要工程部位或专业工程应进行试验或技术复核。

4）对完成的分项、分部工程，按相应的质量评定标准和办法进行检查、验收。

5）审核设计变更和图纸修改。

6）组织定期或不定期的现场会议，分析、通报工程质量状况，协调有关单位间业务关系。

（3）施工后期质量控制。主要指在完成工程施工过程后的质量控制，具体有以下内容：

1）按规定的质量评定标准和办法，对完成工程进行质量检验评定。

2）审核有关质量检验报告及技术文件。

3）整理有关工程项目的竣工验收资料，并编目、建档。

4）按合同要求，组织工程验收。

三、工程设计质量控制

工程设计（包括勘察）质量控制就是在严格遵守技术标准、法规的基础上，对工程地质条件做出及时、准确的评价，正确处理和协调经济、资源、技术、环境条件的制约，使设计项目能更好地满足业主方所需要的功能和使用价值，并能充分发挥项目投资的经济效益。

1. 工程设计质量控制的依据

建设工程设计的质量控制主要有如下依据：

（1）有关工程建设及质量管理方面的法律、法规，城市规划，国家规定的建设工程勘察、设计深度要求。铁路、交通、水利等专业建设工程，还应当符合专业规划的要求。

（2）有关工程建设的技术标准，如设计的工程建设强制性标准规范及规程、设计参数、定额、指标等。

（3）项目批准文件，如项目可行性研究报告、项目评估报告及选址报告。

（4）体现业主方建设意图的勘察、设计规划大纲、纲要和合同文件。

（5）反映项目建设过程中和建成后所需要的有关技术、资源、经济、社会协作等方面的协议、数据和资料。

2. 工程设计质量控制要点

对工程项目发包方而言,工程设计质量控制的要点如下:

(1) 合理选择工程设计方。可通过招标、设计方案竞赛和直接委托等方式选择设计方。

(2) 科学起草设计任务书。设计任务书是设计依据之一,是业主方/建设单位意图的体现。起草设计任务书的过程,是参与工程规划各方就项目的功能、标准、区域划分、特殊要求等涉及项目的具体事宜不断沟通和深化交流过程,有必要谨慎、仔细,并讲究科学。

(3) 起草设计合同。设计合同应重点注意写明设计进度要求、主要设计人员、优化设计要求、限额设计要求、施工现场配合,以及专业深化图等内容。

(4) 分阶段设计审查。由业主方/建设单位组织有关专家或机构进行工程设计评审,目的是控制设计成果质量,优化工程设计,提高效益。设计评审包括设计方案评审、初步设计评审和施工图设计评审。

对工程设计方而言,工程设计质量控制的要点如下:

(1) 为了保证设计质量,设计方应建立质量管理体系,必要时应进行质量体系认证。在具体设计时,应根据建设单位对设计功能、等级等方面的要求,根据国家有关建设法规、标准的要求及建设项目环境条件等方面的情况,控制设计输入,做好建筑设计、专业设计、总体设计等不同工种的协调,以保证设计成果的质量。

(2) 控制设计变更质量。落实设计变更审核,控制设计变更质量,确保设计变更不导致设计质量的下降,并按规定在工程竣工验收阶段,在对全部变更文件、设计图纸校对及施工质量检查的基础上,出具质量检查报告,确认设计质量及工程质量满足设计要求。

四、工程施工质量控制

工程施工是工程实体最终形成的阶段,也是最终形成工程产品质量和工程使用价值的重要阶段。因此,施工质量控制是工程质量控制的重点。工程施工质量控制是一个由对投入的资源和条件的质量控制,进而对生产过程及各环节质量进行控制,直到对所完成的工程质量检验与控制为止的全过程系统控制。所以施工质量控制就是工程质量控制的过程体系,包括施工准备质量控制、施工过程/工序质量控制和竣工验收控制三个部分,其中工序质量控制为重中之重。

1. 施工工序质量控制内容

施工工序质量控制,主要包括以下几方面工作:

(1) 确定工序质量控制计划。在整个项目施工前,要求对施工质量控制做出计划,但这种计划一般较粗。在每一分部分项工程施工前还应制定详细的工序质量计划,明确控制的重点和难点。对某些重要的控制点还应有具体计划作业程序和有关参数的控制范围。同时,通常要求每道工序完成后,对工序质量进行检查,仅当工序质量经检验认为合格后,才能进行下道工序的施工。

(2) 控制工序活动条件。工序活动条件的控制,是工序质量控制的重要内容。工序活动条件包括人、机、工艺或方法、材料和环境。虽在开工前对这些基本的生产活动条件已进行了控制,但由于在工序活动中有的条件还会发生变化,其基本性能可能达不到要求的标准,这经常是生产过程产生质量不稳定的原因之一。因此必须主动对工序活动条件质量进行控制,这是保证工序质量的重要措施之一。在工序活动条件控制中,要抓住主要因素进行控制,以便实现较好的控制效果。

(3) 工序分析。就是要找出对工序的关键或重要的质量特征性能起着支配性作用的那些因素的全部活动。对这些支配因素,要制定成标准,加以重点控制。不进行工序分析,就找不到那些支配的因素,就搞不好工序质量控制,也就不能保证工程质量。

2. 施工工序质量控制过程

施工工序是施工中人、机、材料、工艺或方法综合作用的单元,工序质量控制包括对工序活动和工序活动效果的控制,这两种控制反复进行,从而达到对施工工序质量的控制。施工工序质量控制的步骤包括:

(1) 工序活动前的控制。即在操作前,要求人、机、材料、方法或工艺和施工环境能满足要求。

(2) 检验。采用必要的检测工具或手段,对工序活动的效果进行质量检验。

(3) 效果分析。对检验数据进行分析,找出其变化规律。

(4) 判断。根据工序质量标准和分析数据,对整个工序的质量进行评价,判断该工序是否达到质量标准,即是否正常。

(5) 因素分析。若工序质量正常,控制过程的一个循环结束;若工序质量异常,则进行工序分析,寻找影响工序质量的因素,尤其要找出其中主要影响因素。

(6) 主要影响因素控制。找出主要影响因素后,对其进行调整,使其符合规定要求。

(7) 重复检验。重复 (2) ~ (4) 步骤,检查调整效果。

(8) 重复循环。过一时段间隔或完成一定工程量后,重复 (1) ~ (7) 步骤实施控制。

3. 施工质量控制点设置

质量控制点是指在施工中某些需要重点控制的施工项目、部位或环节。设置质量控制点，对其重点进行控制，是提高工序质量的重要途径。这一过程有如下内容：

(1) 选择质量控制点。质量控制点的选择，应根据工程项目特点，结合施工工艺的难易程度和承包方的操作水平，进行全面分析后确定。下列情况应考虑设置质量控制点。

1) 对工序质量有重要影响的内容、薄弱环节和隐蔽工程。例如，预应力结构的张拉工序，钢筋混凝土结构中的钢筋架立。

2) 对下道工序的施工质量有重要影响的内容或工序。

3) 施工中质量不稳定或不合格率较高的内容或工序。

4) 承包方对施工质量没有把握的内容或工序。

(2) 制定质量控制措施。确定质量控制点后，应对每个质量控制点的控制措施进行设计，其步骤及内容如下：

1) 列出质量控制点明细表。

2) 设计控制点施工流程图。

3) 应用因素分析方法进行工序分析，找出工序质量的支配性影响因素。

4) 制定工序质量表，对各支配性因素规定出明确的控制范围和控制要求。

5) 编制保证质量的作业指导书。

(3) 实施对质量控制点的控制。主要步骤如下：

1) 进行控制措施交底。将质量控制点的控制措施向作业班组交底，使操作人员明确操作要点。

2) 对工序活动条件进行检查验收。

3) 按作业指导书进行操作。

4) 认真记录，检查结果。

5) 运用数理统计方法不断分析、改进与提高质量（实施 PDCA 循环），以保证质量控制点验收合格。

[案例 6-2] 某水工建筑物混凝土施工工序质量控制

水工建筑混凝土施工工序一般包括材料配合比选择、计量、混凝土拌制、运输、浇筑和养护等，其质量控制内容如下：

(1) 选择配合比的质量控制。

选择混凝土配合比，除应符合水工混凝土应有的抗压、抗渗、抗冻、抗裂等要求外，还要满足施工和易性的要求，并采取措施合理降低水泥用量。对于大体积建筑物的内部混凝土，还应注意其胶凝材料用量的控制。

混凝土的水灰比应以骨料在饱和面干状态下的混凝土单位用水量对单位胶凝材料用量的比值为准,单位胶凝材料用量为每立方米混凝土中水泥与混合材料重量的总和。

粗骨料级配及砂率的选择,应考虑骨料生产的平衡、混凝土和易性及最小单位用水量等要求,综合分析确定。

(2) 计量工序控制。

在计量工序中,每盘混凝土各组成材料计量结果的偏差应符合表6-5的规定。

表6-5 混凝土各组成材料计量允许偏差

组成材料	允 许 偏 差	
	水工混凝土施工	一般混凝土施工
水泥、掺合料	±1%	±2%
粗、细骨料	±2%	±3%
水、外加剂	±1%	±2%

每一工作班在正式称量前,应对计量设备进行零点校核。生产过程中应测定骨料的含水率,每一工作班应不少于一次。当含水率有明显变化时,应增加测定次数,依据检测结果及时调整用水量和骨料含量。

计量器具应定期鉴定,经中修、大修或迁移至新的地点后,也应进行鉴定。

(3) 搅拌工序控制。

在搅拌工序中,应控制其均匀性,不得有离析和泌水现象。混凝土搅拌的最短时间应符合《水工混凝土施工规范》(SL 677—2014)的规定。混凝土搅拌时间,每一工作班至少抽查两次。

混凝土搅拌完后,在搅拌地点和浇筑地点应分别取样检测对其拌和物的稠度,每一工作班不应少于一次。拌和物的质量指标应符合有关设计或规范要求。

应经常对拌和设备进行下列项目检验:

1) 拌和物的均匀性。
2) 各种条件下适宜的拌和时间。
3) 衡器的准确性。
4) 拌和机及叶片的磨损情况。

若发现问题,应立即进行处理。

(4) 运输工序控制。

选择的混凝土运输设备和运输能力应与拌和、浇筑能力、仓面具体情况及钢筋、模板吊运的需要相适应,以保证混凝土运输的质量。

在运输工序中,应控制混凝土运至浇筑地点后,不离析、不分层、组成成分不发生变化,并能保证施工所需的稠度。

运送混凝土的容器或管道,应不吸水,不漏浆,并保证卸料及输送通畅。混凝土运输时间不宜超过表6-6的规定。

表6-6　　　　　　　　　混凝土运输时间

气温/℃	混凝土运输时间/min
21~30	30
10~20	45
5~9	60

注　本表数值未考虑外加剂、混合材料及其他特殊施工措施的影响。

混凝土运送至浇筑地点,如混凝土拌和物出现离析或分层现象,应对混凝土拌和物进行二次搅拌。混凝土运至指定卸料地点时,应检测其稠度。所测稠度应符合设计施工要求。

因故停歇过久,混凝土产生初凝时,应按作废料处理。在任何情况下,严禁中途加水后运入仓内。

(5) 浇筑质量控制。

建筑物地基必须验收合格后,方可进行混凝土浇筑的准备工作。

浇筑混凝土前,应检查和控制模板、钢筋、保护层和预埋件等的尺寸、规格、数量和位置,其偏差应符合施工规范的要求。

混凝土的浇筑应按一定的厚度、次序、方向,分层进行。混凝土的浇筑层厚度,应根据拌和能力、运输距离、浇筑速度、气温及振捣器的性能等因素确定。

在浇筑施工中,应控制混凝土的均匀性和密实性。

混凝土拌和物运至浇筑地点后,应立即入仓浇筑。在浇筑中,若混凝土拌和物均匀性和稠度发生较大变化,应及时处理。柱、墙、底板等结构竖向浇筑高度超过3m时,应采用串筒、溜管或振动溜管浇筑混凝土。

混凝土应振捣成型,根据施工对象及混凝土拌和物性质应适当选择振捣器。

(6) 养护控制。

在养护工序中,应控制混凝土处在有利于硬化及强度增长的温度和湿度环境中,使硬化后的混凝土具有必要的强度和耐久性。

大体积混凝土的养护,应使温差控制在设计要求的范围内,当无设计要求时,温差不宜超过25℃。冬季浇筑混凝土,应养护到具有抗冻能力的临界强度后，方可撤除养护措施。

[案例6-3] 某民用建筑施工工序质量控制点设置

(1) 某工程工序质量控制点设置见表6-7。

表6-7　　某工程工序质量控制点设置

编号	名　称	编号	名　称
基-1	防止深基础塌方	结-7	预应力张拉
基-2	钢筋混凝土桩垂直度控制	结-8	混凝土砂浆试块强度
基-3	砂垫层密实度	结-9	试块标准养护
基-4	独立基础钢筋绑扎	装-1	阳台地坪
结-1	高层建筑垂直度控制	装-2	屋面油毡
结-2	楼面标高控制	装-3	门窗装修
结-3	大模板施工	装-4	细石混凝土地坪
结-4	墙体混凝土浇捣	装-5	木制品油漆
结-5	砖墙黏结率	装-6	水泥砂浆粉刷
结-6	混合结构内外墙同步砌筑		

(2) "基-4"工序质量控制点的内容及要求见表6-8。

表6-8　　工序质量控制点的内容及要求（基-4）

工序控制点名称	工作内容	执行人员	标　准	检查工具	检查频次
独立基础钢筋绑扎	防止插筋偏位保护层达到规范要求	施工员 质量员 技术员	钢筋位置位移控制在±5mm，箍筋间距±10mm，搭接长度不少于35d，有垫块确保保护层20mm厚，混凝土浇捣时不能一次卸料	钢尺 线锤 目测	逐个检查

技术要求：

(1) 在垫层上先弹线，经技术员复核验收后，才能绑扎钢筋。

(2) 先扎底板及基础梁钢筋，最后扎柱头插铁钢筋。

(3) 插筋露面处，固定环箍不少于3个。

(4) 基础面与柱交接处，应固定牢中心线并确保位置正确，控制钢筋位置垂直以及保护层和中距位置。

(5) 木工施工员、技术员要验收位置及标高。

(6) 浇混凝土时，振捣要注意插筋位置，不得将振捣棒振偏钢筋，并关注钢筋位置。

(7) 插筋露面、环箍大小、钢筋翻样要严格按图进行，不能任意改动。

(8) 钢筋与基础相连部位，必要时用电焊固定。

第五节 工程质量检验与验收

一、工程质量检验

1. 什么是工程质量检验

工程质量检验（construction quality inspection）就是依据一个既定的质量标准，采用一定的方法和手段来评价工程或产品质量特性的工作。工程质量检验是工程质量控制的重要组成部分，其为质量控制提供相关数据或信息。质量检验的主要工作是对工程或产品的质量特征性能进行量度。

2. 工程质量检验的目的

工程质量检验的目的主要包括：

(1) 判断工程产品、建筑原材料质量是否符合规定要求或设计标准。

(2) 判定工序是否正常，测定工序能力，进而对工序实行质量控制。

(3) 评定工程产品质量的等级。如通过对水电站水轮发电机组安装质量检验，得到检验数据，将其和质量评定等级标准比较，进而评定出机组安装质量的等级。

(4) 评定质量检验人员（包括操作者自我检查）的工作准确程度。

3. 工程质量检验的作用与任务

工程质量检验是工程质量形成过程中不可缺少的环节，是工程建设中的重要工序，是工程质量控制的一项重要工作。在工程的设计施工中，搞好质量检验工作，不但可以对工程的原材料或原始数据、施工中构配件质量、中间工序质量以及分项工程质量是否满足要求做出正确的判断，而且还能收集到有关工程质量与操作质量的动态信息，为制定和改进质量措施，以及为改进质量管理工作提供可靠的依据，从而使整个工程的质量处于控制之中。

工程质量检验对保证工程项目质量有下列三方面作用：

(1) 把关作用或保证作用。把关就是通过对工程实体的检查或测试，防止不符合技术质量标准的工程或产品流入下道工序或交付用户，把住质量关。对于不合格的工程或产品，要进行返工、修整或重新设计，使之达到规范要求之后才可进入下道工序或交付用户。要严格做到不合格的原材料、半成品不使用到工程上，不合格的工程不交工（或不合格的图纸不交付施工）。

(2) 预防作用。就是采用先进的检查方法和手段，把发生或可能发生的质量问题解决在设计、施工过程之中，防止最终出现不合格的工程。"以预防为主"进行质量控制是全面质量管理的一个重要思想。

（3）报告作用或反馈作用。就是把在工程质量检验中所收集到的数据、情况做好记录，进行汇总分析，综合评价，然后向有关部门报告，即把质量信息反馈给这些部门。如果从反馈来的质量信息中发现存在质量问题，设计、施工的有关部门应迅速采取果断有效的措施加以处置，以确保工程或产品质量的稳定和提高。

4. 工程质量检验的必备条件

业主方工程师（或委托的监理工程师）对承包方实施有效的质量监理，是建立在开展质量检验基础上的。而进行质量检验必须具备一定的条件，否则会导致检验工作质量低下（如误判、漏检等现象），致使对施工承包方的质量监理成为一句空话。

工程师质量检验必备的条件包括以下方面：

（1）要具有一定的检验技术力量。要根据工程实际需要，来配齐各类质量检验人员。在这些质量检验人员中，应配有一定比例的具有一定理论水平和实践经验或经专业考核获取检验资格的骨干人员。

（2）要建立一套严密的科学管理制度。为保证有条不紊地对施工质量进行检验，并保证质量检验工作的质量，以提供准确的质量信息，必须建立一套完整的管理制度。这些制度包括质量检验人员岗位责任制、检验工程质量责任制、检验人员技术考核和培训制度、检验设备管理制度、检验资料管理制度、检验报告编写及管理制度等。

（3）要求施工承包方建立完善的质量检验制度和相应的机构。监理方的质量检验是建立在施工承包方"三检"，即初检、复检、终检的基础上的。在施工承包方"三检"制度不健全或质量不高的情况下，监理方有权拒绝检查验收和签证，直到"三检"工作符合要求为止。

（4）要配备符合标准并满足检验工作要求的检验手段。监理只有配备了符合标准并满足检验工作要求的检验手段，才能直接、准确地获得第一手资料，切切实实做到对工程质量心中有数，进行有效的质量监理。检验手段包括除去感觉性检验以外的其他检验所需要的一切量具、测具、工具、无损检测设备、理化试验设备等，如土工试验仪器、压力机等。

（5）有适宜的检验条件。监理方质量检验工作的条件包括：

1）进行质量检验的工作条件：如试验室、场地、作业面和保证安全的手段等。

2）保证检验质量的技术条件：如照明、空气温度、湿度、防尘、防震等。

3）质量检验评价条件：主要是指合同中写明的、进行质量检验和评价所依据的技术标准。

5. 工程质量检验的内容

工程质量检验工作包括以下几项内容：

（1）将质量标准具体化。标准具体化就是把技术法规和标准（或设计要求）、工艺规程等转换成体现质量标准的数量界线，并在质量检验中正确执行。

（2）对工程或产品的质量特征性能进行检测量度。它包括检查人员的感官度量，机械器具的测量和仪表仪器的测试或化验分析等。通过检测量度，提出工程或产品质量特性值的报告。

（3）将检测量度出来的质量特性值同该工程或产品的质量要求（技术标准或设计要求）相比较。

（4）根据上述比较结果，作出切合工程实际的判断。判断工程或产品的质量是否符合规定等级，判断亦称评定。判断要用事实和数据说话，以标准、规范为准绳，防止主观性，避免片面性。

（5）根据判断的结果进行处理。对合格的工程或产品给予通过。对设计过程中没有通过的设计（产品），要反馈给有关部门，要求重新进行设计；对施工过程中没有通过的施工工序，要反馈给有关施工人员，给予调整、修复或返工处理。

（6）记录所获取的各种检验数据。记录要贯穿于整个质量检验的过程之中，要求把检验出来的质量特性值完整、准确、及时地记录下来，为工程产品质量评定提供依据。

6. 工程质量检验的分类

工程质量检验常按其检验方法、检验形式和检验内容等进行分类，而同种分类又可分为若干方式。不同的检验方式，反映的检验精度有所不同。因此，为准确、高效地对工程或产品质量进行检测，必须根据不同的对象适当地选择合理的检验方式。选择检验方式的基本原则是准确和高效。要尽可能准确地反映出实际情况，保证检验质量；要尽可能方便设计和施工，减少检验工作量，节省检验费用，缩短检验时间。

对于建筑安装工程，质量检验方式通常的分类如下。

（1）按检查内容分类，质量检验类型有：

1）外形检查。就是运用比较简单的检测工具和设备，通过实测实量，对原材料、半成品、成品或分项工程的外形尺寸等进行检查。

2）物理性能检查。即对工程或产品的组成部件、部位的物理性能进行检查，如对原材料、半成品、成品、构件、设备、容器等进行耐压、抗渗、抗热、绝缘等性能的检查；又如对混凝土和砂浆试块、结构构件等的抗压、抗弯、抗拉、抗剪等力学性能的检验。

3）化学性能检验。主要是分析化验材料的化学成分。如对水泥、钢材、沥青等原材料进行化学成分分析检验等。

（2）按生产流程分类，质量检验的类型有：

1）工前检验。就是在工程进行施工前所必须做的一些检验。如施工前的技术复核（图纸的自审与会审等）和对原材料、构件、外协作件等进行质量检验等。

2）中间检验。它是在工程或产品的质量形成过程中的检验。如在施工中间对中间产品或上道工序进行的质量检验，对隐蔽工程进行的质量检验等。

3）竣工检验。即工程产品形成后的检验，如分项工程、分部工程和单位工程竣工后进行的质量评定检查、试车检查、交工和验收检查等。

（3）按检验工作深度分类，质量检验的类型有：

1）全数检验。即对被检验的对象进行逐个、逐项（指有检验内容的项目或分项工程）检验，如对工程的重要部位、关键设备、关键工序等进行的全面检查。

2）抽样检验。就是从某一工程或某一工序的某检验项目中抽取一部分作为检查对象所进行的检查，用抽样检查的结果代表该工程或工序的全貌。

3）免检。即不需要检验就认为合格。

二、工程质量验收

1. 什么是工程质量验收

工程质量验收（construction quality acceptance）是指在某工程或部分工程施工完成之后，按相关标准或设计要求，对工程质量和成果进行评价的过程。达到相关标准或设计要求为通过验收。

工程质量验收是工程项目质量控制的重要环节。不同类型工程的质量验收办法略有差异。工程质量验收包括检验批质量验收、分项工程质量验收、分部工程质量验收、单位工程质量验收。

2. 工程质量验收的条件

（1）检验批质量验收合格应符合下列规定：

1）主控项目和一般项目的质量经抽样检验合格。

2）具有完整的施工操作依据、质量检查记录。

（2）分项工程质量验收合格应符合下列规定：

1）分项工程所含的检验批均应符合合格质量的规定。

2）分项工程所含的检验批的质量验收记录应完整。

（3）分部（子分部）工程质量验收合格应符合下列规定：

1）分部（子分部）工程所含分项工程的质量均应通过验收。

2) 质量控制资料应完整。

3) 地基与基础、主体结构和设备安装等分部工程有关安全及功能的检验和抽样检测结果应符合有关规定。

4) 观感质量验收应符合要求。

(4) 单位（子单位）工程质量验收合格应符合下列规定：

1) 单位（子单位）工程所含分部（子分部）工程的质量均应通过验收。

2) 质量控制资料应完整。

3) 单位（子单位）工程所含分部工程有关安全和功能的检测资料应完整。

4) 主要功能项目的抽查结果应符合相关专业质量验收规范的规定。

5) 观感质量验收应符合要求。

(5) 工程质量验收记录应符合相关标准的要求。

(6) 当建筑工程质量不符合要求时，应按下列规定进行处理：

1) 经返工重做或更换器具、设备的检验批，应重新进行验收。

2) 经有资质的检测单位的重新检测鉴定，能达到设计要求的工程，应予以验收。

3) 经有资质的检测单位检测鉴定达不到设计要求、但经原设计单位核算认可能够满足结构安全和使用功能的检验批，可予以验收。

4) 经返修或加固处理的分项、分部工程，虽然改变外形尺寸但仍能满足安全使用要求，可按技术处理方案和协商文件进行验收。

(7) 通过返修或加固处理仍不能满足安全使用要求的分部工程、单位（子单位）工程，严禁验收。

3. 工程质量验收的程序和组织

(1) 检验批及分项工程应由监理方（或项目业主方技术负责人）组织施工方项目专业质量（技术）负责人等进行验收。

(2) 分部工程应由项目总监理工程师（或项目业主方负责人）组织施工方项目负责人和技术、质量负责人等进行验收；地基与基础、主体结构分部工程的勘察、设计方工程项目负责人也应参加相关分部工程验收。

(3) 单位工程完工后，施工方应自行组织有关人员进行检查评定，并向业主方提交工程验收报告。

(4) 业主方收到工程验收报告后，应由业主方（项目）负责人组织施工（含分包单位）、设计、监理等单位（项目）负责人进行单位（子单位）工程验收。

(5) 单位工程有分包方施工时，分包方对所承包的工程项目应按标准规定的程序检查评定，总包方应派人参加。分包工程完成后，应将工程有关资料移交总包方。

（6）当参加验收各方对工程质量验收意见不一致时，可请当地建设行政主管部门或工程质量监督机构协调处理。

（7）单位工程质量验收合格后，业主方应在规定时间内将工程竣工验收报告和有关文件，报建设行政管理部门备案。

4. 工程质量缺陷处理

工程质量不符合相关标准或设计要求时则为质量缺陷，其应按下列规定进行处理。

（1）经返工或更换设备的工程，应该重新检查验收。

（2）经有资质的检测单位的重新检测鉴定，能达到设计要求的工程，应予以验收。

（3）经返修或加固处理的工程，虽局部尺寸等不符合设计要求，但仍然能满足使用要求，可按技术处理方案和协商文件进行验收。

（4）经返修和加固处理后仍不能满足使用要求的工程严禁验收。

5. 工程质量事故处理

工程质量事故是指工程质量不符合相关标准或设计要求，并影响工程使用寿命和对工程安全运行造成隐患和危害的事件。工程质量事故发生后，业主方要组织相关方对事故原因进行分析，并提出处理方案。

6. 工程质量保修

工程承包方向业主方提交工程竣工验收报告时，应当同时出具质量保修书。质量保修书中应当明确工程的保修范围、保修期限和保修责任等。

[案例6-4] 施工质量事故处理实例（一）

某新建小区的10幢5~7层的条形砖混结构住宅，开发商委托G工程地质勘察单位对建筑地基进行了详细的勘察。经过公开招标，A承包方获得该工程的施工标，2018年3月10幢楼相继开工建设。到2019年9月工程即将竣工时，10幢条形建筑中的3幢建筑的部分墙体开裂，裂缝多为斜向裂缝，从1~7层均有出现，且部分有呈外倾之势；3幢建筑均产生严重的地基不均匀沉降，最大沉降差达150mm。

事故发生后，有关部门对该工程质量事故进行了鉴定，审查了工程的有关勘察、设计、施工资料，对工程地质又进行了详细的补勘。经查明，在该新建小区的地下有一古河道通过，古河道沟谷内沉积了淤泥层，该淤泥层系新近沉积物，土质特别柔软，属于高压缩性、低承载力土层，且厚度较大，在建筑基底附加压力作用下，产生较大的沉降。古河道通过的3幢建筑物均产生了严重的地基不均匀沉降，均需要对地基进行加固处理，小区内其他7幢建筑物（古河道未通过）均未出现类似情况。该工程地质勘察单位在对工程地质进行详勘时，对所勘察的数据（如淤泥质土的标准贯入度仅为3，而其他地方为7~12）未能引起足够的重视，对地下土层出现了较低承载力的现象未引起重视，轻易地对地基土进行分类判定，将淤泥定为淤泥质粉土，提出其承载力为100kN，E_s为4MPa。设计单位根据地质勘察报告，设计基础为浅基础，宽度为2800mm，每延米设计荷载为270kN，其埋深为1.4~2.0m。该工程后经地基加固处理后投入正常使用，但造成了较大的经济损失，经法院审理判决，工程地质勘察单位向开发商赔偿经济损失150万元。

[案例6-5] 施工质量事故处理实例（二）

（一）案例背景

2018年，W市J地产公司开发的住宅工程项目，A5号楼工程，地下一层，地上18层，结构设计为：剪力墙结构，筏板基础。某建筑公司在地下室结构施工过程中，由于工期紧，施工任务重，且地下室剪力墙较高（设计层高为5.8m）剪力墙模板加固完后，为了赶工期，在施工准备不充分的情况下，连夜仓促进行混凝土浇筑。结果，在剪力墙模板拆除后，发现墙体混凝土胀模，更为严重的是因为漏振，混凝土多处出现"蜂窝"及大的"空洞"，造成严重的质量事故，经济损失约20万元。

（二）施工质量事故原因分析

1. 技术方面

（1）经事故现场调查，在混凝土施工前，项目部技术人员未对混凝土施工班组进行技术交底，且项目部把混凝土工程进行了分包，而施工人员都是包工头临时找的劳务工拼凑而成，混凝土振捣工未掌握技术要领，随意振捣，而且工人偷懒，现场项目部管理人员脱岗，工程许多部位漏振，这是造成这次事故的主要原因。

（2）在施工方案中，对于地下室剪力墙模板加固的措施，无针对性及书面计算书，而是套用电脑下载的其他工程的做法，使得固定剪力墙模板的"拉墙杆"间距过大，数量不够，造成混凝土"胀模"现象。

（3）在混凝土浇筑方案中，未制定严密科学的混凝土浇筑和振捣方案，对混凝土浇筑顺序、浇筑方向、浇筑方式（全面分层、分段分层、斜面分层）等质量控制点及关键工序没有明确要求，混凝土随意浇筑，出现漏振现象在所难免。

（4）混凝土搅拌站拌制的混凝土颗粒级配不合理，坍落度偏小，和易性差，而且未严格掌握混凝土配合比及外加缓凝剂配合比例，以及混凝土运输、供应不及时等原因，也是造成混凝土工程出现"蜂窝"及"空洞"

的一个重要原因。

2. 管理方面

(1) 项目部"以包带管"的思想严重。项目部对分项工程采用分包模式，但对劳务队的施工水平不了解且管理水平低，没有健全的质量管理和质量保证体系，对进场的工人未进行岗前培训和教育，未设专门的混凝土施工管理人员，而是依靠分包方的管理水平来管理，出现这样的质量事故，也就不是偶然事件了。

(2) 技术负责人编制的施工方案，未报上级部门审批，而且模板安装后，未组织专项验收，"三检"制度未落实。

(3) 监理单位未严格审核施工单位上报的施工组织设计及模板和混凝土施工的专项施工方案，监理人员对旁站监理制度未落实。

（三）工程质量事故处理

(1) 事故发生后，由业主方牵头组成了事故调查组（按照法律规定应由行业质量监督部门组织），认定这是一起混凝土质量事故。经事故调查组同意，工程事故处理是由承包方编制专项的事故处理方案，并邀请有关专家审核同意后实施，监理方全过程监控。

(2) 具体处理方案是：对混凝土蜂窝及空洞周边已硬化的混凝土表面，应使用人工清除水泥薄膜和松动的石子以及软弱混凝土层，并加以充分湿润和冲洗干净，且不得积水。浇筑混凝土前，先在周边混凝土面上刷一层水泥浆或界面剂。然后支模板，模板上口做成喇叭口状。填充用混凝土，采用专门用于混凝土孔洞修补用的由专业厂家按配比生产并有质量保证书的成品料，即"平自流"混凝土，免振捣，自密实。拌制时严格按使用说明书要求的水与干料的比例拌制，混凝土强度等级比原结构强度提高一个等级，浇筑完后，安排专人负责，保持至少15天的湿润养护。

(3) 对相关监理人员的处理：业主方根据事故造成的损失，对监理公司罚款1万元，监理方根据公司相关规定，对项目总监、专业监理工程师及监理员进行了相应的处罚。

（四）相关各方责任分析

1. 施工方责任

(1) 我国《建筑法》第二十九条规定：建筑工程总承包单位可以将承包工程中的部分工程发包给具有相应资质条件的分包单位，也可以将非主体工程或者劳务作业分包给具有相应专业承包资质或者劳务资质的其他建筑业企业。

施工单位违反此规定，将混凝土工程凭关系分包给不具有资质的劳务队，属违法行为。

(2)《建设工程质量管理条例》第二十六条规定：施工单位对建设工程的施工质量负责。

施工单位应当建立质量保证体系，实行质量责任制。此案例中，施工方未设专门的混凝土施工管理负责人，而是劳务队"以包代管"。

(3)《建设工程质量管理条例》第二十六条规定：施工单位必须建立、健全施工质量的检验制度，严格工序管理，做好隐蔽工程的质量检查和记录。此案例中，施工方为了赶进度，根本没有进行自我检查验收，而进行下道工序的施工。

2. 监理方责任

(1) 根据我国《建筑法》第三十五条规定：工程监理单位不按照委托监理合同的约定履行监理义务，对应当监督检查的项目不检查或者不按照规定检查，给建设单位造成损失的应当承担相应的赔偿责任。本案例中，监理对施工方上报的模板工程和混凝土工程专项方案，未认真审核，对隐蔽工程未按照规定认真检查验收，对混凝土浇筑过程该旁站的不旁站，甚至脱岗，未履行监理的职责。监理的以上做法，严重违反了此规定，属禁止监理单位实施的违法行为。

(2)《建设工程质量管理条例》第三十六条规定：监理方代表建设单位/业主方对施工质量实施监理，并对施工质量承担监理责任。此规定表明：不管是因为监理方的能力不够，还是因为监理方的失职或是不作为，只要发生了质量事故，监理方就要承担监理责任。

(3) 现场监理人员责任心不强，该检查的未检查或未认真检查，该旁站的不旁站。

[案例6-6] **工程施工质量保修**

某建筑公司与某学校签订一宗建设工程施工合同，明确承包方（建筑公司）保质、保量、保工期完成业主方（学校）的教学楼施工任务。工程竣工后，承包方向业主方提交了竣工报告。业主方为不影响学生上课，还没有组织验收便直接使用了。使用中，业主方发现教学楼存在质量问题，要求承包方修理。承包方则认为工程未经验收，业主方提前使用出现质量问题，承包方不承担责任。

[问题] (1) 依据有关法律、法规，该质量问题的责任由谁承担？

(2) 工程未经验收业主方提前使用，可否视为工程已交付，承包方不再承担质量责任？

(3) 发生上述问题后，承包方的保修责任应如何履行？

(4) 上述纠纷，业主方和承包方可以通过何种方式解决？

[解析]（1）根据《中华人民共和国建筑法》规定，该工程质量问题的责任应由业主方承担责任。

（2）可视为业主方已接收该项工程，但不能免除承包方负责保修的责任。

（3）承包方保修责任，应依据建设工程保修规定履行。

（4）业主方和承包方可通过协商、调解解决，或按合同条款规定提出仲裁或诉讼。

思 考 和 练 习 题

6-1 质量的内涵是什么？工程质量主要包括哪些方面？

6-2 工作质量、工序质量和产品质量有何区别和联系？

6-3 工程项目质量主要特点和影响因素有哪些？

6-4 工程设计与工程施工计划有何异同？

6-5 全面质量控制（TQC）的四个阶段八个步骤主要包括哪些？

6-6 工程设计质量与施工质量控制相比有何特点？

6-7 工程施工工艺质量控制的内容和过程是什么？

6-8 什么是施工质量控制点？其设置的过程如何？

6-9 为何业主方对工程施工质量控制主要委托专业监理方来完成？

6-10 为何监理方的质量检验必须建立在施工承包方的"三检"基础上？

第七章 工程项目安全与环境管理

本章知识要点与学习要求

序号	知识要点	学习要求
1	工程项目安全的相关概念	掌握
2	工程项目安全事故及其诱因、特点和分类	掌握
3	工程项目环境及其保护相关概念	掌握
4	工程项目安全目标和安全计划编制	熟悉
5	工程项目安全事故控制的主要内容	熟悉
6	工程项目事故预案编制和事故预防	熟悉
7	工程项目面临的环境污染问题	了解
8	工程项目环境污染控制	了解

第一节 工程项目安全与环境

一、工程项目安全与安全事故

1. 什么是安全

"无危则安、无损则全"是对安全（safety）最早的解读与诠释，没有危险没有缺损就是安全的。随着对安全问题研究的不断深入，人们对安全的概念有了更深的认识，并从不同的角度对其进行了定义，例如：

（1）国家标准《职业健康安全管理体系》（GB/T 28001—2016）将安全定义为：免除了不可接受的损害风险的状态。该定义与风险相关，而风险一般被认为是不良后果的可能性，因而这里安全的内涵可解读为免除了不可接受的损害可能发生的状态；也可正面表达为，足以保持其正常的、完好的状态，而免遭不可接受损害的现象。这里"不可接受的损失"经常应该指重大财产损失、人员伤亡等。

（2）国际民航组织将安全定义为是一种状态，即通过持续的危险识别和风险管理过程，将人员伤害或财产损失的风险降低并保持在可接受的水平或其以下。

（3）美国军用标准《系统安全大纲要求》将安全定义为：没有引起死亡、伤害、职业病或财产、设备的损坏或损失或环境危害的条件。

显然，定义（1）较宽泛，并没有明确损害是什么，而定义（2）和（3）中，则明确损害包括财产损失和人员伤亡。其中定义（3）中还包括了环境危害。

上述表明，在不同领域，人们对安全的定义并不完全统一，但基本内涵是相近的，即安全是人或事物的一种状态，这种状态足以保持正常和完好。

2. 什么是工程项目安全

广义来说，工程项目安全有两个方面的含义：一方面是指建筑物本身的安全，即质量达到合同要求、能在设计规定的年限内保持完好与正常使用，其主要取决于设计和施工质量；另一方面则是指工程项目实施过程的安全，其主要关注工程项目参与各方现场工作人员的安全，将对人员生命、财产可能产生的损害控制在能接受的水平以下。一般而言，工程项目安全是指工程项目实施过程的安全，即工程施工安全。

工程施工安全一般由工程施工方负主要责任。实施施工总承包的，由总承包方负责；分包单位向总承包方负责，服从总承包方对施工现场的安全管理。工程施工方通过贯彻法规，以及采取技术、组织等手段规范劳动者的行为，控制劳动对象、劳动手段和施工环境条件，消除或减少不安全因素，努力达到工程施工的最佳安全状态，实现工程项目安全目标。当然工程发包方、监理方对工程施工安全负有监管责任。

3. 什么是工程项目安全事故

安全事故（safety/security accident）是在生产活动中，由于人们受到科学知识和技术力量的限制，或者由于认识上的局限，当前还不能防止，或能防止但未有效控制而发生的违背人们意愿的事件序列。

事故的发生可能迫使活动暂时或永久地停止，造成财产损失或人员伤亡。工程项目安全事故指在建工程施工现场发生的安全事故，一般会造成人身伤亡或伤害，要求包括急救在内的医疗救护，或造成财产、设备、工艺等损失。

4. 工程项目安全事故的诱因、特点和分类

（1）工程项目安全事故的诱因。有学者将其归结为四类因素，即人（man）、物（matter）、媒介（medium）或环境、管理（management），简称"4M"因素。

1）人的不安全行为。一般地，将造成事故的人为错误视为不安全的行为。例如，操作失误、忽视安全与警告、使用不安全设备、进入危险场所、处于不安全位置、违纪违章等。

2）物的不安全状态。一切设备设施等生产资料和物质资料称为物，在生

产活动中，物的不安全状态极易出现。例如，原材料强度不足、设备装置的缺陷或不合格的防护，机器工具设计不安全等。物的不安全状态一般都与人的不安全行为有关，其不仅表征了物的自身特性，而且反映了人的素质和决策水平。

3）媒介或环境的不利因素。媒介或环境的内涵十分丰富，此处是指对施工安全产生影响的媒介或环境，即安全媒介或环境。不良安全媒介或环境会对人的行为和机械设备产生负面的影响，主要来自三个方面：社会方面，如不稳定的政治环境、紊乱的治安秩序等；自然方面，如严寒酷暑、龙卷风等恶劣天气；施工现场及周围的因素，如现场布置杂乱无序、布局不合理、照明不足或强光刺眼、视线不畅、沟渠纵横、通道狭窄、粉尘飞扬、噪声刺耳等，恶劣的现场工作环境会使劳动者生理、心理难以承受，从而诱发安全事故。

4）管理上的缺陷。管理的欠缺对人、物、媒介或环境都会产生不利作用和影响。例如，安全规章制度缺失、责任主体不清晰、执行力度不足、安全文化的缺失、人员的安全教育培训薄弱、安全生产资金投入匮乏等。虽然管理上的缺陷并非导致事故最为直接的原因，但往往是根本原因，影响也十分大。

（2）工程项目安全事故的特点如下：

1）严重性。建设工程发生安全事故，其影响往往较大，会直接导致人员伤亡或财产的损失，给广大人民生命和财产带来巨大损失，重大安全事故往往会导致群死群伤或巨大财产损失。近年来，安全事故死亡人数和事故起数仅次于交通、矿山，成为人民关注的热点问题之一。因此，对建设工程安全事故隐患决不能掉以轻心，一旦发生安全事故，其造成的损失将无法挽回。

2）复杂性。建设工程施工生产的特点，决定了影响建设工程安全生产的因素有很多，造成工程安全事故的原因错综复杂，即使是同一类安全事故，其发生的原因可能多种多样。这样，分析在安全事故时，增加了判断其性质、原因（直接原因、间接原因、主要原因）等的复杂性。

3）可变性。在许多建设工程施工过程中会出现安全事故隐患，这些安全事故隐患并非静止的，而是会随着时间而不断地演变和发展，若不及时整改和处理，往往可能恶化成严重或重大安全事故。因此，在分析与处理工程安全事故隐患时，要重视安全事故隐患的可变性，应及时采取有效措施，进行纠正、消除，杜绝其发展恶化为安全事故。

4）多发性。建设工程中的安全事故，常发生于建设工程某部位或工序或作业活动之中，例如，物体打击事故、触电事故、高处坠落事故、坍塌事故、起重机械事故、中毒事故等。因此，对多发性安全事故，应注意吸取教训，总结经验，采用有效预防措施，加强事前预控、事中控制。

（3）工程项目安全事故分类。安全事故的分类方法和标准很多，根据不同的方法和标准可以得出不同的安全事故分类结果。

《企业职工伤亡事故分类标准》(GB 6441—86) 将事故分为物体打击、车辆伤害、机械伤害、起重伤害、触电、淹溺、灼烫、火灾、高处坠落、坍塌、冒顶片帮、透水、放炮、瓦斯爆炸、火药爆炸、锅炉爆炸、容器爆炸、其他爆炸、中毒和窒息及其他伤害等 20 种类型。其中高处坠落、物体打击、起重伤害、坍塌和机械伤害是建筑工程项目多发的 5 种事故类型。

《生产安全事故报告和调查处理条例》(国务院令第 493 号),将安全事故按照造成的人员伤亡或者直接经济损失划分为特别重大、重大、较大和一般事故 4 个等级。

1) 特别重大事故,是指造成 30 人以上死亡,或者 100 人以上重伤(包括急性工业中毒,下同),或者 1 亿元以上直接经济损失的事故。

2) 重大事故,是指造成 10 人以上 30 人以下死亡,或者 50 人以上 100 人以下重伤,或者 5000 万元以上 1 亿元以下直接经济损失的事故。

3) 较大事故,是指造成 3 人以上 10 人以下死亡,或者 10 人以上 50 人以下重伤,或者 1000 万元以上 5000 万元以下直接经济损失的事故。

4) 一般事故,是指造成 3 人以下死亡,或者 10 人以下重伤,或者 1000 万元以下直接经济损失的事故。

上文所称的"以上"包括本数,所称的"以下"不包括本数。

[案例 7-1] "11·24" 丰城电厂冷却塔施工平台倒塌事故 (2016 年)

2016 年 11 月 24 日,江西丰城发电厂三期扩建工程发生冷却塔施工平台坍塌特别重大事故,造成 73 人死亡、2 人受伤,直接经济损失 10197.2 万元。国务院组成调查组对事故进行调查。

调查组查明,冷却塔施工方施工现场管理混乱,未按要求制定拆模作业管理控制措施,对拆模工序管理失控。事发当日,在 7 号冷却塔第 50 节筒壁混凝土强度不足的情况下,违规拆除模板,致使筒壁混凝土失去模板支护,不足以承受上部荷载,造成第 50 节及以上筒壁混凝土和模架体系连续倾塌坠落。

调查组认定,工程总承包方对施工方案审查不严,对施工分包方缺乏有效管控,未发现和制止施工人员违规拆模等行为。其所属母公司未有效督促其认真执行安全生产法规标准。工程监理方未按照规定要求细化监管措施,对拆模工序等风险控制点失管失控,未纠正施工方违规拆模行为。建设单位/工程发包方未按规定组织对工期调整、对施工安全影响进行论证和评估,项目建设组织管理混乱。中国电力企业联合会所属电力工程质量监督总站违规使用建设单位人员组建工程质量监督项目站,未能及时发现和纠正压缩合理工期等问题。丰城市政府及其相关职能部门违规同意及批复设立混凝土搅拌站,对违法建设、生产和销售预拌混凝土的行为失察。
(来源:http://www.gov.cn/xinwen/2016-11/24/content_5137180.htm)

[解析] 工程直接参与方行为不规范,工程监管方监管不到位是本事故发生的诱因。而其中只要有一个环节能严格遵守工程施工安全管理规定,阻止不当的拆模作业,也许就能避免该事故的发生。

二、工程项目环境及其保护

1. 什么是工程项目环境

环境(environmental)是指与人类密切相关的、影响人类生活和生产活动的各种自然力量或作用的综合,既包括土地、水、空气、自然资源、动物、植物等各种自然因素的组合,还包括人类与自然因素间相互形成的生态关系的组合。一旦环境遭受破坏,将会严重影响人类社会的可持续发展,因此需要增强环境保护意识,加强环境保护工作。

工程项目环境主要指工程施工现场及周边的环境。工程施工过程不仅会消耗大量的自然资源,而且会向自然界排放废水、废气、废渣、噪声等,形成环境污染,并对项目周边环境造成负面影响。因此,需要解决好工程项目施工过程中出现的各种环境问题。

2. 什么是工程项目环境保护

工程项目环境保护(environmental protection)是为了避免和减少现场施工对周边地区环境以及对公众生产和生活环境的不良影响,按照法律法规、各级主管部门和企业的要求,保护和改善作业现场的环境,控制现场的各种粉尘、废水、废气、固体废弃物、噪声、振动等,减少对环境的污染和危害。

在我国《建设工程项目管理规范》(GB/T 50236—2017)中,对施工现场的环境管理提出如下的要求:

(1)工程施工方案和专项措施应保证施工现场及周边环境安全、文明,减少噪声污染、光污染、水污染及大气污染,杜绝重大污染事件的发生。

(2)在施工过程中应进行垃圾分类,实现固体废弃物的循环利用,设专人按规定处置有毒有害物质,禁止将有毒、有害废弃物用于现场回填或混入建筑垃圾中外运。

(3)按照分区划块原则,规范施工污染排放和资源消耗管理,进行定期检查或测量,实施预控和纠偏措施,保持现场良好的作业环境和卫生条件。

(4)针对施工污染源或污染因素,进行环境风险分析,制定环境污染应急预案,预防可能出现的非预期损害;在发生环境事故时,进行应急响应以消除或减少污染，隔离污染源并采取相应措施防止二次污染。

第二节 工程项目安全计划

工程项目安全管理是在确定安全目标的基础上，进行的计划、组织、指挥、协调和控制等活动，具体内容包括安全管理组织和责任制、安全技术和投入、安全教育培训、安全检查和事故应急预案等方面。

一、安全管理组织和安全责任分工计划

在企业安全管理体制下，应明确项目经理为工程项目安全生产第一责任人，对安全生产工作负全面责任；设立安全总监负责具体安全工作，成立由安全质量部、技术部、设备部、物资部、试验室、办公室等科室领导组成的安全文明施工领导小组。

(1) 安全质量部。为专门的安全监督管理部门，依据工程建设规模，按照国家持证上岗管理规定，配齐与项目管理相适应的专职安全员，监督施工技术、方案的落实情况，监督落实施工人员安全教育、特殊工种持证上岗情况，监督落实劳保用品的发放、使用情况，检查监督违章作业情况，抓好文明施工、消防安全、环境保护和社会治安综合治理等工作。

(2) 技术部。负责施工技术、质量造成的安全问题，负责施工技术交底，施工方案的安全性评估，对危险性较大的分部分项工程做出专项施工方案。

(3) 设备部。处理由设备问题造成的安全问题，并保证操作机械设备的人员均持有国家专门机构颁发的操作证。

(4) 物资部。对购入的所有材料都要经过试验室检验合格才能投入使用；试验室监督检验施工材料是否合格，施工得出的产品是否符合要求。

对大型工程项目，有必要成立消防领导小组、防汛领导小组、事故处理、纠纷调解领导小组。

各部门分工合作，互相监督承担涉及安全生产内容的相应责任；同时，在施工各班组均设有不脱产的安全监督员，负责安全生产前沿工作。从而形成纵向到底、横向到边的安全生产、文明施工管理格局，确保工程项目安全生产管理处于受控状态。

二、安全教育培训计划

安全教育培训计划是工程项目安全计划的重要组成部分，一个全面完善和切实可行的培训计划有助于安全教育培训工作的顺利实施。

1. 安全教育培训计划的制订原则

（1）可行性原则。项目安全教育培训计划的制订，应根据本项目生产经营状况、项目建设人员的安全意识、安全教育培训实际状况、安全教育培训的需求、安全教育培训经费等情况统筹兼顾，制订切实可行的安全教育培训计划。只有这样才能保证计划有条不紊地实施，达到安全教育培训的目的。

（2）重点与全面相结合的原则。在制订作业人员的安全教育培训计划时，应注意将安全教育培训对象的重点与全面教育的有机结合，以保证安全教育培训不留死角。在制定计划时，要保证特种作业人员、新员工、"四新"（新材料、新设备、新工艺、新技术）教育、转岗换岗教育等，按重点人员或岗位优先原则进行安全教育培训。同时，要兼顾全员教育，保证项目所有人员都能及时地受到最新的安全教育培训。

（3）系统性原则。制订安全教育培训计划要根据项目的实际情况，对项目的全体人员进行全面的、有条理的、有连续性的安全教育培训。同时，教育的内容要有系统性，要对参加人员进行系统的安全理论、安全知识、安全操作技能教育。

（4）针对性原则。安全教育培训计划要体现出将安全教育培训与项目生产管理的有机结合，与系统性原则的侧重点不同，重点是对项目生产过程中暴露出来的问题进行有针对性的安全教育培训。

2. 安全教育培训计划的制订步骤

按照安全教育培训计划制订的原则，由工程项目部的安全管理部门、总部安全主管部门及人力资源管理部门共同制订项目的安全教育培训计划。一般按照以下的步骤来制订计划：

（1）对安全教育培训进行需求分析，确定培训对象和教育培训应达到的效果、目标。

（2）确定安全教育培训的内容、方法、组织实施方案。

（3）明确所需培训经费、培训的教材、师资、时间、地点及管理措施。

（4）明确各相关部门在安全教育培训中的职责和义务。

（5）安全教育培训计划的实施安排。

（6）编制出安全教育培训的计划，并报主管领导审批。

3. 安全教育培训计划的编制

安全教育培训计划方案确定后，应着手编制计划。计划书通常分为综合计划和单项计划两种类型。年度安全教育培训计划或中长期安全教育培训计划、项目进场前安全教育培训计划都属于综合性计划，而就某次或某专项的教育培训计划则为单项计划。

两种类型安全教育培训计划书的具体内容虽然不完全相同，但一般都应包括安全教育培训的目的、培训的目标、培训的对象及人数、培训内容、培训组织、培训方法、培训时间，以及培训实施方案、实施地点、费用等内容。

(1) 安全教育培训的目的与目标。明确开展培训计划所定的安全教育培训活动或培训班的意义；根据培训需求分析，明确安全教育培训的对象及培训的顺序；明确安全教育培训应达到的效果目标。

(2) 安全教育培训计划的主要内容。明确安全教育培训的对象，即安全教育培训是全员安全教育培训，还是对某一层级岗位的安全教育培训（公司安全管理人员、项目经理、安全员、特种作业人员、技术管理人员、施工员、普通工人）。

(3) 安全教育培训计划的组织实施与管理。

根据制订、批准的培训计划，还应制定出具体的实施方案，包括具体培训人员姓名、单位、培训教材确定、讲课教师确定、讲课地点落实等。具体组织实施方案及所拟采取的管理措施是保证安全教育培训计划有效实施的重要保证。

落实各项培训措施。培训前应通知培训人员，使其能合理安排工作与培训时间，然后反馈到安全管理部门，进行最终培训人员、时间、地点的确定。

具体培训过程的管理。培训班开班后，要加强管理，确保教育培训的质量，管理责任人及具体职责，具体承办部门及协办部门，承办者或协办者的职责分工等。

考核、存档管理。为考察培训效果，必须对培训对象进行考核。考核可采取面试、笔试、实际操作等形式。特种作业人员必须通过法定部门的考试，合格者可取得上岗证。存档内容包括培训人员信息、培训时间、地点、考核结果等，应按安全档案的建档要求进行归档。

4. 分层安全教育培训

对工程项目而言，安全教育培训分工程项目部与施工班组两个培训层次。

(1) 工程项目部安全教育培训内容：

1) 介绍工程项目概况。如工程结构型式、工艺流程及其特点，项目部结构、安全生产组织状况及三级安全教育活动情况，危险区域、本项目的危险源和重大风险，劳动保护方面的规章制度和对劳动保护用品的穿戴要求和注意事项，事故多发部位、原因、有什么特殊规定和安全要求，介绍工地常见事故和对典型事故案例的剖析，介绍工地文明生产方面的具体做法和要求。

2) 根据项目特点介绍安全技术基础知识。如在立体交叉作业、电气设备多、起重设备多、生产人员多和高空作业生产场地比较拥挤等情景下，应教育工人遵守劳动纪律，穿戴好防护用品，小心衣服、发辫被卷进机器等；高空或临边作业应有安全防护措施等。其他如危险品仓库、油库等，均应根据各自的特点，对新进场工人进行安全技术知识教育。

3) 介绍防火知识。包括：防火的方针、易燃易爆品的情况、防火的要害部位及防火的特殊需要、消防用品放置地点、灭火器的性能、使用方法、车间消防组织情况、遇到火险如何处理、如何逃生等。

4) 组织新进场工人学习安全生产文件和安全操作规程制度，并应教育其听从指挥，安全生产。

（2）施工班组安全教育内容：

1) 本班组的生产特点、作业环境、危险区域、设备状况、消防设施等。重点介绍高温、高压、易燃易爆、有毒有害、腐蚀、高空作业等方面可能导致发生事故的危险因素，交代本班组容易出事故的部位和典型事故案例的剖析。

2) 讲解本工种的安全操作规程和岗位责任。重点讲思想上应时刻重视安全生产，自觉遵守安全操作规程，不违章作业；爱护和正确使用机器设备和工具；介绍各种安全活动以及作业环境的安全检查和交接班制度。告诉新工人出了事故或发现了事故隐患，应及时报告领导，采取措施。

3) 讲解如何正确使用爱护劳动保护用品和文明生产的要求。要强调进入施工现场和登高作业，必须戴好安全帽、系好安全带，工作场地要整洁，道路要畅通，物件堆放要整齐等。

4) 实行安全操作示范。组织重视安全、技术熟练、富有经验的老工人进行安全操作示范，边示范、边讲解，重点讲安全操作要领，说明怎样操作是危险的，怎样操作是安全的，不遵守操作规程将会造成的严重后果。

5. 专项安全教育培训

对于危险性较大、易发生安全事故的分部分项工程，例如，达到一定规模的基坑支护与降水工程、土方开挖工程、模板工程、起重吊装工程、拆除、爆破工程等，在施工前应进行专项的安全教育。专项安全教育一般可以采用安全技术交底的方式进行。但既称专项安全教育，其内容的全面性和深度应比安全技术交底更广、更深，受教育的工人也不仅限于从事该分部分项工程施工的人员。专项安全教育的重点是危险性较大的分部分项工程的专项施工方案、重大风险的应急预案、安全岗位专业人员如安全员以及特种作业人员的继续教育，按政府相关规定参加建设行政主管部门组织的安全生产继续教育培训的"三类人员"的教育培训等。

三、安全技术措施计划

1. 安全技术措施计划编制原则

（1）安全与生产统一的原则。将安全技术措施计划纳入工程施工整体计划之中，作为整体计划的一个重要组成部分。

（2）领导与群众相结合的原则。安全技术措施计划的制订和执行，应列入项目部的议事日程，项目经理应领导安全管理职能部门，并广泛吸收班组工人参与安全技术措施计划的编制及实施。

（3）少花钱、多办事的原则。首先要考虑计划措施是否是安全生产所必需，其次根据工程项目实际情况考虑可行性，力求措施计划可靠、有效。

（4）突出重点、点面结合的原则。对工程施工安全的重点问题，集中人力、物力、财力优先给予解决；对于一般安全问题适当安排解决，防止出现不分轻重缓急，力量分散的现象。

（5）依靠技术进步的原则。在选择措施方案时，要尽可能采用新技术、新工艺、新方案。

2. 安全技术措施计划编制程序

（1）项目经理根据工程情况，提出要求，进行布置。

（2）分工种或子项目制定安全技术措施计划，并组织群众讨论。

（3）安全质量管理部门汇总各工种或子项目制定安全技术措施计划，并对专项或重点安全技术措施计划组织研究，根据轻重缓急列出安全技术措施计划项目。

（4）项目经理组织安全质量、技术、计划等有关科室会审安全技术措施计划项目。

3. 安全技术措施计划项目的内容

（1）计划项目所属子项目或工作。

（2）技术措施名称。

（3）措施内容和目的。

（4）经费预算及来源。

（5）措施落实负责人。

（6）开工及完工日期。

（7）措施的预期效果。

4. 安全技术措施的经费支持

对于一般工程安全措施费用，通常包括在工程概算、预算，或工程合同价内；对于专项工程安全措施费用，经常采用单列的方式安排费用。因此，工程承包方在编制安全技术措施计划时，有必要根据工程合同，确定经费来源，以保证安全措施的落实。

四、安全检查计划

安全检查是发现、消除事故隐患，预防安全事故和职业危害比较有效和直接的方法之一，是主动性的安全防范。制定安全检查计划，即要结合工程项目实际，明确检查内容、合理选择检查形式和检查方法。

1. 工程项目施工安全检查的主要内容

建筑工程施工安全检查主要是以查安全思想、查安全责任、查安全制度、查安全措施、查安全防护、查设备设施、查教育培训、查操作行为、查劳动防护用品使用和查伤亡事故处理等为主要内容。安全检查要根据施工生产特点，具体确定检查的项目和检查的标准。

（1）查安全思想。主要是检查以项目经理为首的项目全体员工（包括分包作业人员）的安全生产意识和对安全生产工作的重视程度。

（2）查安全责任。主要是检查现场安全生产责任制的建立；安全生产责任目标的分解与考核情况；安全生产责任制与责任目标是否已落实到了每一个岗位和每一个人员，并得到了确认。

（3）查安全制度。主要是检查现场各项安全生产规章制度和安全技术操作规程的建立和执行情况。

（4）查安全措施。主要是检查现场安全措施计划及各项安全专项施工方案的编制、审核、审批及实施情况；重点检查方案的内容是否全面、措施是否具体并有针对性，现场的实施运行是否与方案规定的内容相符。

（5）查安全防护。主要是检查现场临边、洞口等各项安全防护设施是否到位，有无安全隐患。

（6）查设备设施。主要是检查现场投入使用的设备设施的购置、租赁、安装、验收、使用、过程维护保养等各个环节是否符合要求；设备设施的安全装置是否齐全、灵敏、可靠，有无安全隐患。

（7）查教育培训。主要是检查现场教育培训岗位、教育培训人员、教育培训内容是否明确、具体、有针对性；安全教育制度和特种作业人员持证上岗制度的落实情况是否到位；教育培训档案资料是否真实、齐全。

（8）查操作行为。主要是检查施工作业过程中有无违章指挥、违章作业、违反劳动纪律的行为发生。

（9）查劳动防护用品使用。主要是检查现场劳动防护用品、用具的购置、产品质量、配备数量和使用情况是否符合安全与职业卫生的要求。

（10）查伤亡事故处理。主要是检查现场是否发生伤亡事故，对发生的伤亡事故是否已按照"三不放过"（即事故原因分析不清不放过，事故责任者和群众没受到教育不放过，没有防范措施不放过）的原则进行了调查处理，是否已有针对性地制定了纠正与预防措施；制定的纠正与预防措施是否已得到落实并取得实效。

2. 工程项目施工安全检查的主要形式

一般可分为定期安全检查、经常性安全检查、季节性安全检查、节假日安全检查,以及开工和复工安全检查、专业性安全检查和设备设施安全验收检查等。安全检查的组织形式应根据检查的目的、内容而定,因此参加检查的组成人员也就不完全相同。

(1) 定期安全检查。施工企业应建立定期分级安全检查制度,定期安全检查属全面性和考核性的检查,工程施工现场应至少每旬开展一次安全检查工作,施工现场的定期安全检查应由项目经理亲自组织。

(2) 经常性安全检查。建筑工程施工应经常开展预防性的安全检查工作,以便于及时发现并消除事故隐患,保证施工生产正常进行。

(3) 季节性安全检查。季节性安全检查主要是针对气候特点(例如,暑季、雨季、风季、冬季等)可能给安全生产造成的不利影响或带来的危害而组织的安全检查。

(4) 节假日安全检查。在节假日、特别是重大或传统节假日(例如,"五一"、"十一"、元旦、春节等)前后和节日期间,为防止现场管理人员和作业人员思想麻痹、纪律松懈等进行的安全检查。节假日加班,更要认真检查各项安全规范措施的落实情况。

(5) 开工和复工安全检查。针对工程项目开工、复工之前进行的安全检查,主要是检查现场是否具备保障安全生产的条件。

(6) 专业性安全检查。由有关专业人员对现场某项专业安全问题或在施工生产过程中存在的比较系统性的安全问题进行的单项检查。这类检查专业性强,主要应由专业工程技术人员、专业安全管理人员参加。

(7) 设备设施安全验收检查。针对现场塔吊等起重设备、外用施工电梯、龙门架及井架物料提升机、电气设备、脚手架、现浇混凝土模板支撑系统等设备设施在安装、搭设过程中或完成后进行的安全验收、检查。

3. 工程项目安全检查方法

工程项目安全检查在正确使用安全检查表的基础上,可以采用"问""看""量""测"和"运转试验"等方法进行。

(1) "问"。主要是指通过询问、提问,对以项目经理为首的现场管理人员和操作工人进行的应知应会抽查,以便了解现场管理人员和操作工人的安全意识和安全素质。

(2) "看"。主要是指查看施工现场安全管理资料和对施工现场进行巡视。例如,查看项目负责人、专职安全管理人员、特种作业人员等的持证上岗情况;现场安全标志设置情况;劳动防护用品使用情况;现场安全防护情况;现场安全设施及机械设备安全装置配置情况等。

(3) "量"。主要是指使用测量工具对施工现场的一些设施、装置进行实测实量。例如,对脚手架各种杆件间距的测量;对现场安全防护栏杆高度的测量；对电气开关箱安装高度的测量；对在建工程与外界边线安全距离的测量等。

(4)"测"。主要是指使用专用仪器、仪表等监测器具对特定对象关键特性技术参数的测试。例如，使用漏电保护器测试仪对漏电保护器漏电动作电流、漏电动作时间的测试；使用地阻仪对现场各种接地装置接地电阻的测试；使用兆欧表对电机绝缘电阻的测试；使用经纬仪对塔吊、外用电梯安装垂直度的测试等。

(5)"运转试验"。主要是指由具有专业资格的人员对机械设备进行实际操作、试验，检验其运转的可靠性或安全限位装置的灵敏性。例如，对塔吊力矩限制器、变幅限位器、起重限位器等安全装置的试验；对施工电梯制动器、限速器、上下极限限位器、门联锁装置等安全装置的试验；对龙闸架超高限位器、断绳保护器等安全装置的试验等。

五、事故应急预案

事故应急预案（emergency plan）是工程项目安全计划的重要组成部分，编制应急预案的目的是避免紧急情况发生时出现混乱，确保按照合理的响应流程采取适当的救援措施，预防和减少可能随之引发的职业健康安全和环境问题。

1. 事故应急预案类型

(1) 综合应急预案。综合应急预案是从总体上阐述事故的应急方针、政策，应急组织结构及相关应急职责，应急行动、措施和保障等基本要求和程序，是应对各类事故的综合性文件。

(2) 专项应急预案。专项应急预案是针对具体的事故类别（如基坑开挖、脚手架拆除等事故）、危险源和应急保障而制定的计划或方案，是综合应急预案的组成部分，应按照综合应急预案的程序和要求组织制定，并作为综合应急预案的附件。专项应急预案应制定明确的救援程序和具体的应急救援措施。

2. 应急预案编制要求

(1) 符合有关法律、法规、规章和标准的规定。
(2) 结合本项目安全生产实际情况。
(3) 结合本项目事故分析情况。
(4) 应急组织和人员的职责分工明确，并具有具体的落实措施。
(5) 有明确、具体的事故防范措施和应急程序，并与其应急能力相适应。
(6) 有明确的应急保障措施，并能满足应急工作的要求。
(7) 预案基本要素齐全、完整，提供的信息准确。
(8) 预案内容与相关应急预案相衔接。

3. 事故应急预案主要内容

（1）制定应急预案的目的和适用范围。

（2）组织机构及其职责。明确应急预案救援组织机构、负责人和人员及其职责、作用和联系方式。

（3）危害辨识与风险评价。确定可能发生的事故类型、地点、影响范围及可能影响的人数。

（4）通告程序和报警系统。包括确定报警系统和程序、报警方式、通信联络方式，向公众报警的标准、方式、信号等。

（5）应急设备与设施。明确可用于应急救援的设施和维护保养制度，明确有关部门可利用的应急设备和危险监测设备。

（6）求援程序。明确应急反应人员向外求援的方式，包括消防机构、医院、急救中心的联系方式。

（7）保护措施程序。保护事故现场的方式方法，明确可授权发布疏散作业人员及施工现场周边居民指令的机构及负责人，明确疏散人员的接受中心和避难场所。

（8）事故后的恢复程序。明确决定终止应急、恢复正常秩序的负责人，宣布应急取消和恢复正常状态的程序。

（9）培训和演练。包括定期培训、演练计划及定期检查制度，对应急人员进行培训，并确保合格者上岗。

（10）应急预案的维护。更新和修订应急预案，根据演练、检测结果完善应急预案。

第三节　工程项目安全控制

安全控制（safety control）是工程项目安全管理的重要内容，而安全控制的重点是人的不安全行为、物的不安全状态，以及安全事故预防。而这其中应以人的不安全行为控制为核心。

一、人的不安全行为控制

人既是管理的对象，又是管理的动力。人的行为是安全生产的关键。人与人有区别，即使是同一个人，在不同地点、不同时期，他的劳动状态、注意力、情绪、效率也会有变化，这就决定了管理好人是难度很大的工作。人不单纯是自然人，而更重要的是要受社会政治、经济、技术条件的制约，要受人际关系的影响，要受企业管理形式、制度、手段和生产组织、分工、条件等的支配。所以，要管好人，要避免产生人的不安全行为，必须根据人的生理和心理特点来分析人的行为，必须结合社会因素和环境因素对人的行为影响进行研究。

1. 人的不安全行为现象

人的不安全行为是人的生理和心理特点的反映，主要表现在身体缺陷、错误行为和违纪违章等三方面。

（1）身体缺陷。指疾病、职业病、精神失常、智商过低（呆滞、接受能力差、判断能力差等）、紧张、烦躁、疲劳、易冲动、易兴奋、运动精神迟钝、对自然条件和环境过敏、不适应复杂和快速工作、应变能力差等。

（2）错误行为。指嗜酒、吸毒、吸烟、打赌、玩耍、嬉笑、追逐、错视、错听、错嗅、误动作、误判断、突然受阻、无意相碰、意外滑倒、误入危险区域等。

（3）违纪违章。指粗心大意、漫不经心、注意力不集中、不懂装懂、无知而又不虚心、不履行安全措施、安全检查不认真、随意乱放东西、任意使用规定外的机械装置、不按规定使用防护用品、碰运气、图省事、玩忽职守、有意违章、只顾自己而不顾他人等。

2. 人的行为与安全事故

统计资料表明，80%的安全事故是由人的不安全行为所造成的，而人的生理和心理特点又直接影响人的不安全行为。因为整个劳动过程是依靠人的骨骼肌肉的运动和人的感觉、知觉、思维、意识，最后表现为人的外在行为的过程。但由于人存在着如前所述的一些生理和心理缺陷，都有可能引发人的不安全行为，从而导致如下安全事故：

（1）人的生理疲劳与安全。人的生理疲劳，表现出动作紊乱而不稳定，不能支配正常状况下所能承受的体力，易产生重物失手，手脚发软，致使人和物从高处坠落等事故。

（2）人的心理疲劳与安全。人的心理疲劳是指劳动者由于动机和态度改变而引起工作能力的波动；或从事单调、重复劳动时的厌倦；或遭受挫折后的身心乏力等。这就会使劳动者感到心情不安，身心不支，注意力转移而导致操作失误。

（3）人的视觉、听觉与安全。人的视觉是接收外部信息的主要通道，80%以上的信息是由视觉获得的。但人的视觉存在视错觉，而外界的亮度、色彩、对比度，物体的大小、形态、距离等又支配视觉效果。当视觉器官将外界环境转化为信号输入时，有可能产生错视、漏视的失误而导致安全事故。同样，人的听觉也是接受外部信息的通道，但常由于机械轰鸣，噪声干扰，不仅使注意力分散，听力减弱，听不清信号，还会使人产生头晕、头痛、乏力、失眠，引起神经紊乱而致心率加快等病症。这些若不加以治理和预防均有害于安全。

(4) 人的气质与安全。人的气质、性格不同，产生的行为各异：意志坚定，善于控制自己，注意稳定性好，行动准确，不受干扰，安全度就高；感情激昂，喜怒无常，易动摇，对外界信息的反应变化多端，常易引起不安全行为；自作聪明，自以为是，则常常会导致违章操作；遇事优柔寡断，行动迟缓，则对突发事件应变能力差。如此等等不安全行为，均与发生事故密切相关。

(5) 人际关系与安全。群体的人际关系直接影响着个体的行为，当彼此遵守劳动纪律，重视安全生产的行为规范，相互友爱和信任时，无论做什么事都充满信心和决心，安全就有保障，若群体成员把工作中的冒险视为勇敢、鼓励、喝彩，无视安全措施和操作规程，在这种群体动力作用下不可能形成正确的安全观念。

个人某种需要未得到满足，带着愤懑和怨气的不稳定情绪工作，或上下级关系紧张，产生疑虑、畏惧、抑郁的心理，注意力发生转移，也极容易发生事故。

二、物的不安全状态控制

人的生理、心理状态能适应物质、环境条件，而物质、环境条件又能满足劳动者生理、心理需要时，则不会产生不安全行为；反之，就可能导致安全伤害事故。

1. 物的不安全状态

物的不安全状态，主要表现在以下3个方面：

(1) 设备、装置的缺陷。指机械设备和装置的技术性能降低，强度不够，结构不良，磨损、老化、失灵、腐蚀，物理和化学性能达不到要求等。

(2) 作业场所的缺陷。指施工现场狭窄，立体交叉作业组织不善，多工种密集作业不协调，交通道路不宽畅，机械拥挤，多单位同时施工等。

(3) 物质和环境的危险源。例如：①化学方面的氧化、自燃、易燃、毒性、腐蚀等；②机械方面的重物、振动、冲击、位移、倾覆、陷落、旋转、抛飞、断裂、剪切、冲压等；③电气方面的漏电、短路、火花、电弧、电辐射、超负荷、过热、爆炸、绝缘不良、高压带电作业等；④环境方面的辐射线、红外线、强光、雷电、风暴、骤雨、浓雾、高低温、洪水、地震、噪声、冲击波、粉尘、高压气体、火源等。

2. 物质、环境与安全

由上所述，物质和环境均具有危险源，也是生产安全事故的主要因素。为此，在安全控制中，必须根据工程施工的具体条件，采取有效的措施断绝危险源。

例如，起重伤害事故的主要原因有两类：一是起重设备的安全装置不全或失灵；二是起重机司机违章作业或指挥失误所致。因此，预防起重伤害事故也要从这两方面入手，即：一是保证安全装置（行程、高度、变幅、超负荷限位装置，其他保险装置等）齐全可靠；并要经常检查、保养、维修，使运转灵敏，严禁使用带"病"的起重设备。二是起重机指挥人员和司机必须经过操作技术培训和安全技术考核，不得违章作业。要坚持十个"不准吊"，即：指挥信号不明不吊；斜牵斜吊不吊；吊物重量不明或超载不吊；散物捆扎不牢或物料装放过满不吊；吊物上有人不吊；埋在地下的物件不吊；安全装置失灵时不吊；现场光线阴暗或吊物不清晰不吊；棱刃物与钢丝绳直接接触无保护措施不吊；六级以上强风时不吊。此外，还有其他一些安全措施，如起吊容易脱钩的大型构件时，必须用卡环；严禁吊物在高压线上方旋转；严禁在高压线下面从事起重作业等等。

由上述可看出，在分析物质、环境因素对安全的影响时，也不能忽视劳动者本身生理和心理的特点。如一个生理和心理素质好，应变能力强的司机，他的注意范围（也称注意广度）就大，几乎可以在同时间内，既注意到吊物和它周围的建筑物、构筑物，又顾及起升、旋转、下降、对中、就位等一系列差异较大的操作。这样，就不会产生安全事故。所以，在创造和改善物质、环境的安全条件时，也应从劳动者生理和心理状态出发，使其能相互适应。例如：

（1）采光照明问题。施工现场的采光照明，既要保证生产正常进行，又要减少人的疲劳和不舒适感，还应适应视觉暗、明的生理反应。这是因为当光照条件改变时，眼睛需要通过一定的生理过程对光的强度进行适应，方能获得清晰的视觉。所以，当由强光下进入暗环境，或由暗环境进入强光现场时，均需经过一定时间，使眼睛逐渐适应光照强度的改变，然后才能正常工作。因此，让劳动者懂得这一生理现象，当光照强度产生极大变化时作短暂停留，在黑暗场所加强人工照明；在耀眼强光下操作戴上墨镜，则可减少事故发生的概率。

（2）色彩的标志问题。色彩标志可提高人的辨别能力，控制人的心理，减少工作差错和缓解人的疲劳。红色，在人的心理定势中标志危险、警告或停止；绿色，使人感到凉爽舒适、轻松、宁静，能调剂人的视力，消除炎热、高温时烦躁不安的心理；白色，给人整洁清新的感觉，有利于观察检查缺陷，消除隐患；红白相间，则对比强烈，分外醒目。所以，根据不同的环境采用不同的色彩标志，如用红色警告牌，绿色安全网，白色安全带，红白相间的栏杆等，都能有效地预防事故。

（3）环境温度问题。环境温度接近体温时，人体热量难以散发就感到不适、头昏、气喘，活动稳定性差，手脑配合失调，对突发情况缺乏应变能力，在高温环境、高空作业时，就可能导致安全事故；反之，低温环境，人体散热量大，手脚冻僵，动作灵活性、稳定性差，也易导致事故发生。

（4）现场环境问题。现场布置杂乱无序，视线不畅，沟渠纵横、交通阻塞，机械无防护装置，电器无漏电保护，粉尘飞扬、噪声刺耳等，使劳动者生理、心理难以承受，或不能满足操作要求时，则必然诱发事故。

上述现象充分说明，在安全控制中，必须将人的不安全行为、物的不安全状态与人的生理和心理特点结合起来综合考虑，才能达到确保安全的目的。

三、安全事故预防

预防安全事故，应遵照下列要点：

（1）要牢固树立"安全第一，预防为主"的思想，坚决贯彻管生产必须管安全的原则，把安全生产放在重要议事日程上，作为头等大事来抓。认真落实有关"安全生产、文明施工"的规定。

（2）严格执行安全生产责任制度，使各级领导、各职能系统都负起责任，确保各项生产制度、计划、措施的实现。

（3）建立健全安全专职机构，加强安全部门的领导，严格执行安全检查制度，以查思想、查制度、查纪律、查领导、查隐患为主要内容。结合季节特点，开展防洪、防雷电、防坍塌、防高处坠落、防煤气中毒等"五防"检查。做到边查、边改。

（4）安全技术措施要有针对性，安全交底要认真细致，确实起到保证安全施工的作用。现场内的各种材料、施工设施，必须按施工平面图进行布置，现场内安全、卫生、防火设施要齐全有效。

（5）要切实保证职工在安全的条件下进行施工作业。施工中搭设的各种脚手架、井字架等临时设施，均要符合国家规程的标准，要正确设置使用安全网。在施工现场安装的机电设备要保持良好的技术状态，严禁机电设备"带病"运转。一切机电设备的安全防护装置都要齐全、灵敏、有效。

（6）加强对职工安全技术知识教育、培训，坚决制止违章指挥和违章作业，凡进入施工现场的工作人员，必须严格执行戴安全帽、高处作业系安全带和现场禁止吸烟的规定。施工现场的危险部位，要设安全色标、标语或宣传画，随时提醒职工注意安全。

（7）严肃对待施工现场发生的已遂、未遂事故，把一般事故当作重大事故抓，未遂事故当作已遂事故来抓；对查出的事故隐患，要做到"三定"，即定解决负责人、定解决时间、定解决措施，并要按期复查，督促解决。

（8）严格贯彻执行"伤亡事故的调查处理制度"。调查处理伤亡事故，做到"三不放过"，对事故责任者要严肃处理。

[案例 7-2] 基础工程安全事故预防

基础工程施工容易发生坍塌、中毒、触电、机械伤害等类型的生产安全事故,坍塌事故尤为突出。

1. 基础工程施工安全隐患的主要表现形式

(1) 挖土机械作业无可靠的安全距离。
(2) 没有按规定放坡或设置可靠的支撑。
(3) 设计的考虑因素和安全可靠性不够。
(4) 土体出现渗水、开裂、剥落等现象。
(5) 在底部进行掏挖。
(6) 沟槽内作业人员过多。
(7) 施工时地面上无专人巡视监护。
(8) 堆土离坑槽边过近、过高。
(9) 邻近的坑槽有影响土体稳定的施工作业。
(10) 基础施工离现有建筑物过近,其间土体不稳定。
(11) 防水施工无防火防毒措施。
(12) 人工挖孔桩在施工前不进行有毒气体检测。

2. 基坑发生坍塌以前的主要迹象

(1) 周围地面出现裂缝,并不断扩展。
(2) 支撑系统发出挤压等异常响声。
(3) 环梁或排桩、挡墙的水平位移较大,并持续发展。
(4) 支护系统出现局部失稳。
(5) 大量水土不断涌入基坑。
(6) 相当数量的锚杆螺母松动,甚至有的槽钢松脱等。

3. 基础工程施工安全控制的主要内容

(1) 挖土机械作业安全。
(2) 边坡与基坑支护安全。
(3) 降水设施与临时用电安全。
(4) 防水施工时的防火、防毒安全。
(5) 人工挖孔桩施工的安全防范。

4. 基坑(槽)施工安全控制要点

(1) 专项施工方案的编制。

1) 土方开挖之前要根据土质情况、基坑深度以及周边环境确定开挖方案和支护方案,深基坑或土层条件复杂的工程应委托具有岩土工程专业资质的单位进行边坡支护的专项设计。

2) 土方开挖专项施工方案的主要内容应包括放坡要求、支护结构设计、机械选择、开挖时间、开挖顺序、分层开挖深度、坡道位置、车辆进出道路、降水措施及监测要求等。

(2) 基坑（槽）开挖前的勘察内容。

1) 充分了解地质和地下水位状况。

2) 认真查明地上、地下各种管线（如上下水、燃气、热力、电缆等）的位置和运行状况。

3) 充分了解周围建（构）筑物的状况。

4) 充分了解周围道路交通状况。

5) 充分了解周围施工条件。

(3) 基坑（槽）土方开挖与回填安全技术措施。

1) 基坑（槽）开挖时，两人操作间距应大于 2.5m。多台机械开挖，挖土机间距应大于 10m。在挖土机工作范围内，不允许进行其他作业。挖土应由上而下，逐层进行。严禁先挖坡脚或逆坡挖土。

2) 土方开挖不得在危岩、孤石的下边或贴近未加固的危险建筑物的下面进行。施工中应防止地面水流入坑、沟内，以免发生边坡塌方。

3) 在坑边堆放弃土、材料和移动施工机械时，应与坑边保持一定的距离；当土质良好时，要距坑边 1.0m 以外，堆放高度不能超过 1.5m。

4) 基坑（槽）开挖应严格按要求进行放坡。施工时应随时注意土壁的变化情况，如发现有裂纹或部分坍塌现象，应及时进行加固支撑或放坡，并密切注意支撑的稳固和土壁的变化。当采取不放坡开挖时，应设置临时支护，各种支护应根据土质及基坑深度经计算确定。

5) 采用机械多台阶同时开挖时，应验算边坡的稳定性，挖土机离边坡应保持一定的安全距离，以防塌方，造成翻机事故。

6) 在有支撑的基坑（槽）中使用机械挖土时，应防止碰坏支撑。在坑槽边使用机械挖土时，应计算支撑的强度，必要时应加强支撑。

7) 在进行基坑（槽）和管沟回填土时，其下方不得有人，所使用的打夯机等要检查电器线路，防止漏电、触电，停机时要切断电源。

8) 在拆除护壁支撑时，应按照回填顺序，从下而上逐步拆除。更换护壁支撑时，必须先安装新的，再拆除旧的。

(4) 基坑工程的监测。包括支护结构的监测和周围环境的监测。

(5) 基坑施工的安全应急措施。

1) 在基坑开挖过程中，一旦出现了渗水或漏水现象，应根据水量大小，采用坑底设沟排水、引流修补、密实混凝土封堵、压密注浆、高压喷射注浆等方法及时进行处理。

2) 如果水泥土墙等重力式支护结构位移超过设计估计值，应予以高度重视，同时做好位移监测，掌握发展趋势。如果位移持续发展，超过设计值较多时，则应采用水泥土墙背后卸载、加快垫层施工及加大垫层厚度和加设支撑等方法及时进行处理。

3) 如果悬臂式支护结构位移超过设计值，应采取加设支撑或锚杆、支护墙背卸土等方法及时进行处理。如果悬臂式支护结构发生深层滑动，应及时浇筑垫层，必要时也可以加厚垫层，以形成下部水平支撑。

4) 如果支撑式支护结构发生墙背土体沉陷，应采取增设坑外回灌井、进行坑底加固、垫层随挖随浇、加厚垫层或采用配筋垫层、设置坑底支撑等方法及时进行处理。

5) 对于轻微的流沙现象，在基坑开挖后可采用加快垫层浇筑或加厚垫层的方法"压住"流沙。对于较严重的流沙，应增加坑内降水措施进行处理。

6) 如果发生管涌，可以在支护墙前再打设一排钢板桩，在钢板桩与支护墙间进行注浆。

7) 对邻近建筑物沉降的控制一般可以采用回灌井、跟踪注浆等方法。对于沉降很大，而压密注浆又不能控制的建筑，如果基础是钢筋混凝土的，则可以考虑采用静力锚杆压桩的方法进行处理。

8) 对于基坑周围管线保护的应急措施一般包括增设回灌井、打设封闭桩或管线架空等。

第四节　工程项目环境管理

工程项目环境管理最终是要控制由于工程施工而带来的环境污染问题，将其的负面影响降低到最低程度。

一、工程项目面临的环境污染问题

环境污染（environmental pollution）主要包括"三废"污染、噪声污染等方面。

1. "三废"污染

"三废"主要就是工程施工过程中所产生的废水、废气、废渣（即各类固体废弃物）。工程项目实施阶段，废水主要就是施工中搅拌、养护环节所产生的，也可能是施工人员生活所产生的污水。此外，废水也可能是从工程中泥浆、地下水抽取等环节中产生。工程项目实施中的废气主要是指施工中出现的扬尘，还有施工机械运转所产生的废气，例如，发电机、内燃机等。废渣主要是施工中拆除废弃物的建筑垃圾以及施工人员的生活垃圾所形成的垃圾。

"三废"污染问题是工程施工中无法回避的问题，其给现场相关人员健康，以及项目周边居民的生活和健康产生较大的负面影响。

2. 噪声污染

噪声在工程施工中是极易产生的污染因素，施工中的各种机械设备在正常工作的过程中都会产生噪声，这是无法避免的。从相应的技术资料分析可以发现，施工机械所产生的噪声比较严重，机械噪声比较高，而且施工项目一般是多种设备来同时施工，各种噪声交叉存在，噪声量较大的情况下会辐射到更远的地方。此外，施工中很多车辆同时行驶，导致了沿线噪声污染比较严重，严重威胁人们的正常生活。例如，在施工中需要使用挖掘机、打桩机、搅拌机等设备，这些都会产生较大的噪声污染，并且多种设备的共同施工导致了噪声的交叉，辐射范围更广。如果在夜晚施工，噪声污染会更加严重。

3. 油料、化学品污染

油料、化学品污染主要指施工过程使用油料、化学品的滴冒或挥发，以及对这些废料的任意丢弃。

二、工程项目环境保护计划

为合理使用和有效保护现场及周边环境，工程项目实施方应首先对施工现场及周边环境条件进行调查，掌握施工可能对环境带来的影响，在此基础之上，进行工程项目环境保护策划，确定施工现场环境保护目标和指标，制订工程项目环境保护计划。项目经理是执行工程项目环境保护计划的第一责任人，负责现场环境保护工作的总体策划和部署，管理组织机构的建立，管理制度的制定、宣传和落实等工作。

根据《环境管理体系要求及使用指南》（GB/T 24001—2016）的要求，结合工程项目的实际情况，编制工程项目环境保护计划。编制时应遵循以下基本原则：①预防为主、防治结合、综合治理的原则；②经济建设与环境保护协调发展的原则；③环境经济责任原则，即"谁污染谁付费"。工程项目环境保护计划的内容一般包括以下几个方面：

（1）制定项目环境管理目标。

（2）建立项目环境管理的组织机构并明确职责。

（3）根据项目特点进行环境保护方面的资源配置。

（4）确定项目重要环境因素，针对大气污染、建筑垃圾、噪声及振动、光污染、放射性污染、污水排放六类污染源进行识别、评价，制定相应的控制措施和应急预案。

（5）建立现场环境检查制度，对环境事故的处理做出规定。

三、工程项目环境污染控制

工程项目环境污染控制对象主要包括:"三废"污染,噪声污染,油料、化学品污染等的控制。

1. 水污染的控制

施工现场水污染的控制措施如下:

(1) 项目开工前,在做现场总平面规划时,设计现场雨水管网,并将其与市政雨水管网连接;设计现场污水管网时,确保不得与雨水管网连接;做好雨污分流系统及生活、生产污水处理回用系统等各项工作。

(2) 食堂设隔油池、沉淀池,食堂污水经隔油池、沉淀池后排放到生活污水处理系统;定期对排水沟、隔油池、沉淀池等进行维护和清理,将清理的污物运至垃圾场。

(3) 施工场地设置足够数量的环保厕所,建设、运行和维护各施工场地的生活污水收集系统,并将污水处理后达标排放,不将生活污水直接排入河中。

(4) 密切对污水处理设备、防污措施及拟采用的施工方法等进行检查和检测;采取措施防止各种废水、污泥等流到邻近的土地或水体。

2. 空气污染的控制

施工现场空气污染的控制措施如下:

(1) 对现场主干道路和加工场地进行硬化,设专人负责每日洒水和清扫,保持道路清洁湿润,对于现场其他裸露土壤,实施绿化处理;运土车辆出场前由专人对每辆车进行清洗,每次运土结束时对场地进行清扫。

(2) 高大建筑物清理施工垃圾时,要使用封闭式的容器或者采取其他措施处理高空废弃物,严禁凌空随意抛撒;对没有及时使用或清运的砂和土设密目网围挡,四级风以上时,砂、土堆场外用塑料布予以覆盖。

(3) 选用低尘工艺,施工期间,各类除尘设备与生产设备同时运行,并保持良好运行状态;开挖钻孔时采用带水作业,降低粉尘产生量。

(4) 杜绝任意安装和使用对空气可能产生污染的锅炉、炉具等,以及产生烟尘或其他空气污染物的燃料,减少用煤量;不在工地焚烧残物或其他废料;使用清洁的生产生活清洁燃料,减少有害气体的排放;燃柴油的大型运输车辆,要安装尾气净化器,保证尾气达标排放。

3. 废渣的控制

施工现场废渣,即固体废弃物的控制措施如下:

(1) 生活垃圾分开收集或分拣,无机垃圾送指定的弃渣场按规定填埋,有机垃圾送指定的垃圾填埋场按规定填埋或送指定的垃圾焚烧炉焚烧;垃圾每日清理,保持环境清洁。

（2）减少固体废物的产生，采用充分合理利用固体废物和无害化处置固体废物的原则；混凝土、砂浆等集中搅拌，减少落地灰的产生；钢筋采用加工厂集中加工方式，减少废料的产生；临时建筑采用活动房屋，周转使用，减少工程垃圾。

（3）工程废土集中过筛，重新利用，余物用粉碎机粉碎，不能利用的工程垃圾集中处置；建立水泥袋回收制度；施工现场设立废料区，专人管理，可利用的废料先发先用；装饰材料的包装统一回收。

4. 噪声污染的控制

施工现场噪声污染的控制措施有：

（1）明确施工噪声的来源，采取降噪措施，施工过程中向周围环境排放的噪声符合国家和本市规定的环境噪声施工现场排放标准。

（2）对施工噪声的控制，选用噪声和振动符合城市环境噪声标准的施工机械，同时采用低噪声施工工艺和方法；按照不同施工阶段施工作业噪声的限制，安排作业时间。

（3）合理安排作业时间，将混凝土施工等噪声较大的工序放在白天进行，在夜间避免进行噪声较大的工作；尽量使用商品混凝土，混凝土构件尽量工厂化，减少现场加工量。

（4）使用手持电动工具（电锤、手电钻、手砂轮等）切割机时，周围设围挡隔音，使用设备性能优良，并合理安排工序不集中使用；采用早拆支撑体系，减少因拆装扣件引发的高噪声，监控材料机具的搬运，轻拿轻放，加强职工素质，严禁大声喧哗。

5. 油料、化学品可能污染的控制

施工现场对油料、化学品可能污染的控制措施有：

（1）油料、化学品储存设专用库房，一律采用封闭式、容器式管理和使用的模式；施工现场固体有毒物用袋集装，液体物采用封闭式容器管理；尽量避免泄露、遗撒。

（2）化学品及有毒物质使用前编制作业指导书，并对操作者进行培训；有毒物质找有资质的单位实行定向回收。

思 考 和 练 习 题

7-1 工程项目安全的内涵是什么？

7-2 什么是工程项目安全事故？其诱因、特点和类型包括哪些？

7-3 什么是工程项目环境？工程项目环境管理内容主要包括哪些？

7-4 工程项目安全计划包括哪些方面？这些方面的内容有哪些？

7-5　工程项目安全检查方法有哪些？其主要特点是什么？

7-6　工程项目安全控制主要包括哪些方面？人的不安全行为主要表现有哪些？

7-7　物的不安全状态主要表现为哪些方面？

7-8　什么是工程项目事故应急预案和事故预防？它们有什么区别和联系？

7-9　工程项目面临的环境污染问题主要有哪些？

7-10　控制工程项目环境污染的措施包括哪些？

第八章 工程项目成本管理

本章知识要点与学习要求

序号	知识要点	学习要求
1	工程项目成本内涵与构成	掌握
2	工程项目成本影响因素	熟悉
3	工程定额与施工项目成本估算	熟悉
4	工程项目成本计划编制方法与程序	掌握
5	工程设计过程成本控制对象、方法与措施	熟悉
6	工程施工过程成本控制对象、方法与措施	掌握
7	工程项目成本核算	熟悉
8	工程项目成本分析	熟悉
9	工程项目成本考核	了解

第一节 工程项目成本

一、工程项目成本及相关概念

1. 什么是工程项目成本

工程项目成本（cost）通常是指工程承包方为完成承包合同约定的工程任务而支出的费用总和。视承包合同约定内容不同而不同，对施工合同而言，工程项目成本即为施工成本，指在建设工程施工过程中所发生的全部生产费用的总和，包括消耗的原材料、辅助材料、构配件等费用，周转材料的摊销费或租赁费，施工机具的使用费或租赁费，支付给生产工人的工资、奖金、工资性质的津贴等，以及进行施工组织与管理所发生的全部费用支出。对 DB 合同，则除施工成本外还有设计成本；对 EPC 合同，相比 DB 合同还包括设备物资采购成本。工程项目成本按照产生和分摊情况分成直接成本和间接成本。

（1）直接成本是指在完成工程任务过程中耗费的构成任务成果或有助于任务成果形成的各项费用支出，是可以直接计入成果对象的费用，包括人工费、材料费、施工机具使用费和施工措施费等。

（2）间接成本是指为工程任务准备、组织和管理完成工程任务的全部费用的支出，是非直接用于也无法直接计入工程任务成果的对象，但为完成工程任务所必须发生的费用，包括管理人员工资、办公费、差旅交通费等。

与工程项目成本相近的概念还有工程项目投资、工程项目造价。

2. 工程项目投资

工程项目投资即工程投资，是指某经济实体为获取工程项目将来的收益而垫付资金用于工程项目的经济活动，其所垫付的资金就是工程项目投资。一般认为工程项目投资是指工程项目建设阶段所需要的全部费用总和，也就是，工程项目投资是为工程项目建设阶段有计划地进行固定资产再生产和形成最低量流动资金的一次费用的总和。工程项目投资是一个从资金形成资产，通过管理资产，提高资产效益，最后将资产转为资金的动态增值循环过程，是一个从资金流到物流，再到资金流的动态过程。对投资方来说，相对于工程项目产出，工程项目投资总额即为工程项目成本。

3. 工程项目造价

工程项目造价即工程造价，目前其定义并不完全统一。仅在建筑工程领域，工程造价的定义也有两种。

（1）工程造价是指建设一项工程预期开支或实际开支的全部固定资产的费用。其是从投资者（业主）角度出发对拟建工程项目所需投资费用的估算，或工程项目建成后对投资费用的核算。从这一意义上说，工程造价就是工程投资，也是投资方的工程项目成本。工程造价具有时间性，从投资估算、设计概算、施工图预算、合同价到竣工决算呈现为逐步精确的过程。

（2）工程造价是指工程价格，即为建成一项工程，预计或实际在土地市场、设备市场、技术劳务市场，以及承包市场等交易活动中所形成的建筑安装工程的价格和建设工程总价。通常又将工程造价认定为是工程承发包价格。这是指在市场经济条件下，投资方获得工程合同约定的工程建设服务所需支付的成本。

二、工程项目成本的构成

对工程项目成本构成，采用不同划分方法，可得不同的工程成本结构。

1. 基于成本要素划分的工程项目成本构成

按成本要素划分，可将工程项目成本分为人工费、材料费（包含工程设备）、施工机具使用费、企业管理费等。

（1）人工费。指按工资总额构成规定，支付给从事设计、建筑安装工程施工的生产工人和附属生产单位工人的各项费用。内容包括计时工资或计件工资、奖金、津贴/补贴、加班加点工资、特殊情况下支付的工资。

（2）材料费。指施工过程中耗费的原材料、辅助材料、构配件、零件、半成品或成品、工程设备的费用。内容包括材料原价、运杂费、运输损耗费、采购及保管费。在DB或EPC承包合同中，材料费还包括设计、采购过程的耗材。

（3）施工机具使用费。指施工作业所发生的施工机具、仪器仪表使用费或其租赁费。施工机具使用费以施工机具台班/时耗用量乘以施工机具台班单价表示，施工机具台班单价应由下列七项费用组成：折旧费、大修理费、经常修理费、安拆费及场外运费、人工费、燃料动力费、税费。仪器仪表使用费是指工程施工所需使用的仪器仪表的摊销及维修费用。

（4）企业管理费。指承包企业组织生产和经营管理所需费用，内容包括管理人员工资、办公费、差旅交通费、固定资产使用费、工具用具使用费、劳动保险费、工会经费、职工教育经费、财产保险费、财务费、税金及其他。

2. 基于工程造价形成的工程项目成本构成

按照工程造价形成划分，承包方成本包括分部分项工程费、措施费和其他项目费。

（1）分部分项工程费。指各专业工程的分部分项工程应予列支的各项费用。专业工程是指按现行国家计量规范划分的房屋建筑与装饰工程、仿古建筑工程、通用安装工程、市政工程、园林绿化工程、矿山工程、构筑物工程、城市轨道交通工程、爆破工程等各类工程。分部分项工程是指按现行国家计量规范对各专业工程划分的项目。如房屋建筑与装饰工程划分为，土石方工程、地基处理与桩基工程、砌筑工程、钢筋及钢筋混凝土工程等。各类专业工程的分部分项工程划分见现行国家或行业计量规范。

（2）措施费。指为完成建设工程施工，发生于该工程施工前和施工过程中的技术、生活、安全、环境保护等方面的费用。内容包括安全文明施工费、夜间施工增加费、二次搬运费、冬雨季施工增加费、已完工程及设备保护费、工程定位复测费、特殊地区施工增加费、大型机械设备进出场及安拆费、脚手架工程费，措施项目及其包含的内容详见各类专业工程的现行国家或行业计量规范。

（3）其他项目费。主要包括暂列金额、计日工和总承包服务费。

三、工程项目成本的影响因素

在DBB发包模式下，工程承包方项目成本的影响因素主要有施工方案、生产效率、物料、采购价、质量安全事故等。在EPC模式合同下，除施工阶段的影响因素外，还有设计和采购方面的因素。下面重点谈谈施工方案、进度、质量、安全和现场管理方面的影响因素。

（1）施工方案。施工方案与工程项目成本之间存在着相互依赖、相互制约的关系。具体地说，施工方法的科学设计可以反映施工技术水平，加快施工进度；施工机具的合理选择可以充分发挥机械的使用效率。而且，合理的施工组织、施工顺序等都可以达到降低成本的目的。

（2）施工进度。施工进度与工程项目成本是既相互联系又相互制约的关系，并符合中间低、两头高的马鞍形曲线。一般而言，在保证目标工期的前提下，应尽量降低工程项目成本，在工程项目目标成本控制下，应尽量加快施工进度。

（3）施工质量。一般而言，施工质量与工程项目成本的关系也是符合鞍形曲线的，即质量标准过高或过低都将造成工程项目成本的上升。因此，项目经理部应当按照施工合同、项目管理目标责任书的要求，确定并实现适宜的质量水平。

（4）施工安全。施工安全直接影响工程项目成本。即施工安全性越好，处理安全事故支出的费用就越少，施工所受干扰也越小。因此，项目经理部应当切实抓好施工安全工作。

（5）施工现场管理。科学合理的施工现场平面管理，可以实现施工过程互不干扰、有序实施，达到各项资源与服务设施间的高效组合、安全运行；通过减少二次搬运费用，提高劳动生产率，降低工程项目成本。同时，施工现场的场容、环境保护、卫生防疫等也对工程项目成本有着重大影响。

第二节　工程项目成本计划

工程项目成本计划的基础是成本估算，然后根据工程进度计划，编制不同时段，如月、季或年度将发生的成本，即工程项目成本计划。

一、工程项目成本估算

工程不同发包模式下，承包方项目成本估算内容和依据不一，但估算原理相同。这里以DBB发包模式下施工合同的工程项目成本为例。依据施工图纸、工程量清单、工程定额、施工方案、材料设备市场价格、管理方案等资料，采用工程定额法进行成本估算。

工程定额是指在工程施工过程中，为完成质量合格的单位工程产品所需要消耗劳动力、材料和机具等资源的数量标准。工程定额可分国家（或行业协会）和施工企业编制的两类。国家（或行业协会）颁布的工程定额是在社会平均生产水平下，完成质量合格的单位工程产品所需的人工、材料和机具等数量标准；施工企业编制的定额则在施工企业生产技术水平、组织管理水平下，生产质量合格的单位工程产品所消耗资源的数量标准,其是施工企业进行成本估算的基础。若企业有自己的工程定额,工程项目成本估算宜首先选用。

[案例 8-1] 工程定额的应用

某路面工程半刚性基层石油沥青透层,工程量 200000 m²,试计算工、料、机数量,以及基价。

[解析] 本工程属于路面工程的路面面层。查《公路工程预算定额》,透层—半刚性基层—石油沥青为第 3 栏,定额编号为 [170-2-2-16-3],见表 8-1。

表 8-1　　透层、黏层、封层预算定额表　　单位:1000m²

工程内容:①清扫整理下承层;②安设拆除熬油设备、熬油运油;③沥青洒布车洒油;④人工铺撒矿料;⑤稀浆封层机铺料;⑥碾压,找补;⑦初期养护。

顺序号	项目	单位	代号	透层				黏层			
				粒料基层		半刚性基层		沥青层		水泥混凝土	
				石油沥青	乳化沥青	石油沥青	乳化沥青	石油沥青	乳化沥青	石油沥青	乳化沥青
				1	2	3	4	5	6	7	8
1	人工	工日	1	1.8	—	1.4	0.3	0.7	—	0.5	—
2	石油沥青	t	851	1.082	—	0.824	—	0.412	—	0.309	—
3	乳化沥青	t	853	—	1.391	—	0.927	—	0.464	—	0.412
4	煤	t	864	0.210	—	0.160	—	0.080	—	0.060	—
5	砂	m³	897	—	—	—	—	—	—	—	—
6	矿粉	t	949	—	—	—	—	—	—	—	—
7	石屑	m³	961	—	—	2.55	2.55	—	—	—	—
8	其他材料费	元	996	26.3	—	22.7	—	17.1	—	15.7	—
9	设备摊销费	元	997	13.4	—	10.2	—	5.1	—	3.8	—
10	6~8t 光轮压路机	台班	1075	—	—	0.12	0.12	—	—	—	—
11	4000L 以内液态沥青运输车	台班	1185	—	—	—	—	—	—	—	—
12	4000L 以内沥青洒布车	台班	1193	0.09	0.11	0.07	0.07	0.03	0.04	0.02	0.03
13	2.5~3.5m 稀浆封层机	台班	1216	—	—	—	—	—	—	—	—
14	4000L 以内洒水汽车	台班	1404	—	—	—	—	—	—	—	—
15	小型机具使用费	元	1998	3.0	—	2.3	—	1.2	—	0.9	—
16	基价	元	1999	4335	5748	3502	4040	1657	1919	1243	1701

该定额表计量单位为 1000m²，则工程数量＝200000m²/1000m²＝200

人工：1.4×200＝280（工日）

石油沥青：0.824×200＝164.8（t）

煤：0.160×200＝32（t）

石屑：2.55×200＝510（m³）

其他材料费：22.7×200＝4540（元）

设备摊销费：10.2×200＝2040（元）

6～8t 光轮压路机：0.12×200＝24（台班）

4000L 以内沥青洒布车：0.07×200＝14（台班）

小型机具使用费：2.3×200＝460（元）

基价：3502×200＝700400（元）

二、工程项目成本计划编制

工程项目成本计划是以货币形式编制的资金使用计划，用来确定合理的成本控制目标值。其是工程项目成本控制的依据，是对项目未来的资金使用计划的预测和安排，有利于消除不必要的资金浪费和进度失控，使有限的资金充分发挥作用，最大限度地提高经济效益。

1. 工程项目成本计划的编制方法

（1）按项目成本构成编制。工程项目成本与项目投资类似主要分为建筑安装工程费、设备及工器具购置费和工程建设其他费。由于建筑工程和安装工程在性质上存在较大差距，成本的计算方法和标准也不尽相同。因此，在实际操作中往往将建筑安装工程划分为建筑工程和安装工程成本。由于设备购置费和工器具购置费的构成以及计算方法的不同，将其划分为设备购置费和工器具购置费成本。在按成本构成编制工程项目成本计划时，可以根据以往经验和建立的数据库来确定适当的比例，然后再根据具体情况决定细分或不细分。按成本构成编制工程项目成本计划的方法比较适用于有大量经验数据的工程项目。

（2）按不同子目编制。为了满足工程管理的需要，在实际工程中，需要对工程项目进行分解，得到工程项目分解结构（PBS/WBS）。工程项目一般分解为单项工程、单位工程、分部工程和分项工程。通过项目的合理划分，将项目成本分解到不同子目，编制工程项目成本计划。需要注意的是，在按不同子目编制成本计划时，除划分建筑工程成本、安装工程成本和设备及工器具成本，还应将建设项目其他成本进行子目划分。但其成本所包含内容既与具体单项工程或单位工程直接相关，也与整个项目建设有关。因此，需采取适当的方法将其他成本进行合理的划分。最常用也是最简单的方法就是按照单项工程的建筑安装工程成本和设备及工器具购置成本之和的比例进行分摊，但其结果可能与实际支出的成本相差甚远。因此，实践中一般应对工程项目的其他成本的具体内容进行分析，将其中确实与各单项工程和单位工程有关的成本分离出来，按照一定比例划分到相应的工程内容上，其他与整个项目有关的成本则不划分到各单项工程和单位工程上。

（3）按时间进度编制。工程项目的总成本是分阶段、分期支出，成本支出是否合理与支出时间安排有密切的关系。为尽可能减少成本资金的占用和利息的支付，有必要将总成本目标按使用的时间进行分解，确定分目标。目前，编制工程项目进度计划一般采用横道图或网络计划技术，按时间进度编制成本计划即可以用横道图形式或时标网络图形式，根据进度计划计算单位时间内（如1周或1个月等）各项工作所需的成本，合计即为该时间段的项目成本，按照逐个时间段成本累积得到整个工程项目的成本累积线，因整个项目开始阶段和结尾阶段工作量相对较少，所以成本累积线呈S形，与图5-16类似，也称S形曲线。如果工程项目进度计划采用网络图技术编制，非关键工作有总时差，即有最早开始时间和最迟必须开始时间，这样分别按照最早时间和最迟时间编制的成本累积线分别如图8-1中"线-1"和"线-2"所示，它们的起点和终点是重合的，而中间不重合的两条S形曲线，也称"香蕉图"，如图8-1所示。

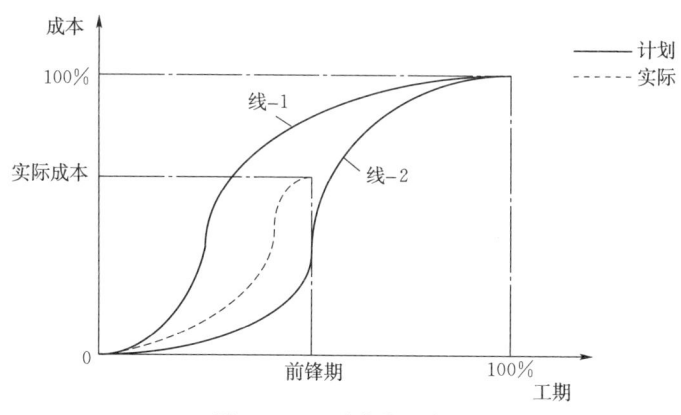

图8-1　S形曲线示意图

以上3种编制成本计划的方法并不是相互独立的。在实践中，往往是将这几种方法结合起来使用，从而实现扬长避短的效果。

2. 工程项目成本计划的编制程序

工程项目成本计划编制程序主要包括项目实施规划（或合同项目实施进度计划）、资源供应计划、按投资构成、子项目分解或时间进度进行成本估算，最后形成成本计划。

（1）项目实施规划。工程承包方，需根据合同约定、资源供给和环境条件分析进行合同工程项目进度计划安排。

（2）资源供应计划。根据项目实施规划确定完成工程项目活动所需要的资源品种，以及它们的数量。

（3）项目成本估算。估算完成工程项目各活动所需资源和相应的费用。

（4）形成成本计划。采用成本构成法或子项目分解法或时间进度法进行工程项目成本分析，经优化后，形成工程项目成本计划。

第三节 工程项目成本控制

一、工程项目成本控制及其依据

1. 什么工程项目成本控制

工程项目成本控制是指在施工过程中，对影响项目成本的各种因素加强管理，并采取各种有效措施，将施工中实际发生的各种消耗和支出严格控制在成本计划范围内，随时揭示并及时反馈，严格审查各项费用是否符合标准，计算并分析实际成本和计划成本之间的差异，进而采取多种措施，以实现成本目标。

工程项目成本控制应贯穿于项目从投标阶段开始直至竣工验收的全过程，它是企业全面成本管理的重要环节。项目成本控制可分为事前控制、事中（过程）控制和事后控制。

2. 工程项目成本控制的依据

不同工程发包模式下，工程项目成本控制的依据不尽相同。在 DBB 模式下，合同文件和成本计划是成本控制的目标，进度报告和工程变更与索赔资料是成本控制过程中的动态资料。项目成本控制工作的主要依据如下：

（1）工程承包合同。项目成本控制要以工程承包合同为依据，围绕降低工程成本这个目标，从增收和节支两方面出发，努力挖掘增收节支潜力，以求获得最大经济效益。

（2）项目成本计划。项目成本计划是根据施工项目的具体情况制定的项目成本控制方案，既包括预定的具体成本控制目标，又包括实现控制目标的措施和规划，是项目成本控制的指导文件。

（3）进度报告。进度报告提供了每一时刻工程实际完成量，工程项目成本实际支付情况等重要信息。项目成本控制工作正是通过实际情况与项目成本计划相比较，找出二者之间的差别，分析偏差产生的原因，从而采取措施改进后续工作。此外，进度报告还有助于管理者及时发现工程实施中存在的问题，并在事态还未造成重大损失之前采取有效措施,尽量减少损失。

(4) 工程变更。在项目实施过程中,由于各方面的原因,工程变更往往难以避免。工程变更一般包括设计变更、进度计划变更、施工条件变更、技术规范与标准变更、施工次序变更、工程数量变更等。一旦出现变更,工程量、工期、成本都必将发生变化,从而使得项目成本控制工作变得更加复杂和困难。因此,项目成本管理人员应当通过对变更要求中各类数据的计算、分析,随时掌握变更情况,包括已发生工程量、将要发生工程量、工期是否拖延、支付情况等重要信息,判断变更以及变更可能带来的索赔额度等。

除了上述几种项目成本控制工作的主要依据以外,有关施工组织设计、分包合同等也都是项目成本控制的依据。

在 DB/EPC 模式下,工程项目成本控制依据还应包括工程采用的设计标准和业主方对工程设计的要求。

二、工程项目成本控制对象、方法与措施

不同工程发包模式下,对工程承包方而言,成本控制方法不尽相同。在 DB/EPC 模式下,工程成本控制分为设计和施工阶段成本控制;在 DBB 模式下仅有后者的问题。

(一) 工程设计过程成本控制对象、方法与措施

设计过程成本控制对象主要是设计者的能力,控制方法有限额设计、标准设计、价值工程,以及优化工程设计方案等。

1. 限额设计

(1) 限额设计基本原理。其是按照"按费用设计"的理论和方法对工程项目进行的设计。它是设计阶段进行投资控制的一种有效方法。按费用设计是国外 20 世纪 70 年代发展起来的一种设计思想和方法。按费用设计的主要目的是要设计出既具有优良性能,又经济、实用的系统。它强调的是费用应作为与性能、进度同样重要的设计参数。工程项目限额设计的原理是通过合理确定设计标准、设计规模和设计原则,通过合理确定概预算基础数据,通过层层设计限额,来实现投资限额的控制和管理。限额设计不是一味考虑节约投资,也不是简单地裁减投资,而应该是设计质量的管理目标。它使设计人员由"画了算"转变为"算了画",可以从根本上解决"三超"现象。

(2) 工程项目限额设计的过程。其全过程实际上是设计阶段投资目标管理的过程,即目标分解与计划、目标实施、目标实施检查、信息反馈的控制循环过程。这个过程可用图 8-2 表示。

(3) 工程项目限额设计的基本内容:

1) 提高投资估算的准确性,确定设计限额。

2) 初步设计要重视方案选择，在批准的投资限额内，要进一步落实节约投资的措施。若发现重大设计方案或某项费用指标超出批准的投资限额，应及时反映并提出解决问题的办法。

3) 把施工图预算严格控制在批准的限额内。必须严格按照批准的初步设计确定的原则、范围、内容、项目和投资额编预算。

4) 加强设计变更管理工作。要建立相应的制度，防止不合理的设计变更造成工程造价的提高。

5) 健全和加强设计的经济责任制。要建立设计部门内各专业投资分配考核制度。应在设计开始前，将工程投资按专业进行分配，并分段考核。

（4）树立限额设计的新观念。实际工作中如何做好限额设计工作，还是一个正在探讨的课题，但有一点是肯定的，就是要做好这项工作，设计单位和设计人员新观念的树立是极其重要的。这些新观念包括：

1) 限额设计必须贯穿于勘察设计工作的全过程。

2) 限额设计是衡量设计质量的综合标志。

3) 增强经济观念，变"画了算"为"算了画"。

4) 重视施工组织设计和管理工作。

5) 树立动态管理观念。

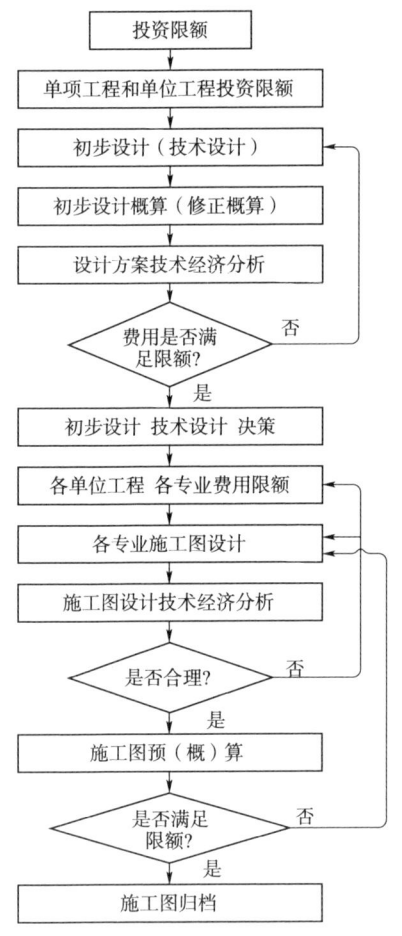

图 8-2 工程项目限额设计流程图

2. 标准设计

经国家和地方批准的建筑、结构和构件等整套标准技术文件和图纸，称为标准设计。各专业设计单位按照本专业需要自行编制的标准设计图纸，称为通用设计。采用标准设计或通用设计，对控制投资有重要意义。标准设计包括的范围如下：

（1）重复建造建筑类型及生产能力相同的企业、单独的房屋和构筑物，都应采用标准设计或通用设计。

（2）对不同用途和要求的建筑物，按照统一的建筑模数、建筑标准、设计规模、技术规定等进行设计。

（3）当整个房屋或构筑物不能定型化时，则应把其中重复出现的部分，如房屋的建筑单元、主要的结构点构造，在构配件标准化基础上定型化。

（4）建筑物和构筑物的柱网、层高及其他构件尺寸的统一化。

（5）建筑物采用的构配件应力求统一化，在基本满足使用要求和修建条件的情况下，尽可能地具有通用互换性。

推广标准设计有益于较大幅度地降低工程费用，具体表现如下：

1）节省设计费用，大大加快设计速度，缩短设计周期，提高设计质量。

2）构件预制厂生产标准件，能使工艺定型，容易提高工人技术，且易使生产均衡和提高劳动生产率，以及统一配料、节约材料，有利于构配件生产成本的大幅度下降。

3）可以使施工准备工作和定制预制件等工作提前，并能使施工速度大大加快，既有利于保证工程质量，又能降低建筑安装工程费用。据上海的调查材料表明，采用标准构件的建筑工程可降低工程造价10%～15%。

4）便于贯彻执行各项技术经济政策和各种标准规范及制度。

3. 价值工程

（1）价值工程（Value Engineering，VE），又称价值分析（Value Analysis，VA），是运用集体智慧和有组织的活动，着重对产品进行功能分析，使之以最低的总成本，可靠地实现产品的必要的功能，从而提高产品价值的一套科学的技术经济分析方法。

1）价值（value）。指产品功能与成本之间的比值，即

$$价值(V) = \frac{功能(F)}{成本(C)} \tag{8-1}$$

从式（8-1）看出，价值是产品功能与成本的综合反映。价值的高低是评价产品好坏的一种标准。

2）功能（function）。指产品所具有的特定用途，即产品所满足人们某种需要的属性。由于产品的功能只有在使用过程中才能最终体现出来，所以，某一产品功能的大小、高低，是由用户所承认、所决定的。价值工程所说的功能，是指用户所承认、所接受的产品的必要功能。

3）成本（cost）。指产品寿命周期成本，即一个产品使用价值从设计、制造/施工、使用，最后到报废的全部过程。

（2）价值工程特征。主要包括：

1）价值工程的目标是以最低的总成本，使某产品或作业具有它所必须具备的功能。总成本是指寿命周期成本，包括制造/施工成本和使用成本。在价值工程里，强调的是总成本的降低，即整个系统的经济效果。

2）价值工程的核心是对产品进行功能分析，在保证产品质量的前提下，

对产品的结构和零部件的功能进行分析研究，排除那些与质量无关的多余功能，从而达到降低成本，提高经济效益的目的。

3) 价值工程是利用组织的集体智慧来实现其总目标。

4) 价值工程侧重在产品研制阶段开展工作。

(3) 提高产品价值的基本途径。全面正确地认识价值工程的特征，有助于把握其本质，发挥其优势，在设计阶段有效地控制投资。从价值与功能、费用的关系式中可以看出有 5 条基本途径可以提高产品的价值。这 5 条基本途径是：

1) 功能不变，成本降低。在保证产品原有功能不变的情况下，通过降低产品成本来提高产品的价值。

2) 成本不变，功能提高。在不增加产品成本的前提下，通过提高产品功能来提高产品的价值。

3) 成本稍增加，功能大提高。通过增加少量的成本，使产品功能有较大幅度的提高，从而提高产品的价值。

4) 功能稍降低，成本大降低。根据用户的需要，通过适当降低产品的某些功能，以使产品成本有较大幅度的降低，从而提高产品的价值。

5) 功能提高，成本降低。运用新技术、新工艺、新材料，在提高产品功能的同时，又降低了产品的成本，使产品的价值有大幅度提高。

上述 5 种途径，都是从用户角度来考虑的，体现了开展价值工程用户第一原则。

(4) 功能评价。

1) 功能评价的内涵。从 VE 的活动程序来看，当功能分析明确了用户所要求的功能之后，就要进一步找出实现这一功能的最低费用（也称功能评价值）；并以功能评价值为基准，通过与实现功能的现实成本相互比较，求出两者的比值（称作功能价值）和二者的差（又称改善期望值）。然后选择功能价值低，改善期望大的功能，作为 VE 进一步开展活动的重点对象。在进行功能评价时，功能的现实费用 C 是用货币表示的。为了使功能评价值 F 与功能现实费用 C 能够可比，总希望 F 也能够用货币来表示。功能评价值有时是可以求解的，即功能可以用货币来表示。但是，有时却找不到相应的金额来表示。这时功能 F 可以用功能重要性系数来表示，C 也用费用系数来表示。

2) 功能评价的方法。价值工程作为一种思想，从产生发展至今，仍保持了价值系数的基本特征，而作为一种方法，已由零星的、定性的分析研究，发展为系统的、定量的分析研究，尤其是在功能评价方面形成了一些具有代表性的方法。

(5) 价值工程在设计过程成本管理中应用的程序：

1) 选择对控制造价影响较大的项目作为价值工程的研究对象。

2) 分析研究对象具有哪些功能，各项功能之间的关系如何。

3) 评价各项功能。确定功能评价系数，并计算实现各功能的现实成本是多少，从而计算各项功能的价值系数，根据价值系数的大小，调整功能或成本。

4) 按照限额设计的要求，确定研究对象的目标成本，并以功能评价系数为基础，将目标成本分摊到各项功能上，与各项功能的现实成本进行对比，确定成本改进期望值，成本改进期望值大的功能重点改进。

5) 根据价值分析结果及目标成本分配结果的要求提出各种方案，并用加权评分法选出最优方案。

[案例 8-2] 价值工程理论应用两例

例1：在美国，1972 年在俄亥俄河大坝枢纽设计中，应用了价值工程，从功能和成本两个方面，对大坝、溢洪道等进行了综合分析，采取增加溢洪道闸门高度的方法，使闸门数量由 17 道减少到 12 道，并且改进闸门施工工艺，且大坝的功能和稳定性不受影响，保证具有必需的功能。仅此，大坝建筑投资就节约了 1930 万美元。用在聘请专家等进行价值工程分析的费用，只花费了 1.29 万美元，取得了 1 美元收益接近于 1500 美元的投资效果。

例2：在国内，上海华东电力设计院承担宝钢自备电厂储灰场围堤筑坝设计任务，原设计采用抛石施工的土石围堤，造价在 1500 万元以上。该设计院通过对钢渣物理性能和化学成分分析试验，在取得可靠数据以后，经反复计算，细致推敲，证明用钢渣代替抛石在技术上是可行的。为保险起见，他们先进行了 200m 试验段（试验段围堤长 2353m），取得成功经验后，再大面积施工。经过设计、施工等多方努力，在长江口，国内首座钢渣黏土心墙围堤提前一个月胜利建成，后又经受了强台风和长江特高潮位同时袭击的考验。比原设计方案节省投资 700 多万元，取得了降低投资、保证功能的效果。

4. 优化工程设计方案

对于一项工程来说设计方案多种多样，只有通过各方面比较，才能确定最优的设计方案。优化设计应贯穿建设项目的全过程，设计方案的优化主要的目的是论证设计方案在技术上是否先进可行、功能上是否满足需要、经济上是否合理、使用上是否安全可靠。优化设计带来的直接效益包括造价的降低、质量的提高、工期的缩短以及安全隐患的降低等。

多方案的比较和优化要运用价值工程进行经济评估，从中选取技术先进、经济合理的最佳设计方案。经济合理要求工程造价尽量低,而技术先进又有可能造成造价的偏高,要求设计者妥善处理好两者的关系,要在满足使用者要求的情况下,尽量降低工程造价。

工程设计过程的成本控制措施包括:在合理构建工程设计团队的基础上,借助精神和物质激励方法,充分调动团队成员的积极性和创造性。

(二)工程施工过程成本控制对象、方法与措施

1. 工程施工过程成本控制对象

施工阶段是控制建设工程项目成本发生的主要阶段,它通过确定成本目标并按计划成本进行施工资源配置,对施工现场发生的各种成本费用进行有效控制,其具体的控制对象如下。

(1)人工费的控制。人工费的控制实行"量价分离"的方法,将作业用工及零星用工按定额工日的一定比例综合确定用工数量与单价,通过劳务合同进行控制。

(2)材料费的控制。材料费控制同样按照"量价分离"原则,控制材料用量和材料价格。

1)材料用量的控制。在保证符合设计要求和质量标准的前提下,合理使用材料,通过定额管理、计量管理等手段有效控制材料物资的消耗。

2)材料价格的控制。材料价格主要由材料采购部门控制。由于材料价格由买价、运杂费、运输中的合理损耗等所组成,因此控制材料价格,主要是通过掌握市场信息,应用招标和询价等方式控制材料、设备的采购价格。

施工项目的材料物资,包括构成工程实体的主要材料和构件,以及有助于工程实体形成的周转使用材料和低值易耗品。由于材料物资的供应渠道和管理方式各不相同,所以控制的内容和所采取的控制方法也有所不同。

(3)施工机具使用费的控制。合理选择使用施工机具设备对成本控制具有十分重要的意义。施工机具使用费主要由台班数量和台班单价两方面决定,为有效控制施工机具使用费支出,主要从以下几个方面进行控制:

1)合理安排施工生产,加强设备租赁计划管理,减少因安排不当引起的设备闲置。

2)加强机械设备的调度工作,尽量避免窝工,提高现场设备利用率。

3)加强现场设备的维修保养,避免因不正当使用造成机械设备的停置。

4)做好机上人员与辅助生产人员的协调与配合,提高施工机具台班产量。

(4)施工分包费用的控制。分包工程价格的高低必然对项目经理部的施工项目成本产生一定的影响。因此,施工项目成本控制的重要工作之一是对分包价格的控制。项目经理部应在确定施工方案的初期就要确定需要分包的工程范围。决定分包范围的因素主要是施工项目的专业性和项目规模。对分包费用的

控制，主要是要做好分包工程的询价、订立平等互利的分包合同、建立稳定的分包关系网络、加强施工验收和分包结算等工作。

(5) 工程用水、电等能耗控制。要求把好计量关，落实管理，节约使用。

(6) 现场管理费用控制。要求合理布设临时设施和搭建临时建筑；压缩非生产性人员；严格执行各种开支标准等。

2. 工程施工过程成本控制方法：赢得值法

赢得值法（Earned Value Management，EVM），也称挣值法，最早由美国国防部于1967年提出，主要用于费用-进度的综合分析。赢得值法的3个基本参数如下。

(1) 已完工作预算费用（Budgeted Cost for Work Performed，BCWP）。指在某一时间已经完成的工作（或部分工作），以批准认可的预算为标准所需要的资金总额，称赢得值或挣值。

$$BCWP = 已完成工作量 \times 预算单价 \quad (8-2)$$

(2) 计划工作预算费用（Budgeted Cost for Work Scheduled，BCWS）。指根据进度计划，在某一时刻应当完成的工作（或部分工作），以预算为标准所需要的资金总额。

$$BCWS = 计划工作量 \times 预算单价 \quad (8-3)$$

(3) 已完工作实际费用（Actual Cost for Work Performed，ACWP）。指到某一时刻为止，已完成的工作（或部分工作）所实际花费的总金额。

$$ACWP = 已完成工作量 \times 实际单价 \quad (8-4)$$

赢得值法的4个评价指标：

(1) 费用偏差（Cost Variance，CV）：

$$CV = 已完工作预算费用(BCWP) - 已完工作实际费用(ACWP) \quad (8-5)$$

当 CV 为负值时，即表示项目实施超出预算费用；当 CV 为正值时，表示项目实现节支。

(2) 进度偏差（Schedule Variance，SV）：

$$SV = 已完工作预算费用(BCWP) - 计划工作预算费用(BCWS) \quad (8-6)$$

当 SV 为负值时，表示进度延误；当 SV 为正值时，表示进度提前。

(3) 费用绩效指数（Cost Performance Index，CPI）：

$$CPI = 已完工作预算费用(BCWP) \div 已完工作实际费用(ACWP) \quad (8-7)$$

当 CPI<1 时，表示超支；

当 CPI>1 时，表示节支。

(4) 进度绩效指数（Schedule Performance Index，SPI）：

$$SPI = 已完工作预算费用(BCWP) \div 计划工作预算费用(BCWS) \quad (8-8)$$

当 SPI<1 时，表示进度延误；当 SPI>1 时，表示进度提前。

赢得值法的 4 个评价指标均是时间的函数。在项目的费用、进度控制中引入赢得值法，可以克服过去进度、费用分开控制的缺点，可定量地判断进度、费用的综合管理效果。

[案例 8-3] 某工程项目赢得值法的应用

某施工单位在 2017 年承接一项工程项目，该施工项目于 2017 年 2 月开工，进行到第 8 个月时，施工单位对前 7 个月的工作进行了统计检查，统计数据见表 8-2。

表 8-2　　　　　　　　　工作完成情况统计表

工作代号	计划完成产值/万元	已完成产值占计划完成产值/%	已完成产值实际成本/万元
A	260	100	300
B	320	100	340
C	240	100	220
D	210	100	200
E	340	60	210
F	520	100	460
G	420	50	240
H	510	0	0
I	200	70	180
J	180	90	160
K	250	100	270

[解析]　本工程前 7 个月的已完工程计划成本及第 7 个月末的已完工程计划成本计算结果见表 8-3。

表 8-3　　　　　　　　　工程项目成本计算结果

工作代号	计划完成产值/万元	已完成产值占计划完成产值/%	已完成产值实际成本/万元	已完工作预算费用/万元
A	260	100	300	260
B	320	100	340	320
C	240	100	220	240
D	210	100	200	210
E	340	60	210	204

续表

工作代号	计划完成产值/万元	已完成产值占计划完成产值/%	已完成产值实际成本/万元	已完工作预算费用/万元
F	520	100	460	520
G	420	50	240	210
H	510	0	0	0
I	200	70	180	140
J	180	90	160	162
K	250	100	270	250
合计	3450		2580	2516

第 7 个月末时，已完工程实际成本为 2580 万元，已完成产值为 2516 万元，计划完成产值为 3450 万元。

费用偏差＝已完工作预算费用－实际成本＝2516－2580＝－64（万元），说明成本超支。

进度偏差＝已完工作预算费用－计划产值＝2516－3450＝－934（万元），说明进度延误。

费用绩效指数＝已完工作预算费用÷实际成本＝2516÷2580＜1，表示超支，即实际费用高于预算费用。

进度绩效指数＝已完工作预算费用÷计划产值＝2516÷3450＜1，表示进度延误，即实际进度比计划进度拖后。

3. 施工成本偏差表达与原因分析

（1）施工成本偏差表达方法：

1）横道图法。用横道图法进行费用偏差分析，是指用不同的横道标识表示已完工作预算费用（BCWP）、计划工作预算费用（BCWS）和已完工作实际费用（ACWP），横道的长度与其金额成正比例。横道图法具有形象、直观、一目了然等优点，它能够准确表达出费用的绝对偏差，而且能一眼感受到偏差的严重性。但这种方法反映的信息量少，一般应用于较高层面项目管理之中。

2）表格法。表格法是进行偏差分析最常用的一种方法，它将项目编号、名称、各费用参数以及费用偏差数综合归纳入一张表格中，并且直接在表格中进行比较。由于各偏差参数都在表中列出，使得费用管理者能够综合地了解并处理这些数据。表 8-4 为某地面工程的成本偏差分析表格法示例。

表 8-4　　　　　　　　　　成本偏差分析表格法示例

示　例				备　注	
				各费用、偏差总计	各费用、偏差、指数计算方法
(1) 项目编码	001	002	003		
(2) 项目名称	平整场地	室内夯填土	垫层		
(3) 单位	100m²	100m²	10m³		
(4) 计划工作量（3个月）	15000m²	2000m²	600m³		
(5) 计划单价/元	18	45	450		
(6) 计划工作预算费用（BCWS）/元	2700	900	27000	30600	(6)=(4)×(5)
(7) 已完成工作量（3个月）	15000m²	1800m²	400m³		
(8) 已完工作预算费用（BCWP）/元	2700	810	18000	21510	(8)=(7)×(5)
(9) 实际单价/元	20	50	600		
(10) 已完工作实际费用（ACWP）/元	3000	900	24000	27900	(10)=(7)×(9)
(11) 费用偏差/元	−300	−90	−6000	−6390	(11)=(8)−(10)
(12) 费用绩效指数（CPI）	0.9	0.9	0.75		(12)=(8)÷(10)
(13) 费用累计偏差/元	−6390				
(14) 进度偏差/元	0	−90	−9000	−9090	(14)=(8)−(6)
(15) 进度绩效指数（SPI）	1	0.9	0.67		(15)=(8)÷(6)
(16) 进度累计偏差/元	−9090				

可以看出，表格法有如下优点：灵活、适应性强；信息量大；表格处理可借助于计算机，从而节约大量数据处理所需的人力，并可大大提高速度。

3）S形曲线法。可用已完工作预算费用（BCWP）、计划工作预算费用（BCWS）、已完工作实际费用（ACWP）3个参数分别绘制出3条曲线，然后分析比较。

（2）工程项目成本偏差原因分析。成本偏差分析的重要目的是要找出引起成本偏差的原因，从而采取有针对性的措施，减少或避免相同原因事件的再次发生。一般来说，产生成本偏差的原因有以下几种：

1）物价上涨：包括人工涨价、材料涨价、设备涨价和利率、汇率变化等。

2）设计原因：包括设计错误、设计漏项、设计标准变化、设计保守、图纸提供不及时等原因。

3）业主原因：包括增加内容、投资规划不当、组织不落实、建设手续不全、协调不佳、未及时提供场地等。

4）施工原因：包括施工方案不当、施工质量问题、工程进度问题、安全管理问题等。

此外自然因素、社会影响、法律法规变化等因素也会引起成本偏差。

4. 施工成本控制措施

施工项目成本控制措施包括组织措施、技术措施、经济措施和合同措施等。

（1）组织措施。是指从项目成本管理的组织方面采取的措施。项目成本控制是全员的活动，如实行项目经理责任制，落实项目成本管理的组织机构和人员，明确各级项目成本管理人员的任务和职能分工、权利和责任。项目成本管理不仅是专业成本管理人员的工作，各级项目管理人员都负有成本控制责任。

组织措施的另一个方面是编制项目成本控制工作计划，确定合理详细的工作流程。要做好施工采购规划，通过生产要素的优化配置、合理使用、动态管理，有效控制实际成本；加强施工定额管理和施工任务单管理，控制活劳动和物化劳动的消耗；加强施工调度，避免因施工计划不周和盲目调度造成窝工损失、机械利用率降低、物料积压等引起的项目成本增加。

成本控制要建立在科学管理方法的基础上，同时需要合理的管理体制、完善的规章制度、稳定的作业秩序，以及完整准确的信息传递的支撑。组织措施是其他各类措施的前提和保障。

（2）技术措施。包括进行技术经济分析，确定最佳的施工方案；结合施工方法，进行材料使用的比选，在满足功能要求的前提下，通过代用、改变配合比、使用添加剂等方法降低材料消耗的费用；确定最合适的施工机具、设备使用方案；结合项目的施工组织设计及自然地理条件，降低材料的库存成本和运输成本；先进的施工技术的应用，新材料的运用，新开发机械设备的使用等。在实践中，也要避免仅从技术角度选定方案而忽视对其经济效果的分析论证。

（3）经济措施。其是最易为人们所接受和采用的措施。管理人员应编制资金使用计划，确定、分解项目成本管理目标；对项目成本管理目标进行风险分析，并制定防范性对策；对各种支出，应认真做好资金的使用计划，并在施工中严格控制各项开支；及时准确地记录、收集、整理、核算实际发生的成本；对各种变更，及时做好增减账，及时落实业主签证，及时结算工程款；通过偏差分析和未完工程预测，可及时发现引起未完工程项目成本增加的一些潜在的问题，对这些问题为主动控制，并及时采取预防措施创造了条件。显然，经济措施的运用绝不仅仅是财务人员的事。

（4）合同措施。采用合同措施控制项目成本，应贯穿整个合同履行期，包括从合同谈判开始到合同终结的全过程。要仔细研究合同的条款、分析合同的不完备之处，关注合同可能出现的变更，充分利用变更中重新定价的机会，谋求更多收益；同时，分析合同履行过程中可能的索赔机会。

在采取成本纠偏措施中，通常压缩已经超支的费用，而不损害其他目标是十分困难的，一般只有当给出的措施比原计划选定的措施更为有利，或使工程范围减少，或生产效率提高，成本才能降低，例如：

1) 寻找新的、更好、更省的、效率更高的设计方案。
2) 购买部分产品，而不是采用完全由自己生产的产品。
3) 重新选择供应商，但会产生供应风险，选择需要时间。
4) 改变实施过程。
5) 变更工程范围。
6) 索赔，例如，向业主、承（分）包商、供应商索赔以弥补费用超支。

事实上，上述也是施工承包方控制成本的重要措施。

5. 项目成本动态控制

在项目施工过程中，需按动态控制原理对实际项目成本的发生过程进行有效控制。动态控制原理应用的步骤如下：

（1）项目成本目标的逐层分解。项目成本目标的分解指的是通过编制项目成本规划，分析和论证项目成本目标实现的可能性，并对项目成本目标进行分解。

（2）在施工过程中对项目成本目标进行动态跟踪。主要工作包括：一是按照成本控制的要求，收集项目成本的实际值；二是定期对项目成本的计划值和实际值进行比较。成本动态控制周期视项目的规模和特点而定，一般项目控制周期为一个月。项目成本的计划值和实际值的比较包括：

1) 工程合同价与投标价中的相应成本项的比较。
2) 工程合同价与项目成本规划中的相应成本项的比较。
3) 项目成本规划与实际项目成本中的相应成本项的比较。
4) 工程合同价与实际项目成本中的相应成本项的比较。
5) 工程合同价与工程款支付中的相应成本项的比较等。

项目成本的计划值和实际值也是相对的，相对于实际项目成本，项目规划的成本值是计划值。成本的计划值和实际值的比较应是定量的数据比较，比较的成果是成本跟踪和控制报告，如编制成本控制的月、季、半年和年度报告等。

（3）项目成本纠偏分析。项目成本纠偏分析是在项目成本核算的基础上，对成本的形成过程和影响成本升降的因素进行分析，以寻求进一步降低成本的途径，包括有利偏差的挖掘和不利偏差的纠正。

项目成本偏差分为局部偏差和累计偏差。局部成本偏差包括项目的月度（或周、天等）成本偏差、专业核算成本偏差以及分部分项作业成本偏差等；累计成本偏差是指已完工程在某一时间点上实际总成本与相应的计划总成本的差异。局部成本偏差可能是个别因素引起的,累计成本偏差可能是项目系统因素造成的,应分别考虑应对策略。

(4) 采取纠偏措施或调整项目成本目标。对局部的影响因素可以改善者,一般采用适当措施进行纠偏,争取在下一成本动态控制周期,项目成本控制状态得到明显改善;若有必要,如发现原定的项目成本目标不合理,或原定的项目成本目标无法实现等,则调整项目成本目标。

三、工程项目成本核算

1. 什么是工程项目成本核算

工程项目成本核算(cost accounting)是对项目实施过程所有生产耗费或要素的价值形态转化的归集计算。其可让管理者及时了解成本实际水平、促进项目管理水平提升。

2. 成本核算内容

项目实际成本核算必须严格执行国家关于成本开支范围和费用开支标准的规定,正确计算施工过程中发生的各项费用,正确计算归集各项成本,逐月进行成本核算。工程成本核算内容包括直接材料费、直接人工费、施工机具使用费、其他直接费用、间接费用 5 类。

(1) 直接材料费。在施工过程中耗用的构成工程实体的材料、结构件、零配件、半成品。以及虽不构成工程实体但有助于工程实体形成的其他材料,如周转材料等。

(2) 直接人工费。直接从事项目工程施工的工人和在施工现场为工程制作构件、运料、配料等工人的工资、奖金、补贴、工资附加费、福利费、劳动保护费等。

(3) 施工机具使用费。在施工过程中使用施工机具发生的费用。包括使用自有机械的安拆费和运输费、大型设备基础费用、折旧费、中小型维修费和保养费及配件费、机械操作人员的薪酬费用、燃料动力费用等,还包括外租设备的租赁费及不包含在租赁费中的安拆费等。

(4) 其他直接费用。施工过程中发生的材料二次搬运费、临建费、生产工具用具使用费、检验试验费、垃圾清运费、文明施工费、工程测量费等。

(5) 间接费用。在组织和管理生产经营过程中发生的管理人员(非生产人员)薪酬、办公费、差旅费、劳动保护费、排污费、工程保修费、外单位管理费、低值品摊销费、物料消耗费、财产保险费等。

3. 成本核算的基本程序

(1) 根据当月发生的人工费、材料费、施工机具使用费等原始凭证,经审核并符合企业管理制度要求,归集各项成本费用,编制记账凭证。财务人员应以审计部等部门人员提供的结算书作为成本核算依据,财务人员不得随意确认成本。

(2) 计算当月应分摊和计提的有关费用,编制相关凭证。

(3) 财务部门按照施工合同的完工百分比法计算确认项目当月的收入、成本、毛利,编制有关凭证。

4. 项目成本归集要求

(1) 由公司财务部门牵头,工程管理部门、工程审计部门、供应部门配合,负责归集、核算实际成本。要求当期成本在当期全部完整核算,禁止成本核算长期跨月、跨年入账。

(2) 成本归集所需的原始附件,均应履行相应的签字程序。应由经办人、部门负责人、项目负责人、财务签字,需报总经理批准的应签字完整。财务人员不得随意自行暂估确认成本。对于施工过程中不易确定最终结算额的,应按保守原则办理月度进度结算,但不得出现无明细的结算或暂估,禁止长期跨年、跨月办理结算进入成本核算。

(3) 直接材料费。材料消耗由材料部门负责编制消耗报表,租赁的周转架料应按月办理内部或外部结算,在每月25日前将相关核算资料送交财务部门。项目完工后一个月项目应完成材料结算盘点工作,确定最终材料费成本。供应部门提供材料收发存汇总报表需经供应部门经理、项目负责人签字,工程审计部门审核后报财务部门,财务人员根据该表进行成本入账核算。材料调拨给施工队的,应由其指定人员签收,定期办理结算手续。废旧物资的处理按照公司制度执行,项目冲减成本。至少每季度进行一次材料盘点工作,并于季末前将盘点资料送交财务部。财务部根据账务和实际盘点数据,查找原因并及时进行账务处理。

(4) 施工机具使用费。设备租赁费、维修费用等由供应部门负责,在每月25日之前将相关核算资料送交财务部门。项目完工后一个月项目应完成上述成本结算工作,确定最终机具费成本。外租设备、运费无论发票是否已到,应按月办理结算(内部结算)交财务部门入账核算,购买的固定资产设备按月计提折旧。

(5) 其他直接费用、间接费用。核算由财务部负责按月核算,项目完工后一个月项目应完成上述成本的最终确认,对于预计尚需发生的各项费用,由相关部门提供依据后进行相应核算。

5. 责任追究

项目部在经济活动分析前及季末、年末,由财务人员牵头,商务部门、材料部门、机具管理等部门配合,对项目实际成本进行清理,编制实际成本与账面成本调节表,查找差异原因并督促相关成本及时入账核算。

各部门人员应及时、准确提供项目收入和成本的确认依据，如因各部门员不能严格履行职责，导致项目成本核算不真实，致使项目亏损不能及时预警，追究相关人员责任。

财务人员须有强烈的责任心，积极、主动、及时收集成本归集资料。不真实核算成本，或有意做假账，隐瞒项目亏损的，或隐瞒不报的、不及时入账的，追究相关人员责任。

四、工程项目成本分析

1. 什么是工程项目成本分析

工程项目成本分析就是根据统计核算、业务核算和会计核算提供的资料，对项目成本的形成过程和影响成本升降的因素进行分析，以寻求进一步降低成本的途径（包括项目成本中的有利偏差的挖潜和不利偏差的纠正）。

通过成本分析，可从账簿、报表反映的成本现象看清成本的实质，从而增强项目成本的透明度和可控性，为加强成本控制，实现项目成本目标创造条件。因而工程项目成本分析，也是控制项目成本，提高项目经济效益的重要手段之一。

2. 工程项目成本变动的影响因素分析

对项目成本变动的影响因素进行分析，是项目成本分析的主要任务，通过对主要的影响因素的总结把握，从宏观上把握项目成本的变动方向和变动原因，找出有效的成本抑制手段，控制项目成本。影响项目成本变动主要有内外两方面的因素：

（1）外部因素。又称为市场经济因素，它主要包括项目的规模和项目本身的技术装备水平，以及项目的专业化程度、项目团队协作水平、项目参与人员的技术技能和施工人员的操作熟练程度等，这些因素不是在短期内所能改变的，它们是贯穿整个项目实施过程的，对项目成本的变化起着主要作用。这些因素人为改变的可能性不大。

（2）内部因素。又称为经营管理因素，这些因素主要有直接材料的消耗量、机械设备及能源的利用效率、项目的质量水平、劳动生产率和人工费用水平的合理性等，它们都有可能在项目实施过程中，通过改变管理策略或改善操作流程，得到一定程度的改变，进而减少成本变动。

影响项目成本升降的内外两方面因素，在一定的条件下，是相互制约和相互促进的，共同影响项目成本的变动。在对项目成本进行分析与管理时，项目管理层应该更关注其内部可变影响因素，查明内部因素对项目成本费用变化的影响，把握项目实施过程中存在的主要问题，探寻最优解决途径，不断改善和提高项目管理水平，降低整个项目的成本费用，提高项目经济效益。

3. 工程项目成本分析的目的和作用

从项目成本分析的概念来看，项目成本分析是为了寻找进一步降低成本的途径，提高项目的经济效益。通过项目成本分析，可以从项目账簿及报表中反映的成本现象看清成本实质，进而增强项目成本的透明度和可控性，最终加强成本控制，为实现项目成本目标创造条件。

（1）恰当评价项目成本计划的执行效果。评价项目成本计划的执行效果，单纯凭借项目成本核算是不够的，必须在项目成本核算的基础上，进行深入的项目成本分析，则可能做出比较正确的评价。

（2）明晰成本超支原因。一个项目实施过程中，有很多的不可控因素，致使项目成本不可能完全与成本计划保持一致，多数情况下，都会存在项目成本超支现象。超支的原因多种多样，项目的可行性研究设计、项目目标计划以及项目技术、组织、管理等任何一项出现问题，都会导致成本发生变化，造成项目成本超支，真正的原因要通过项目成本分析得以明晰。

根据成本超支的具体成本对象，采用适当的定性分析方法和定量分析方法，得出成本分析结论，找出成本超支的关键因素所在。原因分析是成本责任分配与成本控制措施的基础，具体的成本超支原因主要有成本计划数据本身不准确，估值有误，预算过低，采用了不适当的低价策略；天气、物价、不可抗力事件等外部原因；实施管理过程中存在的不恰当控制、成本责任不明、劳动生产率过低、采购劣质材料或原材料浪费严重等问题；项目范围及设计的变更、完工标准的提高等，都是造成项目成本超支的重要因素。明晰发生成本超支的原因，才能对症下药，采取相应的解决措施，及时挽回损失，改善管理，最终实现项目成本有效控制。

（3）寻找降低成本的措施。找到降低成本的有效措施，是项目成本分析的最终目标和主要作用。通过对项目成本超支原因的具体分析，找到压缩成本的突破口，将降低成本的措施与项目的工期、质量、合同等相关因素通盘考虑，选用比原计划更为有利的措施，包括提高生产效率，降低项目成本等。例如，采用耗材少的工艺流程、替代成本高的原材料、重新选择原料供应商等降低成本的措施。

在实行降低成本措施的时候要注意以下几个问题：

1）从项目一开始时就要牢固树立成本控制观念，不放过任何有可能发生成本超支的情况，因为成本超支在一定程度上是一个积累的过程，一旦成本失控，会导致计划成本无力应对整个项目工程。

2）当发生成本超支时，不能仅仅以降低成本为目的，节约一切开支，包括必须耗用的成本，虽然项目成本管理的最终目的就是要降低成本消耗，但是在降低成本的同时，必须要把握住"度"，因为成本的过分降低也会导致一些得不偿失的后果。例如，项目质量下降，项目工期延长，甚至会造成更大的经济损失。

3) 在发生成本超支采取措施时，一定要使措施的选择与项目的设计、进度等其他方面相一致，与项目的其他参与人员或投资者相协调。唯有如此，才能最大程度地发挥其作用，使措施起到应有的降低成本的效果。

4. 工程项目成本分析的原则和内容

(1) 工程项目成本分析的原则。从成本分析效果出发，工程项目成本分析应该符合以下原则：

1) 实事求是。在成本分析当中，必然会涉及一些人和事，也会有表扬和批评。受表扬的当然风光，受批评的未必都能"闻过则喜"，因而常常会有一些不愉快的场面出现，乃至影响成本分析的效果。因此，成本分析一定要有充分的事实依据，应用"一分为二"的辩证方法，对事物进行实事求是的评价，并要尽可能做到措辞恰当，能为绝大多数人所接受。

2) 要用数据说话。成本分析要充分利用统计核算、业务核算、会计核算和有关辅助记录（台账）的数据进行定量分析，尽量避免抽象的定性分析。定量分析对事物的评价更为精确，更令人信服。

3) 要注重时效。也就是要做到成本分析及时，发现问题及时，解决问题及时。否则，就有可能贻误解决问题的最好时机，甚至造成问题成堆，积重难返，发生难以挽回的损失。

4) 要为生产经营服务。成本分析不仅要揭露矛盾，而且要分析矛盾产生的原因，并为解决矛盾献计献策，提出积极有效的解决矛盾的合理化建议。这样的成本分析必然会深得人心，从而受到项目经理和有关项目管理人员的配合和支持，使工程项目的成本分析更健康地开展下去。

此外，还应坚持全面分析与重点分析相结合的原则；专业分析与群众分析相结合的原则；纵向分析与横向分析相结合的原则；事后分析与事前、事中分析相结合的原则。

(2) 工程项目成本分析的内容。工程项目成本分析应与成本核算对象的划分同步。一般而言，工程项目成本分析主要包括以下几个方面：

1) 随着项目施工的进展而进行的成本分析。包括分部分项工程成本分析、月（季）度成本分析、年度成本分析，以及竣工成本分析。

2) 按项目目标成本进行的成本分析。包括人工费分析、材料费分析、机械使用费分析、其他直接费分析，以及间接成本分析。

3) 针对专项成本事项进行的成本分析。包括成本盈亏异常分析、工期成本分析、质量成本分析、资金成本分析、技术组织措施节约效果分析，以及其他有利因素和不利因素对成本影响的分析。

5. 工程项目成本分析的基本方法

项目成本涵盖项目的方方面面，需要成本分析的指标多种多样，必然要求在不同情况下，有不同的分析方法与之相适应。在项目成本估算和项目决策等前期工作中，所使用的方法属于事前成本分析方法；而在项目成本控制阶段，利用的成本分析方法则属于事后成本分析方法。而按照一般的分类原则，将项目成本分析方法分为比较分析法、因素分析法、差额计算法和比率法等。

（1）比较分析法。比较分析法又称指标对比分析法，是通过技术经济指标的对比，检查目标的完成情况，分析产生差异的原因，进而挖掘内部潜力的方法。这种方法具有通俗易懂、简单易行、便于掌握的特点，因而得到了广泛的应用，但在应用时必须注意各项技术经济指标的可比性。比较法的应用通常有以下形式。

1）将实际指标与目标指标对比。以此检查目标完成情况，分析影响目标完成的积极因素和消极因素，以便及时采取措施，保证成本目标的实现。在进行实际指标与目标指标对比时，还应注意目标本身有无问题，如果目标本身出现问题，则应调整目标，重新评价实际工作。

2）本期实际指标与上期实际指标对比。通过本期实际指标与上期实际指标对比，可以看出各项技术经济指标的变动情况，反映施工管理水平的提高程度。

3）与本行业平均水平、先进水平对比。通过这种对比，可以反映本项目的技术和经济管理水平与行业的平均及先进水平的差距，进而采取措施提高本项目管理水平。

以上三种对比，可以在一张表中同时反映。例如，某项目本年计划节约"三材"100000元，实际节约120000元，上年节约95000元，本企业最多节约130000元。

（2）因素分析法。因素分析法又称连环置换法，可用来分析各种因素对成本的影响程度。在进行分析时，假定众多因素中的一个因素发生了变化，而其他因素则不变，然后逐个替换，分别比较其计算结果，以确定各个因素的变化对成本的影响程度。因素分析法的计算步骤如下：

1）确定分析对象，计算实际与目标数的差异。

2）确定该指标是由哪几个因素组成的，并按其相互关系进行排序（排序规则是先实物量，后价值量；先绝对值，后相对值）。

3）以目标数为基础，将各因素的目标数相乘，作为分析替代的基数。

4）将各个因素的实际数按照已确定的排列顺序进行替换计算，并将替换后的实际数保留下来。

5）将每次替换计算所得的结果，与前一次的计算结果相比较，两者的差异即为该因素对成本的影响程度。

6）各个因素的影响程度之和，应与分析对象的总差异相等。

（3）差额计算法。差额计算法是因素分析法的一种简化形式，它利用各个因素的目标值与实际值的差额来计算其对成本的影响程度。

（4）比率法。比率法是指用两个以上的指标的比例进行分析的方法。它的基本特点是：先把对比分析的数值变成相对数，再观察其相互之间的关系。常用的比率法有以下几种：

1）相关比率法。由于项目经济活动的各个方面是相互联系，相互依存，相互影响的，因而可以将两个性质不同且相关的指标加以对比，求出比率，并以此来考察经营成果的好坏。例如，产值和工资是两个不同的概念，但他们是投入与产出的关系。在一般情况下，都希望以最少的工资支出完成最大的产值。因此，用产值工资率指标来考核人工费的支出水平，可以很好地分析人工成本。

2）构成比率法。又称比重分析法或结构对比分析法。通过构成比率，可以考察成本总量的构成情况及各成本项目占总成本的比重，同时也可看出预算成本、实际成本和降低成本的比例关系，从而寻求降低成本的途径。

3）动态比率法。动态比率法是将同类指标不同时期的数值进行对比，求出比率，以分析该项指标的发展方向和发展速度。动态比率的计算，通常采用基期指数和环比指数两种方法。

6. 工程项目成本分析指标

进行项目成本分析，具体要分析项目实施过程中的各种有用数据，而在一个项目的实施中，数据是庞杂多样的，为了提高项目成本管理效率，项目组会采用一些行业认定的成本分析指标进行比较考察，得出分析结论。这些成本分析指标是同影响项目成本变动的内部、外部因素直接相关的。单单依靠一两个指标进行成本分析，是不能全面反映项目成本发生状况的。项目管理层要依赖科学的数据做出变动决策，自然需要从各个不同的角度反映项目成本，利用种类不同的分析指标，可以综合、清晰地反映项目成本耗费状况，并及时将项目的进度、工期、效率、质量等分析同项目成本分析结合进行对比参照，从宏观与微观两方面准确反映项目情况。通常将项目成本分析的综合指标分为三大类：

（1）挣值原理中的各项指标。将计划工作量的预算成本、挣得值、已完工作量的实际成本三者进行两两比较分析，比较两者之间的费用差异、进度差异以及费用差异百分比、进度差异百分比等指标。除此之外，还有相对数指标的费用绩效指数、进度绩效指数等，都属于挣得值原理中的指标。这一原理推广到各工业领域项目管理中以后，在项目管理及控制中的作用日趋完善。

(2) 效率比的各项指标。可以通过构造实际与计划相比的相对数指标,来体现项目某些方面的效率。例如:

$$施工机具生产率 = 实际台班数/计划台班数 \qquad (8-9)$$

$$劳动生产率 = 实际使用人工工时/计划使用人工工时 \qquad (8-10)$$

与此相似的,还可以构造各种材料消耗率及各项费用消耗率,来反映材料消耗及费用耗费方面的效率,在此不再一一赘述。

(3) 成本分析指标。通过实际成本与计划成本的比较分析,最后得出的各种比较结果,对已完工项目而言,分析指标有

$$成本偏差 = 实际成本 - 计划成本 \qquad (8-11)$$

$$成本偏差率 = (实际成本 - 计划成本)/计划成本 \times 100\% \qquad (8-12)$$

$$利润 = 已完工项目价格 - 实际成本 \qquad (8-13)$$

根据各种成本分析指标,可以生成一系列成本项目差异分析表、各分项工程项目成本比较表等。

这种形式的表格,使得各种数据一目了然,便于进行横向及纵向的比较分析。最后根据表格说明,得出差异分析报告、成本状况报告等。

五、工程项目成本考核

1. 什么是工程项目成本考核

工程项目成本考核(cost assessment)指上级组织对下级组织的责任或目标成本与实际成本进行比较,按规定判定责任落实程度,并决定奖惩的活动。

工程项目成本考核的目的,在于贯彻落实责权利相结合的原则,促进成本管理工作的健康发展,更好地完成工程项目的成本目标。在工程项目的成本管理中,项目经理和所属部门、施工队直到生产班组,都有明确的成本管理责任,而且有定量的责任成本目标。通过定期和不定期的成本考核,既可对他们加强督促,又可调动他们成本管理的积极性。

工程项目成本考核,特别要强调施工过程中的中间考核。这对具有一次性特点的工程项目来说尤为重要。因为通过中间考核发现问题,还能"亡羊补牢"。而竣工后的成本考核,虽然也很重要,但对成本管理的不足和由此造成的损失,已经无法弥补。

施工企业成本考核,可以分为两个层次:一是企业对项目经理的考核;二是项目经理对所属部门、施工队和班组的考核(对班组的考核,平时以施工队为主)。通过以上的层层考核,督促项目经理、责任部门和责任者更好地完成自己的责任成本目标,从而形成实现项目成本目标的层层保证体系。

2. 工程项目成本考核内容

(1) 企业对项目经理考核的内容如下：

1) 项目成本目标和阶段成本目标的完成情况。

2) 建立以项目经理为核心的成本管理责任制的落实情况。

3) 成本计划的编制和落实情况。

4) 对各部门、各施工队和班组责任成本的检查和考核情况。

5) 在成本管理中贯彻责权利相结合原则的执行情况。

(2) 项目经理对所属各部门、各施工队和班组考核的内容如下：

1) 对各部门的考核内容：本部门、本岗位责任成本的完成情况，以及本部门、本岗位成本管理责任的执行情况。

2) 对各施工队的考核内容：劳务合同规定的承包任务的执行情况、劳务合同以外的补充收费情况、班组施工任务单的管理情况，以及班组完成施工任务后的考核情况。

3) 对生产班组的考核内容（平时由施工队考核）：以分部分项工程成本作为班组的责任成本，以施工任务单和限额领料单的结算资料为依据，与施工预算进行对比，考核班组责任成本的完成情况。

3. 工程项目成本考核的实施

(1) 工程项目的成本考核采取评分制。具体方法为先按考核内容评分，然后按一定比例，如七与三的比例加权平均。即责任成本完成情况的评分为七，成本管理工作业绩的评分三。这是一个假设的比例，施工项目可以根据自己的具体情况进行调整。

(2) 工程项目的成本考核要与相关指标的完成情况相结合。具体方法为成本考核的评分是奖罚的依据，相关指标的完成情况为奖罚的条件，即在根据评分计奖的同时，还要参考相关指标的完成情况加奖或扣罚。

与成本考核相结合的相关指标，一般有进度、质量、安全和现场标准化管理。以质量指标的完成情况为例，可采用一定的奖罚措施，例如：

1) 质量达到优良，按应得奖金加奖20%。

2) 质量合格，奖金不加不扣。

3) 质量不合格，扣除应得奖金的50%。

(3) 强调项目成本的中间考核。项目成本的中间考核的优点，在于能对施工告一段落后的成本进行考核，可与施工阶段其他指标（如进度、质量等）的考核结合得更好，也更能反映施工项目的管理水平。可从以下两方面考虑：

1) 月度成本考核。一般是在月度成本报表编制以后，根据月度成本报表的内容进行考核。在进行月度成本考核的时候，不能单凭报表数据，还要结合成本分析资料和施工生产、成本管理的实际情况，然后才能做出正确的评价，带动今后的成本管理工作,保证项目成本目标的实现。

2)阶段成本考核。项目的施工阶段,一般可分为基础、结构、装饰、总体四个阶段。如果是高层建筑,可对结构阶段的成本进行分层考核。

(4)合理考核工程项目的竣工成本。工程项目的竣工成本,是在工程竣工和工程款结算的基础上编制的,它是竣工成本考核的依据。工程竣工,表示项目建设已经全部完成,并已具备交付使用的条件(即已具有使用价值)。而月度完成的分部分项工程,只是建筑产品的局部,并不具有使用价值,也不可能用来进行商品交换,只能作为分期结算工程进度款的依据。因此,真正能够反映全貌而又正确的项目成本,是在工程竣工和工程款结算的基础上编制的。由此可见,施工项目的竣工成本是项目经济效益的最终反映。它既是上缴利税的依据,又是进行职工分配的依据。由于施工项目的竣工成本关系到国家、企业、职工的利益,必须做到核算正确,考核正确。

(5)工程项目成本考核的奖罚。工程项目的成本考核分为月度考核、阶段考核和竣工考核三种。对成本完成情况的经济奖罚,也应分别在上述三种成本考核的基础上立即兑现,不能只考核不奖罚,或者考核后拖了很久才奖罚。因为职工所担心的,就是领导对贯彻责权利相结合的原则执行不力,忽视群众利益。

由于月度成本和阶段成本都是假设性的,正确程度有高有低。因此,在进行月度成本和阶段成本奖罚的时候不妨留有余地,然后再按照竣工成本结算的奖金总额进行调整(多退少补)。

工程项目成本奖罚的标准,应通过经济合同的形式明确规定。这就是说,经济合同规定的奖罚标准具有法律效力,任何人都无权中途变更,或者拒不执行。另外,通过经济合同明确奖罚标准以后,职工群众就有了争取目标,因而也会在实现项目成本目标中发挥更积极的作用。

在确定施工项目成本奖罚标准的时候,必须从本项目的客观情况出发,既要考虑职工的利益,又要考虑项目成本的承受能力。在一般情况下,造价低的项目,奖金水平要定得低一些;造价高的项目,奖金水平可以适当提高。具体的奖罚标准,应该经过认真测算再行确定。

此外,企业领导或项目经理还可对完成项目成本目标有突出贡献的部门、施工队、班组和个人进行随机奖励。这是项目成本奖励的另一种形式,不属于上述成本奖罚范围。而这种奖励形式,往往能起到立竿见影的效用。

思 考 和 练 习 题

8-1 什么是工程项目成本?其与工程投资、工程造价有什么异同?

8-2　国内工程项目与国际工程成本构成有何不同？

8-3　影响工程项目成本的主要因素包括哪些？一般而言项目成本与项目质量和安全的关系存在冲突，如何找到平衡点？

8-4　工程定额有哪两类？施工企业若没有企业定额，一般如何估算施工成本？

8-5　如何看待工程变更和费用索赔对施工阶段成本控制的影响？

8-6　工程项目成本编制方法有哪些，各有什么特点？

8-7　工程项目成本控制的依据有哪些？

8-8　采用赢得值法控制成本有什么特点？该方法也可用于控制进度，与关键路线法相比，其有什么特点？

8-9　工程项目成本核算内容和程序包括哪些？

8-10　工程项目成本分析指标有哪几类？各包括哪些？各有什么用处？

第九章 工程项目风险管理

本章知识要点与学习要求

序号	知识要点	学习要求
1	风险和工程项目风险的概念	掌握
2	工程项目风险管理的概念和特点	掌握
3	工程项目风险的一般分类	熟悉
4	工程项目参与方所面临的风险	了解
5	风险管理与工程项目管理的关系	了解
6	工程项目风险识别方法	熟悉
7	工程项目风险估计与评价方法	熟悉
8	工程项目风险应对措施	熟悉

常言道,"风险无处不在,风险无时不有""风险会带来灾难,风险与利润并存",这些均表明了风险的客观性,以及风险与生产和发展的相关性。

现代工程项目规模越来越大,技术越来越复杂,风险同样也在增大,应对风险的困难也在增大。因此,工程项目风险管理日益受到项目管理人员的重视。

第一节 工程项目风险及其管理

一、工程项目风险

(一)风险

1. 什么是风险

在工程项目管理中,风险(risk)是一个重要的概念,在几十年风险管理研究的历史中,人们总是希望给其一个完备的定义,但到目前还没有得到完全统一。

(1)美国风险管理专家 Williams 等将风险定义为:给定情况下的可能结果的差异性。

(2)国内一些风险管理学者认为:风险是给定条件下,特定时间内发生的不良后果的可能性。

（3）在一般的保险理论中，将风险定义为：风险是对被保险人的权益产生不利影响的意外事故发生的可能性。

上述几种风险的内涵可以概括为下列两个方面：

(1) 风险是活动或事件发生的潜在可能性。

(2) 风险是一种消极的、不良的后果。

2. 风险的属性

风险具有下列属性：

(1) 风险的不确定性。风险事件的发生及其后果都具有不确定性。表现在风险事件是否发生，何时发生，发生之后会造成什么样的后果等问题均是不确定的。

(2) 风险的相对性。风险总是相对于事件的主体而言的。同样的不确定事件对不同的主体有不同的影响。人们对于风险事件都有一定的承受能力，但是这种能力因活动、人、时间而异。

(3) 风险的可变性。在一定条件下任何事物总是会发展变化的。风险事件也不例外，当引起风险的因素发生变化时，必然会导致风险的变化。风险的可变性表现在：①风险性质的变化；②风险后果的变化；③出现了新的风险或风险因素已经消除。

3. 风险的分类

从不同角度，根据不同标准，可将风险分成不同的类型。

(1) 按风险后果的分类。

1) 纯风险（pure risk）。这类风险只会造成损失，而不会带来机会或收益。纯风险带来的是绝对损失，如自然灾害，一旦发生，将会造成重大损失，甚至人员伤亡，不会带来额外的收益。

2) 投机风险（speculative risk）。这类风险既存在带来损失的可能，也有获利的机会。例如，股民在股市，既面对亏损威胁，也存在发财的机会。

(2) 按风险来源的分类。

1) 自然风险（natural risk）。由于自然力的作用，造成财产毁损，或人员伤亡的风险属于自然风险。例如，水利工程施工过程中，因发生超标准洪水或地震，造成的工程破坏、材料及器材损失。

2) 人为风险（human risk）。由于人的活动而带来的风险是人为风险。人为风险又可以分为行为风险、经济风险、技术风险、政治风险和组织风险等。

(3) 按事件主体的承受能力的分类。

1) 可接受风险（acceptable risk）。一般指法人或自然人在分析自身承受能力、财产状况的基础上，确认能够接受最大损失的限度。低于这一限度的风险称为可接受风险。

2）不可接受风险（unacceptable risk）。一般是指法人或自然人在分析自身承受能力、财务状况基础上，确认已（大大）超过所能承担的最大损失额，这种风险就称为不可接受风险。

（4）按风险对象的分类。

1）财产风险（property risk）。这是指财产所遭受的损害、破坏或贬值的风险。如设备、正在建设中的工程等，因自然灾害而遭到的损失。

2）人身风险（life risk）。这里指由于疾病、伤残、死亡所引起的风险。

3）责任风险（liability risk）。这是指由于法人或自然人的行为违背了法律、合同或道义上的规定，给他人造成财产损失或人身伤害。

4）腐败风险（corruption risk）。指项目参与方利用权力或机会，牟取个人不法利益，而对社会产生不利的影响。

（5）按风险对工程项目目标的影响分类。

1）工期风险，即造成工程的局部（工程的活动、分项工程）或整个工程的工期延长，不能按计划正常移交工程，或不能按时进入工程营运。

2）费用风险，其包括财务风险、成本超支、投资追加、报价风险、投资回收期延长或无法回收。

3）质量风险，其包括材料、工艺、工程不能通过验收、工程试生产不合格、工程质量经过评价未达到要求。

（二）工程项目风险

工程项目风险（construction project risk）是指工程项目在可行性研究、设计、施工等各个阶段可能遭到的风险。可将其定义为，在工程项目目标规定的条件下，该目标不能实现的可能性。工程项目风险所涉及的当事人主要是工程项目的业主方/项目法人、工程承包方和工程咨询方/设计方/监理方。

1. 工程业主方/项目法人的风险及其产生原因

工程项目业主方/发包人通常遇到的风险可归纳为：项目组织实施风险、经济风险和自然风险。前两种属人为风险。

（1）项目组织实施风险产生的主要原因如下：

1）政府或主管部门对工程项目干预太多，指挥不当。

2）建设体制改革或法规不合理。

3）合同条件的缺陷。

4）承包方缺乏合作诚意。

5）材料、工程设备供应商履约不力或违约。

6) 监理工程师失职。

7) 设计缺陷等。

（2）经济风险产生的主要原因如下：

1) 宏观经济形势不利，如整个国家的经济发展不景气。

2) 投资环境差，工程投资环境包括硬环境如交通、通信等条件和软环境，如地方政府对工程的开发建设的态度等。

3) 市场物价不正常上涨，如建筑材料价格极不稳定。

4) 通货膨胀（currency inflation）幅度过大。

5) 投资回报期（investment recovery period）长，属长线工程，预期投资回报难以实现。

6) 基础设施落后，如施工电力供应困难，对外交通条件差等。

7) 资金筹措困难等。

（3）自然风险的原因：

1) 恶劣的自然条件，如洪水、泥石流等均直接威胁着工程项目。

2) 恶劣的气候条件，如严寒无法施工，台风、暴雨都会给施工带来困难或损失。

3) 恶劣的现场条件，如施工用水用电供应的不稳定性，工程的不利的地质条件等。

4) 不利的地理位置，如工程地点十分偏僻，交通十分不利等。

2. 工程承包方的风险及其产生原因

工程承包方是业主方的合作者，但在利益上，双方目标并不一致，即双方既有共同利益，双方各自又存在威胁。承包方的行为对业主方构成风险，业主方的举动也会对承包方的利益构成威胁。承包方的风险大致可分成下列几方面：

（1）决策错误的风险。承包方在实施过程中需要进行一系列的决策，这些决策无不潜伏着各具特征的风险，包括：

1) 信息取舍失误或信息失真的风险。因信息的失真，其决策失误的可能性很大。

2) 中介与代理的风险。中介人（intermediary）通常不让交易双方直接见面。在工程承包过程中，缺乏经验的承包方受中介人之骗的案例不少。选择不当的代理人或代理协议不当给承包方造成较大损失的例子也不罕见。

3) 投标的风险。投标是取得工程承包权的重要途径，但当承包方不能中标时，其投标过程发生的费用是无法得到补偿的。

4) 报价失误的风险。报价过高，面临着不能中标的风险；报价过低，则又面临着利润低，甚至亏本的风险。

(2) 缔约和履约的风险。该类风险主要表现在以下几方面：

1) 合同条件不平等或存在对承包方不利的缺陷。例如，不平等条款（unequal term）；合同中定义不准确；条款遗漏或合同条款对工程条件的描述和实际情况差距很大。

2) 施工管理技术不熟悉。例如，承包方不掌握施工网络计划技术，对工程进度控制不力，不能保证整个工程的进度。

3) 合同管理不善。合同管理是承包方赢得利润的关键手段，承包方要利用合同条款保护自己，扩大收益。若对合同管理不重视，存在各类管理不善问题，则势必面临较大的风险。

4) 资源组织和管理不当。这里的资源包括劳动力、建筑材料和施工机械等，对承包方而言，合理组织资源的供应是保证施工顺利进行的条件，若资源组织和管理不当，就存在着遭受重大损失的可能。

5) 成本和财务管理失控。承包方施工成本失控的原因是多方面的，包括报价过低或费用估算失误、工程规模过大和内容过于复杂、技术难度大、当地基础设施落后、劳务素质差和劳务费过高、材料短缺或供货延误等。相对成本失控风险，财务管理失控风险的危害则更大，一旦形成失控状态，常会给公司造成巨大经济损失。

(3) 责任风险。工程承包是一种法律行为，合同当事人负有不可推卸的法律责任。责任风险的起因可能有下列几种：

1) 违约，即不执行承包合同或不完全履行合同。

2) 故意或无意侵权。如对工程质量的事故，可能是粗心大意引起，也可能是偷工减料引发。

3) 欺骗和其他错误。

3. 工程咨询/设计/监理的风险及产生原因

同业主方、承包方一样，咨询/设计/监理在工程项目实施和管理中也面临着各种风险，归纳起来，源于下列三个方面：

(1) 来自业主方/项目法人方的风险。咨询/设计/监理受业主方委托，为业主方提供技术服务，当然其要按技术服务合同承担相应的责任，因此承担的风险是不会少的。来自业主方的风险主要出于下列原因：

1) 业主方希望少花钱多办事，不遵循客观规律，对工程提出过分的要求，如对工程标准提得太高，对施工速度定得太快等。

2) 可行性研究缺乏严肃性。业主方上项目的主意已定后，对咨询公司做可行性研究附加种种倾向性要求。

3) 投资先天不足，咨询/设计/监理难做无米之炊。

4) 盲目干预。有些业主方虽和监理签有监理合同，明确监理在承包合同管理中的责任、权利和义务，但在实施过程中，业主方随意做出决定，对监理工程师干预过多，甚至剥夺监理工程师正常履行职责的权利。

(2) 来自承包方的风险。

1) 承包方不诚实。常见的案例是承包方的报价很低，一旦中标后，在施工过程中工程变更、施工索赔接连不断，若监理工程师不答应，则以停工相要挟。

2) 承包方缺乏职业道德。如在质量管理方面，常见的现象是承包方不自检，就要求监理工程师同意进行检查或验收，当其履行合同不力或质量不合标准时，要求监理工程师网开一面，手下留情。

3) 承包方素质低。承包方的素质不高，履约不力，甚至没有履约的诚意或弄虚作假，对工程质量不负责，都有可能使监理工程师蒙受责任风险。

(3) 职业责任风险。咨询/设计/监理的职业责任风险一般由下列因素构成：

1) 设计不充分或不完善。这显然是设计工程师的失职。

2) 设计错误和疏忽。这潜藏着重大工程质量问题。

3) 投资估算和设计概算不准。这会引起业主方的投资失控，咨询/设计对此有不可推卸的责任。

4) 自身的能力和水平不适应。咨询/设计/监理的能力和水平不行，很难完成其相应的任务，与此相伴的风险通常是不可避免的。

[案例 9-1] 老挝某在建的水电站大坝发生垮塌

2018 年 7 月 22 日晚 8 时左右，老挝东南部阿速坡省 Sanamxay 区，正在建设的一座水电站工程的大坝坍塌，导致多人死亡，数千人无家可归。该工程计划投资 12 亿美元，2018 年年底完建，2019 年开始营运。该工程业主方是总部位于老挝首都万象的 Xe Pien-Xe Namnoy 电力公司，是一家以泰国的 Ratchaburi 发电控股公司、韩国西部电力公司和韩国工程建设公司（SK E&C）以及老挝控股国有公司为股东的合资企业。

[解析] 相关资料表明，该风险事件主要由工程建设质量和不利的气象条件两方面因素叠加而成。多因素叠加导致风险，这是许多工程项目风险发生的特性。

二、工程项目风险管理及相关问题

(一) 工程项目风险管理

工程项目风险管理（construction project risk management）是工程项目管

理班子通过对风险的识别、分析评估、应对和监控,以最小代价,在最大程度上实现项目目标的科学和艺术。这一定义包含三个要点:

(1) 工程项目管理的主体是其管理班子。

(2) 风险管理的核心是对风险的识别、评估、应对和监控。

(3) 工程项目风险管理的目标是用最小的代价实现工程目标。

(二) 工程项目风险管理的重点

工程项目风险管理贯穿在工程项目的整个寿命周期,而且是一个连续不断的过程,但也有其重点。

1. 项目风险易发时段

从时间上看,下列情况下工程项目风险要特别引起关注。

(1) 工程项目进展过程中出现未曾预料的新情况时。

(2) 工程项目有一些特别的目标必须实现时,例如,道路工程一定要在9月底通车。

(3) 工程项目进展出现转折点,或提出变更时。

2. 易发风险的项目

项目无论大与小、简单与复杂均可对其进行风险分析和风险管理,且下面一些类型的项目或活动特别应该进行风险分析和风险管理。

(1) 创新或使用新技术的工程项目。

(2) 投资数额大的工程项目。

(3) 实行边设计、边施工、边科研的工程项目。

(4) 打断目前生产经营,对目前收入影响特别大的工程项目。

(5) 涉及敏感问题(环境、搬迁)的工程项目。

(6) 受到法律、法规、安全等方面严格要求的工程项目。

(7) 具有重要政治、经济和社会意义,对财务影响很大的工程项目。

(8) 签署不合常理协议(法律、保险或合同)的工程项目。

3. 风险控制重要的建设阶段或过程

对于工程建设项目,在下述阶段进行风险分析和风险管理可以获得特别好的效果。

(1) 可行性研究阶段。这一阶段,项目变动的灵活性最大。这时若做出减少项目风险的变更,代价小,而且有助于选择项目的最优方案。

(2) 审批阶段。此时项目业主方可以通过风险分析了解项目可能会遇到的风险,并检查是否采取了所有可能的步骤来减少和管理这些风险。在定量风险分析之后,项目业主方还能够知道有多大的可能性实现项目的各种目标,例如,费用、时间和功能。

(3) 招标投标阶段。承包方可以通过风险分析明确承包中的所有风险,有助于确定应付风险的预备费数额，或者核查自己受到风险威胁的程度。

（4）招标后。这时，项目业主方通过风险分析可以查明承包方是否已经认识到项目可能会遇到的风险，是否能够按照合同要求如期完成项目。

（5）项目实施期间。定期作风险分析、切实地进行风险管理可增加项目按照预算和进度计划完成的可能性。

（三）工程项目风险管理的特点

1. 风险管理方法的多样性

工程项目风险管理尽管有一些通用的方法，如概率分析方法、模拟方法、专家咨询法等。但要研究具体项目的风险，就必须与该项目的特点相联系，例如：

（1）项目的复杂性、系统性、规模、新颖性、工艺的成熟程度等。

（2）项目的类型，项目所在领域。不同领域的项目有不同的特点，其风险的产生、发展，以及风险应对均有不同的规律性。例如，计算机软件开发项目与建筑工程项目面对的风险就存在很大的差异。

（3）项目所处的地域，如国度、环境条件。

2. 风险管理需要大量数据支持

风险管理需要大量地占有信息、了解情况，要对项目系统及系统的环境有十分深入的了解，并进行预测，所以在不熟悉情况的条件下是很难进行有效风险管理的。

3. 风险管理中管理主体的经验十分重要

虽然人们通过全面风险管理，在很大程度上已经将过去凭直觉、凭经验的管理上升到理性的全过程的管理，但风险管理在很大程度上仍依赖于管理者的经验及管理者过去工程的经历、对环境的了解程度和对项目本身的熟悉程度。在整个风险管理过程中，人的因素影响很大，如人的认识程度、人的精神、创造力。有的人无事忧天倾，有的人天塌下来也不怕。所以风险管理中要注重对专家经验和教训的调查分析，这不仅包括他们对风险范围、规律的认识，而且包括他们对风险的处理方法、工作程序和思维方式。并在此基础上将分析成果系统化、信息化、知识化，用于对新项目的决策支持。

4. 风险管理与其他管理关系密切

风险管理在项目管理中属于一种高层次的综合性管理工作。它涉及企业管理和项目管理的各个阶段和各个方面，涉及项目管理的各个子系统。所以它必须与合同管理、成本管理、工期管理、质量管理连成一体。

5. 风险管理目标是用最低成本去减少风险可能带来的损失

风险管理的目的并不是消灭风险，在工程项目中大多数风险是不可能由项目管理者消灭或排除的，而应有准备地、理性地实施项目，尽可能地用最低成本去减少风险损失，并争取机会利用风险因素有利的一面。

(四) 工程项目风险管理与工程项目管理的关系

风险管理是工程项目管理的一部分，目的是保证项目总目标的实现。风险管理与项目管理的关系如下：

(1) 从项目的成本、时间和质量目标来看，风险管理与项目管理目标一致。只有通过风险管理降低项目的风险成本，项目的总成本才能降下来。项目风险管理把风险导致的各种不利后果减少到最低程度，这正符合各项目有关各方在时间和质量方面的要求。

(2) 从项目范围管理来看，风险管理是项目范围管理主要内容之一，是审查项目和项目变更所必需的。一个项目之所以必要、被批准并付诸实施，无非是因为市场和社会对项目的产品和服务的需求。风险管理通过风险分析，对这种需求进行预测，指出市场和社会需求的可能变动范围，并计算出需求变动时项目的盈亏大小。这就为项目的财务可行性研究提供了重要依据。项目在进行过程中，各种各样的变更是不可避免的。变更之后，会带来某些新的不确定性。风险管理正是通过风险分析来识别、估计和评价这些不确定性，向项目范围管理提出任务。

(3) 从项目管理的计划职能来看，风险管理为项目计划的制定提供了依据。项目计划考虑的是未来，而未来充满着不确定因素。项目风险管理的职能之一恰恰是减少项目整个过程中的不确定性。这一工作显然对提高项目计划的准确性和可行性有极大的帮助。

(4) 从项目的成本管理职能来看，项目风险管理通过风险分析，指出有哪些可能的意外费用，并估计出意外费用的多少。对于不能避免但能够接受的损失也计算出数量，列为一项成本。这就为在项目预算中列入必要的应急费用提供了重要依据。从而增强了项目成本预算的准确性和现实性，能够避免因项目超支而造成项目各有关方的不安。有利于坚定人们对项目的信心。因此，风险管理是项目成本管理的一部分。没有风险管理，项目成本管理则不完整。

(5) 从项目的实施过程来看，许多风险都在项目实施过程中由潜在变成现实。无论是机会，还是威胁，都在实施中见分晓。风险管理就是在认真的风险分析基础上，拟定各种具体的风险应对措施，以备风险事件发生时采用。项目风险管理的另一内容是对风险实行有效的控制。

(五) 工程项目风险管理的作用

(1) 通过风险分析，可加深对项目的认识和理解，澄清各方案的利弊，了解风险对项目的影响，以便减少或分散风险。

(2) 通过检查和考虑所有到手的信息、数据和资料，可明确项目的各有关前提和假设。

(3) 通过风险分析不但可提高项目各种计划的可信度，还有利于改善项目执行组织内部和外部之间的沟通。

(4) 编制应急计划时更有针对性。

(5) 能够将处理风险后果的各种方式更灵活地组合起来，在项目管理中减少被动，增加主动。

(6) 有利于抓住机会，利用机会。

(7) 为以后的规划和设计工作提供反馈信息，以便在规划和设计阶段采取措施防止和避免风险损失。

(8) 风险虽难以完全避免，但通过有效的风险分析，能够明确项目到底可能承受多大损失或损害。

(9) 为项目施工、运营等选择合同形式和制订应急计划提供依据。

(10) 通过深入的研究和情况了解，可以使决策更有把握，更符合项目的方针和目标，从总体上使项目减少风险，保证项目目标的实现。

(11) 可推动项目实施的组织和管理班子积累有关风险的资料和数据，以便改进将来的项目管理。

第二节 工程项目风险识别

风险识别（risk identification）是工程项目风险管理的第一步，也是工程项目风险管理的基础。

一、风险识别过程

识别风险的过程包括对所有可能的风险事件来源和结果进行客观的调查分析，最后形成项目风险清单，具体可将其分为5个环节，如图9-1所示。

1. 工程项目不确定性分析

影响工程项目的因素很多，其许多是不确定的。风险管理首先是要对这些不确定因素进行分析，识别其中有哪些不确定因素会使工程项目发生风险，分析潜在损失的类型或危险的类型。

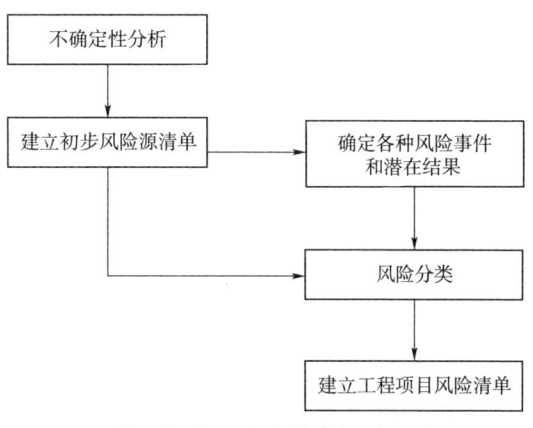

图9-1 工程项目风险识别过程

2. 建立初步风险源清单

在项目不确定性分析的基础上，将不确定因素及其可能引发的损失类型或危险性类型列入清单，作为进一步分析的基础。对每一种风险来源均要作文字说明。说明中一般要包括：

(1) 风险事件的可能后果。
(2) 风险发生时间的估计。
(3) 风险事件预期发生次数的估计。

3. 确定各种风险事件和潜在结果

根据风险源清单中各风险源，推测可能发生的风险事件，以及相应风险事件可能造成的损失。

4. 进行风险分类或分组

根据工程项目的特点，按风险的性质、可能的结果及彼此间可能发生的关系对风险进行分类。工程项目实施阶段风险分类见表9-1。

表 9-1　　　　　　　　工程项目实施阶段风险分类表

业 主 方 风 险	承 包 方 风 险
征地 现场条件 及时提供完整的设计文件 现场出入道路 建设许可证和其他有关条例 政府法律规章的变化 建设资金及时到位 工程变更	工人和施工设备的生产率 施工质量 人力、材料和施工设备的及时供应 施工安全 材料质量 技术和管理水平 材料涨价 实际工程量 劳资纠纷
业主方和承包方共担风险	未定风险
财务收支 变更令谈判 保障对方不承担责任 合同延误	不可抗力 第三方延误

对风险进行分类的目的在于：一方面是为加深对风险的认识和理解；另一方面是为了进一步识别风险的性质，从而有助于制定风险管理的目标和措施。

5. 建立工程项目风险清单

按工程项目风险的大小或轻重缓急，将风险事件列成清单，不仅给人们展示出工程项目面临总体风险的情况，而且能把全体项目管理人员统一起来，使每个人不仅考虑到自己管理范围内所面临的风险,而且也使他了解到其他管理人员所面临的风险以及风险之间的联系和可能的连锁反应。工程项目风险清单的编制一般应在风险分类的基础上进行,并对风险事件的来源、发生时间、发生的后果和预期发生的次数作出说明。

二、风险辨识方法

原则上,风险识别可以从原因查结果,也可以从结果反过来找原因。从原因查结果,就是先找出本项目会有哪些事件发生,发生后会引起什么样的结果。例如,项目进行过程中,关税会不会变化,关税税率提高和降低两种情况各会引起什么样的后果。从结果找原因,则是从某一结果出发,查找引发这一结果的原因。又如,建筑材料涨价引起项目超支,那么哪些因素引起建筑材料涨价;项目进度拖延了,造成进度拖延的因素有哪些。

在具体识别风险时,还可以利用核对表、常识经验和判断、流程图等工具或方法。

1. 核对表

核对表,也称核查表。人们考虑问题有联想习惯,在过去经验的启示下,思想常常变得很活跃,浮想联翩。风险识别实际是关于将来风险事件的设想,是一种预测。如果把人们经历过的风险事件及其来源罗列出来,写成一张核对表,那么,项目管理人员看了就容易开阔思路,容易想到本项目会有哪些潜在风险。核对表可以包含多种内容,例如,以前项目成功或失败的原因、项目其他方面规划的结果(范围、成本、质量、进度、采购与合同、人力资源与沟通等计划成果)、项目产品或服务的说明书、项目班子成员的技能、项目可用的资源等。还可以到保险公司索取资料,认真研究其中的保险例外,这些资料能够提醒还有哪些风险尚未考虑到。

[案例 9-2] 施工项目管理成功与失败原因的核对表

某承包人制作的施工项目管理成功与失败原因的核对表,见表 9-2。

表 9-2 施工项目管理成功与失败原因核对表

施工项目管理成功原因	本项目情况
(1) 项目目标清楚,对风险采取了现实可行的措施; (2) 从项目一开始,就让各方参与项目以后各阶段的决策; (3) 项目有关各方的责任和应当承担的风险划分明确; (4) 在项目设备订货和施工之前,对所有可能的设计方案都进行了细致的分析和比较; (5) 在项目规划阶段,组织和签约中可能出现的问题都事先预计到了; (6) 项目经理有献身精神,拥有所有应该有的权限;	

施工项目管理成功原因	本项目情况
(7) 项目班子全体成员工作勤奋，对可能遇到的大风险都集体讨论过； (8) 对外部环境的变化都采取了及时的应对行动； (9) 进行了班子建设、表彰、奖励及时、有度； (10) 对项目班子成员进行了培训	
施工项目管理失败原因	**本项目情况**
(1) 项目业主方不积极、缺少推动力； (2) 沟通不够，决策者远离项目现场，项目各有关方责任不明确，合同上未写明； (3) 规划工作做得不细，或缺少灵活性； (4) 把工作交给了能力欠缺的人，又缺少检查、指导； (5) 仓促进行各种变更，更换负责人，改变责任、项目范围或项目计划； (6) 决策时不征求各方面意见； (7) 未能对经验教训进行分析； (8) 其他错误	

[案例9-3] 工程项目融资风险核对表

近些年来，项目融资作为建设基础产业和基础设施项目筹集资金的方式越来越受到人们的重视。但是项目融资是风险很大的一种项目活动。因此，项目融资的风险管理也变得越来越重要。某金融机构从以往项目融资业务活动中总结出了项目融资风险核对表，见表9-3。

表9-3　　　　　　工程项目融资风险核对表

项目失败原因（潜在的威胁）	本项目情况
(1) 工期延误，因而利息增加，收益推迟； (2) 成本、费用超支； (3) 技术失败； (4) 承包方财务失败； (5) 政府过多干预； (6) 未向保险公司投保人身伤害险； (7) 原材料涨价或供应短缺、供应不及时； (8) 项目技术陈旧； (9) 项目产品服务在市场上没有竞争力； (10) 项目管理不善； (11) 对于担保物，例如，油、气储量和价值的估计过于乐观； (12) 项目所在国政府无财务清偿能力	

续表

项目成功的必要条件	本项目情况
（1）项目融资只涉及信贷风险，不涉及资本金； （2）切实地进行了可行性研究，编制了财务计划； （3）项目要用的产品材料的成本要有保障； （4）价格合理的能源供应要有保障； （5）项目产品或服务要有市场； （6）能够以合理的运输成本将项目产品运往市场； （7）要有便捷、通畅的通信手段； （8）能够以预想的价格买到建筑材料； （9）承包方具有经验、诚实可靠； （10）项目管理人员富有经验、诚实可靠； （11）不需要未经实际考验过的新技术； （12）合营各方签有令各方都满意的协议书； （13）稳定、友善的政治环境、已办妥有关的执照和许可证； （14）不会有被政府没收的风险； （15）国家风险令人满意； （16）主权风险令人满意； （17）对于货币、外汇风险事先已有考虑； （18）主要的项目发起者已投入足够的资本金； （19）项目本身的价值足以充当担保物； （20）对资源和资产已进行了满意的评估； （21）已向保险公司交纳了足够的保险费，取得了保险单； （22）对不可抗力已采取了措施； （23）成本超支的问题已经考虑过	

2．常识、经验和判断

以前参与过的工程项目积累起来的资料、数据、经验和教训，项目班子成员的常识、经验和判断在风险识别时非常有用。对于那些采用新技术、无先例可循的项目，更是如此。另外，把项目有关各方找来，同他们就风险识别进行面对面的讨论，也有可能触及一般规划活动中未曾或不能发现的风险。

3．流程图（flow diagram）

将一工程项目的活动按步骤或阶段顺序以若干模块形式组成一个流程图子列。每个模块中都标出各种潜在的风险或利弊因素，结合项目的具体情况，对可能风险进行识别。

［案例 9-4］ 承包工程风险识别流程图

某承包人承包工程风险识别流程如图 9-2 所示。

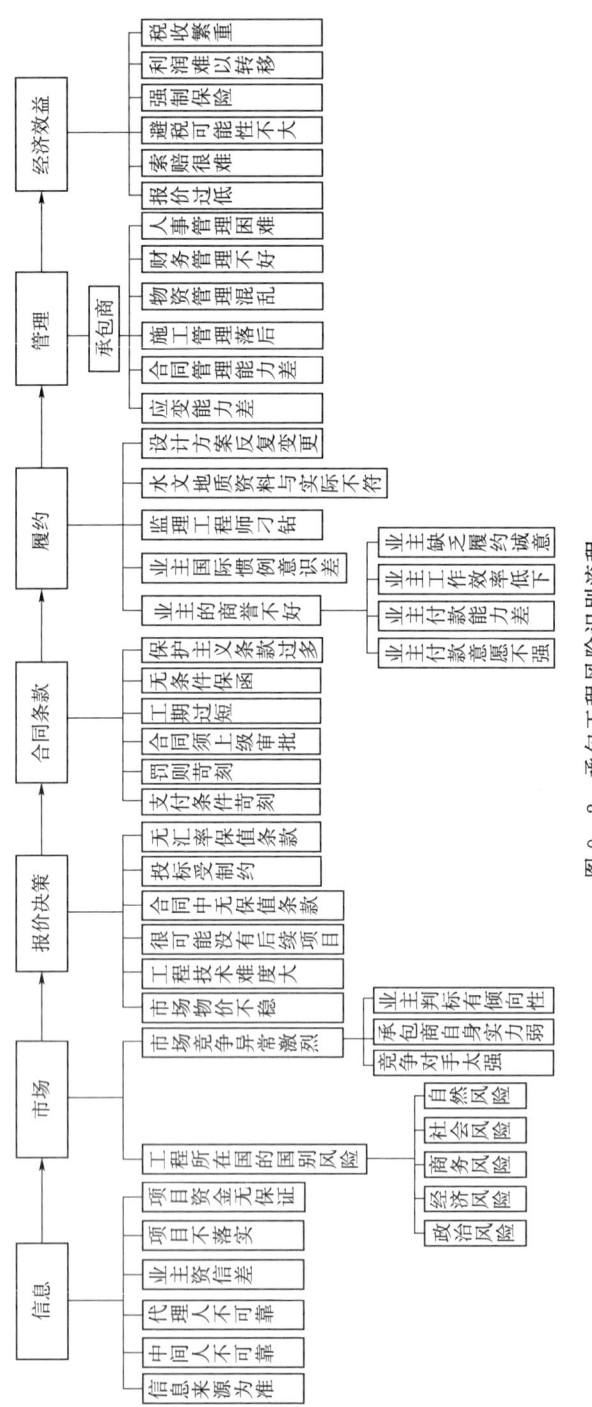

图 9-2 承包工程风险识别流程

第三节　工程项目风险估计与评价

风险识别一般是从定性角度去了解和识别风险，要进一步把握风险，有待于深刻的分析。

一、风险估计

风险估计的对象是工程项目的各单个风险，估计的内容包括风险事件发生的概率及可能发生的损失。

1. 风险事件发生的概率

风险事件发生的概率和概率分布是风险估计的基础。因此，风险估计的首要工作是确定风险事件的概率分布。一般而言风险事件的概率分布应由历史资料确定，这样得到的即为客观概率。当项目管理人员没有足够的历史资料确定风险事件的概率分布时，可以利用理论概率分布进行风险估计。

由于项目管理活动独特性很强，项目风险来源彼此相差甚远。因此，项目管理班子成员在许多情况下只能根据样本个数不多的小样本对风险事件发生的概率进行估计。有些新项目是前所未有的，根本就没有可利用的数据，项目管理人员只能根据自己的经验预测风险事件的概率或概率分布，这即为主观概率。

2. 风险事件后果的估计

风险事故造成的损失大小要从 3 个方面来衡量：损失性质、损失范围和损失的时间分布。

（1）损失性质是指损失是属于政治性的、经济性的还是技术性的。

（2）损失范围包括严重程度、变化幅度和分布情况。严重程度和变化幅度分别用损失的数学期望和方差表示。

（3）损失的时间分布对于项目的成败关系极大。数额很大的损失如果一次就落到项目头上，项目很有可能因为流动资金不足而破产，永远失去了项目可能带来的机会；而同样数额的损失如果是在较长的时间内分几次发生，则项目班子容易设法弥补，使项目能够坚持下去。损失这 3 个方面的不同组合使得损失情况千差万别，因此，任何单一的标度都无法准确地对风险进行估计。

在估计风险事故造成损失时描述性标度最容易用，费用最低；定性的次之；定量标度最难、最贵、最耗费时间。

3. 等风险量图

风险的大小不仅和风险事件发生的概率有关，而且还与风险损失的多少有关。评价风险的大小，常用如图 9-3 所示等风险量图。在图 9-3 中，工程项

目风险量的大小 R 为风险出现概率 p（probability）和潜在的损失量 q（risk event value）的函数。

$$R = f(p,q) \tag{9-1}$$

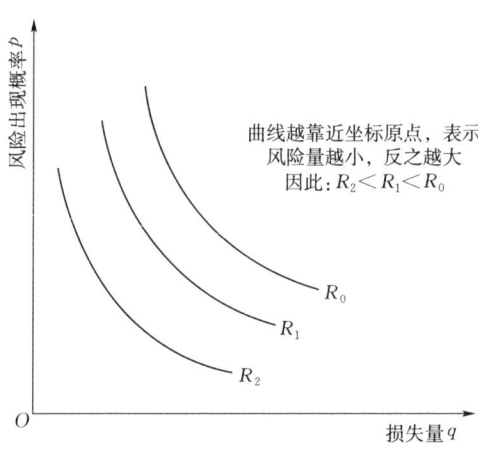

图 9-3 等风险量图

R 具有下列性质：

（1）R 的大小主要取决于潜在损失的多少。有严重潜在损失的风险，其虽不经常发生，但比经常发生却无大灾的风险要可怕。

（2）若两种风险的潜在损失相类似，则其发生频率高的风险具有较大的 R。

（3）风险评价图中每条曲线代表一类风险事件，不同曲线风险程度不一样。曲线距离原点越远，期望损失越大，一般认为风险就越大。

（4）工程项目风险频率与损失的乘积就是损失期望值，即风险量大小是关于损失期望值的增函数。因此，可得到图 9-3 中等风险量图的大致形状。在风险理论中常用下列公式来计算 R。

$$R = f(p,q) = pq \tag{9-2}$$

或

$$R = \sum_{i}^{n} p_i q_i \tag{9-3}$$

式中 $i(=1, 2, 3, \cdots, n)$——工程项目的第 i 类风险事件。

4. 风险估计的不确定性

风险估计本质上是在信息不完全情况下的一种主观评价。因此，进行风险估计时有两个问题要注意：第一，不管使用哪种标度，都需要有某种形式的主观判断。所以风险估计的结果必然带有一定程度的不确定性；第二，计量本身也会产生一定程度的不确定性。项目相关变量（如成本、进度、质量、规模、产量、贷款利率、通货膨胀率）不确定性程度依赖于计量系统的精确性。计量风险的准确性同不确定性是有区别的。

风险估计还涉及信息资料问题。人们一般不能从收集到的信息资料中直接获得有关风险的大小、后果严重程度和发生频率等信息。在传播过程中，信息资料的内涵常常被人们歪曲地理解或解释。如果事件给人留下的印象深，则其损失容易被高估。有人研究过这种现象，结论是，广为传播的事件发生频率常常被高估，而传播少的事件则被低估。

二、风险评价

风险估计只对工程项目各阶段单个风险分别进行估计和量化，没有考虑到各单个风险综合起来的总体效果，也没有考虑到这些风险是否能被项目主体接受。这些问题需要通过项目风险评价去解决。

（一）风险评价的目的

工程项目风险评价有下列四个目的：

（1）对项目诸风险进行比较和评价，确定它们的先后顺序。

（2）从项目整体出发，弄清各风险事件之间确切的因果关系，为制定风险管理计划奠定基础。

（3）考虑各种不同风险之间相互转化的条件，研究如何才能化威胁为机会。

（4）进一步量化已识别风险的发生概率和后果，减少风险发生概率和后果估计中的不确定性。

（二）风险评价的方法

常见的风险分析方法有八种，即调查和专家打分法（checklist）、层次分析法、模糊数学法（fuzzy set）、统计和概率法（statistics）、敏感性分析法（sensitive analysis）、蒙特卡罗方法（Monte Carlo，MC）、控制区间和记忆模型（Controlled Interval and Memory models，CIM）、影响图法（influence diagram）。其中前两种方法侧重于定性分析，中间三种侧重于定量分析，而后三种则侧重于综合分析。限于篇幅，下面主要介绍调查和专家打分法。

调查和专家打分法是一种最常用的、最简单的、易于应用的分析方法。它的应用由两步组成：首先，识别出某一种特定工程项目可能遇到的所有风险，列出风险调查表；其次，利用专家经验，对可能的风险因素的重要性进行评价，综合成整个项目风险，具体步骤如下：

（1）确定每个风险因素的权重，以表征其对项目风险的影响程度。

(2) 确定每个风险因素的等级值,按可能性很大、比较大、中等、小、较小五个等级,分别以 1.0、0.8、0.6、0.4 和 0.2 打分。

(3) 将每个风险因素的权数与等级值相乘,求出该项风险因素的得分,再求出此工程项目风险因素的总分。显然,总分越高说明风险越大。

为进一步规范这种方法,可根据以下标准对专家评分的权威性确定一个权重值。

1) 在国内外进行国际工程承包工作的经验。
2) 是否已参加投标准备,对投标项目所在国及项目情况的了解程度。
3) 知识领域(单一学科或综合性多学科)。
4) 在投标项目风险分析讨论会上发言的水平等。

该权威性的取值建议为 0.5~1.0,1.0 代表专家的最高水平,其他专家取值可相应减少,投标项目最后的风险度值为:每位专家评定的风险度乘以各自的权威性的权重值,所得之积合计后再除以全部专家权威性的权重值之和。

该方法适用于决策前期。这个时期往往缺乏项目具体的数据资料,主要依据专家经验和决策者的意向,得出的结论也不要求是资金方面的具体值,而是一种大致的程度值,但也是进一步分析的基础。

[案例 9-5] 某海外工程的风险调查表

某海外工程的风险调查表,见表 9-4,其中 $W \times X$ 叫风险度,表示一个项目的风险程度。由 $W \times X = 0.56$,说明该项目的风险属于中等水平,可以投标,报价时风险费也可取中等水平。

表 9-4 某海外工程风险调查表

可能发生的风险因素	权数 W	风险因素发生的可能性					$W \times X$
		很大 1.0	比较大 0.8	中等 0.6	不大 0.4	较小 0.2	
政局不稳	0.05			√			0.03
物价上涨	0.15		√				0.12
业主方支付能力	0.10			√			0.06
技术难度	0.20					√	0.04
工期紧迫	0.15			√			0.09
材料供应	0.15		√				0.12
汇率浮动	0.10			√			0.06
无后续项目	0.10				√		0.04

第四节 工程项目风险应对

在一个工程项目的实施过程中，不可避免地存在各种各样的自然和社会风险。对这些风险首先要在业主方/项目法人、设计、咨询或承包方间进行合理分配；其次是各方风险应对的问题。

一、风险分配

此处主要介绍工程施工阶段项目风险的分配问题。工程项目施工阶段的风险主要在项目法人/业主方和承包方（供应商）间进行分配。合理进行风险分配，对工程项目的顺利实施至关重要。

1. 风险分配的原则

对工程项目施工阶段的风险分配，业主方起主导作用。作为买方的业主方，通常由其组织起草招标文件、选择合同条件。而承包方或供应商一般处于从属地位。当然，业主方一般不能随心所欲，不管主客观条件，把风险全部推给对方，而对自己免责。风险分配应遵循下列原则：

（1）风险分配应能有利于降低工程造价和有利于履行合同。

（2）合同双方中，谁能更有效地防止和控制某种风险或减少该风险引起的损失，就由谁承担该风险。

（3）风险分配应能有助于调动承包方的积极性，认真做好风险管理工作，从而降低成本，节约投资。

从上述原则出发，施工承包合同中的风险分配通常是双方各自承担自己责任范围内的风险，对于双方均无法控制的自然和社会因素引起的风险则由业主方承担，因为承包方很难将这些风险事先估入合同价格中，若由承包方承担这些风险，则承包方势必只能将风险在投标报价中体现，即增加其投标报价。因此，在这种情况下，当风险不发生时，相对而言会增加业主方/项目法人的工程造价；当然，当风险估计不足时，则会造成承包方亏损，且难以保证工程的顺利进行。

2. 业主方/发包方应承担的风险

在工程项目施工合同中，一般要求业主方/发包方承担下列风险：

（1）不可抗力的社会或自然因素造成的损失和损坏。前者如战争、暴乱、罢工等；后者如洪水、地震、飓风等。但工程所在国以外的战争、承包方自身工人的动乱以及承包方延误履行合同后发生的情况等均除外。

（2）不可预见的施工现场条件的变化，而引起的损失或损坏。其是指施工过程中出现了招标文件中未提及的不利的现场条件，或招标文件中虽提及，但与实际出现的情况差别很大,且这些情况在招投标时又是很难预见到的,由此而造成的损失或损坏。在实际工程中,这类问题最多是出现在地下工程的情况,如土方开挖现场出现了岩石,其高程与招标文件所述的高程差别很大;设计指定了土石料场,其土石料不能满足强度或其他技术指标的要求;开挖现场发现了古代建筑遗迹、文物或化石;开挖中遇到有毒气体等。

(3) 工程量变化而导致的价格变化的风险。其是对单价合同而言,因单价合同的合同价是按工程量清单上的估计工程量计算的,而支付款项是按施工实际的支付工程量计算的,两种工程量不一致,就会出现合同价格变化的风险。若采用的是总价合同,则此项风险由承包方承担。另外,有一种情况是当某项作业其工程量变化甚大,而导致施工方案变化引起的合同价格变化。

(4) 设计文件有缺陷而造成的损失或成本增加,由承包方负责的设计除外。

(5) 国家或地方的法规变化导致的损失或成本增加,承包方延误履行合同后发生的除外。

3. 承包方应承担的风险

在工程项目施工合同中,一般规定由承包方承担的风险如下:

(1) 投标文件的缺陷,指由于对招标文件的错误理解,或者勘察现场时的疏忽,或者投标中的漏项等造成投标文件有缺陷而引起的损失或成本增加。

(2) 对业主方提供的水文、气象、地质等原始资料分析或运用不当而造成的损失和损坏。

(3) 由于施工措施失误、技术不当、管理不善、控制不严等造成施工中的一切损失。

(4) 分包方工作失误造成的损失和损坏。

二、风险应对措施

工程项目风险应对(risk response)包括所有为避免或减少风险发生的可能性以及潜在损失而采取的各种措施,基本的措施有减轻、预防、转移、回避、自留和后备措施六种。

(一) 减轻风险

减轻风险或称风险缓解(risk mitigation)的目标是降低风险发生的可能性或减少后果的不利影响。具体目标是什么,则在很大程度上视风险是已知的,可预测的,还是不可预测的。

对已知的风险,项目管理者可在很大程度上加以控制。例如,若已发现工程进度出现了滞后的风险,则可以通过压缩关键线路上活动的时间,改变活动的逻辑关系等措施来减轻工程项目的风险。

可预测或不可预测的风险是项目管理人员难以控制的风险,直接动用项目资源一般难以收到好的效果,必须进行深入细致的调查研究,减少其不确定性和潜在损失。

(二) 预防风险

工程项目风险预防 (risk prevention) 通常采用有形和无形的手段。

1. 有形的风险预防手段

在有形手段中,常以工程措施为主。例如,在修山区高速公路时,为防止公路两侧高边坡的滑坡,可以采用锚固技术固定可能松动滑移的山体。有形风险预防手段有多种形式,例如:

(1) 防止风险因素出现,即在工程活动开始之前就采取一定的措施,减少风险因素。

(2) 减少已存在的风险因素。如在施工现场,当用电的施工机械增多时,因电而引起的安全事故势必会增加,此时,可采取措施,加强电气设备管理和做好设备外壳接地等,减少因电而引起的安全事故。

(3) 将风险因素同人、财、物在时间和空间上隔离。风险事件发生时,造成财产毁损和人员伤亡是因为人、财、物在同一时间处于破坏力作用范围之内。因此,可以把人、财、物与风险源在空间上实行隔离,在时间上错开,可达到减少损失和伤亡的目的。

2. 无形的风险预防手段

(1) 教育法。工程项目实践表明,工程项目风险因素有一大类是由于工程项目管理者和其他人员的行为不当而引发的。因此,要减轻与不当行为有关的风险,就必须对有关人员进行风险和风险管理的教育,主要内容包括资金、合同、质量、安全等方面的法律、法规、规程规范、工程标准、安全技能等方面的教育。

(2) 程序法,即是指用规范化、制度化的方式从事工程项目活动,减少不必要的损失。工程项目活动许多是有规律的,若规律被打破,有时也会给工程项目带来损失,如工程建设的基本建设程序要求是先设计后施工,若设计还没有完成就仓促上马施工,势必会出现设计变更增多、设计缺陷泛滥等问题。

(三) 转移风险

转移风险或称风险转移 (risk transference) 的目的不是降低风险发生的概率和不利后果的大小,而是借用合同等手段,在风险一旦发生,将损失的一部分转移到第三方身上。

实施风险转移策略应注意:

(1) 必须让承担风险者得到相应的回报。

(2) 对于具体的风险,谁最具有管理能力就转移给谁。

转移工程项目风险常见的方式有分包、保险与担保。

（1）分包，即承包人将其所包工程的一部分向其他承包方发包。分包有时能起到较好的转移风险的作用。例如，某一承包人，在某堤防加固工程投标中一举中标，而该标包括的内容有护坡，以及堤身加高宽和防渗灌浆。而对于该承包人而言，在防渗灌浆施工方面并不擅长，对工程施工的质量和成本控制有较大的风险。若该承包人将防渗灌浆施工分包给有经验的施工队伍，对其也可能不存在任何风险。

（2）保险与担保。保险是转移风险最常用的一种方法。项目管理者只要向保险公司交纳一定数额的保险费，当风险事件发生后，就能获得保险公司的补偿，从而将风险转移给保险公司。担保则是指为他人的债务、违约或失误负间接责任的一种承诺。在工程项目管理上常是指银行、保险公司或其他非银行金融机构为项目风险负间接责任的一种承诺。

（四）回避风险

回避风险（avoidance risk）是指当工程项目风险潜在威胁发生可能性太大，不利后果也太严重，又无其他策略可用时，主动放弃项目或改变项目目标与行动方案，从而规避风险的一种策略。如承包方通过风险评价后发现某项目投标中标的可能性较小，且即使中标，也存在亏损的风险。此时，其就应该放弃投该标，以回避亏本的经济风险。

（五）自留风险

有时项目管理者可以把风险事件的不利后果自愿接受下来，即为自留风险或称风险自留（risk acceptance）。自愿接受风险，又有主动和被动之分。在风险管理计划阶段已对一些风险有了准备，所以当风险事件发生时，马上执行应急计划，这是主动接受。如在水电工程施工导流设计中，对可能出现的超标准洪水一般有对策措施，当这种超标准洪水出现时，采取相应措施就能应对风险。被动接受风险是指当风险事件造成的后果不大，不会影响大局时，管理者列了一笔费用，以应付之。如对材料涨价风险，一般采用准备一笔费用来对付。

（六）后备措施

有些风险要求事先制定后备措施。一旦实际进展情况与计划不同，就动用后备措施。后备措施（back-up measures）常包括：

（1）预算应急费。其是一笔事先准备好的资金，用于补偿差错、疏漏及其他不确定性对工程项目费用估计精确性的影响。

（2）技术后备措施。其是专门为应付工程项目的技术风险而预先准备好的时间或一笔资金。准备好的时间主要是为应付技术风险造成的进度拖延；准备好的一笔资金主要是为对付技术风险提供的费用支持。

思考和练习题

9-1 什么是风险和工程项目风险？纯风险和投机风险的主要差异是什么？

9-2 什么是工程项目风险管理？工程项目风险管理与工程项目管理存在什么关系？

9-3 与质量管理相比，风险管理是项目管理的中一类管理，还是一种管理方法或手段？

9-4 工程项目风险识别方法有哪些？各有什么特点？

9-5 工程项目发包中，项目业主方可否凭借其主导地位，将工程项目风险全部分配给承包人？为什么？

9-6 当用式（9-2）来描述项目风险量时，在什么假设条件下才算合理？

9-7 工程项目风险应对措施有哪些？各有什么特点？

9-8 选择工程项目风险应对措施时，应考虑哪些问题？

第十章 工程项目信息管理

本章知识要点与学习要求

序号	知识要点	学习要求
1	工程项目信息及其特性	掌握
2	工程项目信息的分类、用途和处理	熟悉
3	BIM 及其平台	掌握
4	BIM 及其平台的应用价值	熟悉
5	BIM 及其平台的应用面临的挑战	了解
6	工程项目管理信息系统基本结构和功能	了解
7	工程项目管理信息系统构建方式与过程	了解

21世纪初,美国国家标准技术协会(NIST)以在建的商业、工业及公共建筑项目为对象,进行统计分析,其结果表明,在信息交互不畅环境下,工程建设成本增加 65.88 美元/m^2(1平方英尺=0.0929m^2)。这在一定程度上说明建设工程项目信息管理的重要性。

第一节 工程项目信息及其特性

一、数据、信息与工程项目信息

1. 什么是数据

数据(data)并没有统一的定义,一般是指对客观事件进行记录并可以鉴别的符号,是对客观事物的性质、状态以及相互关系等进行记载的物理符号或这些物理符号的组合。它不仅指狭义上的数字,还可以是具有一定意义的文字、字母、数字符号及其组合,以及图形、图像、视频、音频等,也是客观事物的属性、数量、位置及其相互关系的抽象表示。

在计算机科学领域,数据通常是指所有能输入到计算机并被计算机程序处理的符号和介质的总称。

2. 什么是信息

信息(information)泛指人类社会传播的一切内容,包括音讯、消息、通信系统传输和处理的所有对象。但在管理科学领域，一般是指经过加工、解释之后，对人们的行为产生影响的，或者说对人们有用的数据。

在工程项目管理中，信息和数据难以分开，但这是两个不能混淆的概念。信息是经过加工之后的有用的数据。例如，在工程施工实验室，试验人员经过试验记录下了一组有关工程质量方面的试验结果，然而仅根据记录的试验结果不能直接评判工程施工质量的优劣，因而试验结果是数据；而当对这些数据进行加工分析，并和施工质量标准相比较后，就可以用来判定工程施工质量状况，这样数据就变成了信息。

3. 什么是工程项目信息

工程项目信息（construction project information）是指反映与工程项目各方管理活动相关的、经过加工的数据，简称项目信息。如同人、财、物一样，工程项目信息也普遍被人们认为是项目管理者的基本资源之一。随着工程建设项目向着大型化、复杂化和社会化方向的发展，项目信息资源的地位也越来越突出。

二、工程项目信息的特性

工程项目信息的特性有很多，主要表现为下列几个方面：

（1）真实性。真实性是对项目信息的最基本要求，失真的项目信息不仅无用，而且会引起一些误导。

（2）滞后性。项目信息由数据转换而来，它不可避免地落后于数据，而数据又是对客观世界的记录。因此，项目信息总是滞后于事实的发生，即滞后于项目内部的活动或外部的变化。

（3）不完全性。对于某一管理者，不可能也没有必要得到反映客观世界的全部数据。数据的收集或信息的转换应有明确的目的性，且应分清主次。只有合理地舍弃无用和次要的信息，才能科学地使用信息资源。

（4）层次性。项目系统是分层次的，如整个施工项目级，单项或单位工程级，或分部工程级。处在不同层次的管理者，对同一事物所需的信息也不同，这就要求对项目信息进行分层管理。这是提高项目管理效率的客观要求。

（5）价值性。信息是经过加工后的数据，并对工程设计施工活动产生影响，因而具有价值。显然信息的价值必须经过应用才能实现，其自身是没有价值的。

第二节　工程项目信息的分类、用途和处理

一、工程项目信息的分类

为满足项目管理需要，常从不同角度对项目信息进行分类。

1. 按项目信息源分类

工程项目实施阶段，参与建设的主体有发包方、设计方和施工方等，他们均存在项目信息管理问题。不论哪一主体，按其信息源都可将其分为内部信息和外部信息。

(1) 内部信息。指项目某主体组织内部发生的信息。如对施工单位，施工项目部组织结构设置、部门职能调整、劳务人员薪酬分配等均属施工单位的内部信息。对这些信息的管理，包括信息传递、使用，以及信息的格式等均由施工单位决定。

(2) 外部信息。指项目某主体组织外发生的管理信息。如对工程施工单位，工程监理方下达的工程开工令、工程变更通知，或工程发包方直接下达的通知或指令等均属外部信息。外部信息的内容和格式一般难以由本组织左右。但工程施工过程中，工程监理方、施工方、设计方和发包方之间，对传递项目信息的格式一般有约定，即实行项目信息管理的标准化和格式化。这对提高信息管理效率具有重要意义。

2. 按工程项目管理目标分类

工程项目的管理目标分为进度目标、费用目标、质量目标和安全目标等。常根据这些管理目标将工程项目信息作相应的分类：

(1) 进度管理信息。指与工程进度计划和控制等直接相关的信息。例如，总进度计划、单位工程进度计划、年度和季度进度计划、进度控制的工作流程、承包方的进度报表、监理工程师的进度调整指令等。

(2) 费用管理信息。指与工程项目费用计划和控制等直接相关的信息。例如，建筑材料价格、工程投资估算、合同单价和合价、承包方的费用支付申请等。

(3) 质量管理信息。指与工程质量计划和控制等直接相关的信息。例如，合同对工程施工的质量要求、质量控制的工作流程、质量检验取得的分析数据、工程质量的统计报表等。

(4) 安全管理信息。指与工程施工安全计划和控制等直接相关的信息。例如，施工安全预警方案、施工安全措施计划和方案等。

3. 按工程项目信息的稳定程度分类

按稳定程度，即变化程度，常将项目信息分为两类：

(1) 固定信息。指在一定时间内相对稳定的信息。包括工程合同信息、长期计划信息等，它们在相当时间内是不变的。

(2) 流动信息。指在不断发生变化或更新的信息。例如，每周或每日的工程质量和进度信息、建材市场上材料的价格信息等。它们不断在变化，有些信息变化频率还相当高。

4. 按信息的层次分类

按项目信息的层次，常将其分为战略性、策略性和常规业务性三类信息：

(1) 战略性信息。指工程项目实施过程中有关战略决策的信息。例如，工程项目建设规模、投资总额、建设总工期、工程发包方案等。

(2) 策略性信息。指项目管理中，中级管理人员作短期决策所涉及的信息。例如，工程项目年度、季度计划等。

(3) 常规业务性信息。指工程建设过程中日常的工作信息。例如，周进度报表、月进度款支付报表、工程计量申请表等，这类信息较具体，精度较高。

二、工程项目信息的用途

工程项目信息作为一种资源，在工程项目管理中是不可缺少的，其用途主要体现在以下几方面：

(1) 项目信息是实施项目目标控制的基础。对工程项目的进度、质量、费用和安全等目标进行控制，是工程项目管理者的主要任务。其控制的方法是将项目实际值和计划值或合同目标相比较，找出差异，并对其结果进行分析，采取相应补救或预防措施，使项目目标得以实现。而为了进行比较、分析和采取措施，项目管理者首先应掌握有关工程项目进度、质量和费用等目标的计划值，即项目目标的计划值信息，这是进行控制的目标信息；其次，项目管理者应掌握项目目标的执行情况，即实际值。只有将这两方面的信息均充分掌握，项目管理者才能实施控制。因此，从工程项目目标控制角度看，控制需要信息，离开信息无法进行控制，项目信息是项目控制的基础。

(2) 项目信息是管理决策的依据。项目管理决策是否适时、准确，直接影响到项目总目标的实现。项目决策能否做到适时、准确，影响因素是多方面的，但其中最重要的一方面因素是项目信息提供的是否及时，以及信息是否足够与可靠。若没有及时、足够和准确的信息，作出正确及时的决策显然是不可能的。例如，在工程施工方制定施工方案时，项目经理一般需要工程结构方面的信息，即设计图纸和相关说明，此外，还需要施工条件方面的信息，包括气象、交通、建材供应等方面，以及本企业资源供应方面的信息。仅当这些信息完备、准确时，项目经理才能制定合理的施工方案，或在众多施工方案中选择一个优化的方案。

(3) 项目信息是协调建设各方关系的重要媒介。工程项目实施过程，涉及的利益主体或相关方较多，有发包方、监理工程师、承包方和设计方等。这些主体对工程项目目标的实现均会产生影响。工程施工方要协调好与他们的关系，使他们成为工程施工的重要保障，并充分发挥他们在工程建设中的特殊作用。协调，首要的基础是掌握大量精准的项目信息，离开大量精准的项目信息,科学、有效的工程项目协调将是空话。

三、工程项目信息的处理

工程项目信息处理的内容常包括:原始数据收集、加工,以及信息的传递和存储、维护、使用。

1. 原始数据收集

原始数据收集指将时间和空间上分散的一些原始数据进行集中。这是项目信息处理的基础,也是十分重要的工作。数据收集要做到制度化和规范化,要明确收集的时间、次数和数量,并保证原始数据的完整和真实。对于施工承包方而言,开始施工前,收集的原始数据包括施工合同信息(包括施工招标文件)、施工环境信息(包括气象、交通、征地拆迁、建材市场等)、工程设计信息和发包方要求(包括工程监理指示等),以及施工组织和施工计划信息;工程施工开始后,施工承包方收集的信息还要增加工程施工过程和结果的相关信息,如施工质量、进度和安全控制方面的信息。

2. 项目信息加工

项目信息加工,按加工深浅,可分下列三个层次:

(1) 初级加工。指对资料和数据所做的筛选、校核、整理等简单的处理。

(2) 综合分析。指将基础数据综合成决策信息的加工过程。经综合分析得到的信息可供工程建设中的中高级管理人员直接使用。

(3) 借助于数学模型的统计分析和推断。指采用特定的数学模型对基础数据或综合数据进行统计、模拟或推断的加工过程。由此而得到的信息可为项目管理及其决策提供信息支持。

3. 项目信息的传递和存储

加工后得到的信息,大部分需要传递或存储。管理信息的传递是指借助于一定的载体,如纸张、U盘、通信线路等,在各管理部门、各信息用户单位之间的传递。通过传递,形成各种信息流,将各种报表、文字、记录、图像、文件等各种形式的管理信息传送到各类管理人员手中,或成为控制的依据,或成为进一步提炼信息的基础。保存加工后的信息,即存储。存储项目信息的介质一般有纸质和计算机硬盘。对工程施工承包方,在工程项目施工管理中,一般与工程交易(或施工合同)相关的信息有必要存储在纸质上,以满足施工合同管理的要求;其他项目信息可存在计算机硬盘上,但要做好项目信息的备份工作。

4. 项目信息的维护

项目信息的维护是指在信息管理中要保证信息始终处于适用状态,要求项目信息经常更新,保持信息准确性;做好保密工作,使信息保持唯一性。此外,还应保证信息存取方便。

5. 项目信息的使用

信息管理的目的在于使用,只有将其应用于管理之中,信息的价值才能得以实现。因此,在工程项目管理中,一方面要管好信息,为管理决策提供支持;另一方面在管理过程中要充分利用已取得的数据和信息,以数据说话,使管理和决策过程更科学、更准确。

第三节 工程项目建筑信息模型（BIM）

一、BIM 及其发展

1. 什么是 BIM

BIM（building information modeling）是在计算机辅助设计（CAD）等技术基础上发展起来的新一代工程信息技术,可实现对建筑工程物理特征和功能特性信息的数字化承载和可视化表达。

BIM 概念的提出可追溯到 20 世纪 70 年代,美国卡内基梅隆大学 Chuck 教授提出的"building description system,BDS"。随着信息技术的发展和信息技术在建筑业的深入运用,与 BDS 相似的提法也曾出现多个。直到世纪之交,各方的看法逐渐趋于一致,建筑信息模型（BIM）的说法得到了广泛的认同。

2. BIM 的发展

BIM 中的 M 最初用为 model,即模型；随着 BIM 应用深入,M 发展为 modeling,即模型发展或应用；继而 M 又扩展为 management,即协同管理（包括进度管理、动态仿真、工程计量计价、资源管理、质量和安全管理等）,以及 mobility,即电子资产移交。

BIM 能够应用于工程项目规划、勘察、设计、施工、运营维护等各阶段,实现建筑全生命期各参与方在同一多维建筑信息模型基础上的数据共享,为产业链贯通、工业化建造和复杂建筑创作提供技术保障；支持对工程环境、能耗、经济、质量、安全等方面的分析、检查和模拟,为项目全过程的方案优化和科学决策提供依据；支持各专业协同工作、项目的虚拟建造和精细化管理,为建筑业的提质增效、节能环保创造条件。

二、BIM 的核心产品及其平台

1. BIM 的核心产品

BIM 的核心是建模软件,即基本软件,目前国际上主要由 3 个厂商提供,分别是欧特克（Autodesk）公司、奔特力（Bentley）公司和达索（Dassault）公司。

（1）欧特克公司 BIM 的核心产品。包括 Revit Architecture、Revit Structure 和 Revit MEP。它们由 AutoCAD 发展而来，并主要支持民用建筑工程，若将其拓展推广到其他基础设施领域，还需要投入相当大的精力去创建相应的模块或者进行二次开发。欧特克产品的特点是，其从 CAD 发展而来，推广应用更适应传统的思维模式，因而容易被接受；同时，软件平台费用相对较低，开放程度相对较高，二次开发难度相对较小。因此，民用建筑工程设计、施工企业普遍使用欧特克的产品，其他工程领域的小型企业也经常选用欧特克产品。

（2）奔特力公司 BIM 的核心产品。包括 Bentley Architecture、Bentley Structure 和 Bentley Mechanical Systems。奔特力所有的应用程序都运行在 MicroStation 平台环境之上，软件平台具有绘图、渲染甚至强大的动画制作能力，能够满足不同的领域和应用方向，涵盖了整个基础设施行业的全生命期流程。随着这几年的推广，有不少工程设计院选用奔特力平台开展协同设计。但由于软件平台费用高，开放程度不高，二次开发难度较大，目前主要集中在部分大型电力设计院和水利水电设计院使用。

（3）达索公司 BIM 的核心产品。包括 CATIA、Digital Project 和 Delmia 等。达索的产品是全球航空航天业高档的机械制造设计软件，支持复杂曲面造型和复杂装配，具有强大的曲面建模功能及参数化能力，可以任意剖切生成需要的断面图和平面布置图，实现三维与二维图纸的转换。CATIA 与 ANSYS（有限元分析软件）之间有非常好的接口，CATIA 的零件可直接转化为 ANSYS 可以兼容的模型，为复杂有限元分析提供了较好的平台。ANSYS 提供了多种二次开发接口，可生成符合制图标准的二维图。虽然 ANSYS 提供了比较高端的三维协同设计环境，但其高昂的软件价格，使得其应用只能局限于大型的企业和科研单位。

一般而言，从工程领域看，民用建筑工程多用欧特克的产品，基础设施工程多用奔特力的产品，航空和大型造船工程多用达索的产品；从企业规模看，民用建筑企业或一般小型建筑企业常用欧特克的产品，大型基础设施建筑企业多用奔特力的产品，航空和大型造船等企业常用达索的产品。

2. BIM 平台

我国住房和城乡建设部在《城市轨道交通工程 BIM 应用指南》中将利用 GIS、物联网、移动互联、大数据、云计算、人工智能、区块链等技术，实现建设工程及设施全生命期内信息数据集成、传递、共享和应用的软硬件环境称为 BIM 平台。显然，BIM 平台融合了多种现代信息技术，提供了更多解决工程项目管理问题的工具。

三、BIM 及其平台的应用

1. BIM 应用价值

对建筑业而言，BIM 的应用促进了建筑业由依据二维图纸的生产方式向依据三维模型的生产方式的跨越，有效地解决了二维生产方式下设计管线碰撞等难题；对工程施工过程而言，BIM 的应用使工程施工前的三维动态仿真成为可能，促进了工程施工资源的合理配置和施工质量的提升；对业主方监管而言，通过参与各方共享的 BIM 信息平台，促进了工程建设监管方式的改变，并有效地提升了监管效率。

美国宾夕法尼亚州立大学、我国住房和城乡建设部均组织相关人员就 BIM 对设计、施工和业主方的应用价值进行了研究，主要结果归纳如下。

（1）BIM 为工程设计方提供的应用价值。设计方从工程设计方案论证到设计文件编制均可以应用 BIM，具体如下：

1）工程设计方案论证的应用：设计方案比选与优化，并提出性能、品质最优的方案。

2）设计建模的应用：直观的三维模型展示与漫游体验；建筑、结构、机电各专业协同建模；参数化建模技术实现一处修改，相关联内容智能变更；避免错、漏、碰、缺发生。

3）能耗分析的应用：通过 IFC（Industry Foundation Classes）或 gbxml（Revit 中的一类文件）格式输出能耗分析模型；对建筑能耗进行计算、评估，进而开展能耗性能优化；能耗分析结果可存储在 BIM 模型或信息管理平台中，便于后续应用。

4）结构分析的应用：通过 IFC 或 Structure Model Center 输出数据计算模型；开展抗震、抗风、抗火等结构性能设计；结构计算结果可存储在 BIM 模型或信息平台中，便于后续应用。

5）光照分析的应用：建筑、小区日照性能分析；室内光源、采光、景观可视度分析；光照计算结果存储在 BIM 模型或信息管理平台中，便于后续应用。

6）设备分析的应用：管道、通风、负荷等机电设计中的计算分析模型输出；冷、热负荷计算分析；舒适度模拟；气流组织模拟；设备分析结果存储在 BIM 模型或信息管理平台中，便于后续应用。

7）绿色评估的应用：通过 IFC 或 gbxml 格式输出绿色评估模型；建筑绿色性能分析，其中包括：规划设计方案分析与优化；节能设计与数据分析；建筑遮阳与太阳能利用；建筑采光与照明分析；建筑室内自然通风分析；建筑室外绿化环境分析；建筑声环境分析；建筑小区雨水采集和利用；绿色分析结果存储在 BIM 模型或信息管理平台中，便于后续应用。

8) 工程量统计的应用：BIM 模型输出土建、设备统计报表；输出工程量统计，与概预算专业软件集成计算；概预算分析结果存储在 BIM 模型或信息管理平台中，便于后续应用。

9) 其他综合的应用：建筑表面参数化设计；建筑曲面幕墙参数化分格、优化与统计；各专业模型碰撞检测，提前发现错、漏、碰、缺等问题，减少施工中的返工和浪费；BIM 模型与规范、经验相结合，实现智能化的设计，减少错误，提高设计便利性和效率。

10) 设计文件编制的应用：从 BIM 模型中生成二维图纸、计算书、统计表单，特别是详图和表单，可以提高施工图的出图效率，并能有效减少二维施工图中的错误。

(2) BIM 为工程施工方提供的应用价值。主要包括：

1) 施工投标的应用：3D 施工工况展示；4D 虚拟建造。

2) 施工管理和工艺改进等的应用：设计图纸审查和深化设计；4D 虚拟建造，工程可建性模拟（样板对象）；基于 BIM 的可视化技术讨论和简单协同；施工方案论证、优化、展示以及技术交底；工程量自动计算；消除现场施工过程干扰或施工工艺冲突；施工场地科学布置和管理；有助于构配件预制生产、加工及安装。

3) 工程项目、企业管理的应用：4D 计划管理和进度监控；施工方案验证和优化；施工资源管理和协调；施工预算和成本核算；质量安全管理；绿色施工；总承包、分包管理协同工作平台；施工企业服务功能和质量的拓展、提升。

4) 工程档案数字化的应用：施工资料数字化管理；工程数字化交付、验收和竣工资料数字化归档。

(3) BIM 为业主方提供的应用价值。主要包括：

1) 数据调试（data commissioning）。把部件编号、保修信息等数据从 BIM 模型植入到设施管理系统中，以保证数据精确和减少数据输入时间。

2) 性能监测（performance monitoring）。BIM 用于辅助监测能源、空气质量、安保等设施性能的过程。

3) 系统控制（systems control）。BIM 用于辅助控制诸如照明、电力、暖通空调、输送等设施元件或系统的过程。

4) 空间跟踪（space tracking）。BIM 用于监测设施空间使用的过程。

5) 资产管理（asset management）。BIM 用于辅助设施资产管理以保证生命期最优价值的过程，这些资产包括建筑物本身、系统、周围环境、设备等，必须以最低可能成本有效维护、更新和运行,让业主和用户满意,从而支持财务决策以及短期和长期规划。资产类型可以包括人员、空间、设备、系统、家具装置系统和部件、信息技术和音频视频系统和部件,以及其他对客户有价值的数据。

6) 维护管理（maintenance management）。BIM 用于辅助保持或恢复设施元素达到正常运行状态的各类行动的过程。

7) 状态记录（condition documentation）。BIM 用于辅助记录设施状态的过程,这个过程的完成可以利用诸如激光扫描、成像几何和传统测绘等其他工具。

8) 场景预测（scenario forecasting）。BIM 用于预测设施内诸如人流疏散安排和其他灾害等可能情况的过程。

2. BIM 平台的应用价值

BIM 平台融合了其他现代信息技术,功能比单一的 BIM 系统更加强大,应用价值更大。

(1) BIM 平台在工程项目上的应用,形成的各方关系如图 10-1 所示,工程建设参与各主体共同应用该平台,可促进信息共享,进而提升工程建设效率。

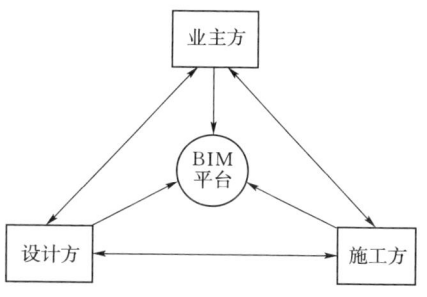

图 10-1 BIM 平台与工程参与方的关系

(2) BIM 平台在建设企业中的应用,如图 10-2 所示,企业所承包的各项目与企业总部的关系,可增强项目部的技术能力和管理能力,也可促进企业资源的有序和合理配置,进而降低企业生产成本。

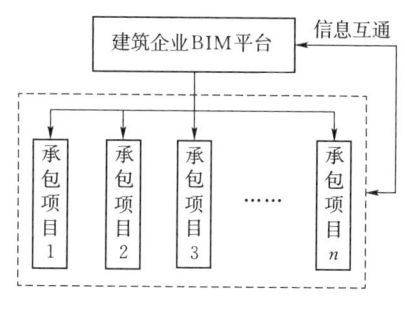

图 10-2 建筑企业应用 BIM 将各承包项目整合

3. BIM 应用面临的挑战

BIM 这项新技术,在传统建设工程管理体制机制下运行,必然会遇到诸多挑战,需要开展探索,以寻求解决方案。

(1) BIM 的推广应用,其环境并不十分适应。首先,BIM 是一个信息共享平台,这就要求参与工程的相关方,客观地、及时地提供工程信息,而这方面在传统工程合同中并没有明确要求,或没有将其提到一定的高度来认识,这就要求首先将 BIM 应用相关的责任、权利和义务写进工程合同;其次,BIM 平台自身也存在建设和管理的问题,由谁来建设和管理,如何管理? 这也有待研究。

（2）BIM应用中"协同"理念有待构建。BIM应用的"协同"体现在两个层面：一是工程建设不同参与方之间的协同；二是工程不同阶段的协同。

然而，目前这两方面均存在困难，一是工程建设"碎片化"的问题，如工程设计方和监理方均不参与工程招标过程，而是由工程招标代理主导；二是工程建设不同阶段的"割裂"问题，许多工程的建设和运行管理主体分离。这些均是"协同"不足的问题，阻碍着BIM作用的发挥。

（3）BIM理念贯穿项目全寿命期，但各阶段缺乏有效的管理集成。BIM给设计师带来可视化技术，但这只是BIM的一个层面。BIM的精髓在于将信息集成和提取贯穿于项目的整个寿命期，对项目的建造以及后期运营管理综合集成意义重大。这一方面没有引起充分的重视。

（4）BIM应用目前在建设管理制度和建设市场方面存在困难。在建设管理制度方面，对政府或国资企业投资项目，目前较大的障碍之一是构建BIM平台的费用还没有工程概算。此外，根据BIM自身管理要求和BIM应用管理要求，发包方应选择既懂全过程工程项目咨询，又熟悉BIM应用的企业承担全过程咨询，但建设市场目前也难以供给这种企业。

（5）BIM应用技术标准短缺。BIM的使用客观上要求有一套完整的BIM标准体系能够促使项目各参与方、各专业之间进行信息对接与共享，以提高工程实施效率。目前IFC标准为不同软件之间提供了连接通道、解决了数据之间互不相容的问题，但随着BIM技术的应用推广，对于信息共享与传递过程中数据的完整性和协调性的要求越来越高。项目建设不同参与方、项目不同阶段管理主体间数据的共享和传递，对BIM应用技术标准提出要求，而这方面目前缺乏统一的标准，有待通过进一步研究予以解决。

第四节　工程项目管理信息系统及其建设

BIM主要是一个支持工程技术的平台，能为工程项目管理提供大量信息，因而该平台在工程项目（或企业）信息管理系统中是一个重要的子系统。

一、工程项目管理信息系统

1. 工程项目管理信息系统

工程项目管理信息系统是指为完成项目管理信息的收集、加工、传递或存储、维护和使用而形成的系统。

应注意到，项目管理信息系统并不是因目前使用了计算机才出现的，而在传统工程项目管理中已客观存在。例如，从施工现场取样做试验，得到原始数据，然后进行分析加工，取得施工现场质量方面的信息。通过和有关标准或合同要求比较后,即可得到工程质量合格与否的结论。一般在月底或年终,还需将施工质量数据汇总上报等。这一过程实际上可看作信息管理的过程,完成这一活动所需要的人员、组织机构和规章制度等就构成了管理信息系统。

在传统的信息管理中,由于数据和信息的整理和加工过程依靠手工完成,效率低、速度慢,加上缺乏信息管理应有的规章制度,导致了信息管理落后、不规范,难以及时、准确地提供大量支持决策的信息。

计算机技术的飞速发展,为建立高效、现代的管理信息系统创造了条件。现代的管理信息系统,可利用计算机效率高、速度快的特点,使管理信息系统更多地利用数学模型、优化方法和充分利用存储和分析数据的功能,使项目管理决策系统化、定量化和科学化。

现代工程项目管理信息系统是一个由人、计算机和管理规章制度构成的,能进行工程项目信息收集、加工、传递、存储、维护和使用的系统。

2. 工程项目管理信息系统基本结构

工程项目管理信息系统的基本结构分为简单结构和复杂结构。

(1) 简单结构。指没有反馈环路的系统,如图10-3所示。

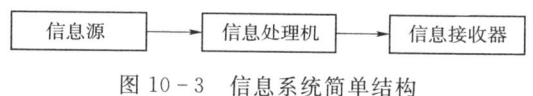

图10-3 信息系统简单结构

(2) 复杂结构。指信息系统中存在反馈环路的系统,如图10-4所示。

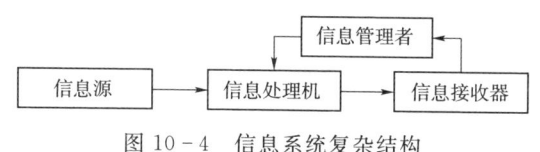

图10-4 信息系统复杂结构

复杂结构是将信息管理者单独划出,使其起反馈、转移和处理信息的作用。

项目信息系统的完整结构模型如图10-5所示。该模型中,信息管理者和信息处理机的功能彼此分开。信息管理者规定系统各单元之间的关系,根据用户要求,以数据量和技术条件来决定信息处理机的运算规则,从而对处理机的工作进行规划和控制。事实上,任何项目信息系统结构均可归纳为如图10-5所示的模型,只是系统的具体结构更为复杂。

3. 工程项目管理信息系统基本功能

工程项目管理信息系统主要包括数据的收集和录入,数据的加工和存储,以及信息的输出(含信息的反馈)等基本功能,而这些基本功能又可分为数据处理功能和辅助管理功能。

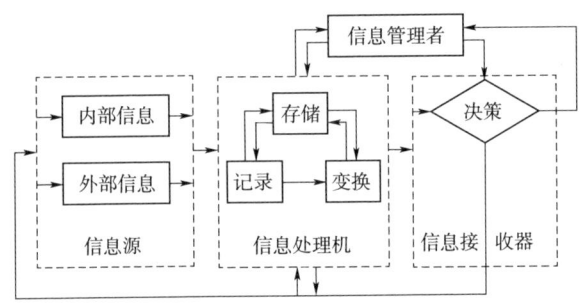

图 10-5 项目信息系统结构示意图

(1) 数据处理功能。项目管理信息系统的数据处理功能包括基本数据处理和数据分析处理两类。

1) 基本数据处理功能。它包括对基本数据的收集、存储和转换工作。就工程施工方的信息管理系统而言，这些工作包括：①原始数据收集，如施工日志、施工的周报、月报等数据的收集；②数据准备，即把原始数据转换成适合于在计算机上录入的形式，如把原始数据中的材料名称转换成约定好的代码等；③数据输入，即将原始数据输入计算机；④原始数据处理操作，即在原始数据输入后，对原始数据进行分类、合并、检索、存储、计算等。

2) 数据分析处理功能。它是一种较为复杂的数据处理，用于从一些数据中提取某种有意义的信息。如将混凝土强度数据输入后，使其得到强度的平均值和离差系数，使人们对所浇筑混凝土的质量有所了解。这种处理常包括的内容有：①累计，即将汇总的数据和分类数据作为整理好的历史数据，人们从中可以发现数据内所隐含的模式和数据之间的关系；②分析，即对累计的历史数据进行变换，以估计当前或将来事件的基本模式、关系或一般的行为方式；③推算，即通过一定的模型推测事件或行动的结果；④报告，即分析、推断后提交的结果。

(2) 辅助管理功能。其内容常包括：

1) 进度管理功能。建立整个工程的网络进度计划系统，包括总网络进度计划和各种不同管理平面的子网络进度计划；计算网络进度计划的时间参数和时差；总网络和子网络进度计划的协调分析；提供具有时间坐标的网络图和相应的横道图计划；工程实际进度的统计分析；工程实际进度与计划进度的动态比较；工程进度变化趋势预测；工程进度计划的定期调整；工程进度的查询；提供多种（不同管理平面）工程进度控制的报表。

2) 成本管理功能。成本经验数据的分析，即对已建同类施工项目的有关数据进行分类分析；成本计划值的计算和调整；将计划成本和实际成本进行比较，即进行成本的跟踪管理；实际工程成本的统计分析；项目成本变化趋势预测；项目成本的查询；提供多种（不同管理平面）有关项目成本管理的报表。

3）质量和安全管理功能。工程施工质量和安全要求或标准的制定和管理；设计质量的鉴证记录；已完工程质量的统计；实际质量情况和质量标准（要求）的比较；运用数理统计方法，对工序和重要质量指标进行统计分析；工程材料和设备质量的跟踪管理；质量和安全事故记录及其处理记录；已完工程质量验收记录；提供多种（不同管理平面）工程质量和安全管理报表。

4）合同管理功能。工程合同文件、资料的登记、修改、删除等的管理；合同文件执行情况跟踪和处理过程记录；工程变更和索赔事件记录；提供各种合同执行情况的报表。

5）综合管理功能。工程现场资源供应计划、调度等的管理；公文处理；档案管理。

随着信息技术的发展，辅助项目管理的功能将越来越强，这必将促进工程项目管理水平的提升。

二、工程项目管理信息系统的建设方式与过程

项目管理信息系统的建设与工程项目建设过程类似，要经过系统分析（规划）、设计和实施的过程。所不同的是，工程项目建设应用的是工程技术，而项目管理信息系统建设应用的是信息技术。

1. 工程项目管理信息系统建设方式

对工程项目建设单位或工程承包方，项目管理信息系统基本建设方式有购买软件和委托开发。

（1）购买软件，即由用户在市场上购买商品化的项目管理信息系统。该方式的优点是在较短的时间内就可建立系统。购买软件的关键是在决定购买前要进行充分的论证，选择既满足管理需要，又较为经济的商品软件。该方式的缺点有尽管对所购买的软件进行了选择，但其毕竟是商品化软件，供应商要考虑到软件的通用性，而难以满足采购方的特殊要求，除非进行二次开发。因此，应用采购软件后，工程项目的管理机制、管理流程等只能跟着软件走。此外，有些软件中的一些功能可能用不上，这又会出现浪费现象。这种情况在采购国外软件时经常会出现，这主要在于我国的工程项目管理与国外的工程项目管理存在一定的差异，在工程造价管理、质量和安全管理方面，其差别尤为明显。

（2）委托开发，即由用户单位采用招标方式选择或委托专业的信息技术公司开发项目管理信息系统。该方式的优点是用户可选择专业性强、有经验的公司来建设系统；完全可以根据项目管理需要确定信息系统的功能，即系统服务于工程项目管理需要；缺点是信息系统开发投入较大，所需持续时间也较长。

2. 工程项目管理信息系统分析

工程项目管理信息系统分析，即系统规划，主要任务是要了解和掌握原系统全面和真实的情况，确定新开发信息系统的要求，即明确将要建立的计算机参与的管理信息系统能"做什么"，并提出实施和评价新系统的方案。一般包括下列具体内容：

（1）目标分析。与工程项目系统类似，项目管理信息系统建设首先要确定系统建设目标，其目标是为工程项目管理提供信息支持、辅助管理和决策等。但对不同的情况，具体的目标可能差异较大。因此，项目管理信息系统的建设人员要对其作详尽的分析。

（2）需求分析。即分析在工程项目管理中需要哪些信息的支持，以及为取得这些信息需要收集哪些原始数据。信息需求一般依据具体项目管理信息系统建设目标而定。

（3）功能分析。即分析将建立的项目管理信息系统发挥作用的能力。信息系统的作用依赖于管理组织机构。因此，在做功能分析时，系统分析人员要对管理组织机构中各业务部门的职能作详细分析，特别要注意到这些业务部门内在的工作流程，从而确定项目管理信息系统应有的功能和合理的管理组织机构。

（4）限制分析。即分析在项目管理信息系统建设中设备、人力、投资、管理方式和组织协调等各方面的限制。在建设中的限制条件是各种各样的，既可能来自委托开发者，也可能来自建设者，还有可能受到社会环境和自然条件的限制。所以必须确切地了解系统的现实环境，对各种各样的限制条件加以处置，确保建设目标的实现和建设过程的顺利进行。

（5）系统方案分析。根据确定的建设目标和对系统的功能、限制等方面的分析，可以对建立的新系统提出各种可能的方案。其内容包括每一方案的信息流程图、数据处理方式、选定计算机及其外围设备的型号、规格等，还包括每一方案的费用、效益、功能和可靠性等各项技术经济指标。应对每一方案的内容和指标进行分析比较，选择经济合理的方案。

3. 工程项目管理信息系统设计

系统设计是项目管理信息系统建设的重要工作阶段。系统分析的任务是要明确系统"做什么"，而系统设计的任务是在明确"做什么"的基础上，确定"如何做"，即要实现系统分析阶段提出的系统目标和系统模型，详细地确定新系统的结构，并为下阶段系统的实施做好充分准备工作。系统设计要求和步骤如下。

（1）系统设计要求。系统设计是系统建设的核心，其工作质量将直接影响系统的质量。对系统设计的一般要求如下：

1）简明性。系统应该尽量简单，只要达到目的即可，应尽量避免一切不必要的复杂化。因为结构简单可以简化处理流程，减少处理费用，提高系统的效益，而且也便于管理。

2）可变性。它是指系统应该对外界环境有很强的适应能力，即使在条件变化之后仍能提供具有现实意义的信息；可变性又称灵活性，要求系统结构容易变更，方便维护。

3）完整性。系统是作为一个统一整体存在的，系统的功能要完整，设计规范要标准，传递语言要一致。

4）可靠性。它是指系统在运行中能够适应外界的各种干扰。为了保证系统可靠，要设计相应的控制方法和处理措施。例如，能够检查错误数据的输入，保证数据安全、完整和具有恢复运行的能力。

5）经济性。系统应该为使用者带来经济效果，系统投资费用应得到补偿。同时还应注意，相对于老系统，新系统不能仅仅考虑货币指标，还应当考虑非货币指标。

（2）系统设计的步骤。分初步设计和详细设计两个阶段。

1）初步设计，又称总体设计或概要设计。它是在系统分析所确定的系统模型的基础上，用自上而下的方法，建立系统结构的过程。

2）详细设计，又称物理设计。其主要工作内容包括代码设计、输出设计、输入设计、文件设计、处理过程设计等。

4. 工程项目管理信息系统开发实施

系统实施的任务是按照系统设计确定的系统结构去具体实现计算机参与的项目管理信息系统。系统实施的准备和工作内容如下：

（1）系统开发实施的准备。在系统实施前，系统开发（建设）者要做好如下准备工作：

1）调整开发/建设组织。由于系统实施阶段参与人员较多，需要适当调整和健全组织，加强建设过程管理工作。

2）加强人员培训。系统实施阶段，需要较多开发/建设人员，要通过培训使各类人员明确系统的目标、功能和设计方案，同时要使这些人员明确所从事工作的内容和具体要求。

3）项目管理信息的重新组织和管理职能的重新划分。即将原系统的管理组织和职能做必要的调整或改革，以逐步向新系统的管理模式和管理方式过渡。

4）软件和硬件设备的准备。有关计算机软件和硬件，一般不提倡在系统分析或系统设计阶段过早地购置，但进入系统实施阶段，系统的目标设备应开始购置。

5）实施方法、工具和数据等准备工作。

（2）系统开发实施阶段的工作内容。主要包括：

1）计算机硬件、软件及辅助设备的购置与安装。

2) 计算机机房的建立。
3) 程序的编写与测试。
4) 系统调试。
5) 数据的准备与录入。
6) 系统的转换。
7) 系统开发/建设技术资料的整理与归档。

三、工程项目管理信息系统的智能化发展

1. 什么是工程项目管理智能化

一般认为，智能化是指事物在互联网、大数据、物联网和人工智能等技术的支持下，所具有的能动地满足人的各种需求的属性。例如，无人驾驶汽车，就是一种智能化的事物，它将传感器物联网、移动互联网、大数据分析等技术融为一体，从而能动地满足人的出行需求。它之所以是能动的，是因为它不像传统的汽车，需要人操作驾驶。

在《智能建筑设计标准》（GB 50314—2015）中对智能建筑的定义：以建筑物为平台，基于对各类智能化信息的综合应用，集架构、系统、应用、管理及优化组合为一体，具有感知、传输、记忆、推理、判断和决策的综合智慧能力，形成以人、建筑、环境互为协调的整合体，为人们提供安全、高效、便利及可持续发展功能环境的建筑。显然，建筑智能化的目的，就是为了实现建筑物的安全、高效、便捷、节能、环保、健康等属性。

工程项目管理智能化则是指在项目建设和运行（维护）管理过程中，在互联网、大数据、物联网和人工智能等技术的支持下，所具有的能动地满足项目管理各种需求的属性。

2. 工程项目管理智能化系统开发建设

信息技术的发展使项目管理智能化成为可能。工程建设过程中质量、安全数据的采集、处理、预警的智能化系统在不断出现；工程运行（维护）管理的智能化系统也在不断开发。如住宅小区智能化系统，可分为小区物业综合管理系统和家居智能管理系统两大部分，前者包括社区安防、信息服务、计量收费三部分，后者包括家居安防、家居信息服务、家居智能化控制等。

[案例 10-1] 珠江三角洲水资源配置工程 A7 标段施工方智慧工地信息系统

珠江三角洲水资源配置工程 A7 标段详细内容见案例 3-5。该标段由中国水利水电第七工程局有限公司中标承包施工。施工项目部在现场构建智慧工地信息系统。

1. 智慧工地信息系统建设目标

以"互联网+"行动计划为指引,以物联网技术为核心,充分利用传感、视频等设备,以及GIS、云计算等新一代信息技术,依托移动和固定宽带网络,打造"智慧工地"系统。通过对施工现场的可视化、可量化和精细化管理,实现对工地施工安全、环境、进度、机械设备、人员和工程质量等全过程、全方位实时监管、调度指挥并辅助决策。具体实现下列目标:

(1) 实现资源整合。利用系统运行管理平台整合并改造内部现有的各项分系统,为工程建设管理提供基础数据服务,同时建立共享交换长效机制,保持数据的实时性、科学性和完整性,并为各部门之间的数据共享交换提供管理服务,解决信息孤岛问题,避免重复投资、科学合理利用现有资源。

(2) 提供应用支撑。通过系统运行管理平台的建设,形成数据中心和服务中心,为智慧工地、资源管理、管理协同和工地应急指挥等业务提供基础的应用支撑。

(3) 完善管理服务。通过系统运行管理平台的建设,对人员定位、员工考勤、物资管理、环境监测、视频监控等服务信息分类,满足施工现场各层次人员的服务需求,将各相关信息通过多种方式进行发布,提供综合信息查询服务。

(4) 辅助管理决策。在系统运行管理平台的建设以及各部门现有信息整合的基础上,通过数据挖掘为管理决策提供报表、图形等方式的数据分析和综合研判信息,辅助决策。

2. 智慧工地信息系统架构及其特点

(1) 智慧工地信息系统架构。

1) 采用B/S模块化设计系统。客户端免安装,可利用Web直接登录,数据展现直观,各相关人员通过Internet随时查阅到权限范围内的数据。同时系统提供手机APP客户端,管理人员可通过手机随时随地进行查看。

2) 以元数据管理为核心。元数据包括统计信息体系(部门配置、人员信息等一系列统计目录)、查询分类/分组标准(包括各施工片区、部门分类等)、统计数据等。系统对元数据进行统一编码、描述、分类分域管理。系统可动态扩展和维护元数据,并以元数据为纽带,保持不同历史时期数据的内在联系,实现数据的共享,为数据仓库、数据挖掘、统计分析等的应用,以及开展统计预测等后续应用奠定基础。

3) 支持不同用户类型和不同角色。包括公司领导、项目高管,以及各部门负责人、普通员工和系统管理员。

4) 提供灵活的数据接口。系统提供灵活的数据接口,确保系统的可拓展性,并支持多种软件数据格式。

该智慧工地信息系统的整体架构如图 10-6 所示。

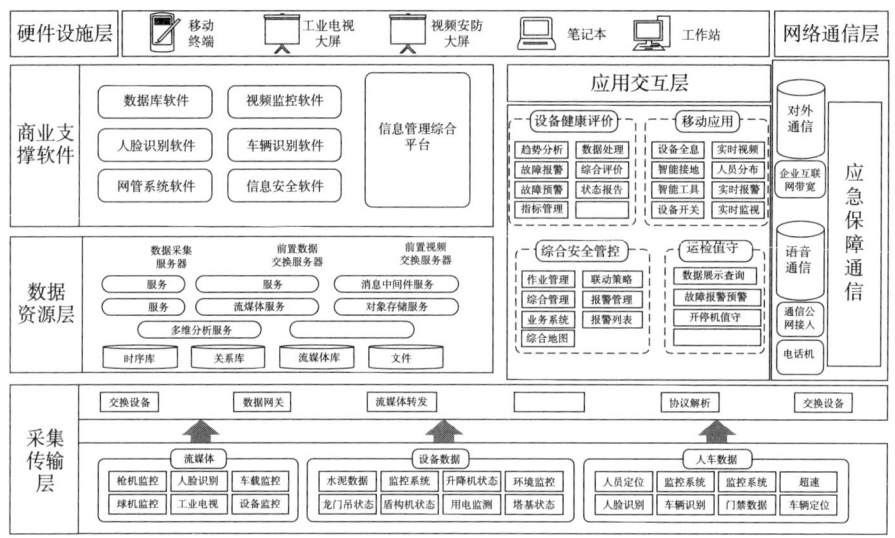

图 10-6 珠江三角洲水资源配置工程 A7 标段施工方智慧工地信息系统的整体架构

(2) 智慧工地信息系统主要特点。

1) 采用主流软件打造信息系统。该系统采用主流管理平台、大型关系数据库技术,以及现代网络通信技术,充分考虑与其他信息系统的开放互联、多源数据接口、数据之间的关联以及网络环境的开放性。

2) 统一的基础平台和应用平台。本系统充分考虑到工地各部门的业务需求,充分保证数据的共享和功能互操作。

3) 基于物联网技术的数据传输终端。本系统采用有线无线混合网络,实现施工现场信号全覆盖;采用最新无线通信技术,利用其功耗低、传输稳、信息全面功能完整、报警方便、方便携带等特点。

4) 面向对象的软件设计思想。在软件开发技术中,采用面向对象的程序语言和面向对象的软件工程方法。

5) 基于关系数据库的空间与非空间数据一体化管理。以有效地实现空间与非空间数据关联和集成,方便地采用数据库逆向工程的方法自动提取元数据。

6) 基于元数据统一管理信息。元数据除被用作公用管理基础数据外,还向各个业务管理部门提供可以共享数据的支持,以实现数据/信息的集成服务。

思 考 和 练 习 题

10-1　工程项目信息的特性、分类和用途如何？

10-2　BIM 及其平台的应用价值如何？

10-3　BIM 产品主要提供商有哪些？各有什么特点和应用领域？

10-4　BIM 在建设工程上应用对工程项目管理有哪些影响？

10-5　工程项目管理信息系统建设主要包括的步骤有哪些？

10-6　工程项目管理信息系统基本结构和功能如何？

10-7　你认为工程项目管理智能化，是建设阶段应用前景好，还是运行（维护）阶段应用前景好，为什么？

第十一章　工程项目收尾管理

本章知识要点与学习要求

序号	知识要点	学习要求
1	工程项目收尾的内涵、层次和主体	掌握
2	工程项目收尾管理及其特点	掌握
3	工程承包方与发包方工程项目收尾管理的主要内容	熟悉
4	合同工程验收条件、验收组织和验收管理	熟悉
5	合同工程缺陷责任期及其管理	熟悉
6	工程项目投产准备工作的基本要求、内容	了解
7	工程项目竣工财务决算及其作用、编制条件和编制程序	了解
8	工程项目竣工验收及其组织和程序	熟悉

第一节　工程项目收尾及其管理

一、工程项目收尾

1. 什么是工程项目收尾

所谓收尾（closure/conclusion）就是结束事情的最后一段工作。工程项目收尾（construction project closure）即为结束工程项目最后一段工作。然而，在工程项目实行承发包的环境下，工程项目收尾分"两个层面"的收尾和"两个主体"的收尾。其中，"两个层面"的收尾，即各合同工程层面的收尾和整个工程项目层面的收尾；"两个主体"的收尾，即工程承包方/项目经理部的合同工程收尾和工程发包方/项目法人的工程项目收尾（包括合同工程和整个工程项目的收尾）。

2. 工程承包方的合同工程收尾

工程承包方/项目经理部的工程项目收尾就是其做好承包工程项目结束阶段的工作，包括两方面：

（1）承包合同工程方面的收尾，即合同工程任务已经接近完成，将要按承包合同约定，接受工程发包方组织的完工验收。其主要工作包括：①合同任务收尾（contract closure）：对照工程承包合同，列出完成工程清单，明确实际已经交付/已被使用的子项，以及尾工清单（punch list），该清单的内容包括待完工的子项、待修补子项及其修补计划。其中，待完工子项和待修补子项在不影响工程正常运行的条件下，在缺陷责任期满前，按规定完成，并在向业主提交最终验收申请前进行最终检查。②合同相关事务收尾（administrative closeout），包括保留金或被扣留的进度款结算、建设保险终止并将保险责任向发包方转移、启动保修和发放完工证书日期等的核定，以及未决索赔问题的处理和合同的最终调整等。上述这些问题中未决索赔和合同的最终调整最为复杂，一般需通过协商、谈判解决。

（2）工程项目经理部/项目经理履行职责的收尾，即工程项目经理部/项目经理使命将结束，项目部对项目财务进行清理，项目内部审计，以及项目最终报告编制和经验教训总结等。

3. 项目法人的工程项目收尾

项目法人/工程发包方的工程项目收尾，包括两层面：一是发包/合同工程层面的收尾；二是整个工程项目的收尾。前者的工作与工程承包方的项目收尾相对应，主要是要对承包方完成相应合同工程的验收；后者指做好整个工程项目结束阶段工作，包括对照批复的项目可行性研究报告或初步设计文件，核查各专项工程落实情况、主体工程完成情况（含已经交付使用的子项、已经完成的子项，以及基本完成的子项）、各发包工程验收情况、各发包合同关闭情况、工程项目试运行情况、工程财务清理，以及整个工程项目最终/竣工报告编制和经验教训总结等。

二、工程项目收尾管理

1. 什么是工程项目收尾管理

工程项目收尾管理，即工程项目实施主体，包括项目法人或工程承包方在履行职责或任务即将结束之际，按相关要求做好项目结束工作、向上级主管部门或/和发包方报告项目任务完成的情况，并接受相应检查、考核或评价的过程。

工程项目收尾管理（project closure administration）与项目目标管理（management）不尽相同，更多的是强调科学、有序地安排项目收尾活动。广义的工程项目收尾管理分为合同工程收尾管理和整个工程项目管理两层面；狭义的工程项目收尾管理则主要指后一个层面的管理。

（1）合同工程收尾管理。该收尾管理的主体是工程项目经理部，其一方面要根据承包合同要求，做好承包合同工程的收尾管理工作，代表公司向工程发包方报告所承包工程的完成情况，并迎接检查和验收；相对应的是，发包方依据各发包工程合同，对相关事项进行管理，最终要接收各发包合同工程，并关闭相应的合同。另一方面，工程项目经理部要按公司与其签订的《项目管理目标责任书》要求，提出承包项目经营财务报告，并迎接公司组织的财务审计等活动。

(2)（整体）工程项目收尾管理。该收尾管理的主体是项目法人/建设单位，其应按政府主管部门或工程投资方对其的要求，例如，批复的可行性研究报告或初步设计文件，或项目责任书等专门文件，做好工程项目各主体工程子项完成状态的核验、各专项工程核验、项目投产准备等管理；以及每个工程合同事项的处理、关闭等的管理，并向政府主管部门或工程投资方报告工程项目完成情况，迎接他们组织的检查和验收。

2. 承包方合同工程收尾管理主要内容

面对工程发包方，工程项目经理部合同工程收尾管理的主要内容包括：

(1) 编制缺陷责任期工作计划。主要包括经监理工程师同意列入缺陷期内完成的尾工（甩项）工程和缺陷修补工作清单以及相应施工计划。

(2) 编制项目保修工作计划。主要包括编制保修工作计划和签发工程质量保修书。保修计划主要包括主管回访与保修的部门、执行回访保修工作的单位、回访时间及主要内容和方式等内容；工程质量保修书主要包括质量保修范围、期限、责任和费用的承担等内容。

(3) 进行完/竣工试验（试运行）。在工程总承包合同模式下，在完工验收申请前，承包方应进行竣工试验和试运行。

(4) 提交完工验收申请报告。在工程具备一定条件时，承包方向监理工程师提交完工验收申请报告。若监理工程师审查后认为已具备完工验收条件，在规定时间内提请项目发包方进行完工验收，工程发包方或完工验收委员会组织验收工作。

(5) 参加完工验收。承包方按规定参加发包方或完工验收委员会组织的验收工作。若工程验收合格，接收发包方签发的工程接收证书，将工程项目正式移交给发包方。若工程验收不合格，工程承包方应对不合格工程返工重做或进行补救处理，并承担相应的费用。

(6) 编制项目完工结算文件。工程完工后，承包商应在工程完工后的约定期限内编制并向发包方提交完工结算文件。

(7) 提交完工结算款申请单。在工程接收证书颁发，且完工结算报告经发包方审核后，工程承包方向监理工程师提交完工结算款申请单，并附相关证明材料。

(8) 工程移交。在工程接收证书颁发后的一定时间内,承包方要向工程发包方移交工程项目。

(9) 完工清场。工程接收证书颁发后,工程承包方应对施工场地进行清理,直至监理工程师检验合格为止。

(10) 工程施工队伍的撤离。在工程接收证书颁发后的规定时间内,根据监理工程师的指示,承包方人员、施工设备和临时工程撤离施工场地或拆除。

(11) 完工后试验。在工程总承包模式下,承包方还需进行完工后试验。

(12) 缺陷责任期的修复工作。工程发包方已接收的工程存在新的缺陷或已修复的缺陷部位或部件又遭损坏的,工程承包方应负责修复,直至检验合格为止。

3. 项目法人工程项目收尾管理的主要内容

项目法人/工程发包方负责整个工程项目全过程的实施,其项目收尾管理内容十分丰富且复杂。面对政府主管部门或工程投资方,其项目收尾管理阶段具体内容概括如下:

(1) 编制项目竣工计划。主要包括竣工项目名称、竣工项目收尾具体内容、竣工项目质量要求、竣工项目进度计划安排、竣工项目文件档案资料整理要求等。

(2) 以合同工程为单位的完工结算文件审核与完工结算款的支付。项目法人或其委托具有资质的工程造价咨询机构审核承包方提交的完工结算文件。若项目法人与承包方双方无异议,承包方递交完工结算款支付申请单,项目法人核实后签发完工结算支付证书,并在规定时间内,按照完工结算证书列明的金额向承包方支付结算款。

(3) 竣工财务决算。项目法人及其委托方通过清理项目账务、债务和结算物资,以货币计量和实物计量的方法,综合反映工程项目概预算执行结果,并为办理资产交付使用手续提供依据。

(4) 竣工验收。指项目法人会同设计、施工、设备供应单位及工程质量监督部门,对该项目是否符合规划设计要求以及建筑施工和设备安装质量进行全面检验,取得竣工合格资料、数据和凭证。对政府投资项目,在上述工作基础上,编制政府组织的项目竣工验收申请报告。

(5) 投产准备。对于(准)经营性工程项目而言,为工程项目的投产运行所做的准备工作,包括组织、技术和物资筹备等工作。对于一些边建设边部分投产的工程项目,如水力发电工程项目,投产准备工作在第一台机组投产前就开始了,此时整个工程建设在时间上可能刚过半。

(6) 项目考核评价。是对项目目标实现程度、项目对社会环境的影响程度和各利益相关方管理绩效进行评价,总结经验教训,为以后项目的决策和运行提供借鉴。

第二节 合同工程完工验收管理

项目法人通常将工程项目的设计、采购、施工等整体打包或分别发包给工程承包商、设备制造商或工程咨询机构完成，并用工程合同来规定双方的权利、责任和义务。因而存在工程合同完工验收管理问题。本节主要介绍承包合同工程完工验收管理。

一、合同工程完工验收条件

当合同工程具备以下条件时，工程承包方可以向监理工程师申请完工验收：

（1）除发包方同意列入缺陷责任期内完成的尾工（甩项）工作和缺陷修补工作外，合同范围内的全部工程以及有关工作，包括合同要求的试验、试运行以及检验均已完成，并符合合同要求。

（2）已按合同约定编制了在缺陷责任期内完成的尾工（甩项）工作和缺陷修补工作清单以及相应的施工计划。

（3）已按合同约定的内容和份数备齐了符合要求的竣工资料和竣工文件。

（4）监理人要求在竣工验收前应完成的其他工作。

二、合同工程完工验收过程

如果工程实施建设监理制度，且除承发包双方有特别约定外，则合同工程完工验收程序一般为：

（1）承包方向监理工程师报送完工验收申请报告，监理工程师应在收到完工验收申请报告后的规定时间（如14天）内完成审查并报送发包人。监理工程师审查后认为尚不具备验收条件的，应通知承包方在完工验收前还需完成的工作内容。承包方应在完成监理工程师通知的全部工作内容后，再次提交完工验收申请报告。

（2）监理工程师审查后认为已具备完工验收条件的，应将完工验收申请报告提交发包方，发包方应在收到经监理工程师审核的完工验收申请报告后的规定时间（如28天）内审批完毕并组织完工验收。

（3）完工验收合格的，发包方应在验收合格后规定时间（如14天）内向承包方签发工程接收证书。

（4）完工验收不合格的，监理工程师应按照验收意见发出指示，要求承包方对不合格工程返工、修复或采取其他补救措施，由此增加的费用和（或）延误的工期由承包方承担。承包方在完成不合格工程的返工、修复或采取其他补救措施后，应重新提交完工验收申请报告，并经监理工程师审查、发包方审批后，重新进行验收。

三、合同工程完工验收组织

承包合同工程完工验收主持单位通常为发包方。发包方应组建验收工作组或验收委员会，开展验收具体工作。验收工作组组长由发包方代表担任，工作组成员为监理工程师（若有）、设计方、承包方等相关参建单位代表，以及工程质量监督机构代表和有关专家，必要时可邀请地方政府及有关部门代表参加。

四、合同工程缺陷责任期管理

1. 什么是缺陷责任

在承包合同工程移交发包方后，因承包方原因产生的工程质量缺陷，承包方应承担质量缺陷责任，称其为缺陷责任。显然，承包方有该质量缺陷的保修义务，并承担发生的相应费用。缺陷责任期届满，承包方一般仍应按合同约定，承担工程各部位保修年限内保修义务，但相关费用一般在合同中另有约定。基于此，发包方要求承包方提供缺陷责任期工作计划、工程质量保修责任书以及缺陷责任期的相关担保文件。

2. 什么缺陷责任期

缺陷责任期（defects liability period）是指从合同工程通过完工验收之日（或验收文件认定的验收日期）起计算，一般为12个月，可在合同中具体约定。由于承包方原因造成某项缺陷或损坏使某项工程或工程设备不能按原定目标使用而需要再次检查、检验和修复的，发包方有权要求承包方相应延长缺陷责任期，但缺陷责任期最长不超过24个月。

单位工程先于全部合同工程进行验收，经验收合格并交付使用的，该单位工程缺陷责任期自单位工程验收合格之日起算。因承包方原因导致工程无法按合同约定期限进行完工验收的，缺陷责任期从实际通过完工验收之日起计算。因发包方原因导致工程无法按合同约定期限进行完工验收的，在承包方提交完工验收报告一段时间（如90天）后，工程自动进入缺陷责任期；发包方未经完工验收擅自使用工程的，缺陷责任期自工程转移占有之日起开始计算。

3. 缺陷修复费用的处理

发包方在使用过程中，发现已接收的工程存在新的缺陷或已修复的缺陷部位或部件又遭损坏的，承包人应负责修复，直至检验合格为止。

（1）发包方或监理工程师和承包方应共同查清缺陷和（或）损坏的原因。

经查明属承包方原因造成的,应由承包方承担修复和查验的费用。经查验属发包方原因造成的,发包方应承担修复和查验的费用,并支付承包方合理利润。

(2) 承包方不能在合理时间内修复缺陷的,发包方可自行修复或委托其他人修复,所需费用和利润的承担,视缺陷和(或)损坏责任主体而定。但由他人原因造成的缺陷,发包方负责组织维修,承包方不承担费用,且发包方不得从保证金中扣除费用。

(3) 任何一项缺陷或损坏修复后,经检查证明其影响了工程或工程设备的使用性能,承包人应重新进行合同约定的试验和试运行,试验和试运行的全部费用应由责任方承担。

4. 质量保证金

承包方提供质量保证金的方式有以下3种:

(1) 质量保证金保函。

(2) 相应比例的工程款。

(3) 双方约定的其他方式。

除在合同双方的专用合同条款另有约定外,质量保证金原则上采用上述第(1)种方式。此外在工程项目完工前,承包人已经提供履约担保的,发包人不得同时预留工程质量保证金。

发包方累计扣留的质量保证金不得超过工程价款结算总额的3%。如承包方在发包方签发完工付款证书后规定时间(如28天)内提交质量保证金保函,发包方应同时退还扣留的作为质量保证金的工程价款;保函金额不得超过工程价款结算总额的3%。

5. 颁发缺陷责任期终止证书和退还质量保证金

(1) 颁发缺陷责任期终止证书。承包人应于缺陷责任期届满后7天内向发包人发出缺陷责任期届满通知,发包人应在收到缺陷责任期届满通知后14天内核实承包人是否履行缺陷修复义务,承包人未能履行缺陷修复义务的,发包人有权扣除相应金额的维修费用。发包人应在收到缺陷责任期届满通知后规定时间(如14天)内,向承包人颁发缺陷责任期终止证书。

(2) 退还质量保证金。缺陷责任期期满后,承包人可向发包人申请返还保证金。发包人在接到承包人返还保证金申请后,应于规定时间(如14天)内会同承包人按照合同约定的内容进行核实。如无异议,发包人应当按照约定将保证金返还给承包人。对返还期限没有约定或者约定不明确的,发包人应当在核实后规定时间(如14天)内将保证金返还承包人,逾期未返还的,依法承担违约责任。发包人在接到承包人返还保证金申请后规定时间(如14天)内不予答复,经催告后规定时间(如14天)内仍不予答复,视同认可承包人的返还保证金申请。

第三节 工程项目投产准备

工程项目投产准备是指工程项目在建设期间为竣工后能及时投产所做的各项准备工作,一般包括生产技术管理人员和工人的招聘、培训、生产单位组织机构的设计和管理制度的制定、生产设备的试运行或试生产等工作。

工程项目投产准备是工程项目由建设阶段顺利转入生产阶段的必要条件,是业主方项目收尾管理的重要组成部分,必须给予充分重视。项目的试运行、试生产是投产准备工作的最后一项工作,是对工程项目建设的质量和运转性能的全面检验,也是正式投产前,由试验性生产向正式投产的过渡过程。一般而言,工程项目需经过一段时间(可能长达 1~2 年)的试生产或试运行,待生产过程基本稳定,方能进行最终验收并转入正常生产运行。

一、投产准备工作的基本要求

广义而言,工程项目投产准备工作贯穿于工程项目建设的各个阶段,但各个阶段准备工作的要求不同。

1. 施工阶段的投产准备工作

在施工阶段,应结合建设进度,编制生产准备的工作计划,主要工作有:

(1) 根据生产任务要求确定岗位及其人员编制,然后据此招聘生产技术管理人员和工人,并分批分期对他们进行培训。

(2) 根据设计的产品纲要、生产工艺方法,落实设备、原材料、燃料、动力供应的内外部生产条件。

(3) 做好生产技术准备,如制定产品的技术标准、设备的操作维护规程,组织试运行和试生产。

(4) 施工进入设备安装调试阶段后,要组织生产人员参加设备的安装调试。

2. 工程验收阶段的准备工作

工程项目施工完成后,建筑安装单位和设备供应商要进行设备调试和联动无负荷试车,合格后由经过培训的生产工人进行联动有负荷试运行(对于电厂项目,一般要连续进行 72 小时),然后交给项目业主方,转入试生产。

二、投产准备工作的内容

1. 生产组织准备

生产组织准备工作主要包括:

(1) 投产准备机构的设置。随着工程项目建设的进展,投产准备机构应由小到大，逐步完善，到建设后期大量设备进入全面安装调试阶段，应配备生产管理人员，并参加安装调试，待进入工程项目结束阶段，工程的筹建班子应与投产准备班子合为一体，成立生产管理机构。

(2) 生产管理人员及工人的配备和培训。根据初步设计规定的劳动定员和劳动组织计划来确定各类人员的比例和人数，按照"因事设岗，因事择人"的原则配备人员，并分批分期进行培训。在建设后期，参加设备的安装调试。

(3) 有关规章制度的建立。在试生产前，要建立起符合本企业生产技术特点的生产管理指挥系统，建立一套生产、供应、销售、计划、检查考核制度、统计制度、技术管理制度、劳动人事制度、财务管理制度、各职能科室的责任制度，保证正式投产后各项工作有章可循，促使正式生产在较短的时间内即可进入规范化的生产轨道。

2. 生产技术准备

生产技术准备工作包括：

(1) 参加设计审查，熟悉生产工艺、技术、设备。

(2) 进行生产工艺准备，根据原辅材料、燃料、动力、半成品的技术要求，对配料做多方案试验，得出最佳配料方案。

3. 生产物质准备

对于生产性工程项目而言，其生产投入所需物质种类、数量和规格是较多的，因此为满足试运行和投产初期的需要，必须要分期分批组织采购投产所需物质。

4. 落实外部协作条件

工程项目的投产运行必然与系统外部产生大量的联系，如水、电、气以及交通、通信等，这些要依靠项目所在地有关部门或兄弟单位协作解决，外部协作条件落实得如何对于项目能否如期顺利投产是至关重要的。

实际上，外部协作条件的落实一般要追溯到工程项目前期工作阶段，即在项目进行可行性研究阶段的项目选址时就要有所考虑，项目建设地点的选择应该要充分预见到生产阶段所需的水、电、气、交通等的供应情况，如价格、数量和供应稳定性以及是否有发展余地。同时项目筹建机构应与有关部门联系，签订适当的书面合作意向书，肯定协作关系。进入工程建设中、后期，应根据实际需要与对方签订正式合同，明确供应与进货，为项目建成顺利投入生产创造条件。

5. 正常的生活福利设施准备

在投产生产前，对于地处偏僻的工程项目而言，一般要将职工正常生产生活所需的设施建设好，如职工宿舍、食堂、浴室、娱乐活动室等。只有将职工的食、住、行等日常生活安排好了，职工才可能安心工作，才可能提高生产效率。

三、试生产

工程实体的竣工验收意味着固定资产的形成，并具备生产能力，但不等于该工程项目达到了设计规定的生产能力，必须通过试运行或试生产来检验其是否达到了设计生产能力。据不完全统计，我国工程项目的固定资产形成率为80%～95%，而达到设计生产能力的比率却只有65%～80%。当然影响工程项目达到设计生产能力的因素较多，且复杂，但是有一个关键因素是不容忽视的，那就是试运行和试生产工作是否做得到位。

以工业工程项目为例，试运行和试生产工作包括四个步骤：①单机试车；②联动试车；③投料试车；④试生产考核。试运行阶段的重点是单机试车和联动试车（不投料）；试生产考核阶段包括初步投料试车和二次开车试生产考核。每次试车后安排一段停机检修时间是为了消除试车中暴露出来的设备、材料、设计、施工及生产工艺中的隐患。

试生产阶段主要考核的内容如下：

(1) 对各种工艺设备、电气、仪表等单体设备的性能、参数进行单体运转考核，对生产装置系统进行联动运行考核。

(2) 对设备及工艺指标进行考核。

(3) 对生产装置及有直接工艺联系的公用工程进行联动试车考核。

(4) 对消耗指标、产品质量进行考核，对设计规定的经济指标进行考核等。

只有做了上述考核后，编制竣工资料，才能办理工程项目的正式竣工验收。

第四节 工程项目竣工财务决算与验收

一、竣工财务决算

1. 什么是工程项目竣工财务决算

工程项目竣工财务决算，是指工程项目建设内容已完工、满足一定条件后，由项目法人或项目责任单位根据工程全部资金投入和建设费用开支情况，按照规定的程序和方法编制的，全面反映项目从筹建到竣工交付使用全过程中资金运动情况和最终成果的总结性经济文件，是对建设项目资金使用情况和财务经济效果的全面反映。

根据水利部《水利基本建设项目竣工财务决算编制规程》（SL 19—2014），工程项目竣工财务决算的责任主体为项目法人或项目责任单位（统称为项目法人）。在竣工财务决算批复之前，项目法人已经撤销的，由撤销该项目法人的单位指定有关单位承接相关责任。项目法人的法定代表人对竣工财务决算的真实性、完整性负责。

2. 工程项目竣工财务决算的作用

项目竣工时，通过竣工财务决算，反映建设资金投入、产出的全过程，为投资的转销奠定基础，其作用主要如下：

（1）是正确核定新增资产价值和办理资产交付使用手续的依据。在进行竣工财务清理的基础上，将项目从筹建到竣工验收的全部费用按照实际形成的不同资产进行分类或分摊统计，从而确定了不同交付使用资产，如固定资产、无形资产、递延资产等的价值，为办理资产交付使用手续提供了依据，从而为项目正常经营期间的会计核算提供基础。

（2）有助于考核概预算、投资计划、基本建设支出预算等执行情况。由于概预算与核算的目的不同、体系不同，口径上的差异不可避免，通过调整，使项目概预算和实际支出能够进行同口径比较，从而准确反映项目概预算的执行情况，作为管理绩效考核的依据。

（3）有助于分析投资效果、总结建设经验和提高管理水平。通过财务清理，确认工程项目实际投资总额和全部项目交付使用价值，从而可得到固定资产形成率，为分析投资效果提供了依据，同时通过存在的问题与原因分析，总结建设经验教训，有利于提高建设管理水平。

3. 工程项目竣工财务决算的编制条件和依据

不同行业的工程项目竣工财务决算编制条件稍有不同，在此仅以水利工程为例，列举竣工财务决算的编制条件和依据。

（1）编制条件。具体如下：

1）经批准的初步设计、项目任务书所确定的内容已完成。

2）建设资金全部到位。

3）竣工结算已完成。

4）未完工程投资和预留费用不超过规定的比例。大中型工程应控制在总概算的3%以内，小型工程应控制在总概算的5%以内；但非工程类项目不宜计列。

5）涉及法律诉讼、工程质量、移民安置的事项已经处理完毕。

6）其他影响竣工财务决算编制的重大问题已解决，如设计变更已报批、预备费动用手续已完备等。

（2）编制依据。具体如下：

1）国家法律法规等有关规定。

2）经批准的设计文件，包括项目重大设计变更和项目预备费的报批动用文件。

3）年度投资和资金安排文件。

4）项目合同（协议）。

5）会计核算及财务管理资料。

6）其他有关项目资料，包括工程建设管理、工程招投标、施工、监理等文件资料，如建设管理报告、重要事项处理的会议记录、移民安置记录、拆迁赔偿记录等。

4. 工程项目竣工财务决算报告组成与编制程序

（1）报告组成。财政部《基本建设财务管理规定》（财建〔2002〕394号）和水利部《水利基本建设项目竣工财务决算编制规程》（SL 19—2014）关于竣工财务决算报告组成规定并不完全相同，如财政部规定竣工财务决算报告由说明书和报表两部分组成，其中报表有6张；而水利部规程规定竣工财务决算报告由4部分组成，其中报表有8张。下面按照水利部规程，介绍竣工财务决算报告组成。

竣工财务决算反映项目从筹建到竣工验收的全部费用，其报告由以下4部分组成：

1）竣工财务决算封面及目录。

2）竣工工程的平面示意图及主体工程照片。

3）竣工财务决算说明书。竣工财务决算说明书包括以下内容：①项目基本情况；②财务管理情况；③年度投资计划、预算（资金）下达及资金到位情况；④概（预）算执行情况；⑤招（投）标、政府采购及合同（协议）执行情况；⑥征地补偿和移民安置情况；⑦重大设计变更及预备费动用情况；⑧未完工程投资及预备费用情况；⑨审计、稽察、财务检查等发现问题及整改落实情况；⑩其他需说明的事项和报表编制说明。

4）竣工财务决算报表。工程类项目主要包括下列8张表格：①项目概况表；②项目财务决算表；③项目投资分析表；④项目未完工程投资及预留费用表；⑤项目成本表；⑥项目交付使用资产表；⑦项目待核销基建支出表；⑧项目转出投资表。但小型工程可适当简化，可不编制项目投资分析表和项目成本表。

非工程类项目竣工财务决算报表包括5张报表：项目基本情况表、项目财务决算表、项目支出表、项目技术成果表、项目交付使用资产表。

（2）编制程序。工程项目竣工财务决算编制程序如图11-1所示。主要环节包括：

1）制定竣工财务决算编制方案。竣工财务决算编制方案宜明确以下事项：组织领导和职责分工；竣工财务决算基准日期；编制具体内容；计划进度和工作步骤；技术难题和解决方案。

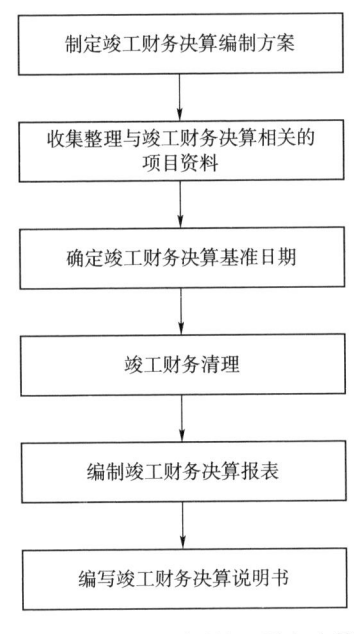

图 11-1 工程项目竣工财务决算
编制程序

一般而言，项目法人财务部门负责竣工财务决算的编制工作，涉及多部门的工作应在方案中细化和落实，相关部门应按职责完成竣工财务决算编制的相应工作。

2）收集整理与竣工财务决算相关的项目资料，主要包括：

　　a. 会计凭证、账簿和会计报告。
　　b. 内部财务管理制度。
　　c. 初步设计、设计变更、预备费动用相关资料。
　　d. 年度投资计划、预算（资金）文件。
　　e. 招投标、政府采购及合同（协议）。
　　f. 工程量和材料消耗统计资料。
　　g. 征地补偿和移民安置实施及资金使用情况。
　　h. 价款结算资料。
　　i. 项目验收、成果及效益资料。

3）确定竣工财务决算基准日期。基准日期应依据资金到位、投资完成、竣工财务清理等情况确定，一般宜确定为月末。基准日期确定后，与项目建设成本、资产价值相关联的会计业务应在竣工财务决算基准日期之前入账。

相关联的会计业务应包括：竣工财务清理的账务处理、未完工程投资和预留费用的账务处理、分摊待摊投资账务处理。

4）竣工财务清理。主要包括：

　　a. 合同清理。主要指标有合同金额、累计已结算金额，以及预付款支付、扣回、余额，质量保证金扣留、支付、余额，履约担保、预付款保函（担保），并落实尚未执行完毕合同履行时限的措施。

　　b. 债权债务清理。指核对和结算债权债务、清理坏账和无法偿付的应付款项。

　　c. 结余资金清理。即对实物形态结余的清理，如库存设备、材料以及应处理的自用固定资产公开变价处理。

　　d. 应移交资产清理。包括按核算资料列示移交资产账面清单、工程实地盘点并形成移交资产盘点清单、分析比较移交资产账面清单和盘点清单、调整差异并形成移交资产目录清单。

5）编制竣工财务决算报表。编制竣工财务决算报表的主要数据有以下

来源：

    a. 概（预）算等设计文件。

    b. 预算资料。

    c. 会计账簿。

    d. 项目统计资料。

    e. 竣工财务决算编制各阶段工作成果。

编制竣工财务决算报表应根据项目特点完成以下主要事项：

    a. 计列未完工程投资及预留费用。

    b. 概（预）算与核算口径对应分析。

    c. 分摊待摊投资。

    d. 确认交付使用资产。

    e. 分摊建设成本。

    f. 填列报表。

    g. 编制竣工财务总决算。

6）编写竣工财务决算说明书。竣工财务决算说明书应全面、重点突出、真实可靠。

    a. 项目基本情况。总结反映项目立项、建设内容和建设过程、建设管理组织体制等。

    b. 财务管理情况。反映财务机构设置与财会人员配备情况、财经法规执行情况、内部财务管理制度监理与执行情况、竣工财务决算编制阶段完成的主要财务事项等。

    c. 年度投资计划、预算（资金）下达及资金到位情况。按资金性质和来源渠道分别列示。

    d. 概（预）算执行情况。概（预）算安排情况、概（预）算执行结果及存在的偏差、概（预）算执行差异的因素分析。

    e. 招（投）标、政府采购及合同（协议）执行情况。说明主要标段的招标投标过程及其合同（协议）履行过程中的重要事项。实行政府采购的项目，应说明政府采购计划、采购方式、采购内容等事项。

    f. 征地补偿和移民安置情况。说明征地补偿和移民安置的组织与实施、征迁范围和补偿标准、资金使用管理等情况。

    g. 重大设计变更及预备费动用情况。说明重大设计变更及预备费动用的原因、内容和报批等情况。

    h. 未完工程投资及预备费用情况。反映计列的原因和内容、计算方法和计算过程、占总投资比重。

    i. 审计、稽察、财务检查等发现问题及整改落实情况。说明项目实施过程中接受的审计、稽察、财务检查等外部检查下达的结论及对结论中相关问题的整改落实情况。

j. 报表编制说明。对填列的报表及具体指标进行分析解释,以反映报表填列的重要信息。

二、竣工验收

1. 什么是工程项目竣工验收

工程项目竣工验收是指整个工程项目完建并投入使用后,由验收委员会或验收组按照项目的设计要求和验收标准,运用科学的方法、手段检查工程项目的数量、实施质量,以保证最终产品达到设计要求的各项技术经济指标的活动。

工程项目竣工验收是工程项目建设周期的最后一道程序,是项目管理的重要内容和终结阶段的重要工作,是项目参与人终止其责任、义务并获得相应权益的标志,也是我国建设项目的一项基本法律制度。实行竣工验收制度,对促进工程建设项目及时投产,发挥投资效果,总结建设经验等有重要作用,也有利于工程项目后评价工作的顺利开展。

2. 工程项目竣工验收组织

随着投资体制和政府行政管理制度改革的深化,目前不同行业、不同性质的工程项目竣工验收管理制度虽有所不同,但总体要实施"放管服",即政府要放权,加强管理,并做好服务工作,让市场在资源配置中起决定性作用,政府主要进行宏观监管。对大多数非政府投资工程项目,如房屋建筑工程等,竣工验收实行备案制;而对政府投资项目,一般要实行政府验收或国家验收制度。但对于一些对社会公众利益和安全影响大的工程项目,在某些工程项目里程碑节点和项目最终收尾,不论工程投资渠道如何,还是需要获得政府部门的"认可",即组织政府验收或国家验收。

对水利工程项目竣工验收,考虑到其复杂性,将竣工验收分成两阶段:第一阶段为对工程实体部分(包括主体工程、环境保护、水土保持、消防专项)进行的竣工验收,通过该竣工验收,工程即可交付使用;第二阶段为对整个工程项目(包括工程实体、移民安置、工程档案专项)进行的竣工验收,通过该竣工验收,标志着整个水利建设工程项目的全面完成。这两阶段竣工验收的组织不尽相同。

[案例 11-1] 房屋建筑和市政基础设施工程竣工验收规定

住房和城乡建设部《关于印发〈房屋建筑和市政基础设施工程竣工验收规定〉的通知》(2013 年 12 月)中对工程竣工验收作出如下规定。

1. 竣工验收条件

(1) 完成工程设计和合同约定的各项内容。

(2) 施工单位在工程完工后对工程质量进行了检查，确认工程质量符合有关法律、法规和工程建设强制性标准，符合设计文件及合同要求，并提出工程竣工报告。工程竣工报告应经项目经理和施工单位有关负责人审核签字。

(3) 对于委托监理的工程项目，监理单位对工程进行了质量评估，具有完整的监理资料，并提出工程质量评估报告。工程质量评估报告应经总监理工程师和监理单位有关负责人审核签字。

(4) 勘察、设计单位对勘察、设计文件及施工过程中由设计单位签署的设计变更通知书进行了检查，并提出质量检查报告。质量检查报告应经该项目勘察、设计负责人和勘察、设计单位有关负责人审核签字。

(5) 有完整的技术档案和施工管理资料。

(6) 有工程使用的主要建筑材料、建筑构配件和设备的进场试验报告，以及工程质量检测和功能性试验资料。

(7) 建设单位/项目法人已按合同约定支付工程款。

(8) 有施工单位签署的工程质量保修书。

(9) 对于住宅工程，进行分户验收并验收合格，建设单位按户出具《住宅工程质量分户验收表》。

(10) 建设主管部门及工程质量监督机构责令整改的问题全部整改完毕。

(11) 法律、法规规定的其他条件。

2. 竣工验收程序

(1) 工程完工后，施工单位向建设单位提交工程竣工报告，申请工程竣工验收。实行监理的工程，工程竣工报告须经总监理工程师签署意见。

(2) 建设单位收到工程竣工报告后，对符合竣工验收要求的工程，组织勘察、设计、施工、监理等单位组成验收组，制定验收方案。对于重大工程和技术复杂工程，根据需要可邀请有关专家参加验收组。

(3) 建设单位应当在工程竣工验收 7 个工作日前将验收的时间、地点及验收组名单书面通知负责监督该工程的工程质量监督机构。

(4) 建设单位组织工程竣工验收。

1) 建设、勘察、设计、施工、监理单位分别汇报工程合同履约情况和在工程建设各个环节执行法律、法规和工程建设强制性标准的情况。

2) 审阅建设、勘察、设计、施工、监理单位的工程档案资料。

3) 实地查验工程质量。

4) 对工程勘察、设计、施工、设备安装质量和各管理环节等方面作出全面评价，形成由验收组人员签署的工程竣工验收意见。

参与工程竣工验收的建设、勘察、设计、施工、监理等各方不能形成一致意见时，应当协商提出解决的方法，待意见一致后，重新组织工程竣工验收。

3. 竣工验收报告的组成

工程竣工验收报告主要包括工程概况，建设单位执行基本建设程序情况，对工程勘察、设计、施工、监理等方面的评价，工程竣工验收时间、程序、内容和组织形式，工程竣工验收意见等内容。竣工验收报告还应附有施工许可证、施工图设计文件审查意见、工程竣工报告、工程质量评估报告、工程质量检查报告、技术资料和施工管理资料、工程质量保修书、验收组人签署的其他有关文件等。

4. 竣工验收的监督管理和备案

国务院住房和城乡建设主管部门负责全国工程竣工验收的监督管理。县级以上地方人民政府建设主管部门负责本行政区域内工程竣工验收的监督管理，具体工作可以委托所属的工程质量监督机构实施。

建设单位应当自工程竣工验收合格之日起15日内，依照《房屋建筑和市政基础设施工程竣工验收备案管理办法》（住房和城乡建设部令第2号）的规定向工程所在地的县级以上地方人民政府建设主管部门备案。

思考和练习题

11-1 什么是工程项目收尾与收尾管理？它们有哪些层次？不同层次主要差别有哪些？

11-2 工程项目收尾管理的主要内容有哪些？

11-3 工程项目投产准备的工作内容有哪些？

11-4 工程项目竣工财务决算的作用及其编制条件和依据是什么？

11-5 工程项目竣工财务决算编制的主要内容是什么？

11-6 工程项目竣工验收的程序和主要内容包括哪些？

11-7 近年来，政府主管部门对水利工程建设项目加强了验收管理，在保证质量的同时也提高了工程造价，对此，你有何认识和见解？

第十二章　国际工程管理

本章知识要点与学习要求

序号	知识要点	学习要求
1	国际工程、国际工程承包的概念	掌握
2	国际工程的特点和特殊风险	熟悉
3	国际工程投标准备工作的内容	熟悉
4	国际工程投标与国内工程投标的主要差异	熟悉
5	国际工程投标报价程序和编制	了解
6	FIDIC 标准合同条件类型及适用场合	掌握
7	FIDIC 黄皮书的主要条款	了解
8	海外投资工程与国内工程目标管理的异同	了解

自 20 世纪 80 年代我国改革开放以来，工程建设领域经历了从海外引进资金实施基础设施工程，以促进经济社会发展，发展到建筑业实行"走出去"战略，即走向国际建筑市场承包工程项目的过程，而近 5 年又进一步发展向海外"一带一路"沿线国家投资建设工程项目。因而，国际工程的相关问题受到学者和建设行业的广泛重视。

第一节　国际工程及其特殊风险

一、国际工程

1. 什么是国际工程

国际工程，即国际工程项目，是指工程参与者与/或工程所在地不在同一国家的工程。国际工程项目利益相关者是跨国的，包括工程项目在国内，但有国外投资方，或设计、施工方参与的，以及工程项目在国门之外，而我国企业参与投资，或/和建筑企业去参与的。这些均称国际工程。

国内一般工程项目的实施过程，主要是业主方与参与工程建筑企业间的合作、博弈或分享；而在国际工程实施过程中，不仅是不同国家的发包方（业主方）与承包方（建筑企业）之间的合作、博弈等问题，而且与国际经济、相关国家的友好程度，以及地缘政治（geopolitics）等因素密切相关。

2．国际工程分类

（1）按国界分类。可分为境内国际工程和海外国际工程。

1）境内国际工程，即我国引进外资或引进国外承包商实施的工程项目。在这一背景下一般要通过国际招标组织实施，许多情况下是由国际承包企业承包工程项目。例如，20世纪80年代，我国鲁布革水电站的引水工程，争取到了世界银行贷款。而世界银行规定，使用其贷款的工程必须进行国际招标，通过国际招标竞争，最后由日本大成公司中标，这就出现了在我国境内的第一个著名的、对我国改革开放影响很大的国际工程。又如，20世纪90年代，广西来宾B电厂，采用BOT模式组织建设和运行，最后是由法国电力公司为主要投资方，与广西壮族自治区政府签订特许合同，建立项目公司，负责工程资金筹措、建设实施和工程营运。2015年该工程特许经营期满，并顺利移交给广西壮族自治区政府，成为我国第一个成功移交的BOT项目。

2）海外国际工程，即我国企业"走出去"承包，或向海外投资的工程项目。这一现象是在我国工程建设能力、建设管理水平不断提升，以及我国的经济得到快速发展的背景下出现的。21世纪初，随着我国建设能力和水平的提升，我国的水电、港口和路桥等建筑企业较早走出国门，到国际市场参与工程承包竞争；同时随着经济的发展，我国资本也开始向海外工程建设领域投入。

总而言之，在国际工程中，境内国际工程，是境外建筑企业或者资本进入我国，虽一般要求按国际通行规则组织工程建设，但建设条件是国内的环境、大部分工程建设所需资源由当地供应，因而风险相对较小；而对于境外的国际工程情况刚好相反。

（2）按引进或输出对象分类。将国际工程分为建筑产业引进或输出，以及海外投资或引进资金两类。这两类国际工程既有区别，也有联系。20世纪80年代，我国由于经济落后迫切需要引进外资，以促进基础设施建设，而一般引进外资时均附加在一定范围内进行国际招标的条件。因此，引进外资和引进建筑产业是相关的。而从21世纪初开始，随着我国建筑业发展水平的提升，在国际上开始具有竞争力，因而走出国门，实施"走出去"战略成了我国建筑业发展的重要战略。因而建筑产业输出型国际工程成为我国在世界经济发展中的一张名片。而随着我国经济的发展、国力的提升，特别是"一带一路"倡议的实施，海外的国际工程更多的是以投资为引领，包括工程承包，甚至营运管理。

对外输出建筑产业和对海外进行工程投资，工程建设活动均在工程所在国开展，与境内的国际工程相比，风险较大；而国际承包与向海外投资工程相比，后者风险更大。

[案例 12-1]　黄河小浪底水利枢纽工程

黄河小浪底水利枢纽工程是黄河上最大的水利工程，主要由挡水大坝、泄洪排沙系统和引水发电系统等子项工程组成，于20世纪初建成。工程实施过程中，业主方将大坝、泄洪排沙系统和引水发电系统的施工分成3个独立标段进行国际招标，并分别由以意大利的英波吉罗公司为责任方的联营体、以德国旭普林公司为责任方的联营体和以法国的杜美兹公司为责任方的联营体等3家国际联营体中标。3个国际标段以FIDIC《土木工程施工合同条件》（第四版）为基础，签订施工合同，并按相应的规则进行施工管理，使工程建设工期、质量和投资目标得到全面控制，打破了当时我国大型水利工程建设"工期马拉松、投资无底洞"的诅咒，并为我国积累了管理国际工程项目的经验。（来源：殷保合. 黄河小浪底水利枢纽工程·建设管理[M]. 中国水利水电出版社，2004.）

[问题]　为什么黄河小浪底水利枢纽工程要进行国际招标？而又均是以国外承包商为主中标？

[解析]　黄河小浪底水利枢纽工程是利用世界银行贷款的一个工程项目，根据世界银行贷款的规则，利用世界银行贷款的工程项目必须进行国际招标，且世界银行成员国均有资格进行投标。理论上讲，在我国境内的国际工程，我国建筑企业也可参与投标竞争，并有中标的机会，但进入竞争状态后，即在招投标过程中，谁能中标，主要凭竞争实力。

[案例 12-2]　中国建筑企业在美基础设施建设领域崛起

纽约曼哈顿岛东北部，一座弧度优美的钢结构拱桥横跨哈勒姆河，连接纽约市曼哈顿和布朗克斯两区。在这座名为亚历山大·汉密尔顿的繁忙大桥上，每天有约30万辆汽车往来通行。这座由中国建筑企业负责改造的大桥工程项目，位于美国东北部最繁忙的两条高速公路大动脉Ⅰ-95和Ⅰ-87的交会处。在不影响交通的情况下，中国建筑美国有限公司成功将桥面由双向八车道拓宽至双向十车道，并对已有钢结构桥面进行拆换。

亚历山大·汉密尔顿大桥项目见证了中国建筑企业在美国基础设施建设领域的崛起。这项大桥改造工程拿下了中美建筑领域的至高奖项：中国土木工程学会颁发的詹天佑奖和美国土木工程协会颁发的施工成就暨年度项目奖。

中国建筑美国有限公司已由当时只有12名员工、年营业额不足1000万美元的小企业，发展为2016年雇用员工约2000人（98%为当地员工）、营业额近20亿美元的当地知名建筑企业。2016年，中国建筑美国有限公司在美国桥梁承包商排名中已跻身全美前十。(来源：news.cri.cn/20170410/5d125068-1f6f-67a3-74b3-89b3f8729ffb.html)

[问题] 中国建筑企业除了桥梁建设领域崛起，在全美排名前列外，还有什么建设领域在国际上处于先进水平？

[解析] 近十多年来，中国建筑企业在国际建筑舞台上表现亮点纷呈，除桥梁工程在国际上有影响外，高铁、水电、港口等工程均是我国建筑的名片，特别是高铁，我国的建设水平已处于国际领先地位。在各国的国际工程承包竞争中，我国不仅在发展中国家占有一定份额，在发达国家也有一席之地。

二、国际工程的特点

境内外均存在国际工程的概念，下面主要讨论在境外的国际工程的问题。这类国际工程，对投资企业来说，是向海外进行项目投资；对我国建筑企业，就意味着跨出国门，到其他国家或地区去承包工程。它们与国内工程存在很大差异，主要表现如下：

(1) 存在投资规则差异，以及货币政策和汇率的问题。各国的经济体制不同，投资规则也存在差异；在国外许多国家人民币是不通用的，因而存在货币政策和汇率的问题。

(2) 工程承包合同主体或工程项目利益相关者的多国性。在这种情况下首先面临的问题是不同主体间的交流、沟通问题。不论是工作还是生活交流，都要用国际通用语言，一般为英文。这一般在工程合同中有明确规定，即所谓"主导语言"。

(3) 宗教信仰、风俗习惯的差异。世界各国宗教信仰、风俗习惯差异很大，如中东伊斯兰国家，其有独特的宗教信仰、风俗习惯，作为他们国家项目的承包方，有必要深入了解，并入乡随俗，否则将面临较大的风险。

(4) 政治和法律制度的差异。不同国家有其独特的政治和法律制度，一般不可能为了一个国际工程项目而去修改政治和法律制度，而这种政治和法律制度与国内存在较大差异。因此只能是项目承包方去适应这种政治和法律制度。

(5) 工程结算货币和工程支付方式的多样性。工程结算一般是部分美元和部分当地货币；而在承包方的支付方面，工程所在国的支付一般要求当地货币，国际采购的材料、设备等可能是美元或其他货币。而国际工程承包的支付方式除了现金和支票外，还有银行信用证、国际托收、银行汇付、实物支付等不同方式。由于雇主支付的货币和承包方使用的货币不同，而且在整个漫长的工期内按陆续完成的工程内容逐步支付，承包方时刻处于货币汇率浮动和利率变化的复杂国际金融环境之中。

(6) 工程技术标准不同。目前国际工程中大多使用欧美技术标准或工程所在国的标准，我国现有技术标准难以适应。在工程投标、签订合同、工程质量管理或工程验收时，对此问题要引起高度重视。

(7) 国家关系对国际工程影响敏感。我国政府与工程所在国政府的关系，以及地缘政治对国际工程影响敏感。国际上存在许多这样的国际工程，工程开工是始于两国关系较好的状态，而中间两国关系存在障碍，甚至冲突时，工程的继续实施也经常遇到困难，甚至面临中止的风险。

三、国际工程的特殊风险

不论是投资企业，还是建筑企业，在投资或承包国际工程时，除了承担国内工程投资或承包的一般风险外，还将面临或承担国际工程的特殊风险，也称国家风险，指在国际工程投资或承包活动中，由于主权行为所引发的可能损失。主要包括5个方面，即政治风险、主权风险、经济风险、货币风险和地缘风险。

1. 政治风险

政治风险（political risk）指政治或政策的变化而引发的企业战略、财产及人员的损失。此风险分两个层次：一个是宏观政治风险，另一个是微观政治风险。宏观政治风险着眼于非特定项目，指的是投资国的政治环境，也包括地方、区域及国家的政治事件，还有政府的货币行为、制度变化、主权债务违约、战争、腐败及政府更替等；微观政治风险指特定项目层面的风险，建筑企业必须关注与国际工程承包直接相关的产业动态，以及当地的政治选举、政治冲突、家族世袭政治势力的消长等。

2. 主权风险

主权风险（sovereign risk）指一个政府不愿意履行其借贷义务，或没有能力履行其借贷义务，或对其贷款担保合同违约。主权风险对国际工程投资或承包的影响表现为东道国政府不按合同时间支付承包人工程款及利息，或不按合同指定的币种支付工程款或利息；当一个国家的经济恶化、外汇收支不能平衡时，主权风险就有可能转化成经济风险与货币风险；当一个国家的政府因政治原因而不愿意履行其借款承诺时，主权风险就转化成政治风险。主权风险作为国家风险之一的原因主要是，对外投资或承包企业在东道国从事工程业务时，尤其是与政府打交道时往往处于弱势地位，一般来说，外国工程承包或投资企业是不能够起诉当地政府的。

3. 经济风险

经济风险 (economic risks) 指明显的经济结构性变化或经济增长的变化使得投资预期回报产生变化,经济风险源于国家的经济政策的变化,如财政政策、货币政策、国际贸易及财富分配等方面,以及国家比较优势的变化,如资源耗尽、工业下降、人口变化等等,由于经济风险多与政策相关联,因此经济风险与货币风险及政治风险有重叠之处。

4. 货币风险

货币风险 (currency risk) 包括货币的自由兑换及自由汇出,也包括汇率的变化。在一些外汇管制的国家从事业务,货币风险可能导致承包人完成工程后手中大量当地货币无法兑换成硬通货币,或者被强制性地以固定汇率进行兑换。此外,有些国家控制外汇,致使利润、分红甚至资本金难以回流,在一些自由兑换但币值不稳定的国家,汇率大幅度的变化导致货币贬值,产出的效益折成硬通货币后还抵不上原先投资的资本金。货币的风险有些是因经济形势或政策引起,有些是因政治因素引起,之间有难以分割的交集。

5. 地缘风险

关于地缘风险 (geopolitical risk),或地缘政治风险,目前学者们对这一概念的认识并不统一。一些国外学者认为,地缘风险是指国家间或国际组织间的冲突事件对某一国家或区域内的经济具有破坏性影响的状况;另一些国外学者认为,地缘风险是指因国家间冲突和紧张关系、战争、资源争端、恐怖主义行为等地缘政治因素影响一个国家或地区的社会经济活动和行为的事件。针对"一带一路"与中国海外项目面临的潜在地缘政治风险,国内有不少学者进行了相关研究。其中一些学者对地缘政治风险对中国对外直接投资的空间分布的影响进行了研究,认为具体地区对地缘风险的敏感程度表现出了明显的差异;还有一些学者则探讨了中国重大项目地缘风险的影响机理,并尝试构建了重大项目地缘风险评估指标体系。

[案例 12-3] 缅甸密松水电站的停建

缅甸密松水电站位于缅甸北部的克钦山区,是缅甸伊洛瓦底江上游干流流域 7 个梯级电站中的第一座,位于中缅边界,距离云南腾冲县城 227km,距缅甸克钦邦首府密支那约 30km;密松水电站于 2009 年 12 月 21 日开工,计划 2017 年首台机组发电;密松水电站由中国电力投资集团投资,并由中国水电集团下属几个工程局(公司)具体设计和施工。2011 年 9 月 30 日缅甸总统吴登盛宣布在本届政府任期内停止建设密松水电站。缅甸伊洛瓦底江密松水电站总投资 36 亿美元,已完成投资 20 余亿美元。显然,工程停止建设后,中资企业,不论是投资方还是施工承包方均受到重大损失。

[问题] 中国投资企业和施工承包企业从该工程中应吸取什么样的教训？

[解析] 密松水电站从开建到停建其原因是复杂的，既有作为投资主体的中国电力投资集团自身的问题，也有背后隐藏的政治力量的博弈（缅甸国内派别以及国际势力的角逐），还有所谓当地民意的原因。所涉及的风险因素归结如下：

（1）缺乏科学合理的政治风险评估体系是密松水电站工程搁浅的重要原因。投资方是否对政治风险进行了科学的评估，尤其是对缅甸国内政治势力范围情况进行评估，是值得怀疑的。密松水电站项目早在前总统奈温时代就由一家日本公司（Kansai）负责勘探与设计，日本公司较为了解当地独立的克钦军与缅甸政府军之间的冲突，担心项目会面临该风险，所以一直没有去实施。

（2）公关意识的缺乏。投资方在工程投资的同时，十分注重履行社会责任，包括为安置伊洛瓦底江上游的移民，投资高达2505.5万美元；对环保问题也相当重视，并根据缅甸政府要求，采用世界银行与亚洲开发银行的环境影响评估标准，结合多个评估主体进行了流域环境影响评价工作，其结论是项目对环境的影响较小。这些积极信息很少在缅甸国内的媒体上宣传，不去积极争取民意，而让停建成为所谓"国内民意的使然"。

（3）过程风险评估与认知不够。密松水电站的搁置似乎早有预兆，在2011年3月，缅方就以各种形式刁难施工承包方进入，同时国内环保组织的抗议加剧。对此，投资方并没有意识到风险，没有相应地进行阶段风险评估，及时停止或者延缓工程项目的建设。

（4）对当地文化与国内民意走向的了解不充分。投资方缺乏与当地的自治政府以及民意的充分沟通，一定程度忽视了当地文化习俗的因素。

（5）缺乏独立性、自主性，以及风险分担与保障意识。对外投资或工程承包企业，不应该具有充分的独立性与自主性，不应该过分依赖国家去处理或者协调一些问题。这是现代企业必须要具备的基本本领，不应当认为只要是国家高级别的项目就无风险。事实上，对外工程政治风险不是母国可以控制的。此外，要有一定的风险分担意识，比如若与工程所在国企业合作或者外包出一些子项目等，就可减轻风险，包括降低风险发生的可能性或减轻风险发生后的损失。这些方面投资方在密松水电站均是失当的。[来源：贾秀飞，叶鸿蔚．中国海外投资水电项目的政治风险——以密松水电站为例 [J]．水利经济，2015，33（2）：32-36.]

第二节 国际工程交易管理

国际工程交易主体涉及不同国家的企业，而不同国家工程交易体制不同，如西方国家是资本主义制度下的工程交易体制，而我国是社会主义制度下的工程交易体制。因而，国际工程与国内工程在交易管理上存在一定的差异。此处，主要从工程承包视角介绍国际工程交易管理活动，主要包括国际工程投标与国际工程合同管理。

一、国际工程投标管理

1. 投标前期准备工作

国际工程投标前的准备工作十分重要，具体包括投标环境（政治、经济、法律、社会等方面的条件和情况）调查；工程项目的跟踪与选择，工程项目情况（主要包括工程的性质、规模、招标范围、技术要求、工期、资金来源等）调查；物色当地代理人；寻求当地合作伙伴；在工程所在国办理注册手续；建立公共关系；参加招标项目的资格预审；组织投标小组；收集情报和分析招标文件。其中一些重要环节说明如下：

（1）收集招标信息和资料。首先是寻找投标目标，获取招标信息的关键在于及时准确。各国政府、国际组织、各国企业进行建设工程招标时，都在影响较大的报刊发布消息，因此从这些媒体上得到信息是寻找投标机会的一种方式。除了招标信息，还应收集与招标有关的其他资料，如招标人情况、招标工程情况及可能参与投标的对手情况等。

（2）投标可行性分析。参加投标往往要耗费大量的人力、物力及时间，而这些代价要由投标人承担，因此，要认真谨慎地研究中标的可能性和将来的风险。对企业能承揽项目的能力进行评估，进行市场调研，鉴别投标机会；筛选参加投标项目；对选择的投标项目相关情况进一步调研；做出投标决定。考虑外部环境，包括工程所在国一般国情（政治、经济、法律、社会等各方面）、工程项目招标范围与施工条件、发包方情况和竞争对手情况；分析内部情况，包括本公司竞争实力、目前对工程的需求等。

（3）组建投标小组。如果确认参加投标，就要挑选市场经营、工程施工、采购、财务及合同管理等人员组成投标小组。其任务是按招标要求确定投标工作安排及分工。

国际工程招标中通行代理制度，外国投标方进入工程所在地投标，一般需要委托工程所在国的代理人开展业务活动。代理人一般是咨询机构，有的是个人独立开业的咨询工程师，也有的是合伙企业或公司。委托代理人应当签订委托代理合同，并授予授权委托书（即代理证书，须经有关方面认证才有效）。委托代理合同的主要内容，一般包括：

1）代理的业务范围和活动地区。

2）代理的权限和有效期限。

3）代理费用（一般为工程标价的2%～3%，最低时为1%，最高时为5%）和支付方法（分期或一次性支付，支付代理费以中标为前提，投标人未中标的不支付代理费）。

4）有关特别酬金的条款（除代理人失职或无正当理由不履行合同外，不论投标人是否中标，都须支付特别酬金）。

在国际工程招标中，外国公司常常需要寻求与工程所在国公司的合作，合作的主要方式是临时或长期组成联合组织，如合资公司、联合集团或联合体等。这种合作主要基于以下两种情况：一是国际资助机构对当地承包人的优惠，如在评标时对借款国公司报价或外国公司与借款公司联合投标报价优惠7.5%，即借款国公司的报价或与借款国公司联合投标的报价可以比最低报价高7.5%而中标。二是世界上多数国家要求外国公司与本国公司合作，有的国家要求成立合作企业并让本国人出任董事甚至董事长等。外国投标人到工程所在地国开展投标活动，需要按当地规定办理注册手续。具体做法主要有两种：一是在投标前注册，经注册后才准许开展业务活动；二是准许先开展投标活动，在中标后再办理注册手续。

2. 投标询价

工程投标的询价是投标人按招标文件要求的规格，向供货人询问相应材料、人工、机械以及服务等方面的价格，了解并确定所需物资的价格。询价工作要注意以下问题：

（1）询价对象要认真选择，并选择3家以上，俗语说"货比三家"。

（2）询价内容要详细、明确。要注意FOB（离岸价）、CIF（到岸价）或EXW（工厂交货价）的差异；要详细说明所需的货物质量、性能规格等。如果询价单不明确，则对方发出的报价就可能产生错误，使成本计算不准确。

3. 投标报价

国际工程投标报价程序与国内类似，但报价的组成与国内存在差异。

国际通用的《建筑工程量计算规则》的总则中规定：除非另有规定，工程单价中应包括人工及其有关费用；材料、货物及其一切有关费用；机械设备的费用；临时工程的费用；开办费、管理费及利润。具体分为人工费、材料费、施工机具使用费、待摊费、开办费、分包工程费、暂定金额。其中，待摊费包括现场管理费、临时设施工程费、保险费和税金。这些费用是在工程量清单中没有单独列项的费用项目，需将其作为待摊费用分摊到工程量清单的各个报价分项中去。待摊费具体组成见表12-1。

表 12-1　　　　　　　　　国际工程待摊费组成

待摊费	现场管理费	（1）工作人员费； （2）办公费； （3）差旅交通费； （4）文体宣教费； （5）固定资产使用费； （6）国外生活设施使用费； （7）工具用具使用费； （8）劳动保护费； （9）检验试验费； （10）其他费用
	其他待摊费	（1）临时设施工程费； （2）保险费：工程保险、第三方责任险； （3）税金； （4）保函手续费：投标保函、履约保函、预付款保函、维修保函； （5）经营业务费； （6）贷款利息； （7）总部管理费； （8）利润； （9）风险费用

二、国际工程合同管理

1. 国际工程系列合同条件

与国内工程交易一样，国际工程交易也具有多种不同方式，包括 DBB 方式、DB/EPC 方式等，但不论是国内还是在境外的国际工程，工程交易合同条件普遍采用国际咨询工程师联合会（FIDIC）编制的系列标准化合同条件，简称 FIDIC 合同条件，包括：

（1）《施工合同条件》。主要适用于各类大型或较复杂的工程项目，承包方按照雇主（或业主）提供的设计方案进行施工或施工总承包的合同。

（2）《工程设备和设计—施工合同条件》。主要适用于由承包方按照雇主要求进行设计、生产设备制造和安装的电力、机械、房屋建筑等工程的合同。

（3）《设计采购施工与交钥匙工程合同条件》。主要适用于承包方以交钥匙方式进行设计、采购和施工，完成一个配备完善的工程，雇主"转动钥匙"时即可运行的总承包项目建设合同。

（4）《施工分包合同条件》。与《施工合同条件》配套使用，也可以稍加修改用于任何分包项目。

(5)《业主/咨询工程师（单位）标准服务协议书》。主要适用于雇主委托工程咨询单位进行项目的前期投资研究、可行性研究、工程设计、招标评标、合同管理和投产准备等的咨询服务合同。

2017年12月，FIDIC在伦敦正式发布了FIDIC系列合同文件（2017年版），分别是《施工合同条件（Conditions of Contract for Construction）》（简称红皮书）、《生产设备和设计—施工合同条件（Conditions of Contract for Plant and Design-Build)》（简称黄皮书）和《设计—采购—施工与交钥匙项目合同条件（Conditions of Contract for EPC/Turnkey Projects）》（简称银皮书）。2017年版的FIDIC合同条件中，对承包方的项目管理和合同管理提出了严格要求。

2. 2017版FIDIC合同条件（黄皮书）简介

FIDIC合同条件2017版编制从黄皮书，即《生产设备和设计—施工合同条件》开始，其次是红皮书和银皮书。因此，此处将以2017版黄皮书为主要对象，兼顾红皮书和银皮书，对2017版FIDIC合同条件做简要介绍。

(1) 关于工程师。早期的FIDIC合同范本延续了英国ICE（institution of civil engineers）合同的理念，在1987年FIDIC土木工程施工合同条件（第四版）及之前FIDIC的其他合同范本中工程师均处于核心地位（第三版在描述工程师时使用了术语"独立的"），工程师是公平和公正的（fair and impartial）第三方，是业主和承包商之间沟通的桥梁和中枢。但因为工程师要和业主签订合同，工程师和业主有利益关系，因此业界一直对工程师能否真正做到公平和公正有很大的质疑，这种质疑主要来自承包人。

1999版FIDIC红皮书和黄皮书对工程师角色的定位做出了非常大的调整，转而强调工程师就是为业主服务的。2017版FIDIC红皮书和黄皮书（银皮书没有设工程师），则在1999版的基础上加强和拓展工程师的地位和作用，要求工程师代表业主行事的同时，在做出决定时保持中立（neutral）。

工程师与双方协商和做出决定应遵循以下程序：

1) 与当事方充分协商，尽最大努力在规定的期限内达成协议；工程师应就达成的、双方签字的协议向双方发出通知；如未达成协议则由工程师做出决定。

2) 工程师应在规定的期限内将其做出的公平的（fair）决定向双方发出通知，并详细解释做出此决定的原因和依据。

3) 工程师应当在42天内或者工程师提议且双方同意的其他期限内发出其决定的通知，在条款中规定了此期限的计算方法。

4) 每项协议或者决定都对各方具有约束力（工程师也应当遵守），除非且直到依据合同对其进行修正；如对工程师的决定有疑问，任一方可向工程师提出，工程师应在 7 天内对此做出解释并发出通知。

5) 如果不满意工程师的决定，可向对方发出不满意通知，同时抄送工程师，并提交争端避免/裁决小组（Dispute Avoidance/Adjudication Board，DA/AB）做出裁决。

(2) 关于工程质量管理。承包人负责的设计、施工、承包人文件（包括设计图纸、竣工记录、运维手册等）应符合合同规定和项目所在国的法律要求、技术标准和规范及合同约定的其他技术标准，工程竣工后应满足预期使用目的［Fit for the Purpose（s），FFP］。承包人应选择有经验的人员或分包商，使用配备好的设施和无害的材料、以恰当的方式实施工程。

业主方有权在工程实施期间对生产设备、材料和工艺进行检验、检查、测量和试验等，并要求承包人在工程移交前进行竣工试验，在工程移交后承包人仍要负责缺陷通知期（Defects Notification Period，DNP）内的缺陷修补工作。FIDIC 黄皮书和银皮书中，还可以要求进行竣工后试验。

此外，业主方有权在承包人文件编制的地点检查承包人文件。承包人文件应提交工程师进行审核，工程师应在收到承包人文件 21 天内发出不反对通知（no-objection notice）或通知承包人修改（若工程师未在规定时间内做出回应，视为已发出不反对通知）。除了竣工记录（as-built records）和运维手册（operation and maintenance manuals）外，承包人在收到工程师的不反对通知后方可实施相应的工作。如果承包人要修改设计或承包人文件，相关的工程实施应暂停，直至工程师对修改后的设计或承包人文件发出了不反对通知。

(3) 关于工程费用支付相关概念及其关系。

1) 中标合同金额。中标函中双方认可的实施工程的金额。FIDIC 红皮书和黄皮书使用中标合同金额的概念（FIDIC 银皮书中无此概念）。

2) 合同价格。FIDIC 黄皮书和银皮书的合同价格为合同协议书中的固定总价，考虑相应的调整和增减；FIDIC 红皮书的合同价格为以单价和实际结算的工程量为基础计算的价格，并考虑相应的调整和增减。

3) 接收证书。工程师在工程竣工后向承包人颁发的证书，该证书表示工程已竣工，且承包人已将工程移交给业主。

4) 履约证书。工程师在缺陷通知期结束后颁发的证书，该证书表示承包人已完成所有与实施工程有关的合同义务。

5) 预付款。合同中约定的业主借给承包人的一笔无息款项，用于前期工程的启动。

6) 预付款保函。承包人为获得预付款而自费开具并向业主提交的保函，该保函的金额可随着预付款的返还逐步减少。

7) 履约担保。承包人自费开具并向业主提交的，用于确保承包人履约的担保。

8) 保留金。业主在工程款支付时扣留的一部分金额,用于确保承包人严格按照合同实施工程。

9) 期中报表。承包人在工程竣工前提交的用于申请期中支付的报表。

10) 期中支付证书(Interim Payment Certificate,IPC)。工程师针对期中报表颁发的支付证书,该证书应列明承包人本期应获得的金额(FIDIC 银皮书中无此概念)。

11) 竣工报表。承包人在工程竣工后 84 天内提交的用于申请竣工后工程款支付的报表。

12) 最终报表初稿。承包人在收到履约证书后 56 天内提交的用于申请最终支付的报表初稿。

13) 最终报表。若工程师与承包人对最终报表初稿中的金额不存在争议,承包人应编制并提交的达成一致的报表。

14) 部分同意的最终报表。如果在履约证书颁发后双方仍存在争议的金额,承包人应编制并提交的部分同意的报表。

15) 最终支付证书(Final Payment Certificate,FPC)。工程师针对最终报表颁发的支付证书,该证书将列明承包人支付给业主或业主应支付给承包人的金额(FIDIC 银皮书无此项)。

16) 结清单。承包人在提交最终报表时,应一并提交的结清证明,该结清单可注明在承包人收到 FPC 中的金额和履约担保后生效。

对 2017 年版 FIDIC 合同条件(黄皮书)中与费用支付相关的概念进行梳理,形成如图 12-1 所示的概念关系图。

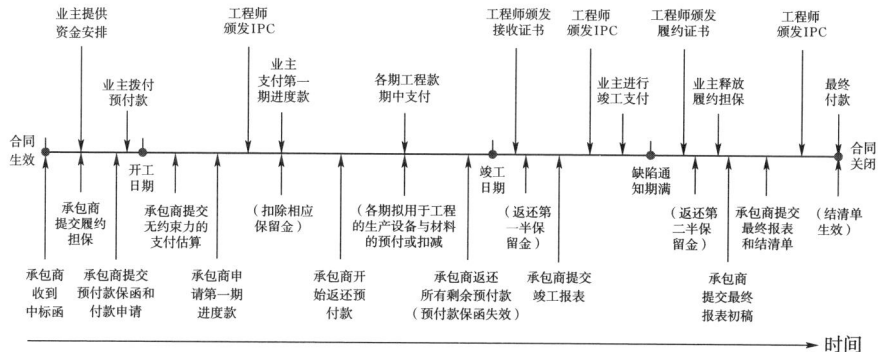

图 12-1 2017 年版 FIDIC 合同条件(黄皮书)与费用支付相关的概念关系图

(4) 关于工程进度管理。工程进度关键节点及其顺序如图 12-2 所示。

(5) 关于工程竣工后试验。

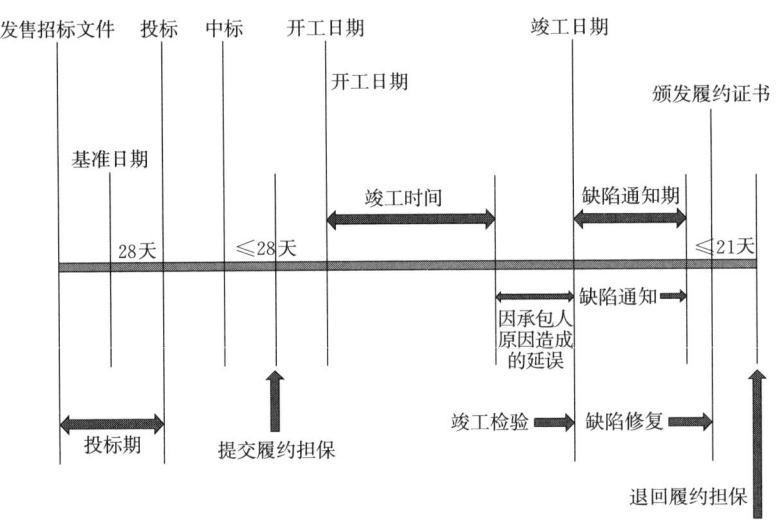

图 12-2　工程进度关键节点及其顺序示意图

如果需要,可以在业主要求中约定竣工后试验。竣工后试验由业主负责,业主应负责提供竣工后试验所需的人员、材料、燃料、水电、仪器仪表等,并应根据合同和运维手册,在承包人的指导下实施。

竣工后试验多用于含生产设备较多的工业项目或基础设施项目,此类项目,在工程移交以前可能无法满足竣工后试验的条件。竣工后试验一般包括与竣工试验类似的性能试验和可用性试验(availability tests),性能试验旨在测试工程可以达到合同中约定的指标,可用性试验旨在检验工程在缺陷通知期内的可用性。FIDIC 黄皮书和银皮书中均包括竣工后试验的性能保证表,约定生产设备应达到的性能指标。竣工后试验要求在正常运行条件下测试,所以应考虑外部环境的影响(FIDIC 红皮书无此类规定)。

(6)关于工程变更。工程变更属于合同范围内工作的自然延续或改变,或与完成合同下的工程紧密相关,表现为工程量、工作性质(质量、功能、功效或技术指标等)、工作范围、施工程序或顺序等方面的变化。

1)工程变更程序。2017 版 FIDIC 系列合同条件中,根据变更发起人的不同将变更分为由业主方(包括业主和工程师,FIDIC 红皮书和黄皮书中为工程师,FIDIC 银皮书中为业主)发起的变更和由承包人发起的变更。业主方发起的变更又可分为业主方直接签发变更指示发起变更("指示变更")和业主方要求承包人提交变更建议书发起变更("征求建议书变更")。承包人发起的变更由承包人从价值工程的角度自发提交变更建议书,由业主方确认是否变更,其流程与业主方征求建议书变更基本相同。但在出发点、编制建议书的费用承担方,以及合同双方对价值工程产生的效益、费用和(或)延误的分享和分担机制等不尽相同。

2) 工程变更的权利。无论是由业主方还是承包人发起变更，在确认变更后业主方都应签发变更指示，即变更的决定权在业主方，由业主方决定是否变更、如何变更。但对于业主方发起的变更，承包人可以依据合理理由拒绝接受变更或拒绝提交变更建议书。

(7) 关于工程索赔。2017版FIDIC系列合同条件中对工程索赔的定义为：一方向另一方要求或主张其在合同条件中的任何条款下，或与合同、工程实施相关或因其产生的权利或救济。显然，工程索赔的确定必须以合同文件和相关法律法规为依据。工程索赔的特点：补偿性，而非惩罚性，它是为了补偿无过错方的损失而设定的；无过错性，它是非自身原因导致的，提起索赔一方的当事人没有过错；客观性，当实际的经济或权益确实受到损失时，受损方才能向对方提起索赔请求。

(8) 关于工程合同争端。合同争端解决方式主要包括协商解决、争端解决替代方式（Alternative Disputes Resolution，ADR）、仲裁、诉讼等。2017版FIDIC系列合同条件的争端解决采用DA/AB机制，强化其争端避免功能。DA/AB的主要特点如下：

1) DA/AB的成员。原则上由业主方和承包人协商，从专用合同条件的合同数据列明的备选名单中选取一人或三人，除非另有约定一般应为三人。为保证DA/AB的中立性，其成员候选人由业主和承包人各自确定一名并报对方认可，双方及两名候选人共同协商确定第三名候选人并指定其为DA/AB主席。DA/AB成员任命应在承包人收到中标函后的约定时限或28天内完成，并以正式签署DA/AB协议的日期为DA/AB组建日。

2) DA/AB责任与权利。DA/AB的主要责任是合同实施过程中的争端避免和裁决。争端避免方面，DA/AB可应各方请求或主动提供协助，启动非正式讨论，尝试解决合同履行期间产生的任何问题。争端裁决方面，DA/AB接受任一方关于争端裁决的委托，进行必要的调查，并在期限内给出有理有据的决定；DA/AB的裁决行为不被视作仲裁，DA/AB成员也不以仲裁员身份开展工作。

(9) 关于工程照管。根据合同，承包方和业主方应分别在不同的阶段负责照管工程、货物和承包人文件，使其免受损害；一旦发生损害，将根据双方的照管职责和损害来源进行责任划分和承担。

1) 对工程、货物和承包人文件的照管职责。根据2017版FIDIC黄皮书通用合同条件，自工程开工日起至工程竣工，承包方应负责照管工程、货物和承包人文件；工程竣工后，对工程的照管职责移交给业主。如果工程师（或业主）针对工程某一部分颁发了接收证书，那么该部分工程的照管职责将相应移交给业主方。在工程照管职责移交给业主方后，承包方仍应负责照管工程竣工时未完成的扫尾工作，直至该扫尾工作完成。如果合同执行过程中发生合同终止，自合同终止日起，承包方不再负责照管工程。

2) 工程、货物、承包人文件发生损害后的修复责任。在承包人照管期间，如果工程、货物或承包人文件出现了任何损失或损害，除以下 6 类除外责任外，皆由承包方负责修复使工程、货物或者承包人文件符合合同要求，并承担修复的风险和费用。

a. 按照合同实施工程对道路通行权、光、空气、水或者其他通行权不可避免的干扰（由承包方施工方法导致的除外）。

b. 业主方对永久工程任何部分的使用，除非合同中另有规定。

c. 业主方负责的设计或者业主要求时有任何错误、缺陷或遗漏（一个有经验的承包商在投标前考察现场和检查业主要求时尽到了应有的注意后仍未能发现），根据合同规定承包商负责设计的部分除外。

d. 任何不可预见的或一个有经验的承包商不能合理预见到并采取足够预防措施的自然力的作用（合同数据表中分配给承包商的风险除外）。

e. 例外事件中列明的事件或情形。

f. 业主方人员或业主方其他承包商的任何行为或违约。

此外，合同条件规定，对接收证书颁发后由承包方原因引起的，或接收证书颁发前由承包方应负责原因造成的发生在接收证书颁发后的，任何工程、货物或承包人文件的损失或损害，也应由承包方负责。

(10) 关于工程合同双方的相互保障。工程承包方和业主方除应根据合同照管工程、货物和承包人文件外，还应保障对方的利益免受因为自己行为或违约造成的来自第三方索赔的影响。同时，承包方应对自己负责设计部分的失误给业主方造成的损失予以补偿/保障。

1) 承包方对业主方的保障。承包方应保障业主方以及他们各自的代理人免受以下原因导致的来自第三方的索赔、损害赔偿、损失和开支（包括法律费用和开支）：

a. 由承包方实施工程引起的任何人员的人身伤害、疾病或死亡，业主方或他们各自的任何代理人的过失、故意行为或违约行为造成的除外。

b. 由承包方实施工程引起的，或由于承包方、他们各自的任何代理人或他们中任何人直接或间接聘用的任何人的过失、故意行为或违约行为造成的对任何财产、不动产或动产（工程除外）的损害或损失。

2) 业主对承包人的保障。业主应保障承包人及其人员，以及他们各自的代理人免受以下原因导致的来自第三方的索赔、损害赔偿、损失和开支（包括法律费用和开支）：

a. 由于业主、业主人员或他们各自的任何代理人的过失、故意行为或违约行为造成的人身伤害、疾病或死亡，或对除工程外的任何财产造成的损失或损害。

b. 工程照管责任下的 6 类除外事件造成的对任何财产、不动产或动产（工程除外）的损失或损害。

3）知识产权与工业产权侵权保障。业主方和承包方还应保障双方免受知识产权与工业产权（专利权、商标权、版权等）侵权引起的第三方索赔带来的损失或损害。承包方应保障业主方免受承包方实施工程或承包方使用施工设备引起任何侵权索赔带来的损失或损害（包括法律费用及开支）。业主方应保障承包方免受因以下情况引起的任何侵权索赔带来的损失或损害（包括法律费用及开支）：

a. 承包方遵守业主要求和（或）任何变更而造成的不可避免的结果。

b. 业主方对工程的使用造成的结果。该使用是为了合同以外的目的（明示或暗示），或该使用连同非承包方提供的任何物品一起使用，除非合同中另有规定或承包方在基准日前知悉。

4）共同保障。如果合同双方均对导致损失或损害的事件负有责任，承包人对业主的保障，应考虑工程照管责任下的 6 类除外情况对该损失或损害的影响程度，由此按比例减少承包人的责任。类似地，业主对承包人的保障，也应考虑工程照管职责下承包人承担责任的任何事件对该损害、损失或伤害的影响的程度，按比例减少业主的责任。

(11) 关于工程例外事件。例外事件是项目实施过程中所面临的不可抗力性质风险，主要包括"人祸"和"天灾"。

如果一方因例外事件使其履行合同规定的任何义务已经或将受到阻碍（称为"受影响一方"），受影响一方应通知另一方，并明确说明已经或将受到阻碍的各项义务（称为"受阻碍的义务"）。

此通知应在受影响一方察觉或应已察觉到例外事件发生后的 14 天内发出。发出此通知后，受影响一方应在例外事件阻碍其履行义务之日起免于履行受阻碍的义务。如果另一方未在上述 14 天内收到此通知，受影响一方仅应在另一方收到此通知日起免于履行受阻碍的义务。除受阻碍的义务外，受影响一方应继续履行合同下的其他义务。而且例外事件不应免除任何一方根据合同规定对另一方的支付义务。

如果例外事件具有持续性的影响，受影响一方应在第一次通知后，每 28 天发出进一步通知并描述其影响。当受影响一方不再受例外事件影响时，应立即向另一方发出通知；如果受影响一方未按照要求发出通知，另一方可以通知受影响一方，说明其认为受影响一方合同义务的履行不再受例外事件阻碍，并说明原因。

例外事件发生之后，合同双方应尽快进行处理，尽所有合理的努力，使例外事件对合同履行造成的延误和损失降到最低程度。

如果承包人为受影响一方，例外事件使其遭受工期延误和（或）费用增加，且承包人已根据以上规定通知业主该例外事件，承包人应有权根据索赔款项和（或）EOT的规定，提出工期延长索赔。

例外事件中发生时，承包人均有权获得工期延长，但并非所有情况均能获得费用补偿，即例外事件的风险主要由业主承担，但在不同情况下，承包人可以获得的索赔不同。

第三节 国际工程目标管理

一、国际工程进度管理

国际工程进度管理。工程进度管理的核心是个管理技术问题，较早由国外引进，目前在国际工程与国内工程上这方面的应用差异不大。主要应用的工程进度管理技术包括：横道图法、单代号或双代号网络计划技术等。

二、国际工程质量管理

工程质量管理基本理论与方法较早也是由国际引入国内，因此国际工程和国内工程就质量管理基本理论和方法应用差异不大。但在工程建设规范和标准方面就存在较大的差异。这方面的差异，就导致了工程项目的设计标准、工程质量检验标准和工程质量的验收标准存在较大的差异。这一方面目前是我国建筑业走向国际的障碍之一。

[案例12-4] 中国、美国和巴基斯坦桥梁设计部分规范标准对比分析

中国在巴基斯坦承建的卡洛特水电站是"一带一路"倡议和"中巴经济走廊"在巴的首个大型水电投资建设项目。此处，选择与该水电站相关公路桥梁设计的部分标准相比较。

（一）混凝土试件标准

中国标准规定 150mm×150mm×150mm 的立方体试件在温度 20.3℃、相对湿度 95% 以上的潮湿空气中养护28天，以在规定的加载速度下测得的立方体强度 $f_{cu,k}$ 作为混凝土的标准强度等级。

美国标准规定圆柱体 ϕ150mm×300mm，在 21.1℃ 条件下养护28天，以在规定的加载速度下测得的强度 f'_c 作为混凝土结构设计的强度指标。

(二)普通钢筋

巴基斯坦钢材厂家均按美国配方进行钢材加工,因此普通钢材均为美标钢材。推荐采用较为经济的高强度钢筋,大部分钢材采用屈服强度为 Grade60 级别(60000PSI=420MPa)的钢筋。这类钢筋一般是逐渐屈服而没有屈服台阶,要求在规定的最小屈服强度时,总应变不超过 0.35%,其可焊性和塑性较差。钢材产品主要有两种:用于非地震区的碳钢带肋与光圆钢筋标准 ASTMA615 和用于地震区的低合金带肋钢筋与光圆钢筋标准 ASTMA706。ASTMA615—2012 只包含 4 个等级的钢筋:40 级、60 级、75 级和 80 级。由于高于 75 级的钢筋延性低,按照美国规定,在地震区禁止使用,在地震区推荐使用 60 级 A706 钢筋或 40 级和 60 级 A615 钢筋,但 A615 钢筋必须符合超强比和强屈比要求,因此在地震区广泛使用 60 级 A706 钢筋。美国规范的钢筋不以直径表示,而是对应的直径(1/8in)的倍数,比如 6 号钢筋的直径为 6/8×25.4=19.05(mm)。而中国的钢筋采用毫米直径表示,如 $d16$ 钢筋的公称直径为 16mm。

该项目场内工程采用中国标准设计,材料体系也均采用中国标准,由于巴基斯坦生产中国标准钢材的大型炼钢厂较少且距离工程地均较远,从中国进口钢材的采购、运输和清关极为困难。同时巴基斯坦为发展本国钢材,进口钢材征税较高。通过业主沟通努力,分别对采购来源和周期、屈服强度、抗拉强度、延伸率、可焊性和冷弯性能进行对比,将中国标准钢筋调整为美国标准钢筋,同时将中国惯用的焊接或套筒机械连接调整为绑扎接头。

(三)公路桥梁运营维护

1. 中国公路桥梁运营维护标准

根据中国《公路桥梁技术状况评定标准》(JTG/TH 21—2011)和《公路桥梁承载能力检测评定规程》(JTG/TJ 21—2011),公路桥涵检查分为以下三类:

(1)经常性检查。一般每月不少于 1 次,对人员资质没有要求。主要采用目测方法配以简单工具测量。通过填写"桥梁经常性检查记录表"记录所检查项目的缺损情况,并提出小修保养措施。

(2)定期检查。根据桥梁技术状况确定,一般不超过 3 年。在经常检查中发现重要部件的缺陷明显达到 3 类、4 类、5 类时,应立即安排 1 次定期检查。定期检查以目测观测结合仪器观测进行,必须接近各部件仔细检查其缺损情况。

(3)特殊检查。应委托有相应资质和能力的单位承担。应根据桥梁的缺损状况和性质,采用仪器设备进行现场测试、荷载试验及其他辅助试验。针对桥梁现状进行检算分析,形成桥梁结构材料缺损情况、桥梁结构承载能力和桥梁防灾能力3方面的鉴定结论。

2. 美国公路桥梁运营维护标准

美国桥梁检查以"国家桥梁检测计划"(National Bridge Inspection Plans)为中心,不断从大型桥梁损毁倒塌事故中吸取经验教训,丰富检测手册和指南,共分以下5类:

(1)初始检查。桥梁竣工后的第一次检查。桥梁构造发生改变(改建或加固后)或权属发生变更后的第一次检查也属于第一次检查。初始检查的主要目的是收集和提供政府部门要求的结构调查和评估资料,并对桥梁初始状态及病害情况进行记录。

(2)常规检查。检查周期一般不超过2年,其目的是确保结构物能够满足现有的服务要求,必须满足行业要求的检测频率、数据更新以及人员资质。不要求开展近距离接触式检查。

(3)损害检查。一种不定期检查,主要针对人为或环境影响导致的桥梁损害进行检查,检查范围根据损害范围确定,如果发生重大损害,需要进行必要的计算,对构件进行断裂评估,通过损害评估结果来确定紧急限载的程度。

(4)深入检查。根据初始检查结果决定是否开展深入检查。要求对构件进行近距离接触检查,同时包括使用无损检测手段以及其他材料试验手段,有可能需要通过荷载试验来确定桥梁承载力。

(5)特殊检查。根据业主要求开展的检查,针对已知或存疑的特定缺陷开展特殊检查,如可能的断裂构件、地基沉降或冲刷、构件损伤等情况。需要对已有病害进行研究和学习,同时检查人员需要具备相应资质,特殊检查的周期为2年/次,也可以根据检查确定具体的检查频率。

三、国际工程成本管理

(一)国际工程成本构成

工程成本管理与经济体制存在一定的关系,我国经济体制从计划经济体制走向社会主义市场经济,体现在工程成本管理方面,工程成本构成分析总是存在着计划经济体制下的痕迹,而与国际工程存在一定的差异。1978年开始,世界银行、国际咨询工程师联合会对工程项目的总建设成本构成作了统一规定,将其分成直接建设成本、间接建设成本、应急费和建设成本上升费用等四部分。

1. 直接建设成本

国际工程项目直接建设成本包括:

（1）土地征购费。

（2）场外设施费用。如道路、码头、桥梁、机场、输电线路等设施费用。

（3）场地费用。指用于场地准备、厂区道路、铁路、围栏、场内设施等的建设费用。

（4）工艺设备费。指主要设备、辅助设备及零配件的购置费用，包括海运包装费用、交货港离岸价，但不包括税金。

（5）设备安装费。指设备供应商的监理费用，本国劳动及工资费用，辅助材料、施工设备，消耗品和工具等费用，以及安装承包商的管理费和利润等。

（6）管道系统费用。指与系统的材料及劳动相关的全部费用。

（7）电气设备费。其内容与第（4）项相似。

（8）电气安装费。指设备供应商的监理费用，本国劳务与工资费用，辅助材料、电缆、管道和工具费用，以及营造承包商的管理费和利润。

（9）仪器仪表费。指所有自动仪表、控制板、配线和辅助材料的费用以及供应商的监理费用、外国或本国劳务工资费用、承包商的管理费和利润。

（10）机械的绝缘和油漆费。指与机械及管道的绝缘和油漆相关的全部费用。

（11）工艺建筑费。指原材料、劳务费以及与基础、建筑结构、屋顶、内外装修、公共设施有关的全部费用。

（12）服务性建筑费用。其内容与第（11）项相似。

（13）工厂普通公共设施费。包括材料和劳务费以及与供水、燃料供应、通风、蒸汽发生及分配、下水道、污物处理等公共设施有关的费用。

（14）车辆费。指工艺操作必需的机动设备零件费用，包括海运包装费用以及交货港的离岸价，但不包括税金。

（15）其他当地费用。指那些不能归类于以上任何一个项目，不能计入项目间接成本，但在建设期间又是必不可少的当地费用。如临时设备、临时公共设施及场地的维持费，营地设施及其管理，建筑保险和债券，杂项开支等费用。

2. 间接建设成本

国际工程项目间接建设成本由下列六部分组成。

（1）项目管理费。包括：

1）总部人员的薪金和福利费，以及用于初步和详细工程设计、采购、时间和成本控制，行政和其他一般管理的费用。

2）施工管理现场人员的薪金、福利费和用于施工现场监督、质量保证、现场采购、时间及成本控制、行政及其他施工管理机构的费用。

3）零星杂项费用，如返工、旅行、生活津贴、业务支出等。

4）各种酬金。

（2）开工试车费。指工厂投料试车必需的劳务和材料费用（项目直接成本包括项目完工后的试车和空运转费用）。

（3）业主的行政性费用。指业主的项目管理人员费用及支出（其中某些费用必须排除在外，并在"估算基础"中详细说明）。

（4）生产前费用。指前期研究、勘测、建矿等费用（其中某些费用必须排除在外，并在"估算基础"中详细说明）。

（5）运费和保险费。指海运、国内运输、许可证及佣金、海洋保险、综合保险等费用。

（6）地方税。指地方关税、地方税及对特殊项目征收的税金。

3. 应急费

应急费主要包括：

（1）未明确项目的准备金。此项准备金用于在估算时不能明确的潜在项目，包括那些在做成本估算时因为缺乏完整、准确和详细的资料而不能完全预见和不能注明的项目，并且这些项目是必须完成的，或它们的费用是必定要发生的。在每一个组成部分中均单独以一定的百分比确定，并作为估算的一个项目单独列出。此项准备金不是为了支付工作范围以外可能增加的项目，不是用以应付天灾、非正常经济情况及罢工等情况，也不是用来补偿估算的任何误差，而是用来支付那些几乎可以肯定要发生的费用。因此，它是估算不可少的一个组成部分。

（2）不可预见准备金。此项准备金（在未明确项目准备金之外）用于估算达到了一定的完整性并符合技术标准的基础上，由于物质、社会和经济的变化，导致估算增加的情况。此种情况可能发生，也可能不发生。因此，不可预见准备金只是一种储备，有可能不被动用。

4. 建设成本上升费用

通常工程估算中使用的人工工资、建筑材料和工程设备价格基础的截止日期就是"估算日期"。必须对该日期或已知成本基础进行调整，以补偿直至工程结束时的未知价格增长。工程的各个主要组成部分（国内劳务和相关成本、本国材料、外国材料、本国设备、外国设备、项目管理机构）的细目划分决定以后，便可确定每一个主要组成部分的增长率。这个增长率是一项判断因素。它以已发表的国内和国际成本指数、公司记录等为依据，并与实际供应商进行核对，然后根据确定的增长率和从工程进度表中获得的每项活动的中点值，计算出每项主要组成部分的成本上升值。

（二）国际工程成本管理方法

国际工程成本管理方法属管理技术类问题，其是不存在国界的，即国际工程与国内工程成本管理方法类似，不过国际工程更加复杂，如至少要考虑汇率问题，要考虑到国内外经济体制和具体政策法规的差异。

思考和练习题

12-1 什么是国际工程、国际工程承包？

12-2 国际工程有什么特点？其特殊风险有哪些？

12-3 为什么国际工程要比一般工程项目复杂？

12-4 国际工程承包风险众多，哪些是承包方可以控制的？哪些是承包方难以控制的？

12-5 国际工程投标报价程序、报价组成如何？

12-6 FIDIC 标准合同条件主要包括哪几类？各适用于什么环境？

12-7 如何认识工程师在国际工程合同中所扮演的角色？

12-8 FIDIC 黄皮书中的争端解决机制有何特点？

12-9 请分析国际工程期中支付、竣工支付及最终支付的关系。

12-10 海外投资工程与国内工程相比，在目标控制方面有何异同？

附录　Internet 上的工程项目管理信息

在互联网上，有许多与工程项目管理有关的网页。这些网页分布在大学、科研机构、政府部门以及有关咨询公司的网站上，内容十分丰富。从事工程项目管理的有关人员可以借助 Internet 迅速、全面、经济地获取工程项目管理方面的最新信息。

一、查找信息的方法

1. 直接检索法

若你很清楚所要查找信息所在的网址，那你只需要浏览器的地址栏输入网址后回车即可。

2. 借助搜索引擎

如果不知道具体的网址，可以通过关键词查找。你可以直接访问一些具有检索功能的万维网站点，查找相关信息。比较常用的站点有：

（1）Google Scholar（网址：http://scholar.google.com/）。Google 推出的免费学术搜索工具，可以帮助用户快速查找学术资料，包括来自学术著作出版商、专业性社团、预印本、各大学及其他学术组织经同行评论的文章、论文、图书、摘要和技术报告。

（2）SCIRUS（网址：http://www.scirus.com/）。SCIRUS 是由 Elsevier Science 于 2001 年 4 月推出的，是迄今为止国际互联网上最全面的科技信息专用搜索引擎。它以自身拥有的资源为主体，对网上具有科学价值的资源进行整合，集聚了带有科学内容的网站及与科学相关的网页上的科学论文、科技报告、会议论文、专业文献、预印本等。其目的是力求在科学领域内做到对信息全面深入的收集，以统一的检索模式向用户提供检索服务。其覆盖的学科范围包括农业与生物学、天文学、生物科学、化学与化工、计算机科学、地球与行星科学、经济、金融与管理科学、工程、能源与技术、环境科学、语言学、法学、生命科学、材料科学、数学、医学、神经系统科学、药理学、物理学、心理学、社会与行为科学、社会学等。

（3）Research Index（网址：http://citeseer.ist.psu.edu/）。Research Index 又名 Cite Seer，是 NEC 研究院在自动引文索引（Autonomous Citation

Indexing，ACI）机制基础上建设的一个学术论文数字图书馆，它提供了一种通过引文链接检索文献的方式，目标是从多个方面促进学术文献的传播与反馈。Research Index 检索互联网上 Postscript 和 PDF 文件格式的学术论文。主要涉及计算机科学领域，涉及的主题包括互联网分析与检索、数字图书馆与引文索引、机器学习、神经网络、语音识别、人脸识别、元搜索引擎、音频/音乐等。Research Index 在网上提供完全免费的服务（包括下载 PS 或 PDF 格式的全文），系统已实现全天 24 小时实时更新。

（4）INFOMINE（网址：http：//infomine.ucr.edu/）。INFOMINE 是为大学教师、学生和研究人员建立的网络学术资源虚拟图书馆。它建于 1994 年，由加利福尼亚大学、威克福斯特大学、加利福尼亚州立大学、底特律-麦西大学等多家大学或学院的图书馆联合建立。它拥有电子期刊、电子图书、公告栏、邮件列表、图书馆在线目录、研究人员人名录，以及其他类型的信息资源 40000 多个。INFOMINE 对所有用户免费开放，但是它提供的资源站点并不都是免费的，能否免费使用，取决于用户所在图书馆是否拥有该资源的使用权。INFOMINE 数据库包括：生物、农业和医学数据库，商业和经济数据库，多样性文化及种族资源数据库，电子期刊、政府信息数据库，教育资源数据库，教育资源数据库（大学），Internet 利用工具、地图和地理信息系统（GIS）数据库，物理、工程、计算机和数学数据库，社会学和人类学数据库，以及视觉艺术和表演艺术数据库。

（5）Intute（网址：https：//www.jisc.ac.uk/）。Intute 是一个免费、便捷、强劲的搜索工具，由英国高等教育资助理事会下的信息系统联合委员会（JISC）和艺术与人文研究委员会（AHRC）开发建立，专注于教学、研究方面的网络资源。所收录的信息资源都是经过行业专家选择和评审的，从而保证了其质量。Intute 共设四大领域：科学与技术、艺术与人文、社会科学、健康与生命科学。各个领域下又包含诸多学科，以科学与技术类为例，覆盖了天文、化学、物理、工程、计算机、地理、数学、地球科学、环境以及交叉学科。

（6）OAIster（网址：http：//www.oaister.org/）。OAIster 是密歇根大学开发维护的一个优秀的开放存取搜索引擎，包括开放使用期刊的文章、工作论文、讨论文章、会议论文和学位论文。可按关键词、题名、创作者、主题或资源类型进行检索，检索结果含资源描述和该资源链接。

（7）SciSeek Science Directory（网址：http：//www.sciseek.com/）。SciSeek 是一个专注于科学与自然领域的搜索工具，采取人工收集处理的方式，提供农林、工程、化学、物理和环境方面的科技期刊及其他信息。

（8）Information Bridge（网址：http：//www.osti.gov/bridge/）。Information Bridge 是由美国能源部（DOE）下属的科学与技术信息办公室（OSTI）开发维护的搜索工具，提供美国能源部 1994 年以来研究成果的全文文献和目录索引。涉及的学科领域包括物理、化学、材料、生物、环境科学、能源技术、工程、计算机与情报科学和可再生能源等。Information Bridge 具有基本检索和高级检索两种检索功能。

（9）Find Articles（网址：http：//www.findarticles.com/）。Find Articles 提供多种顶极刊物的上千万篇论文，涵盖艺术与娱乐、汽车、商业与金融、计算机与技术、健康与健身、新闻与社会、科学教育、体育等各个方面的内容，大部分为免费全文资料，检索操作简单。

（10）百度文库搜索（网址：http：//file.baidu.com/）。百度文库搜索可以查找以 Word、PowerPoint、PDF 等格式存在的研究报告、论文、课件等各类文件。它支持对 Office 文档（包括 Word、Excel、PowerPoint）、Adobe PDF 文档、RTF 文档进行全文搜索。搜索时，在检索词后面加一个"filetype："来限定文档类型。"file type："后面可以跟以下文件格式：.DOC、.XLS、.PPT、.PDF、.RTF、.ALL。其中，.ALL 表示搜索所有这些文件类型。在搜索结果页面，点击结果标题，可以直接下载该文档，也可以点击标题后的"HTML 版"快速查看该文档的网页格式内容。

（11）万方数据（网址：http：//www.wanfangdata.com.cn/）。万方数据是万方数据股份有限公司旗下的专业学术搜索平台，隶属于万方数据资源系统。它是 Google Scholar 和 Yahoo!、奇摩学术搜索重要的内容提供者，平均每周新增文献 5 万余篇。提供一般检索、关键词检索和按学科分类浏览三种检索形式，检索结果显示标题、作者、出处、年期、关键词、摘要及参考文献等详细信息，但是获取全文需要付费。

（12）BNET（网址：http：//www.findarticles.com/）。BNET 是一个检索免费 paper 的好工具。对我们查找外文资源很有帮助。

（13）EI（网址：http：//www.ei.org/）。《工程索引》（The Engineering Index，EI）创刊于 1884 年，是美国工程信息公司（Engineering information Inc.）出版的著名工程技术类综合性检索工具。EI 检索每月出版 1 期，文摘 1.3 万至 1.4 万条；每期附有主题索引与作者索引；每年还另外出版年卷本和年度索引，年度索引还增加了作者单位索引。收录文献几乎涉及工程技术各个领域。例如，动力、电工、电子、自动控制、矿冶、金属工艺、机械制造、管理、土建、水利、教育工程等。EI 检索具有综合性强、资料来源广、地理覆盖面广、报道量大、报道质量高、权威性强等特点。

（14）SCI（网址：http：//www.webofknowledge.com/）。SCI（Science Citation Index）是由美国科学信息研究所（ISI）1961 年创办出版的引文数据

库。SCI（科学引文索引）、EI（工程索引）、ISTP（科技会议录索引）是世界著名的三大科技文献检索系统，是国际公认的进行科学统计与科学评价的主要检索工具，其中 SCI 应用最为广泛。

3. 借助网址链接

通过访问一些国外教育机构、建筑行业学会或协会、政府建筑管理机构，可以在其网页上选择一些感兴趣的网址，点击链接以获取相关信息。这种方法得到的信息准确率较高。

二、一些相关机构的网址

1. 世界银行

英文名称：The World Bank

网址：http://www.worldbank.org

世界银行集团包括国际复兴开发银行、国际开发协会、国际金融公司、多边投资担保机构和解决投资争端国际中心五个成员组织。在世界银行集团业务中，"世界银行"被用来统指国际复兴开发银行和国际开发协会。世界银行的最主要的业务活动是向发展中国家提供长期生产性贷款，以促进其经济发展，提高人民生活水平。除贷款外，世界银行还积极进行技术援助、学术与政策研究等业务活动，从多方面为成员国提供发展帮助。

2. 国际咨询工程师联合会

法文名称：Federation Internationale Des Ingenieurs–Conseils（FIDIC）

网址：http://www.fidic.org

国际咨询工程师联合会是国际上最权威的咨询工程师组织。各国（或地区）的咨询工程师大都在本国（或地区）组成一个民间的咨询工程师协会，这些协会的国际联合会就是"FIDIC"。FIDIC 专业委员会编制了许多规范性的文件，这些文件不仅 FIDIC 成员国采用，世界银行、亚洲开发银行、非洲开发银行的招标样本也常常采用。

3. 英国特许建造师协会

英文名称：The Chartered Institute of Building（CIOB）

网址：https://www.ciob.org/

CIOB 是一个皇家特许的机构。CIOB 可以说是现代建筑经理的"专业之家"。CIOB 现有约 40000 名会员，均是从建筑行业的高层次人员中挑选出来的有经验的经理和各类专家。该协会的正式会员必须具备一定的资格。该协会向其会员提供多方面的技术和管理上的培训。

4. 英国皇家特许测量工程师协会

英文名称：Royal Institution of Chartered Surveyor（RICS）

网址：http://www.rics.org/cn/

RICS 是一个代表和管理特许测量工程师和技术测量工程师的国际性的专业组织。依据 RICS 的规章，该组织是一个为公共利益服务的组织。作为一个独立的、非营利性的组织，该协会要求其会员具有较高的能力，并且诚实可靠，并对公共事宜提供一系列公正、权威的建议。该协会现在共有 83000 名特许测量工程师和 3000 名技术测量工程师。另外还有 21000 名学生及受训人员正在努力工作争取成为正式会员。特许测量工程师和技术测量工程师可以对土地、财产、建筑物和相关环境问题等各方面事宜提供建议。他们的职业是各式各样的，许多测量工程师可以从事多个领域的工作。

5. 英国土木工程师学会

英文名称：Institution of Civil Engineers（ICE）

网址：http://www.ice.org.uk

英国土木工程师学会是设于英国的国际性组织，拥有包括从专业土木工程师到学生在内的会员 8 万多名，其中五分之一在英国以外的 140 多个国家和地区。ICE 是根据英国法律具有注册资格的教育、学术研究与资质评定的团体。创立于 1818 年的 ICE，已经成为世界公认的学术中心、资质评定组织及专业代表机构。ICE 出版的合同条件目前在国际上得到广泛的应用。

6. 建筑业研究与信息协会

英文名称：Construction Industry Research and Information Association (CIRIA)

网址：http://www.ciria.org.uk

CIRIA 作为英国一个非营利部门，进行研究并对它的成员和订户发布信息。从 1960 年开始，CIR－IA 就对那些非常重要的，但没有得到资助的研究提供传播媒介。CIRIA 致力于在建筑惯例、建筑设计和材料、管理和生产力、地面工程、水工程和环境问题等领域提供最好的、权威的和便利的指导。这种指导通过网络、出版物和时事通信等被广泛地发布。

7. 美国建筑师协会

英文名称：American Institute of Architects（AIA）

网址：http://www.aia.org/

美国建筑师学会作为建筑师的专业社团，已经有近 140 年的历史。该机构致力于提高建筑师的专业水平，促进其事业的成功，并通过改善其居住环境提高大众的生活水准。AIA 的成员总数达 56000 名，遍布美国及全世界。AIA 出版的系列合同文件在美国建筑业界及国际工程承包界，特别在美洲地区具有较高的权威性，应用广泛。

8. 美国咨询工程师理事会

英文名称：American Consulting Engineers Council（ACEC）

网址：http://www.acec.org

美国咨询工程师理事会是美国最大的咨询工程师组织，包括 52 个国家级和地区级的成员组织，代表了 5000 多个独立的工程公司。美国咨询工程师理事会为私营工程公司的行政管理人员提供教育机会，帮助他们成为更好的业主和经理。

三、与工程项目管理相关的主要外文期刊的网址

1. Journal of Construction Engineering and Management

网址：https://www.istic.ac.cn/Default.aspx

The Journal of Construction Engineering and Management publishes quality papers that aim to advance the science of construction engineering, harmonize construction practices with design theories, and further education and research in construction engineering and management. Topics include, but are not limited to, the following: construction material handling, equipment, production planning, specifications, scheduling, estimating, cost control, quality control, labor productivity, inspection, contract administration, construction management, computer applications, and environmental concerns.

2. Journal of Management in Engineering

网址：http://www.jemcn.com/en/

The Journal of Management in Engineering offers an avenue for researchers and practitioners to present contemporary issues associated with management and leadership for the civil engineer. The journal publishes peer-reviewed papers, case studies, technical notes, and discussions of interest to the practice of civil engineering. Management and leadership issues include contract management, project management, partnering, office management, professional practice and development, financial management, human resources management, marketing and sales, ethics, technology and innovation management, information management, continuing education, organizational theory, strategic planning, conflict management, negotiating, risk management, globalization, networking, change management, teamwork, team building, communication, mentoring, coaching, and diversity. Papers discussing legislative and regulatory issues, corporate and public policy, and the role of civil engineering in the political process at all levels of government are welcomed. Interdisciplinary studies and collaborations are encouraged. Theoretical papers submitted for publication should preferably include real – world applications of the techniques.

3. Journal of Computing in Civil Engineering

网址：https://www.researchgate.net/

The Journal of Computing in Civil Engineering serves as a resource to researchers, practitioners, and students on advances and innovative ideas in computing as applicable to the engineering profession. Many such ideas emerge from recent developments in computer science, information science, computer engineering, knowledge engineering, and other technical fields. Some examples are innovations in artificial intelligence, parallel processing, distributed computing, graphics and imaging, and information technology. The journal publishes research, implementation, and applications in cross – disciplinary areas including software, such as new programming languages, database – management systems, computer – aided design systems, and expert systems; hardware for robotics, bar coding, remote sensing, data mining, and knowledge acquisition; and strategic issues such as the management of computing resources, implementation strategies, and organizational impacts.

4. Project Management Journal

网址：https://www.wiley.com/en – sg

Project Management Journal is the academic and research quarterly of the Project Management Institute and features state – of – the – art research, techniques, theories, and applications in project management. The Project Management Journal's mission is to address the broad interests of the project management profession and maintain an editorial balance of content about research, technique, theory, and practice. The Project Management Journal encourages submissions from researchers addressing the art and science of project, program and portfolio management situations according to an inter – disciplinary perspective. The journal's international and multi – disciplinary review team ensures continued standards of excellence in terms of quality of content and reputation among the academic community.

5. Computer – Aided Civil and Infrastructure Engineering

网址：http://www.wiley.com/bw/journal.asp? ref=1093 – 9687&site=1

Celebrating over 20 years of publication, Computer – Aided Civil and Infrastructure Engineering is a scholarly peer – reviewed archival journal intended to act as a bridge between advances being made in computer and information technologies and civil and infrastructure engineering. It provides a unique forum for publication of original articles on novel computer–aided techniques and innovative applications of computers. The journal specially focuses on recent advances in computer technologies and fosters the development and application of emerging computing paradigms. The primary focus of the journal is novel computational modeling.

6. International Journal of Project Management

网址：http：//www.sciencedirect.com/science/journal/02637863

The International Journal of Project Management is a bi–monthly international journal that offers wide ranging and comprehensive coverage of all facets of project management. It provides a focus for worldwide expertise in the required techniques, practices and areas of research; presents a forum for its readers to share common experiences across the full range of industries and technologies in which project management is used; covers all areas of project management from systems to human aspects; links theory with practice by publishing case studies and covering the latest important issues. Application areas include：information systems, strategic planning, research and development, system design and implementation, engineering and construction projects, finance, leisure projects, communications, defence, agricultural projects, major re–structuring and new product development. Papers originate from all over the world and are fully peer–reviewed, on the 'double–blind' system. In addition, the journal carries conference reports, and book reviews. Topics Covered Include：Project concepts; project evaluation; team building and training; communication; project start–up; risk analysis and allocation; quality assurance; project systems; project planning; project methods; tools and techniques; resources, cost and time allocation; estimating and tendering; scheduling; monitoring, updating and control; contracts; contract law; project finance; project management software; motivation and incentives; resolution of disputes; procurement methods; organization systems; decision making processes; investment appraisal. The journal is published in collaboration with the International Project Management Association (IPMA) and is its official journal.

7. Engineering, Construction and Architectural Management

网址：https：//www.emeraldgrouppublishing.com

ECAM publishes original peer-reviewed research papers, case studies, technical notes, book reviews, features, discussions and other contemporary articles that advance research and practice in engineering, construction and architectural management. In particular, ECAM seeks to advance integrated design and construction practices, project lifecycle management, and sustainable construction. The journal's scope covers all aspects of architectural design, design management, construction/project management, engineering management of major infrastructure projects, and the operation and management of constructed facilities. ECAM also addresses the technological, process, economic/business, environmental/sustainability, political, and social/human developments that influence the construction project delivery process. ECAM strives to establish strong theoretical and empirical debates in the above areas of engineering, architecture, and construction research. Papers should be heavily integrated with the existing and current body of knowledge within the field and develop explicit and novel contributions. Acknowledging the global character of the field, we welcome papers on regional studies but encourage authors to position the work within the broader international context by reviewing and comparing findings from their regional study with studies conducted in other regions or countries whenever possible.

8. Construction Management and Economics

网址：http://www.informaworld.com

Construction Management and Economics publishes high-quality original research concerning the management and economics of activity in the construction industry. Our concern is the production of the built environment. We seek to extend the concept of construction beyond on-site production to include a wide range of value-adding activities and involving coalitions of multiple actors, including clients and users, that evolve over time. We embrace the entire range of construction services provided by the architecture/engineering/construction sector, including design, procurement and through-life management. We welcome papers that demonstrate how the range of diverse academic and professional disciplines enable robust and novel theoretical, methodological and/or empirical insights into the world of construction. Ultimately, our aim is to inform and advance academic debates in the various disciplines that converge on the construction sector as a topic of research. While we expect papers to have strong theoretical positioning, we also seek contributions that offer critical, reflexive accounts on practice.

9. Journal of Civil Engineering and Management

网址：http：//juse.hust.edu.cn

The Journal of Civil Engineering and Management is the academic journal of civil engineering and engineering management sponsored by Huazhong University of Science and Technology, and is open to domestic and foreign publications. The predecessor of this journal was "Journal of Huazhong University of Science and Technology (Urban Science Edition)", which was approved by the Ministry of Education and reported to the General Administration of Press and Publication. Since 2011, it has been officially renamed "Journal of Civil Engineering and Management". The purpose of this journal is to publish original academic papers in civil engineering, reflecting the cutting-edge trends and development directions of civil engineering and engineering management, and serving the teaching, scientific research and engineering applications of civil engineering and engineering management. Mainly publish the following special research papers: structural engineering, geotechnical engineering, disaster prevention and mitigation engineering and protection engineering, bridge and tunnel engineering, road and railway engineering, engineering management, including original engineering application of new technologies, special requirements Papers published are innovative, academic, scientific and concise.

参 考 文 献

［1］ 何继善，等．工程管理论［M］．北京：中国建筑工业出版社，2017．
［2］ Project Management Institute. Construction Extension to the PMBOK Guide［M］. Pennsylvania：Project Management Institute，Inc.，2016.
［3］ 王卓甫，杨高升．工程项目管理：原理与案例［M］．3 版．北京：中国水利水电出版社，2014．
［4］ Harold Kerzner. Project Management：A System Approach to Planning，Scheduling，and Controlling［M］. 6th edition，Van Nostrand Reinhold，1997.
［5］ Winch G. M. The construction firm and construction project：a transaction coat approach［J］. Construction and Engineering，1989，7（3）：331 - 345.
［6］ Turner J R，Müller R. On the nature of the project as a temporary organization［J］. international Journal of Project Management，2003，21（3）：1 - 8.
［7］ Kaixun Sha. Understanding Construction Project Governance：An Inter - organizational Perspective［J］. International Journal of Architecture，Engineering and Construction，2016，5（2）：117 - 127.
［8］ 丁士昭．工程项目管理［M］．2 版．北京：中国建筑工业出版社，2014．
［9］ 成虎，肖静，虞华．工程项目管理［M］．2 版．北京：高等教育出版社，2013．
［10］ 王卓甫，王文顺．工程项目管理原理［M］．北京：机械工业出版社，2019．
［11］ 沙凯逊．建设项目治理十讲［M］．北京：中国建筑工业出版社，2017．
［12］ 王卓甫，丁继勇，杨高升．现代工程管理理论与知识体系框架（一）［J］．工程管理学报，2011，25（2）：132 - 137．
［13］ 王卓甫，杨志勇，丁继勇．现代工程管理理论与知识体系框架（二）［J］．工程管理学报，2011，25（3）：256 - 259．
［14］ 国家发展和改革委员会，建设部．建设项目经济评价方法与参数［M］．3 版．中国计划出版社，2006．
［15］ 王卓甫，杨高升，洪伟民．建设工程交易理论与交易模式［M］．北京：中国水利水电出版社，2010．
［16］ 洪伟民，刘红梅，王卓甫．基于熵权模糊综合评判法的工程交易模式决策［J］．科技管理研究，2010（3）：122 - 125．
［17］ 李慧敏，王卓甫．建设工程交易的研究范式［J］．华北水利水电学院学报，2012，33（4）：13 - 18．
［18］ 陈勇强，焦俊双．工程项目交易方式与支付方式对项目成本的影响［J］．同济大学学报（自然科学版），2011，39（9）：1407 - 1412．
［19］ 乐云．国际新型建筑工程 CM 承发包模式［M］．上海：同济大学出版社，1998．
［20］ 叶毅，秦安民．项目法施工原理［M］．北京：中国人民大学出版社，1990．

[21] 吴芳，冯宁. 工程招投标与合同管理 [J]. 北京：北京大学出版社，2010.

[22] 王卓甫，杨高升，邢会歌. 建设工程招标模型与评标机制设计 [J]. 土木工程学报，2010，43（8）：140-145.

[23] 《标准文件》编制组. 中华人民共和国标准施工招标文件（2007年版）[M]. 北京：中国计划出版社，2010.

[24] 谈飞，欧阳红祥，杨高升. 工程项目管理：工程计价理论与实务 [M]. 北京：中国水利水电出版社，2013.

[25] 王卓甫，丁继勇，杨志勇. 工程招投标与合同管理 [M]. 北京：中国建筑工业出版社，2018.

[26] 建设工程项目进度管理编委会. 建筑工程项目进度管理 [M]. 北京：中国计划出版社，2007.

[27] 刘伊生. 工程项目进度计划与控制 [M]. 北京：中国建筑工业出版社，2008.

[28] 李建平. 现代项目管理进度管理 [M]. 北京：机械工业出版社，2008.

[29] 王卓甫. 工程项目风险管理：理论、方法与应用 [M]. 北京：中国水利水电出版社，2003.

[30] 常玉新. 建筑施工环境污染因素及控制办法 [J]. 住宅与房地产，2019（9）：44.

[31] Atul P, Hewage K N. Building Information Modeling: Based Analysis to Minimize Waste Rate of Structural Reinforcement [J]. Journal of Construction Engineering and Management, 2012 (9): 943-954.

[32] 张云翼，林佳瑞，张建平. BIM与云、大数据、物联网等技术的集成应用现状与未来 [J]. 图学学报，2018，39（5）：806-816.

[33] 何关培，王轶群，应宇垦. BIM总论 [M]. 北京：中国建筑工业出版社，2017.

[34] FIDIC. Conditions of Contract for Plant & Design-Build 2nd ed. [M]. Switzerland: FIDIC-World Trade Center Ⅱ, 2017.

[35] 陈勇强，吕文学，张水波. FIDIC 2017版系列合同条件解析 [M]. 北京：中国建筑工业出版社，2019.